中国工程院院士
是国家设立的工程科学技术方面的最高学术称号,为终身荣誉。

中国工程院院士传记

王大珩传

光华人生 丹心永照

胡晓菁 著

科学出版社

人民出版社

内 容 简 介

王大珩院士是光学专家、战略科学家、"两弹一星功勋奖章"获得者，中国光学界的主要学术奠基人、开拓者和组织领导者，他对我国应用光学特别是国防光学工程做出了杰出贡献。在他的领导下制成中国第一埚光学玻璃、第一台电子显微镜、第一台红宝石激光器、第一台航天相机、第一台大型光测设备等，对我国的光学事业及计量科学的发展起了重要作用。本书真实记录了他为中国光学事业发展、科学事业进步奋斗的一生，并侧面展现出中国光学事业发展、壮大的历程，反映出老一辈科学家爱国、奉献、奋斗的精神。

本书可供科技工作者、科技史研究者以及普通大众读者阅读和参考。

图书在版编目（CIP）数据

光华人生　丹心永照：王大珩传 / 胡晓菁著. -- 北京：科学出版社：人民出版社，2025.1. --（中国工程院院士传记）. -- ISBN 978-7-03-080597-3

I.K826.11

中国国家版本馆CIP数据核字第2024DQ0809号

责任编辑：张　莉 / 责任校对：韩　杨
责任印制：师艳茹 / 封面设计：有道文化

科 学 出 版 社 出版
北京东黄城根北街 16 号
邮政编码：100717
http://www.sciencep.com

北京中科印刷有限公司印刷
科学出版社发行　各地新华书店经销

*

2025 年 1 月第　一　版　　开本：720×1000　1/16
2025 年 1 月第一次印刷　　印张：31 1/4　插页：6
字数：406 000
定价：98.00 元
（如有印装质量问题，我社负责调换）

中国工程院院士　王大珩

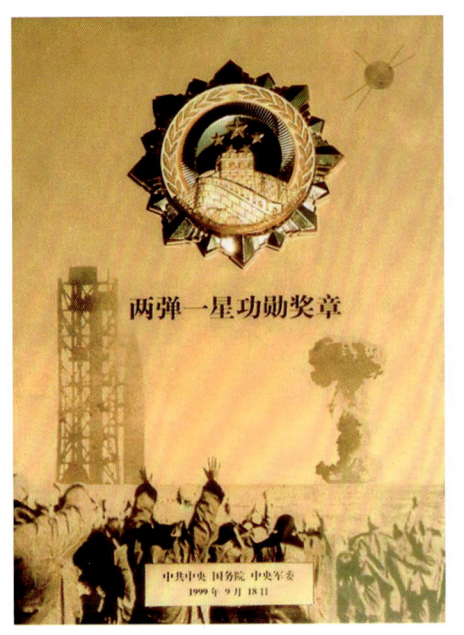

1999年9月18日，中共中央、国务院、中央军委授予王大珩"两弹一星功勋奖章"

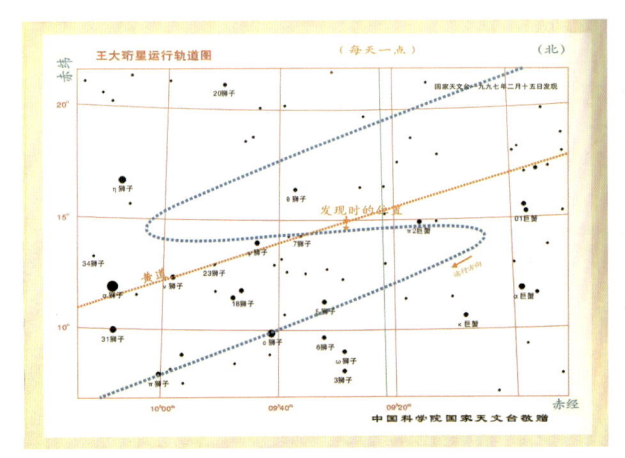

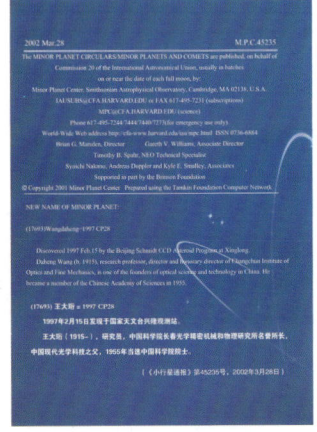

2002年3月28日国际天文学联合会命名的"王大珩星"（编号：17693）运行轨道图和命名证书

20世纪30年代,王大珩(右一)与弟弟妹妹们合影

20世纪70年代,全家福(前排左起:顾又芬、王大珩,后排左起:王森、王竞、王赫)

20 世纪 70 年代，王大珩一家在长春住宅前
（前排左起：王森、顾又芬、王赫；后排左起：王竞、王大珩）

2008 年 2 月 16 日，王大珩与顾又芬在上海

王大珩在阅读

1982年，王大珩（前排左一）在长春光机所建所30周年大会上讲话

庆祝中科院长春光机所建所四十五年

努力创新开拓进取

把老所建成跨世纪的新所

王大珩 一九九七年九月四日

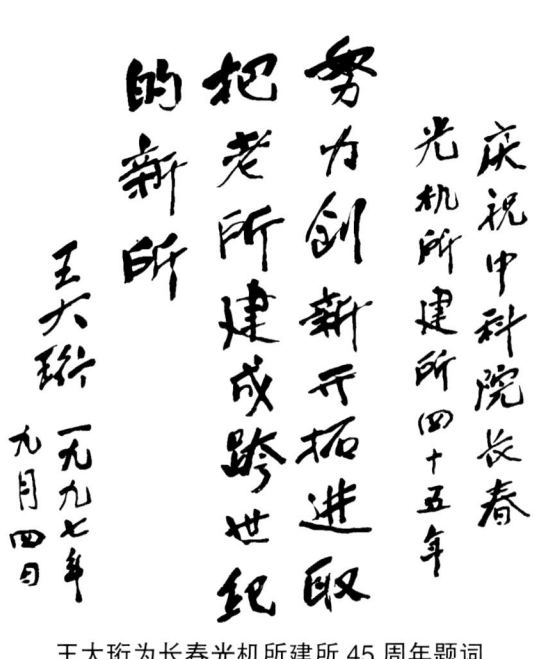

王大珩为长春光机所建所45周年题词

1990年，王大珩（坐者）在长春光机所指导青年科技工作者开展光学设计工作

1992年，王大珩参加长春光机所应用光学开放实验室学术委员会会议

1995年，王大珩（坐者）参加中国光学年会闭幕暨八十寿辰会议时与部分参会代表合影（后排左起：卢国琛、干福熹、邓锡铭、王之江、刘颂豪、母国光）

1999年，6位中国工程院发起人在建院五周年座谈会期间合影
（左起：师昌绪、张维、侯祥麟、张光斗、王大珩、罗沛霖）

国家高技术研究发展计划（863计划）的四位倡议人
（左起：陈芳允、王大珩、杨嘉墀、王淦昌）

2001年2月20日，中国航空工业第一集团公司聘请王大珩（前排右三）、
师昌绪（前排左三）为高级顾问

科学是历来人类探索和认识世间规律、大量知识的积累，是全人类的宝贵财富，是无国界的，无价的；

技术关系到一个社会、一个国家的经济利益和国力威衰，是竞争的对象，因而是有价的；

科技人员是有祖国的，他为祖国谋利益而受到人民的尊重。

王大珩 一九九五年八月二日

王大珩手迹

中国工程院院士传记丛书

编辑出版工作领导小组
  顾　　问：宋　健　徐匡迪　周　济
  组　　长：李晓红
  副组长：钟志华　蒋茂凝　邓秀新　辛广伟
  成　　员：陈建峰　梁晓捷　罗莎莎　唐海英
  　　　　　丁养兵　李冬梅

编辑和审稿委员会
  主　　任：辛广伟　罗莎莎
  副主任：葛能全　唐海英
  成　　员：张戟勇　谭青海　侯　春

编辑出版办公室
  主　　任：张戟勇
  成　　员：侯　春　李淼鑫　方鹤婷　姬　学
  　　　　　高　祥　何朝辉　宗玉生　张　松
  　　　　　王小文　黄　永　丁　宁　聂淑琴

总　　序

20世纪是中华民族千载难逢的伟大时代。千百万先烈前贤用鲜血和生命争得了百年巨变、民族复兴，推翻了帝制，肇始了共和，击败了外侮，建立了新中国，独立于世界，赢得了尊严，不再受辱。改革开放，经济腾飞，科教兴国，生产力大发展，告别了饥寒，实现了小康。工业化雷鸣电掣，现代化指日可待。巨潮洪流，不容阻抑。

忆百年前之清末，从慈禧太后到满朝文武开始感到科学技术的重要，办"洋务"，派留学，改教育。但时机瞬逝，清廷被辛亥革命推翻。五四运动，民情激昂，吁求"德、赛"升堂，民主治国，科教兴邦。接踵而来的，是国民大革命、10年内战、14年抗日战争和4年解放战争。恃科学救国的青年学子，负笈留学或寒窗苦读，多数未遇机会，辜负了碧血丹心。

1928年6月9日，蔡元培主持建立了中国近代第一个国立综合性科研机构——中央研究院，设理化实业研究所、地质研究所、社会科学研究所和观象台四个研究机构，标志着国家建制科研机构的诞生。20年后，1948年3月26日遴选出81位院士（理工53位，人文28位），几乎都是20世纪初留学海外、卓有成就的科学家。

中国科技事业的大发展是在新中国成立以后。1949年11月

1日成立了中国科学院，郭沫若任院长。1950—1960年有2500多名留学海外的科学家、工程师回到祖国，成为大规模发展中国科技事业的第一批领导骨干。国家按计划向苏联、东欧各国派遣1.8万各类科技人员留学，全都按期回国，成为建立科研和现代工业的骨干力量。高等学校从新中国成立初期的200所增加到600多所，年招生增至28万人。到21世纪初，高等学校2263所，年招生600多万人，科技人力总资源量超过5000万人，具有大学本科以上学历科技人才达1600万人，已接近最发达国家水平。

新中国成立60多年来，从一穷二白成长为科技大国。年产钢铁从1949年的15万吨增加到2011年的粗钢6.8亿吨、钢材8.8亿吨，几乎是8个最发达国家（G8）总年产量的2倍。水泥年产20亿吨，超过全世界其他国家总产量。中国已是粮、棉、肉、蛋、水产、化肥等第一生产大国，保障了13亿多人口的食品和穿衣安全。制造业、土木、水利、电力、交通、运输、电子通信、超级计算机等领域正迅速逼近世界前沿。"两弹一星"、高峡平湖、南水北调、高公高铁、航空航天等伟大工程的成功实施，无可争议地表明了中国科技事业的进步。

党的十一届三中全会以后，实行改革开放，全国工作转向以经济建设为中心。加速实现工业化是当务之急。大规模社会性基础建设、大科学工程、国防工程等是工业化社会的命脉，是数十年、上百年才能完成的任务。中国科学院张光斗、王大珩、师昌绪、张维、侯祥麟、罗沛霖等学部委员（院士）认为，为了顺利完成中华民族这项历史性任务，必须提高工程科学的地位，加速培养更多的工程科技人才。中国科学院原设的技术科学部已不能满足工程科学发展的时代需要。他们于1992年致书党中央、国务院，建议建立"中国工程科学技术院"，选举那些在工程科学中做出重大的、创造性成就和贡献、热爱祖国、学风正派的科学家和工程师为院士，授予终身荣誉，赋予科研和建设任务，请他们指导学科发展，培养人才，对国家重大工程科学问题提出咨询建议。中央接受了他们的建议，于1993年决定建立中国工程院，聘请30名中国科学院院士和遴选66名院士共96名为中国工程院首批院士。于1994年6月3日，召开了中国工程院成立大会，选举朱光亚院士为首任院长。中国工程院成立后，全体院士紧密团结全国工程科技界共同奋斗，在各条战线上都发挥了重要作用，做出了新的贡献。

中国的现代科技事业比欧美落后了200年。虽然在20世纪有了巨大进步，但与发达国家相比，还有较大差距。祖国的工业化、现代化建设，任重道远，还需要有数代人的持续奋斗才能完成。况且，世界在进步，科学无止境，社会无终态。欲把中国建设成科技强国，屹立于世界，必须持续培养造就数代以千万计的优秀科学家和工程师，服膺接力，担当使命，开拓创新，更立新功。

中国工程院决定组织出版"中国工程院院士传记"丛书，以记录他们对祖国和社会的丰功伟绩，传承他们治学为人的高尚品德、开拓创新的科学精神。他们是科技战线的功臣，民族振兴的脊梁。我们相信，这套传记的出版，能为史书增添新章，成为史乘中宝贵的科学财富，俾后人传承前贤筚路蓝缕的创业勇气、魄力和为国家、人民舍身奋斗的奉献精神。这就是中国前进的路。

宋健

2012年6月

目　　录

总序　/ i

第一章　吴地学商之后 …………………………………（001）
　一、父亲的冀望　膺东报国 ……………………………（003）
　二、"王大元米行"的兴替 ………………………………（004）
　三、王应伟赴日留学"老考第一" ………………………（006）
　四、多有成就的学者 ……………………………………（008）
　五、《中国古历通解》之憾 ………………………………（011）

第二章　灵气少年　勤奋求学 …………………………（015）
　一、期许与熏陶 …………………………………………（017）
　二、孔德学校和汇文学校 ………………………………（022）
　三、青岛礼贤中学 ………………………………………（025）

第三章　自强不息　水木湛清华 ………………………（031）
　一、清华大学物理系 ……………………………………（033）
　二、恩师与挚友 …………………………………………（039）
　三、"一二·九"的积极分子 ……………………………（047）
　四、在弹道研究所短暂就业 ……………………………（054）

第四章　考"庚款"　赴英国 …………………………（059）
　一、应用光学研究生 ……………………………………（061）
　二、英国生活　友情相伴 ………………………………（066）

三、一篇崭露头角的光学论文 …………………………（073）
四、卓有收获的光学玻璃研究 ………………………（077）

第五章　祖国在心中 …………………………………（085）
一、放弃在读博士学位 做光学玻璃实验师 …………（087）
二、关注国家前途 ……………………………………（090）
三、共同的约定 ………………………………………（093）

第六章　投奔大连解放区创业 ………………………（097）
一、辗转求职　报国受挫 ……………………………（099）
二、创建应用物理系 …………………………………（105）
三、喜结终身好伴侣 …………………………………（113）

第七章　打造中国的光学摇篮 ………………………（121）
一、筹建仪器馆 ………………………………………（123）
二、安家在长春 ………………………………………（132）
三、第一埚光学玻璃 …………………………………（152）
四、仪器制造被纳入国家发展规划 …………………（161）

第八章　向军用光学进发 ……………………………（165）
一、从"馆"到"所" …………………………………（167）
二、"八大件"促转型 ………………………………（171）
三、长春光机学院 ……………………………………（191）
四、学科布局新规划 …………………………………（199）
五、中国第一台红宝石激光器 ………………………（205）

第九章　尖端光学　动态观测 ………………………（215）
一、光学与"两弹一星" ……………………………（217）
二、改装高速摄影机 …………………………………（221）
三、一竿子插到底的"150-1工程" …………………（232）
四、在远洋船上进行光学观测 ………………………（248）

第十章　探索全新太空战略 ……………………（259）
　　一、挑战对星相机 ………………………………（261）
　　二、模拟太阳新装置 ……………………………（270）
　　三、孵出了一窝"机" ……………………………（273）

第十一章　新时代 新思考 ………………………（285）
　　一、探索颜色体系 ………………………………（287）
　　二、出席科教座谈会 ……………………………（295）
　　三、参加全国科学大会 …………………………（302）
　　四、光荣入党 ……………………………………（304）

第十二章　责任在心 光学老又新 ………………（309）
　　一、关注仪器仪表与计量科学 …………………（311）
　　二、推动光电子行业的发展 ……………………（321）
　　三、中国光学学会与《光学学报》………………（324）

第十三章　战略科学家的成长经历 ………………（333）
　　一、从专门委员到首批学部委员 ………………（335）
　　二、荣誉与责任 …………………………………（338）
　　三、在技术科学部主任岗位上 …………………（341）
　　四、科技战略发展的尽责人 ……………………（346）

第十四章　为863计划"点火"再点拨 ……………（353）
　　一、中国不能被落下 ……………………………（355）
　　二、用心之处 ……………………………………（357）
　　三、欣慰与冀望 …………………………………（360）
　　四、点拨重点领域的发展 ………………………（362）

第十五章　又一历史性的功勋 ……………………（365）
　　一、在关键处发挥作用 …………………………（367）
　　二、筹建中国工程院 ……………………………（370）

三、关注建院后 …………………………………………（373）
第十六章　要搞"大飞机" ……………………………（377）
　　一、紧迫感在心 …………………………………………（379）
　　二、回望"运-10" ………………………………………（383）
　　三、以我为主 迎难而上 …………………………………（387）
　　四、国产大飞机翱翔蓝天 ………………………………（397）
第十七章　光学事业后继有人 …………………………（403）
　　一、大力支持办学 ………………………………………（405）
　　二、桃李满天下的好导师 ………………………………（410）
　　三、王大珩光学奖 ………………………………………（416）
第十八章　岁月峥嵘 ……………………………………（421）
　　一、热爱生活 童心童趣 …………………………………（423）
　　二、科技人永远是年轻 …………………………………（426）
　　三、思念与纪念 …………………………………………（433）
　　四、永恒的科学精神 ……………………………………（434）
　　五、"请不要叫我'光学之父'" ………………………（441）
附录 ………………………………………………………（447）
　　附录一　王大珩院士大事年表 …………………………（449）
　　附录二　王大珩院士主要论著目录 ……………………（473）
后记 ………………………………………………………（483）
作者简介 …………………………………………………（489）

第一章
吴地学商之后

一、父亲的冀望 膺东报国

> 我的小名叫膺东，生于1915年。那年的大事是日本帝国主义侵略中国。趁第一次世界大战时机，日本帝国主义向袁世凯政府提出旨在侵占中国的秘密条款——"二十一条"。5月7日日本提出最后通牒，25日袁世凯在北京签订了丧权辱国的《关于南满洲及东部内蒙古之条约》《关于山东之条约》。当时激起全国人民大规模的反日爱国运动，把5月7日称为"国耻纪念日"。父亲因此给我起了"膺东"这个小名，寓意是满腔义愤打击东洋——日本帝国主义。①

以上这段话，是本书主人公王大珩在《我的自述》中的开头语。这篇文章是王大珩1998年为《中国工程院院士自述》一书写的，全文3000余字都由他本人亲笔书写。当时他已年届83岁，左眼患湿性黄斑病变基本看不清字迹，右眼佩戴眼镜，视力才零点几。

父亲王应伟（1877—1964）给儿子王大珩起名"膺东"，足见他古文根底很好，又明晓大义。据《说文解字》：膺，胸也。《毛诗诂训传》对"膺"字另有一解：膺，当也（阻当）。"膺东"这个名字将两层含义都用上了，而且恰到好处，寓意义愤填膺，抵敌日寇。

王大珩的父亲王应伟，字硕甫，江苏吴县（别称吴地）人。说起吴地，人们会联想到它自春秋战国而起的悠久历史，会想到它厚实的文化传承，还会想到那里物产富饶的鱼米之乡的地理环境。殊不知，吴地也被人们称为"中国近代光学之乡"。有史料记载，早在宋代，这里便有生产眼镜的技术，那时候人们会将水晶磨制成镜片，工艺之精细实属罕见。到了17世纪，吴地出了两位光学仪器制造家——薄珏和孙云球。薄珏曾经制造过精密度很高、构造先进、装

---

① 中国工程院学部工作部.中国工程院院士自述[M].上海：上海教育出版社，1998：145.

配在铜炮上的千里镜。孙云球是中国民间最早制造望远镜的人,并且利用凹透镜、凸透镜和反射镜制造出察微镜、放光镜、夜明镜等不下 70 种光学仪器,他还总结造镜经验,写成一部《镜史》专著。[①]

本书传主、当代著名光学家王大珩院士的故乡就在吴地。

二、"王大元米行"的兴替

王大珩的祖父名叫王大元,一直在当地(临顿路和齐门路交叉口跨塘桥附近)经营米行生意,开了一家规模不小的"王大元米行",建了几进几出的大房子,既有宽敞的住房,又有作坊、仓库,还有铺面。在富庶的吴县地界,王家虽然算不上豪门望族,但富商大贾的经济来源,足以保证全家一直过着既无忧又顺当的日子。有了这样的经济条件,加上身处"人文甲天下"的地域环境,王家子弟从幼童开始的第一要事,自然是读书识字求上进,长大后步入仕途,光宗耀祖。

王大珩的父亲王应伟在家中排行老四(上有二兄一姐),他和两个哥哥一样,很小年纪就入私塾读八股,从《三字经》《千家诗》《增广贤文》到《幼学琼林》,都要一一阅读,每逢初一、十五还要背"堂书"(即半个月中所学课文要当堂背诵一遍)。后来,王大元对子女寄予的期望越来越高,便在自家院子里建了一个书斋,还请来塾师督教,为的是加快孩子的成才进程。于是,王应伟和兄长一起在书斋里专心攻读儒学经典,从《大学》《中庸》《论语》《孟子》到《诗经》《尚书》《礼记》《周易》《春秋》,都是必读必记的书籍。

在从师学文过程中,王应伟对古代数学表现出的独特兴趣和聪颖,尤其受人称赞。1996 年,王大珩在回忆父亲时,还说到这一

---

① 戴念祖. 中国科学技术史:物理学卷 [M] 北京:科学出版社,2001:492-494.

点:"先父童年从师学文,以聪颖倍受青睐,得机喜读古算学。"①王应伟的长进,更令王大元看到了希望,特别亲手在书斋旁栽种了两丛丹桂,祈求吉兆,盼儿子早日登科折桂、金榜题名。

然而,设想的愿景并没有实现。原因是王家遭遇了意外变故:先是王应伟的两个哥哥在十几岁时身染急病先后夭亡,他自己虽然在16岁那年(1893年)考得了县学生员(秀才)头衔,但不久,王大元突然病故,又过了几年,王应伟的母亲和两个伯父也相继过世。经过一连串的不幸事件,曾经生意红火的"王大元米行"倒闭了,不但断了王家的经济来源,连以前的所有积蓄也全部用光,还亏欠下大笔债务,全家人不得不依靠出租房屋的租金艰难度日。

后来,王应伟有一首诗正好印证了那段凄苦岁月,诗云:

> 户庭冷落雀罗帐,颠沛流离事反常。
> 并蒂花根芳泣露,惊寒雁字又分行。
> 一身以外孤无助,十载之间两悼亡。
> 丁口阖门凋落尽,难将因果问穹苍。②

断了仕途的秀才王应伟,为了糊口,先在吴县本地当私塾先生,后来到上海师范学校求学,毕业后去了广东潮州,应聘为潮州中学数学教员。

从这时起,王应伟个人的经济状况开始好转起来。

想不到仕途破灭后的这段困窘经历,竟让王应伟获得应对生存的经验——置办房产。后来他在青岛、北京任职,一边工作,一边置办房产出租,增加经济来源。王大珩记得,"抗战开始时回到北京,因已置有些房产,可以靠租金维持全家生活"③。关于当时置办房产的数量和租金收入情况,王大珩的材料里记载道:"其父

---

① 王大珩.《中国古历通解》序 // 王应伟.中国古历通解[M].沈阳:辽宁教育出版社,1998:i.
② 王大珩.七彩的分光[M].长沙:湖南少年儿童出版社,2000:7.
③ 摘自王大珩档案中的"思想总结"(1952年8月),存放于中国科学院人事局档案处。

王应伟,解放前有房一百二十三间半,除自住部分外,其余全部出租,每月租金为三百四十八元,(一九)五八年后每月收租金为六十九元。"①

三、王应伟赴日留学"老考第一"

16岁以后,王应伟获得的不仅是可见的经济自立,更有无形的大长进,他的眼界开阔了,知道的事情多了。第一件让他痛心的事,是甲午战争惨败后日本强迫清政府签订《马关新约》(习惯称《马关条约》),连自己的家乡苏州也被列为日本人自由来去的商埠;接着,又是义和团运动遭八国联军镇压,反而又被迫签订了《辛丑条约》,中国的国土遭到列强瓜分……

在国家被外寇侵略、屡屡蒙受耻辱的事实面前,王应伟开始把个人前途和国家命运联系起来,他想成为"清雪国耻"的一份子,并且以《礼记》中的"物耻足以振之,国耻足以兴之"作为自己的信念。他的这种想法,正好迎合了那时"睁眼看世界"的潮流,和许多有识之士的思想——"师夷长技以制夷"不谋而合,他随而加入清末出洋留学的宏大群体之中,于1907年自费负笈东渡日本,进入东京物理学校②数学科学习。这年王应伟正好30岁。

关于父亲王应伟到日本求学的情形,王大珩印象最深刻的就是父亲总考第一名。1952年,王大珩在一份材料中写道:"父亲小时有机会读过中国老式的数学,后来在上海师范学校求学,毕业后到潮州中学教数学,是靠他小时候读数学的根基。因待遇很好,也积了一些钱,便到日本留学,在日本学习物理,很用功,因人很聪明,在当时的学校中老考第一名,因而由私费补为官费留学。"③

---

① 摘自王大珩档案中的"关于接收王大珩同志入党的意见"(1978年9月1日),存放于中国科学院人事局档案处。
② 东京物理学校原为1881年设立的东京物理学讲习所,1883年改为此名,1917年获得专门学校许可,逐渐发展成为一所专业学校,1949年改制为东京理科大学。
③ 摘自王大珩档案中的"思想总结"(1952年8月),存放于中国科学院人事局档案处。

说到王应伟留学日本时学费由自费改官费，还有一段故事：那是1910年6月，东京有家报纸刊登了一则关于中国留学生的报道，报道中称，东京物理学校有一名中国学生，初入校时几乎一句日语都听不懂，但一年后，就在第三、第四、第五学期的考试中，连续取得第一名，让人刮目相看，交口称奇。这名中国学生就是没有任何资助、全靠打工养活自己和交付学费、几乎濒临辍学的王应伟。很巧，晚清任驻日公使汪大燮（1859—1929，举人出身，浙江杭州人）正好看到这则报道，牵动了他的惜才之心，于是约来王应伟面谈，并且为他补办了官费留学手续[①]。这一下子解了王应伟的燃眉之急，他得以心无旁骛专心求学。

不再因为挣学费而奔波以后，王应伟主动拓宽求知计划，除了继续数学、物理各科学业之外，他还选择地球物理和气象学，作为留学最后两年重点学习和研究的领域。对于一名"老考第一"的留学生，不把精力投向时兴热门的物理专业，却选择少有人问津的冷门专业，旁人都难以理解。但王应伟想的是，地球物理和气象学虽然偏冷门，却是物理学中比较接近实际应用的专业；更重要的是，他对此有学习和研究的兴趣，愿意为此付出时间和精力。

王应伟从东京物理学校毕业时，其在地球物理和气象学方面的成绩，同样让人刮目相看。因此，他"毕业后由校长推荐至日本东京中央气象台任职，得研习气象、地球物理、天文诸学科，并做实地观测"[②]。

1912年，王应伟进入日本东京中央气象台工作，为他进一步开启学术研究创造了良好的条件。东京中央气象台有着悠久的历史，它于1875年设立，一直未间断定时观测。该气象台用于观测的仪器设施，非常先进和完善，1883年就发行了天气图。台内的资料馆，

[①] 王大珩.七彩的分光[M].长沙：湖南少年儿童出版社，2000：15-17.
[②] 王大珩.《中国古历通解》序 // 王应伟.中国古历通解[M].沈阳：辽宁教育出版社，1998：i.

不仅保存数据齐全，管理有序，还藏有各国著名台站的交换资料。

也是在 1912 年，中国颁布了新历法，决定从这年起实行"太阴历"（简称阴历）历法，废止辛亥革命以前所用的"阴阳历"（即阴历和阳历兼用）历法。这个偶然性的事件，对王应伟来说是一种巧合机缘，从事中国古历研究成了他的终生志向与追求。

四、多有成就的学者

晚年时期的王应伟

王应伟在日本生活了 9 年，饱尝屈辱，经受了经济困苦的艰辛，但也有过短暂的喜悦。当他听到国内爆发辛亥革命，晚清政府被推翻时，兴奋得几近发狂，写下了这样的话："闻听'革命谣传'后喜欲颠。"[1]

1915 年 9 月，王应伟偕妻周秀清和襁褓中的王大珩回到国内。除了在家乡短暂停留、在吉林中学堂做了一段物理教员外，他长时间在十分困难的条件下，为气象天文事业做了许多卓有成效的工作。他在北京中央观象台从事地磁测量工作，先任磁力科技正，后升任气象科科长，负责天文、气象、地磁等观测业务。"同时因政府欠薪，为了增加收入，曾在当时的师范大学兼任天文学和气象讲师，并在师大附中及其他中学教过物理课。"[2]他十分重视培养专业人才，曾经在中央观象台招收了 10 名练习生，通过培训，这些练习生都成长为我国天文事业的骨干力量，后来创办北京师范大学天文系的刘世楷，还有天文学家陈遵妫、陈展云等，都是王应伟

---

[1] 王大珩. 七彩的分光 [M]. 长沙：湖南少年儿童出版社，2000：18.
[2] 摘自王大珩档案中的"思想总结"（1952 年 8 月），存放于中国科学院人事局档案处。

当时招收的练习生。

在此期间，王应伟负责编辑的《观象丛报》（月刊）在当时的学术影响之大非同一般。《观象丛报》于1915年由中央观象台台长高鲁主持创办，其目的，一则在于从读者中发现天文爱好者，实现未来创办中国天文学会；二则为了储备图书资料，"用这个刊物寄赠各国天文、气象、地磁、地震机构，进行刊物交换"[1]，为中央观象台将来增设天文、磁力科做准备。

王应伟负责编辑《观象丛报》时，该刊物前半册为文章，后半册刊登气象观测记录，备受国际学界关注，"寄出后不久，陆续收到近百种天文、气象、地磁、地震刊物作为交换，寄赠的单位遍布五大洲。《观象丛报》停刊后，各国刊物继续寄赠不停止"[2]。

王应伟负责编辑的《观象丛报》不仅受到学界重视，对青年天文爱好者也有很强的吸引力。著名女天文学家、两次担任国际天文学联合会副主席的叶叔华院士，便是其中的一位[3]。还有一位毕业于长沙湘雅医学院的学生赵邵民，在阅读《观象丛报》后对天文学产生了极大兴趣，便到济南师从齐鲁大学王锡恩教授学习天文，后来又到英国专攻天文学，回国后成为天文学教授，长期在中山大学、南京大学执教，培养了许多天文学人才。

1922年中国天文学会成立，王应伟是发起人之一。

1928年中央观象台撤销，气象中心移至南京，次年王应伟应青岛观象台台长蒋丙然邀请，赴任气象地震科科长，并兼任磁力科科长，主持气象观测、天气预报和地震观测业务。

与此同时，王应伟在研究和著述方面也颇有成就。诸如，他"利用维歇特水平地震仪进行连续记录，地震观测水平得到提高，对

---

[1] 陈展云. 中国近代天文事迹 [M]. 昆明：中国科学院云南天文台，1985：26.
[2] 陈展云. 中国近代天文事迹 [M]. 昆明：中国科学院云南天文台，1985：27.
[3] 席泽宗.《中国古历通解》序 // 席泽宗. 古新星新表与科学史探索：席泽宗院士自选集 [M]. 西安：陕西师范大学出版社，2002：663.

地震图进行分析，定出震中位置"①。这是王应伟对地球物理学的探索之一。1931年，王应伟在持续研究的基础上，出版了我国第一部现代地震学专著——《近世地震学》，该书阐明了地震的原理和研究方法。

在对气象学研究的基础上，王应伟于1937年翻译并出版了日本学者的《气象器械学》一书，他在该书序言中，感慨国内气象仪器之缺乏，写道："现今我国一切测器，大都购自外国，而尚无自行制作之工厂，一旦测器之各部分，发生轻微故障，而仍须运往外国原厂修理，亦为事实所不许。"②关于译著此书的目的，王应伟认为气象仪器方面的书籍是国内所必需的，且"第念我国现在航空与农田水利等事业，逐渐发展，各地测候所之增设，时有所闻，本书由时势所乘，或可为目前出版界之需要品"③。王应伟还主编了《青岛观象月报》，并先后在国立青岛大学和国立山东大学兼课，讲授"球面天文学"等课程。王应伟的动手能力很强，他在当时非常简陋的条件下，研制出第一台国产风力计。

通过学术上的交流，王应伟结交了许多同行朋友，他与气象学家竺可桢的密切往来便是一例。当竺可桢读到王应伟的数学著作《微积分》时，认为很有价值，并将其推荐给了商务印书馆时任总经理王云五，建议将该著作作为专科学校教本出版。竺可桢在推荐信中写道："敝友青岛观象台王应伟先生著有《微积分》一部，适合于专科学校教本之用，谨为介绍。如贵馆有此项教科书之需要，弟当嘱王君将文稿寄奉，以便审核。"④1932年11月26日，竺可桢又致信王应伟："尊著《微积分》，嘱转介至商务印书馆出版，谨已遵函商务王云五先生矣，容得复书，即再奉闻。入秋风厉，诸幸

---

① 中国科学技术协会.中国地球物理学学科史[M].北京：中国科学技术出版社，2012：67.
② 冈田武松.气象器械学[M].王应伟译.北京：中央气象学会，1937：序.
③ 冈田武松.气象器械学[M].王应伟译.北京：中央气象学会，1937：序.
④ 竺可桢.竺可桢全集（第二十二卷）[M].上海：上海科技教育出版社，2012：511.

珍卫。"①

王应伟不仅研究天文、气象、数学，语言学也学得好。在日本的9年时光里，他学会了英语、德语、日语三种语言；至于国文，由于从少年时便开始接受传统教育，加上个人聪颖好学，更是达到造诣精深的程度。早在1921年，上海商务印书馆就出版过王应伟的一本专论国语文法的书——《实用国语文法》（上编、下编），民国初年教育总长张仲仁为此书作序，写道：

> 吾友王君硕辅，好学不倦，兼通英德日三国文字，于语法的组织素有研究。现在做成实用国语文法一书，上编专述词论及单句，下编专论复句。条理井然，繁简适当，足以供给研究语法的参考。

王应伟在《实用国语文法》（上编、下编）绪论中指出："欲研究一国的风俗习尚，和人民的思想关系，开化程度等，不可不知这一国的语言文字。"可以说这是他的经历写照。王应伟是一位学者，在日本苦读多年，他将科学作为本业，而他熟知的国文成就了他科学和文化两相并重的事业。

1938年日军占领青岛，王应伟激于义愤和坚守民族气节，不受伪聘，毅然辞去工作回到北京家中，继续钻研中国古代天文。

五、《中国古历通解》之憾

中华人民共和国成立后，王应伟在历史学家顾颉刚（1893—1980）的推荐下，应物理学家叶企孙（1898—1977）之邀，担任中国科学院自然科学史研究室（中国科学院自然科学史研究所前身）的义务研究员，帮助该研究室编校中国的古历法和古天文。数年间，王应伟以饱满的热情投入研究工作，参与《中国天文学史》的编写，他坚持天天上班。当时他已是年逾八旬的老人，既不是在职人员，

---

① 竺可桢.竺可桢全集（第二十二卷）[M].上海：上海科技教育出版社，2012：512.

也没有工薪。

王应伟认为，古历是天文学、史学的重要分支，蕴含着丰富的天文学和数学知识，是重要的文化遗产，是中国古代最有成就的科学技术领域之一。他在82岁那年（1959年），主动提出要完成清代学者钱大昕（1728—1804）和李锐（1762—1817）深研古历而没有完成的事业，要继《三统历衍》《四分历注》《乾象历注》之后，从魏景初历开始，到明大统历为止，对各家历法或采用注解体裁，逐句诠释，或采用说明方式，随之解释。他的这一提议，获得中国科学院自然科学史研究室支持，"为此研究室聘他为特约研究员，但只是荣誉性质，没有物质报酬。在一无工资待遇，二无课题经费的情况下，一位80多岁的老人，奋战4年，完成3卷6编，凡50余万字的巨著。"①

王应伟完成的这部巨著，就是《中国古历通解》。天文史家席泽宗院士对此感叹道："没有长期的积累是做不到的。没有高度的奉献精神也是做不到的。"席泽宗还清楚地记得王应伟当时撰写《中国古历通解》的情形，尤其对王应伟一丝不苟的治学精神感慨不已：

> 王老每日工作半天，早晨四五点钟起床，先在家里工作一段时间，吃过早饭后到办公室来，接着工作到中午。有时，我们都吃完饭了，他却还在那儿手执毛笔，聚精会神地写作。他说，做学问要有积累的功夫，积之弥厚，则发之弥光；用功一定要有恒，不能以为有鸿鹄将至，坐不下来。他常把自己写的东西拿给我们看，请提意见，欢迎修改。我们向他请教时，他总是抱着"尽其所有"的态度给我们讲解。我们请他为黑板报写稿，他也欣然承诺。②

20世纪50年代末，中国科学院自然科学史研究室同仁有感于

---

① 席泽宗.《中国古历通解》序 // 席泽宗.古新星新表与科学史探索：席泽宗院士自选集[M].西安：陕西师范大学出版社，2002：663.

② 席泽宗.《中国古历通解》序 // 席泽宗.古新星新表与科学史探索：席泽宗院士自选集[M].西安：陕西师范大学出版社，2002：663.

王应伟的精神，送给他一面锦旗，上面写道："在总路线的光辉照耀下，为科学研究工作奋勇当先，光荣地贡献了自己的全部知识和力量，堪称社会主义的模范老人。"

王应伟接到锦旗后，赋诗一首放在自己的案头，以为自励：

> 遵循总路线康庄，忽庆更生喜若狂。
> 事业刷新周复始，譬诸日月焕重光。①

1962年8月，在北京举行的中国天文学会第二次代表大会上，王应伟作为特邀代表向会议报告了《中国古历通解》，受到与会者敬佩。但由于这部天文学著作是用文言文撰写的，只印过少量油印本，因而读到的人很少，能够读懂的人更是寥寥可数。同时，王应伟以严谨治学的态度考察后，认为《中国古历通解》尚需作"补遗"，想再写一本书以求更完善易懂，并且材料已预备就绪。于是从1963年起，王应伟又致力于补遗和使文字尽可能通俗的工作，即使病中也未曾松懈。遗憾的是，这项工作还没有做完，王应伟便于1964年2月26日离世了。

中国科学院方面安排专人继续王老未竟之事，正进行中又遭遇"文化大革命"。随着岁月的流逝，《中国古历通解》原稿渐渐散失，当年印发的油印本数量也越来越少，且渐有遗失不全之势态。鉴于此书的意义，天文学界和科学史界同仁中的有志者着手重新整理这部专著。在王应伟诞辰120周年之际，经过多方协力，经科学史家陈美东、薄树人补校定稿，《中国古历通解》于1998年由辽宁出版社出版。

---

① 席泽宗.《中国古历通解》序 // 席泽宗.古新星新表与科学史探索：席泽宗院士自选集[M].西安：陕西师范大学出版社，2002：663.

第二章
灵气少年 勤奋求学

一、期许与熏陶

王大珩常说，他是时代的幸运儿，并以此作为自己为《科学的道路》丛书所作自述的标题。虽然成长在动荡的年代，但也正是在那科学启蒙的时代，他有幸受到了系统的、良好的科学教育。他的父亲王应伟是科学家出身，寄望子女成才，特别重视对王大珩的培养。无论是在北平还是在青岛，在王大珩成长的每个阶段，王应伟都想方设法把孩子送到当地口碑佳、条件好的学校里去念书，并亲自辅导和考校他的功课。在父亲的影响下，王大珩十分重视学习。他学习成绩优异，理科学得尤其好，是父亲口中的"考胚"，是弟妹眼里有灵气的兄长。一扇扇科学殿堂的大门在王大珩面前依次打开，他求学一路顺利，这和他有着强烈的好学之心、努力上进、勤学苦练是分不开的。

王大珩于1915年2月26日出生在日本东京中央气象台附近的一所普通的和式住宅里。同年9月，还在襁褓之中的他随着父亲王应伟和母亲周秀清回到了祖国。

父母对王大珩寄予了殷切的期盼，这从父亲为他取的名字便可以看出。王家这一代的孩子取名皆从"玉"字旁。以王大珩的"珩"字为例，《说文解字》中有云："珩，佩上玉也"。"珩"是佩玉上面的横玉，形似磬而小，或上有折角，用于璧环之上，因其稀少而愈加珍贵。《诗经·小雅·采芑》中有"有玱葱珩"之句，形容佩戴的碧玉撞击时发出清脆且美妙的叮当之声响。曾考取秀才、古文功底极好的王应伟为孩子取名为"珩"，可见王大珩在父亲心中就是一块待雕琢的美玉，他对孩子的未来充满无限期许。

王大珩常说：我有一个好的家庭环境。父亲王应伟学贯中西，是一位严谨治学的科学家，又饱读诗书、博学广识，对自己有着深刻的影响。王应伟把儿女教养得十分优秀，从不娇惯子女，也很少夸奖子女，因而在王大珩眼中，父亲严肃、不苟言笑：

父亲脸硬得很，不会笑。一副老式的圆眼镜总是冷冰冰地悬挂在脸上，把窄面孔遮盖得所剩无几。厚镜片上永远反射着一层凛厉的光，令人望而生畏。①

父亲严厉的外表下，其实有一颗慈父之心。王应伟非常重视王大珩这个自小聪慧又有灵气的孩子。父亲当过老师，很会因材施教，他有一个观念，就是孩子们将来都应该学理科，他认为学科学才有出路。因此，他常常从生活的细节处引导孩子们贴近科学，激发他们对科学的兴趣。

有一次，王应伟教孩子们观察折光现象，他将一根笔直的筷子插进水碗中，让王大珩说出自己通过观察所看到的景象。王大珩说：筷子在水中产生了弯折，这个现象新奇有趣。王应伟趁机告诉王大珩，筷子在水中看起来是弯折的，实际上是光在水中发生了折射，所以人的肉眼看起来好像筷子变弯了，但拿出来还是直的。王应伟告诉王大珩，普通的光学现象背后蕴含着丰富的物理学知识。父亲的讲述令王大珩产生了探索科学的强烈欲望。

还有一次，学校布置了一道"鸡兔同笼"的算术题，题目是：一个笼子里养了鸡和兔子，加起来一共有30个头和100条腿，问笼子里有鸡和兔子各多少只？王大珩用数数的办法，很快便得出了答案——10只鸡和20只兔。他因而获得了老师的表扬。回到家，他喜滋滋地把这件事告诉了父亲，却并没有如预想那样得到父亲的夸奖。王应伟问了王大珩，得知他是靠数数得出答案后，反而批评了他。他严厉地告诫王大珩：得出结果不是关键，重要的是要了解过程，不求甚解不是治学应有的态度。

在王应伟的启发式教导下，王大珩逐渐掌握了一些学习的方法，加上自身聪明，他学习速度很快，以数学为例，上初中时他就提前学完了高中的数学课程，还学习起本应在大学里才上的微积分课程。

---

① 王大珩. 七彩的分光 [M]. 南京：江苏人民出版社，2008：21.

王应伟不但教育子女要好好学习，在生活中也总教育孩子们要艰苦朴素。在年幼的子女眼里，王应伟是个"抠门儿"的人，因他少年时吃过生活的苦头，所以在钱上总是非常"计较"。他坚持让全家人省吃俭用，妻子每月从他那里拿生活开支都要有计划，每花出一文钱，都要记录下来。他也很少给孩子们零花钱，从不让孩子们在外讲吃讲穿。王家儿女在父亲的教育下，养成了简朴的生活习惯，一生都保持着勤俭朴素的作风。但王应伟又很有大局观，即便是后来赋闲在家没有收入的情况下，他也从不吝惜花费钱财，用积蓄送子女去当时最好的学校上学。民国时期的学费对普通家庭来说是不小的负担，而王家又是子女众多的家庭，但家中不论男孩女孩，只要有上进心，想读书，王应伟都想方设法让他们接受优良的教育。

王应伟的经济思维对王大珩产生了很大影响，王大珩因而做事十分有计划，他还在大学里选修了一门经济学课程，期望以此锻炼自己的头脑，令生活和思考更有条理与规划。

可以说，王大珩的成才，离不开父亲的影响和督促。

周秀清（1889—1974）是王应伟的继室（王应伟前妻早逝）。她出身吴县周家，周家是当地的世家大族，她与我国著名历史学家顾颉刚的母亲是同族姐妹。周秀清早年在苏州的新式学堂兰陵女学读书，毕业后在上海幼稚园担任幼儿教师，能写会算，有一些文化知识。王应伟在日本留学时回国休假期间，经人介绍与她相识、结婚。她为王家生下了9个孩子（其中一个女儿幼年夭折，另一个孩子过继给他人）。

周秀清性格温和，为人贤惠。她在幼稚园工作过，因而很会带孩子，

周秀清

她温柔地关爱着子女,密切关注他们的成长。她婚后没有再外出工作。出身于大家族的她,耳濡目染,擅长操持家务,在经济支出上井井有条,日常又提倡勤俭劳动。在她潜移默化的影响下,王大珩兄妹无论是在学习还是工作上,都勤奋踏实,有条有理。王家子女敬畏父亲,在感情上和母亲更亲近。

在父母的悉心培养下,王家的子女个个都成长为专业人才:王大珩是光学专家,他的二弟王大琪是造纸专家,曾在轻工部造纸设计院任高级工程师;三弟王大瑜既是一名物理特级教师,也是一位音乐家;大妹王大玫是整形外科专家,曾任北京大学第三医院颌面外科主任;二妹王大琬是妇产科医生,曾任北京妇产医院院长,她的带教老师是大名鼎鼎的妇产专家林巧稚;三妹王大珍是微生物生态学科学家,曾任中国科学院微生物研究所研究员;小妹王大瑛是化工专家,曾任北京通州化工厂工程师。

1933年,王大珩与父母弟妹合影[前排右起:王大珍、王应伟(坐)、王大瑛、周秀清(坐)、王大瑜、王大琬,后排右起:王大珩、王大玫、王大琪]

王家子女手足情深，王大珩与弟弟妹妹们感情深厚，对他们关爱有加，时时关心他们的学习、生活和事业。王大珩以身作则，他自身奋斗不止，学习成绩优异，为人正派，是家中的道德模范。他从小就被树立为弟弟妹妹们的榜样，大家都以他为骄傲，无论是谁，在学习中、生活上遇到问题，都会去问询王大珩的意见，他们都非常信赖这位兄长。

1956年，王大珍在选择专业的时候曾向兄长咨询，严谨的王大珩没有马上回答她，他知道妹妹对生物学感兴趣，便郑重地请来自己留英的同学、生物化学家王应睐[①]找妹妹谈话，向她介绍生物学的研究内容和学习方法，以及学术前景，从而影响了王大珍一生的专业方向。1998年王大珍要去巴西开会，但申请下来的差旅费不够，王大珩得知此事后，及时给她送来了自己的1万元储蓄，补足了旅费的不足部分，解了她的燃眉之急。

王大珩的三弟王大瑜在音乐上有天赋，虽然他听从父亲的建议，读大学时考取了机械专业，但他内心还是想学音乐。在读了一段时间大学后，王大瑜想退学改读艺术专业，这就违背了父亲希望孩子们学理科、学科学的意愿。王应伟认为学音乐不是走正途，不但不同意，还在家里发了一番脾气。王大瑜害怕被父亲责打，便躲到了同学高镇同家里去。王大珩那时候正好从英国归国，得知弟弟的情况后，他到高镇同家里把弟弟找回来，并趁着家人团圆之际好好劝说了父亲一番。他以自己在英国的经历为例，告诉父亲自己的朋友中有很多是艺术家，学艺术十分受人尊敬，是有前途的事，音乐学好了照样能干出一番事业来。他支持弟弟的选择，从而为王大瑜争取到了父亲的同意和谅解。但他也严厉地告诫王大瑜说，要珍惜来

---

① 王应睐（1907—2001），福建金门人，生物化学家、中国科学院首批院士（学部委员）。他是和王大珩同届"中英庚款"留学生，英国剑桥大学博士，回国后，先后在中央大学、中央研究院医学研究所、中国科学院生理生化研究所、中国科学院生物化学研究所从事营养、维生素、血红蛋白、酶、物质代谢等研究，取得突出成就。

之不易的学习机会,无论学什么专业都一定要坚持到底,决不能半途而废。王大瑜记住了王大珩的教诲,坚持学习,尽管后来因时代和社会变迁,他未能始终从事自己心爱的音乐事业,但他从未放弃过自己的这个爱好。除了是一名中学物理特级教师外,王大瑜还是中国音乐家协会会员,他钢琴弹得非常好,常受邀在高级别的音乐活动上演出,还参加过我国应用语言学家、著名教育家、"两弹一星功勋奖章"获得者郭永怀的夫人李佩创办的"中关村大讲坛"。王大珩一直鼓励并支持王大瑜的音乐事业,20世纪90年代末,在一次家庭聚会上,王大珩对王大瑜说:你既然是学艺术的,就应该去那些艺术的国度看一看,如果路费不够,由我来出!王大瑜一生都感怀兄长对自己无微不至的关爱。

二、孔德学校和汇文学校

从咿呀学语起,王大珩便在父母有意识的引导下开始识字。到5岁的时候,他已经认识了不少汉字。不仅如此,他还在母亲计算家庭开支的时候,耳濡目染学到了简单的算术。王应伟发现了儿子的早慧,在考校了儿子的水平后,他决定早一点儿让孩子去学校上学。1920年春天,尚未到学龄的王大珩走进了孔德学校。他刚入学时便通过校方组织的初小一年级的考试,因成绩优异,学校决定让其直接进入二年级学习。因王大珩是跳级上学,所以他比班级里的同学年龄小,加上个头小,每次上讲台答题的时候,他踮起脚尖、努力举起手来也够不到黑板,必须踩着小板凳才能在黑板上书写。

巧合的是,1920年,钱三强(那时叫钱秉穹)从国立北京高等师范学校附属小学校转入位于东华门大街的孔德学校二年级,就这样,他和王大珩成了小学同学。

孔德是法国著名实证主义哲学创始人奥古斯特·孔德(Auguste Comte,1798—1857)的姓。1917年,北京大学校长蔡元培和教授李石曾等人利用"庚子赔款"的退款,在由蔡元培、李石曾、吴玉章、吴稚晖及法国学者欧乐（Aulard）等人创建的中法学者文化教育学术团体——华法教育会的会址基础上创办孔德学校。该校是一所新式学校，教育宗旨是提倡孔德哲学，注重科学精神和对学生的人格教育。学校实行男女同校，教学生学习注音字母、用白话文写作。除了文化课之外，学校还开设了图画课、音乐课、体育课，注重培养学生的动手动脑能力，提倡让学生德、智、体、美全面发展。文学家刘半农曾在《我眼睛里所看见的孔德学校》一文中盛赞孔德学校是一个"实施人格教育的机关"①。

孔德学校当时在社会上名气很大，学校师资实力很强，是北京城内首屈一指的名校之一。学校初办之际，就有来自北京大学的沈尹默、马幼渔、周作人、钱玄同、沈兼士等人来兼任教员给学生授课。学生中还有不少人是北京大学教师的子女，如蔡元培的女儿、钱玄同的儿子、李大钊的儿子、沈尹默的儿子和周作人的儿子，孔德学校几乎成了北京大学子弟学校。这样的师资力量和招生情况，校风和教学质量自然是无话可说。

不仅如此，孔德学校还拥有占地超过13 000多平方米的校舍，大型图书馆藏书超过64 000余册，鲁迅也曾来这里借阅过图书、查找过资料。

王应伟把儿子送到孔德学校接受教育，是希望儿子从小便能接受到新文化的洗礼，受到科学的熏陶。王大珩没有辜负父亲的期望，尽管他年纪小，但学习能力很强，掌握知识速度很快，成绩优秀。

那时候王家住在西观音寺胡同（原北京东单路口以东的一条胡同，因路北二十号有一座观音寺而得名，1958年为打通东单至建国门的道路，拆除了这一带的房屋）92号的一个三合院，王大珩去孔德学校上学，路程较远，每天天不亮就要起床出发，这样才能确保上课不迟到。父亲每日要去观象台上班，还要去兼职的大学里授课，

---

① 刘半农. 我眼睛里所看见的孔德学校 // 呼志强. 20位民国文化大师的阅世心得[M]. 北京：中国纺织出版社，2013：119.

母亲要抚养年幼的弟弟妹妹，还要操持家务，按时接送才五岁多的王大珩上下学便成了全家人都操心的难事。为了就学方便，1922年秋，王大珩先是就近转入位于离家几百米外钓饵胡同（现北京西镇江胡同）的北京汇文学校小学部念了一年初小，接着升入位于马匹厂的北京汇文学校的高小部就读，1926年毕业后，他进入汇文中学，成为一名初中生。

汇文学校涵盖小学部、中学部和大学部，是北京地区赫赫有名的一所学校。这所学校始建于1871年，初为美国基督教会设立教堂时附设的"蒙学馆"，后更名为"怀理书院"，1888年增设大学部，取名为"汇文书院"，学校科目包括文科、理科、神学、医学、艺术等多种。1904年改名为"北京汇文大学堂"，1918年，汇文大学部与华北协和大学合并组成燕京大学，迁到海淀区今日北京大学的校址，原校址为汇文小学和汇文中学，后改名为"京师私立汇文中学"。中华人民共和国成立以后，学校几经演变，更名为北京市立第二十六中学，1989年恢复"北京汇文中学"校名。

汇文学校教学水平很高，培养了很多名人，从这所学校里走出的很多人后来成为院士、专家，著名建筑学家梁思成、动物学家刘承钊、生物学家梁植权、土木工程学家林同炎、神经外科专家王忠诚、物理学家谢家麟等都是汇文学校的校友。书画家启功、航空动力学家宁榥[①]、口腔医学专家李宏毅[②]，这几位还是王大珩在汇文学校读书时来往密切的同学。宁榥与王大珩更是同为清华大学校友，他俩还考上了一届的"中英庚款"留学生。由此可以看出，汇文学校的教学水平当时在北京地区是很高的。

王大珩在汇文学校一直念到了初中毕业，汇文是他始终怀念的

---

① 宁榥（1912—2002），1936年毕业于清华大学机械系航空组，先后在西南联合大学、清华大学、北京大学和北京航空学院（现北京航空航天大学）任教50年。是著名航空动力学家、航空教育家，在喷气发动机内流与燃烧领域有突出贡献。

② 李宏毅（1915—2014），著名口腔医学专家、口腔医学教育家、我国儿童口腔医学的奠基人之一。

一所母校。王大珩记得，老汇文学校有一口铜铸的校钟，这口钟是学校的重要标志。汇文学校早期，催促学子们起床、吃饭、上课、下课，都靠值班员按时按点敲响校门口挂着的这口老钟。一直到20世纪50年代末，学校安装了电铃，这口校钟才结束了它的历史使命。这口校钟是早期汇文学校精神的象征，钟声提醒学子们要遵守时间、珍惜时光。伴随着悠扬响亮的钟声，王大珩在汇文学校求学，从懵懂的孩童渐渐长成为一个半大的少年，在这所学校度过了人生中一段纯真、美好的时光。若干年后，回忆起母校，王大珩最先想起的便是那口经历了沧桑岁月的老校钟。他说："汇文的钟声特别好听，它的频率在人耳最敏感区，听起来很清脆，不像有的大钟太低沉。"[①]

天资聪慧的王大珩在汇文学校学习期间成绩优异，主要功课的成绩在班级里名列前茅。他对定理和概念能做到领悟清晰、应用自如，对学习到的知识能做到融会贯通。中学时期，他常被班上的同学称为"小老师"，因为他不仅能很快就掌握知识点，还能深入浅出地给同学们讲解，教他们最优的解题方法。汇文学校有奖励各学科第一名毕业生的传统，即校方为每个学科考取第一名的毕业生颁发一枚银盾，以表彰学生在校期间取得的优异成绩。在1929年汇文中学初中毕业典礼上，王大珩因算学（数学）、科学（生物）两门功课的成绩排名第一，获得校方颁发了两枚银盾的殊荣。王应伟虽然赞赏王大珩在学习上有灵气，但怕他因此而骄傲，便在家里半是戏谑半是敲打，喊他作"考胚"，意思是说他很会考试。王大珩成绩好，理所当然在弟弟妹妹们中就有了威望。

三、青岛礼贤中学

1929年，王应伟获得一个新的任职，他受台长蒋丙然之邀，即将去青岛观象台工作。他坚持要带着王大珩去青岛赴任，他的妻子和其他子女则继续留在北平生活与上学。王应伟认为高中学业对

[①] 王丽. 追寻失落的中国教育传统[M]. 北京：教育科学出版社，2010：138.

于未来考大学很关键,他担心自己不在家,没人监督,王大珩这棵"好苗子"荒废了,所以他要亲自照料并时常指点孩子的功课,督促他抓紧时间学习。

王大珩是在青岛礼贤中学高中部完成的高中学业。与青岛的公立中学相比,这所学校的费用可谓不菲——每学期学费10元、膳食费10元,书籍、制服等费用由学生额外自理。这笔钱和读一所国内知名大学每年要交纳的学费差不多。对比20世纪30年代初期的物价水平,王大珩曾回忆,1元钱可以买到10磅[①]牛奶[②],而这也是当时普通家庭餐桌上较少见到的珍贵食品。

"抠门"的王应伟,不惜花费一大笔钱也要让王大珩上礼贤中学(他甚至没有考虑过收费低廉或者免费就读的公立学校),是因为这所学校是抗战前夕青岛规模最大、教育水平最高的一所私立中等学校,也是中国留存至今的百年历史名校之一。礼贤中学的历史可上溯至1900年德国基督教同善会传教士、汉学家卫礼贤[③]在胶州路上开办的礼贤书院,该校初办时除了开办德文班以外,还教授清政府钦定的高等学堂章程课程。1905年学校增设女学,即礼贤女学(也叫美懿书院,后改称淑范女学校),成为青岛第一所招收女生的中学。学校开办之初的教学方针为"中西结合""有教无类,一视同

[①] 1磅=0.454千克。

[②] 王大珩便笺,王大珩遗留资料,存于中国科学院长春光学精密机械与物理研究所(以下简称长春光机所)档案室。关于长春光机所的历史沿革说明如下:1951—1957年,中国科学院仪器馆;1957—1960年,中国科学院光学精密机械仪器研究所(简称光机所);1960—1968年,中国科学院光学精密机械研究所(简称光机所);1968—1971年,光学精密机械研究所(简称光机所);1971—1976年,中国人民解放军第一〇一八研究所,中国人民解放军沈字六一九部队;1976—1999年,中国科学院长春精密机械研究所(简称长春光机所);1999年至今,中国科学院长春光学精密机械与物理研究所(简称长春光机所)。

[③] 卫礼贤(Richard Wilhelm,1873—1930),出生于斯图加特,原名为理查德·威廉,到中国后取名卫希圣,字礼贤,亦作尉礼贤。汉学家,翻译出版了《老子》《庄子》《列子》等道家著作,还著有《实用中国常识》《老子与道教》《中国的精神》《中国文化史》《东方——中国文化的形成和变迁》《中国哲学》等著作。

仁",并提倡"中学为体、西学为用"。1919年,学校改名为礼贤甲种商业学校,直至1924年恢复校名"私立礼贤中学"。1952年,人民政府接管该校后将其改名为山东省青岛第九中学。这所学校在青岛的历史上有重要作用,为清末民初胶州湾地区打开了一扇了解世界教育的窗口,开启了青岛教育近代化的历程。

礼贤中学建有一座尊孔文社藏书楼,是因学校创始人卫礼贤尊崇孔子的思想而建。这座藏书楼收藏了国学典籍和外文书籍约3万册,也是青岛市的第一座图书馆,后改为鲁迅礼堂,直到随着历史变迁被拆除。这所藏书楼的建立,表明礼贤中学不仅崇尚科学教育,而且重视中国古典文化教育,学校为学生开设了国文课程,鼓励学生们兼学中西,不偏科。王大珩一生喜欢中国古典文化,喜爱诗词,除了受父亲王应伟学贯中西的影响外,和其少年时期的学习经历也有很大关系。

王大珩在礼贤中学读书期间,正是青岛地区时局稳定、礼贤中学发展较好的一个时期。20世纪30年代初的礼贤中学,其校舍和设施在青岛乃至全国都是极为齐备的。学校占地总面积8000平方公尺[①],校舍配备有食堂、礼堂、教室、图书馆、宿舍,体育方面有篮球场、足球场、网球场、操场,还设有专门的物理教室、物理实验室、化学教室、化学实验室、生物实验室,并配备了一座铁工厂和木工厂。学校拥有各类齐全的声、光、电、化、热、力学仪器,有地图挂图、地球仪,以及动植物、昆虫甚至人体骨骼标本和各种模型,师生们可以进行直观的教与学。

当时礼贤中学高中部设置了3个普通班,全校有教职员工30余人。其中有2/3左右的教师拥有大学以上学历,有一些教师是从国外留学回来的,学校还配有外籍老师。例如王大珩班上的化学课教师是一位留学德国的化学博士,地理课教师是一位留学德国的地质学博士,甚至还有一对德国夫妇专门负责英语和德语教学。王大珩的物理课教师是一位瑞士籍物理学博士,这位老师在上物理课时,

---

① 1公尺=1米。

总是想方设法为学生们做各种有趣的物理实验，这在当时落后的教育条件下，是其他同类学校无法相比的。这样的教学方法，直接培养了王大珩对物理的兴趣。

礼贤中学的一大特色是提倡外语学习，这和其学校性质、创办历史有很大关系，学校的英语和德语教学水平尤佳，学生每周要上6—8小时的外国语课程。高中部甚至大量采用了英文教科书。例如，高一几何课用的是温特渥斯（Wentworth）所著的 *Plane and Solid Geometry*（《平面和立体几何学》），三角课用的是格兰维尔（Granville）所著的 *Plane Trigonometry*（《平面三角学》），高三代数课用的是霍克（Hawkes）所著的 *Advanced Algebra*（《大代数》）。在这种情况下，学生要学好数学课，就必须先学好英语，语言学习对礼贤中学的学生来说尤其重要。王大珩的英语和德语基础，就是在礼贤中学打下的。他英语口语非常流利，能说会写；德语学得也很好，上大学后，能够借助字典，看懂老师叶企孙布置的德文原版专业书。

今日的青岛观象台天文圆顶室

学习之外，王大珩还是青岛观象台的一名小"见习生"。这所观象台是近代远东地区三大观象台之一，是我国现代天文事业的发祥地之一。观象台位于青岛的观象山上，坐落在黄海之滨、胶州湾畔，风景秀丽宜人。1931年，青岛观象台建成了一座用花岗岩建造的大型天文观测室，楼内当年便安装起法国泼林工厂制造的口径为32厘米的物镜，以及焦距为 3.58 米的大型天文望远镜等，还设有国家黄海水准基点及地磁房。在当时来说，这个观象台可以说是拥有全国领先的观测设备，观测条件也是极好的。王应伟在青岛观象台工作期间，常借职务之便，带王大珩去自己工作的地方参观，手把手教孩子学习气象观测，告诉他如何用科学器械来观测星空，告诉其地震、地磁的原理和概念……王应伟的同事也都很喜爱这个聪明的少年，每次看到他来，都会亲切地指导他。王大珩在青岛观象台"见习"期间，看到了各种各样精密的天文观测仪器，通过它们认识到浩瀚的宇宙星空，了解到天气变化的变幻莫测……这些都激发了他浓厚的科学兴趣，大自然的奥秘令他深深着迷。

青岛观象台的这段经历，令王大珩久久难忘，他不但长了见识，更充分认识到科学仪器对于科学探索的重要性。

1998 年在青岛观象台成立 100 周年之际，王大珩受邀前来庆贺，故地重游，他心中万分感慨，提笔挥就一首四言诗，既是对过往岁月的深情缅怀，更是对观象台美好未来的展望：

> 青岛风光，观象有方。
> 百年业绩，贵在经常。
> 气象测报，日夜绵延。
> 日月星辰，窥成壮观。
> 太阳黑子，描记隐现。
> 中星过顶，校准时间。
> 地磁地震，亦录亦研。
> 海洋探测，斯是开端。
> 世纪沧桑，国势日强。
> 承前启后，观象其昌。[①]

---

① 王大珩遗留资料（手稿），"诗词"，存于长春光机所档案室。

第三章

自强不息
水木湛清华

一、清华大学物理系

在青岛的时光一晃而过，1932年高中毕业后，17岁的王大珩从青岛回到北平参加大学招生考试。那时候大学不设统考，由各个学校自行命题、自行组织考试、自行判卷、自行发榜。

王大珩分别参加了三所大学的招生考试：一是清华大学，因为他的母亲和弟弟妹妹在北平生活，且这里也是他成长的地方；一是国立青岛大学，因为父亲在青岛观象台工作，王大珩喜欢青岛的海洋和气候；一是南开大学，因为校址在天津，距离北平较近。成绩很快就出来了，三所学校发布的录取榜单上，都有王大珩的名字：南开大学他考了第一名；国立青岛大学他排进了前十名，且数学分数很高，他的考卷给当时判卷的数学教授留下了很深刻的印象；清华大学他考了第十五名。

王大珩最后选择了清华大学物理系。一是慕名于清华大学的历史和实力——这是一所强调学术独立的综合大学，也是全国学术水平最高的大学之一。二是他喜欢物理，20世纪30年代的清华大学物理系，有叶企孙、吴有训、周培源、萨本栋等名家名师，学术成就和教学质量在全国名列前茅。

清华大学的历史可以上溯到1909年，游美学务处筹建了游美肄业馆，招考"庚款"留美学生。1911年，留美预备学校依托美国退还的部分"庚子赔款"建立，因校址设立在清华园内，因此命名为清华学堂。学校办学宗旨从派遣留学逐步转为培养本国人才，并开创了四年制本科教育学制。1928年学校更名为国立清华大学。1937年抗日战争全面爆发后，学校南迁长沙，与北京大学、南开大学联合组建国立长沙临时大学。1938年学校迁至昆明，改名为国立西南联合大学，直至1946年迁回清华园原址复校。清华大学师资力量很强，除了国学四大导师梁启超、王国维、陈寅恪、赵元任外，民国时期许多著名学者都曾在这里任教过。

清华大学物理系成立于1926年秋天，是清华大学成立最早的17个系之一，其教学和科研实力在全国首屈一指。

物理系的主要创办人之一是物理学家叶企孙，另一位创办人是时任清华大学教务长的梅贻琦，其中叶企孙是该系首任系主任。叶企孙到任后，注重发展物理系的教师队伍，他聘请了一批学术造诣较高的教授前来任教，如1926年聘请了熊庆来，1928年聘请了吴有训、萨本栋，1929年聘请了张子高、周培源、黄子卿、萨本铁、李继侗，1931年聘请了赵忠尧，等等，到抗日战争全面爆发前，清华大学物理系的教师阵容在国内位居前列。

清华大学的教师与其他学校教师不同的是，他们除了承担教学任务之外，还从事科学研究，也就是说，清华大学的教师兼具教授和研究员双重身份，这在当时的大学里是不多见的。例如，叶企孙做光谱方面的研究；吴有训做X射线对金属结构的研究；周培源做理论物理方面的研究；赵忠尧与霍秉权研究原子核物理，并着手建立威尔逊云雾室；萨本栋与任之恭进行电路和电子学方面的研究，并着手试制真空管；等等。为培养和提高教师的学术水平，清华大学还形成了一种风气，教授根据校方制定的休假条例——教师员工连续服务五年可休假研究一年，其间除了享受本薪外，还给予来往旅费520美元和每月100美元研究费，支持他们到国外进行短期深造或研究。物理系有不少教师利用休假制度出国访学，他们在国外学习科学技术，提高自身的学术素养，回国之后把在国外所见所学传播于众，取得了很好的效果。

除师资力量强大外，清华大学物理系还十分重视提高硬件水平，从筹建开始，便积极筹备研究工作用的实验室、设备较好的金工厂和有专门书刊的图书室。截至1934年，清华大学物理系已经有较为完备的硬件设施和较丰富的参考书籍及国内外杂志，且设有工场，能自制精密仪器，无愧为当时的"全国学术中心之一"。

清华大学理学院物理系是王大珩心中的第一选择。王大珩入学后的学号是 1878。

1932 年清华大学入学考试的国文考题是由国学大师陈寅恪出的，有两道题引人注目：一为对对子题，"对下列之对子：（甲）少小离家老大回；（乙）孙行者"；二为作文题，即"《梦游清华园记》，附注：此题文言白话皆可，但文言不得过三百字，白话不得过五百字"。这两道题，不仅考查考生的文字功底、逻辑能力，第二道题还考查学生对学校和学业的了解情况与态度，据此判断他们适不适合在这所学校里读书。王大珩心中的清华园，正是一片学术的圣地，也是他梦想的启航之地。清华大学精神的象征——那座高大的汉白玉校门，为他开启了一扇通向科学世界的大门。

清华大学的校训为"自强不息，厚德载物"，这是 1914 年梁启超在清华学校做的一次题为《君子》的演讲中援引的《周易》中的"天行健，君子以自强不息；地势坤，君子以厚德载物"。自强不息，即奋斗不止、奋发图强、不屈不挠、追求卓越；厚德载物，是要有团结民主、严己宽人、兼容并包的博大胸怀。王大珩进校以后，尤其体会到校训对物理系学生的影响远胜于其他诸系。因为清华大学物理系希望学生们珍惜学习时光，未来能够扎扎实实从事物理学研究或相关工作，甚至能进一步深造，在学业和工作上取得成就，所以提倡的是"重质不重量"的教育；对学生是重"精"而不在"多"，采取的是淘汰制度，倘若求学期间不能做到奋斗不止，成绩跟不上，或者被教授认为不适合学物理，学生就得转系或者转校，甚至是毕不了业。

在"重质不重量"的原则下，清华大学物理系每年的招生人数并不多，能坚持到毕业的学生更是少之又少。以 1929 年清华大学物理系的第一届毕业生为例，最后顺利毕业的只有四人，即王淦昌、施士元、周同庆、钟间。其中，王淦昌、施士元、周同庆后来都成为知名物理学家：王淦昌为"两弹一星"元勋；施士元是居里夫人的学生，也是我国最早从事核物理的研究者之一；周同庆是我国最早从事光学、真空电子学和等离子体物理学等领域研究的领军人物之一。他们都为我国的物理学发展做出了很多贡献。

1932年王大珩这一届考入清华大学物理系的学生一共是28人，但是因为物理系的淘汰制度，到大学二年级的时候只剩下12人，坚持到1936年的只有9人，加上1934年从上海大同大学转来的于光远（郁钟正），物理系1936年的毕业生一共是10人，即钱三强、王大珩、于光远、杨龙生、杨镇邦、谢毓章、陈亚伦、何泽慧、戴中扆（黄葳[①]）和许孝慰。这10名顺利毕业的学生在四年的学习中表现出了很强的专业兴趣，且性格坚韧。有的毕业生出国深造，有的

王大珩与清华大学同学的合影［前排左起：钱三强、王大珩、戴中扆（黄葳）、陈亚伦，后排左起：杨龙生、杨镇邦、谢毓章］

[①] 黄葳（1915—2002），原名戴中扆，上海嘉定人，1936年10月加入中国共产党，"七七事变"后离开清华校园，先后在湖北武汉、陕西参加革命工作，1949年6月抵达延安。新中国成立后，曾任中国科学院黑龙江省分院副院长、东北分院副院长，黑龙江省科学技术协会主席，国家科学技术委员会（以下简称国家科委）党组成员等，她还是中国共产党第七次全国代表大会候补代表，第三、第六届全国人民代表大会代表，第四届全国妇联执委。

人在大学、研究机构从事科研工作，大家在各自领域都取得了不俗的成就。

清华大学物理系的课程都是经过教师们精心设计的，既有必修课，也有选修课；既有公共课，也有专业课。物理系学生均须修习大学普通物理，且有对学生的成绩要高于其他系学生的规定，要求必须达到中等以上。学生在第一学年须学习各学系公共必修学科（包括国文 6 学分、英文 6 学分、社会科学 6 学分），在学有余力的基础上可以选读物理、化学、微积分等课程。物理系额外要求学生必须掌握一种外语，达到能读能写的程度，并在第二学年选修第二外语，王大珩在清华大学继续学习了英语和德语，这两种语言他在高中就有了基础，上大学后更是抓紧机会深入学习。物理系学生要学习中级电磁学、中级光学、中级热学和中级力学，同时还要参加中级物理实验课；第三学年要上力学、热力学、电磁学、光学和分子运动的物质论的课程；第四年要学习近代物理学、无线电学和近代物理实验与无线电实验[①]。

清华大学物理系课程设置的重要特点是重视培养学生的动手能力，提倡学生要手脑并用、理论与实验相结合。物理系明文规定，学生选修实验课的学分不得少于理论课的 1/2。当时物理系学生须修本系学程 50 学分，除公共课外，理论课学分 24 分，实验学分 12 分。而实验课每次 2—3 小时，每周一次，一学期下来却只有 1 个学分，这就意味着学生一学期至少需要选 2—3 门实验课才能过关，如此一来，学生就不得不花很多时间上大量的实验课，客观上极大锻炼了学生的动手操作能力，对学生们有莫大的好处。他们毕业以后，无论是从事物理研究还是教学工作，都能很快上手实际工作。对此，钱三强出国留学后深有体会，他感慨清华大学对学生的严格教导，他说：正是本科期间的严格训练，他们这一届学生的动手实践能力

---

① 1936—1937 年度物理学系的学程一览 // 清华大学校史研究室. 清华大学史料选编. 二（下）[M]. 北京：清华大学出版社，1991：397.

不输于同时工作的外国青年[①]。王大珩更是对自己的动手能力有十足的信心，他说：即使给我一堆废铜烂铁，我也能想方设法凑成一个像样的东西。王大珩后来也如他自己所说，在大连大学建设应用物理系时，硬是用一堆从旧货市场淘来的无人问津的"破烂"，制成了许多件可供学生们上课使用的精巧的物理仪器。

在清华大学四年的本科学习中，王大珩上过叶企孙教授的热力学课、吴有训教授的 X 射线学课、萨本栋教授的无线电课、周培源教授的理论物理学课以及赵忠尧教授的光学课程等。

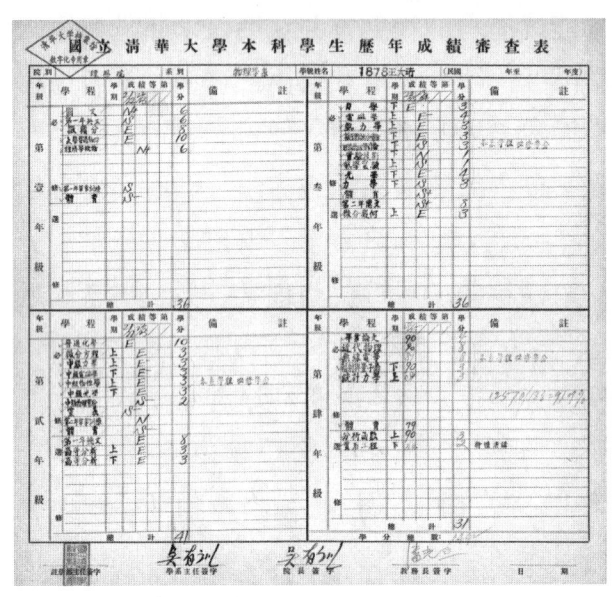

王大珩在清华大学的成绩单
（清华大学档案馆提供）

王大珩学习十分刻苦，四个学年下来，他共修足了 144 个学分。以四年级为例，他的毕业论文得了 90 分，必修课近代物理课成绩是 90 分，无线电学课得了 87 分，辐射与量子学课得了 90 分……

当时清华大学理学院有三种奖学金——裴克奖金、纪念周明群奖学金和思源助学金。在清华大学读书期间，王大珩大部分时间住在学校里，仅周末和节假日坐车回家探望母亲和弟弟妹妹。那时候父亲每学期仅给他 10 元，用于生活开支和购买书籍。尽管他一向勤俭，但 10 元生活费也只是刚刚够用。好在上学期间，他因各方面表现不错，成绩优秀，获得过纪念周明群奖学金，奖金有数十

---

① 钱三强. 缅怀敬爱的叶企孙教授 // 钱三强. 钱三强科普著作选集[M]. 上海：上海教育出版社，1990：209.

元，这极大改善了他的生活，还有余钱购买一些衣服、钢笔等较好的物品。

二、恩师与挚友

清华大学名师荟萃，当时物理系最有名的教授是叶企孙，有人统计过，他教出的学生中，有79位当选中国科学院院士或中国工程院院士；"两弹一星功勋奖章"获得者中，有9位是他的学生，他被誉为一代科学宗师。

叶企孙是上海人，1918年从清华学校毕业后赴美深造，1923年获得哈佛大学哲学博士学位。叶企孙在物理学方面有很高的天赋，他曾经用X射线重新测定辐射常数h，并于1921年成功得出实验结果，在《美国国家科学院院报》和《美国光学学会学报》上发表，被国际科学界公认为当时最精确的h值，被国际物理学界沿用达16年之久，以至于后人每提到叶企孙便会想起这一成就。叶企孙在哈佛大学完成了题为"The Effect of Hydrostatic Pressure on the Magnetic Permeability of Iron, Cobalt, and Nickel"的博士学位论文，探讨了液体静压力对典型的铁磁性金属铁、钴、镍磁导率

叶企孙

的影响，他在这个领域做了开创性的工作，受到当时欧美科学界的广泛重视。1925年，清华学校创立大学部，他接受聘请就任物理学副教授，次年升任教授。在近30年时间里，除短期任中央研究院总干事外，叶企孙一直在清华大学任教，他数度代理主持清华大学校务，还主持过西南联合大学校务，用冯友兰的话来说，叶企孙在清

华大学是仅次于梅贻琦的"第二把手"。1949年中华人民共和国成立前夕，在蒋介石的迁台湾名单中，叶企孙赫然在列。梅贻琦向叶企孙探询他的去留问题，叶企孙毅然回答道：清华办学本来就置身于政局变迁之外，过去这样，以后也会保持这一传统；国民党的走与不走，与清华园无关！叶企孙决意要一直为清华服务下去，就这样，他一直留在清华大学物理系工作，直到1952年全国高等学校院系调整后调到北京大学物理系任教。

在进入清华大学求学以前，喜爱物理的王大珩便已从父亲那里听说过物理学家叶企孙的大名。他第一次见到叶企孙是1932年正式进入清华大学物理系前参加的一次面试中。叶企孙不仅要看学生的考试成绩和报考意愿，他还要亲眼见一见学生，根据他们的实际情况再进行专项录取。入学以后，王大珩听过叶企孙的磁学、热力学课程，叶企孙思维敏捷，教学方法灵活独到，他讲课虽然带有上海口音，但是丝毫不影响他把那些基本概念讲得清晰易懂。叶企孙讲授的热力学是物理系最难懂的课程之一，每当讲到关键之处，他总是不厌其烦地反复强调、重复讲解，直到学生真正透彻理解了为止。钱三强回忆起叶企孙上的热力学课程，十分难忘，说这门课虽然有参考书，但叶老师"从来不按书上内容宣读。他在两三年内，给不同班次讲热力学，每年所举的例子几乎从不重复，因此有时叫我看看上一班同学的笔记，后来我才知道，他备课是很用心的，几乎都是用热力学最新发展方面的例子来作讲课内容的。他教课的过程，就是他吸收国外最新研究成果的过程"[1]。

叶企孙十分重视因材施教，他甚至根据每个学生的不同情况，单独设置适合他们的考试题目。例如，王大珩的统计物理学考试题目来自叶企孙交给他的一本德文版的统计物理学专著，叶企孙让他认真阅读后写出自己的见解。王大珩虽然在高中就学过一些德语，

---

[1] 钱三强. 我对吴有训、叶企孙、萨本栋先生的点滴回忆//钱三强. 钱三强文选[M]. 杭州：浙江科学技术出版社，1994：290-292.

大学里选修的第二外语也是德语，但以他的水平，要完全通读一本内容高深、专业的德文学术著作，还是有难度的。但他知道叶企孙不肯通融，也知道这是老师在刻意锻炼自己，便硬着头皮接下了这份考题。他借助德语字典，一字一句地读完了这本专著，并在规定的时间内写下了自己的读后感和体会，交上了一份圆满的答卷。叶企孙的考试方式令学生收获很大，王大珩不仅提高了德语水平，学习新知识的能力也得到了锻炼。

清华大学物理系一向重视学生的毕业论文，四年级学生除了几门必修课外，大部分时间都放在毕业论文上，每个学生从题目到文献、实验再到成文，都有一位教授专门指导。王大珩的毕业论文正是叶企孙亲自指导的，在征得王大珩同意之后，题目定为《卢膜盖克干涉仪进行光谱高分辨率的实验》，内容是安装高分辨率的光谱学设备，并且利用它做光谱线的精细结构研究。由此也可以看出，王大珩那时候就对光学和仪器有着浓厚的研究兴趣。他最后写成的毕业论文，叶企孙审阅后给予了高分，之后王大珩顺利毕业，获得清华大学学士学位。

闲暇时，叶企孙喜欢找学生们谈话，了解他们的专业兴趣、学习上的困难，他手里有一个小本子，上面专门记录着他与学生的对话内容。他总是在不断思考每个学生的特长是什么，该推荐他们到国外去学习、进修哪个专业。王大珩到英国攻读应用光学专业就是受到了叶企孙的启发。王大珩回忆："在设置留学生的专业和名额上，叶先生有深谋远虑。在抗战前中国的光学工业是零，而国防需要光学机械，为此他设置了应用光学这个名额。"[1]

叶企孙不仅教学生知识，他爱国、崇高、无私的人格和高洁的师德更令人尊敬与佩服，他是王大珩始终尊敬和怀念的一位授业恩师。

在时局不稳、华北危急之际，叶企孙作为一位学者，倡导"只有科学才能拯救我们的民族"，他告诫学生们应以学习为主业，未

---

[1] 应兴国.叶企孙：不能不提的一个人[N].《南方周末》，1999-10-22：2版.

来以科学救国。国难当头之际，这位正直的教授站了出来，他向国民政府兵工部门提议，派遣有志青年到德国学习兵工弹道学，以期他们学成之后从事国防科学领域的工作，为国效命。在后来的抗日救亡中，他不顾环境恶劣，帮助、支持自己的学生为冀中抗日军民研制、运送梯恩梯（TNT）炸药、地雷、无线电器材、药品等物资，做了大量工作。

除了叶企孙，吴有训（1897—1977，江西高安人）对王大珩也有很大的影响。吴有训是中国近代物理学的奠基人，是美国物理学家、诺贝尔物理学奖获得者阿瑟·霍利·康普顿（Arthur Holly Compton）的学生，学术水平很高。1928年他应邀来到清华大学物理系任教，1934年担任物理系主任。他在物理系开设近代物理课程，其授课的方式，"注重于近三十年来物理学界对于电子及能量子之实验研究及其所得结果之解释，使学者对于当代之原子结构论得窥门径"[1]。他还着手在清华大学建设了中国第一个近代物理研究实验室。1933—1934年吴有训去美国休假，回国时带回来一些吹玻璃的设备，还有玻璃真空泵，以及各种口径的玻璃管，完善了清华大学的实验室装备。他在1935年开设了一门"实验技术"的选修课，指导学生学习金工操作，这一课程，也是吴有训发现学生们实验才华的机会。他在课上教学生们一些普通物理实验课上没有的东西，比如让他们掌握烧玻璃的火候和吹玻璃技术的关键。当时班上有五六个人学习了这门课，其中就有后来成长为光学技术专家的王大珩和原子核实验物理学家钱三强。王大珩回忆起吴有训老师的这门课，称这门课"使得我们在以后的实际工作中，显得得心应手"[2]。吴有训爱护人才，处处提拔人才。于光远，便是吴有训在上海面试

---

[1] 吴有训在清华大学 // 郭奕玲，沈慧君. 吴有训文集[M]. 南昌：江西科学技术出版社，2007：358.

[2] 王大珩. 怀念吴有训老师 // 吴有训百年诞辰纪念活动筹备委员会. 吴有训百年诞辰纪念文集[M]. 北京：中国科学技术出版社，1997：37.

新生后选拔回来的物理系三年级插班生。他后来推荐王大珩去参加"中英庚款"留学考试,引导他去大连大学任教;在担任中国科学院副院长后,也是极力推荐王大珩来院工作。

周培源(1902—1993,江苏宜兴人)和赵忠尧(1902—1998,浙江诸暨人),也是王大珩在清华大学里难忘的人,他们对王大珩的科学道路都有着深刻的影响。周培源是流体力学家、理论物理学家,1929年起担任清华大学教授。在"一二·九"救亡运动期间,周培源特意在物理系开设了弹道学课程,意图通过这样的专业课来引导学生初步了解军工物理方面的知识,激励学生们的爱国情感[①],引导他们走上相应的道路。像何泽慧便是受本科课程的影响,后来远赴德国学习弹道学。"七七事变"后,在周培源的启发下,王大珩更是放弃学业,选择以军工科学为职业方向。

核物理学家赵忠尧是诺贝尔物理学奖获得者罗伯特·安德鲁·密立根(Robert Andrews Millikan)教授的学生,是美国加利福尼亚州理工学院毕业的理学博士,1931年在英国剑桥大学卡文迪什实验室访问回国后担任清华大学物理系教授。赵忠尧为中国的核物理事业做了大量工作,他在中国首次开设核物理课程,并主持建立中国第一个核物理实验室。赵忠尧是王大珩攻读核物理专业的研究生导师。虽然王大珩跟随赵忠尧学习的时间不太长,但是老师带着他阅读核物理方向的文献,教他做具体的实验工作,令他认识到核物理专业对国防的重要性,并打下了坚实的学习基础。

除了授业恩师,王大珩难忘的还有与他一起成长起来的同学们,尤其是被誉为中国物理学界的"居里夫妇"的钱三强、何泽慧伉俪,更是王大珩一生的挚友。

钱三强是国学大师钱玄同之子,他与王大珩还是孔德学校的小学同班同学。钱三强进清华大学物理系不是"慕名",而是源于自

---

① 刘晓.卷舒开合任天真:何泽慧传[M].北京:中国科学技术出版社;上海:上海交通大学出版社,2013:59.

己的亲身感受。他原本在北京大学读了两年预科和一年物理系本科，在听了物理系的几位教授在北京大学的讲课后，他被强烈地吸引，认为清华大学的物理系水平更高，便产生了转考到清华大学的念头，并毅然放弃在北京大学三年的学习，于1932年重考清华大学物理系。

钱三强称得上是和王大珩相识时间最长、交情甚笃的学友和同事，王大珩更以"相识七旬称莫逆"来形容他与钱三强之间的关系。

钱三强于1992年6月28日逝世。王大珩闻讯后，当天哽咽着给何姐（何泽慧）打电话，而后久久默坐沉思，握笔撰成悼文《怀念钱三强》，写下长诗《忆三强，我的挚友》：

> 幼自更名志气先[①]，人道少年非等闲。
> 四载清华攻"牛爱"[②]，一朝出国成大贤。
> 纷纭战火历辛苦，难得何姐结良缘。
> 诚赞华夏有居里，铀核三分创新篇。
> 祖国革命换人间，英才驰骋有地天。
> 计穷顽敌施细菌，敢邀正义揭凶焰。
> 两研纵横继往业，一院科学展宏颜。
> 原子大事奠基业，春雷一声秉穹轩。
> 十年动乱耐磨炼，响应改革志趣坚。
> 霞光照晚红灼灼，赢得国际好名衔。
> 须知继业满桃李，荣哉奋拓半百年。
> 相识七旬称莫逆，哀悼挚友痛心弦。

[①] 钱三强与王大珩是孔德学校的小学同学，钱三强原名"秉穹"，后来自己改名"三强"，用以自勉，可见其从小志气不凡。

[②] 喻牛顿、爱因斯坦。

被王大珩习惯称为"何姐"的何泽慧，是当年由苏州振华女校考入清华大学物理系的8名女生之一，后来她成为中国少有的女性核物理学家。她聪慧、勤奋、执着，一辈子投身科学事业，是一位受人敬重的女科学家。同样，何泽慧也很敬重王大珩，甚至对他怀有感佩之情。何泽慧一直记得一件事，1936年她大学毕业时没有找到工作，好不容易争取到山西省（其籍贯是山西）的官方资助出国留学，这时王大珩告诉她德国的军事工业先进，有一位弹道学权威专家卡尔·克兰茨（Carl Cranz，1858—1945）在南京的国民政府兵工署担任顾问。于是，一心想学军工、打击日本侵略者的何泽慧，于当年乘火车去了德国，她找到德国柏林工业高等学院（今柏林工业大学）技术物理系主任克兰茨，要求学习弹道学。经过一番力争，何泽慧成为这个保密系招收的第一位外国学生，更是弹道学专业唯一的女生，并于1940年获得工程博士学位。何泽慧说起这件事，是时过66年的2002年。

王大珩对何泽慧有着很深刻的印象，尤其是对她的物理学成就和贡献印象深刻，赞誉她为"华夏居里魂"。在何泽慧九十寿诞之际，王大珩作诗一首以示庆贺：

王大珩（右）与何泽慧（左）（2001年1月26日）

> 春光明媚日初起，背着书包上班去。
> 尊询大娘年几许，九十高龄有童趣。
> 毕生竞业呈高能，尤庆后继茂华林。
> 夕阳照晚红烂漫，赞我华夏居里魂。①

王大珩和钱三强、何泽慧夫妻的友谊弥坚，20世纪80年代以后，王家举家搬迁至北京长居。当时的居所位于北京海淀的中关村，属于位置偏僻的地方，但王大珩很高兴，因为他能够与居住在这附近的钱家老友时常来往。

与王大珩来往较多的还有大学三年级转学来的于光远、黄葳等。他初期在思想上受到过这两位同学的影响，尤其是在黄葳的引导下，王大珩对革命进步思想有了一些初步的认识。

从清华大学毕业前夕，学校组织学生参加为期三周的毕业参观，这次参观对物理系毕业生择业产生了很大的影响。原来，那时候清华大学的学生每人每年要交给学校20大洋学费，这样四年下来便有了80大洋，到毕业时，校方会用这笔钱作为毕业生的旅费组织就业参观，在当时来说，这笔钱用作学生的旅费是很宽裕的。

王大珩这批学生在青年教师任之恭带队下，参观了位于北京的协和医学院、北平研究院，位于南京的国民政府资源委员会、国民政府兵工署的相关单位和中央大学。这次旅行对毕业生选择职业影响很大。清华大学物理系学生参观的都是与物理专业毕业生就业相关的单位，他们在毕业参观之后不久，都定下了未来的方向：王大珩和谢毓章留在清华大学，从助教起步，并攻读研究生继续深造；钱三强选择去了北平研究院物理研究所；陈亚伦和杨镇邦去了南京的兵工署的弹道研究所服役；于光远去了广州岭南大学；杨龙生去了厦门大学。班上的几位女生中，何泽慧决定去德国学习军工，许孝慰和黄葳留在清华大学当助教，黄葳在不久后投身了革命。

---

① 王大珩遗留资料（手稿），"诗词"，存于长春光机所档案室。

1936年毕业实习期间，王大珩（前右二）与同学们（前右一为钱三强、左二为何泽慧、左三为黄葳）合影

三、"一二·九"的积极分子

王应伟常告诫子女们不要和政治沾边。王大珩受父亲的影响，原是一名埋头于书桌、对功课很重视、一心想成为科学家的书生，他虽然不关心政治，但他热爱自己的国家，有着浓厚的民族情感。

实际上，王大珩第一次产生民族情感，是在他上小学的时候，1978年他回忆道："在小学时受到中国受帝国主义侵略的教育，革命者在公共场所宣传英、日帝国主义的暴行。"[①] 高中时候他在青岛，更目睹了日本军舰在中国港口示威，他还受过日本孩子的欺凌。那时候他就意识到：国家弱小、落后便会挨打，人民就直不起腰来！

1931年9月18日，蓄谋已久的日本侵略者对我国东北军发起偷袭，迅速占领了东北地区。"九一八"事变爆发后，日本侵占中国

---

① 摘自王大珩档案中的"入党自传材料"（1978年5月），存放于中国科学院人事局档案处。

的领土，数千万东北同胞由此开始了长达 14 年的流亡生活。这件事举国震惊，全国上下掀起了轰轰烈烈的抗日运动。王大珩亲见了因为日寇侵略失去家园、失去课堂而向南方流亡的东北学生。无家可归的人流落街头，脸上满是凄凉和激愤，王大珩的内心触动很大。"我的家在东北松花江上……哪年，哪月，才能够回到我那可爱的故乡？……"王大珩在《我的自述》中写道："那深沉而悲壮的旋律，激荡着我的爱国热情。难忘的《松花江上》那支歌，是我最爱唱的歌曲。"[①] 这首歌铭记了那段山河变色的岁月，王大珩永生不忘。

相比北京大学而言，清华大学的政治活动较少，教学安排很紧，学术氛围比较浓厚，这也是学校多年来形成的传统。校长梅贻琦 1931 年上任后，在对全校师生的讲话中主张："我们做教师做学生的，最好最切实际的救国方法，就是致力学术，造成有用人才，将来为国家服务。"梅贻琦要求清华大学保持学术上的独立，希望在当时那个风雨飘摇的国家内，仍然能摆得下学生们的一张书桌。但国难当头，梅贻琦的愿望难以实现。爱国学生们纷纷离开课堂，他们以各种方式反抗日本侵略者的侵略。1933 年 1 月，日军向南进抵山海关，清华学生自治会请求学校停止寒假考试，以便学生离校返家。梅贻琦校长发布告说，"我大学学生为市民之表率，若先自惊扰，则后方秩序必受影响"，故寒假考试仍然照常举行。但最后参加考试的人只有全校学生的 1/3。虽然王大珩愿意响应校方的号召，刻苦读书，立志将来用知识来报效国家，但是国难当头，他的想法慢慢发生了变化。尤其是受到交好的爱国同学的影响，他对国民党当局十分不满，认为统治者太腐败，对学生运动产生了同情之心。据于光远回忆，王大珩在清华大学读书期间，虽然是个埋头读书的学子，但他为人正直，对革命运动有些同情的表示[②]。日本在东北地区

---

① 王大珩. 我的自述 // 宣明. 王大珩 [M]. 北京：科学出版社，2005：11.
② 摘自王大珩档案中的"于光远的证明材料"（1953 年 4 月 28 日），存放于中国科学院人事局档案处。

推行殖民地化统治的同时，把侵略的魔爪伸向了华北，策划华北五省"自治"，热血学生们不满的情绪全面爆发了。在这样的关头，王大珩也坐不住了，他走上街头，参加了学生运动。

1935年12月6日，北平市学生联合会召开代表会，通过并发表了《北平市学生联合会成立宣言》。随即，平津15所大中学校联合发出通电，反对"防共自治"，要求政府讨伐汉奸，并动员全国人民抵抗日本的侵略。这时，传来了日本逼迫政府当局成立"冀察政务委员会"的消息，社会各界震惊了。12月7日，在中共北平临时工作委员会的领导下，北平市学生联合会决定于9日举行学生大请愿，反对"华北自治"。

1935年12月9日这一天，阴云密布，朔风凛冽，清华大学的学生们结队走出了校门。他们向城门进发，一边走，一边举着自制的标语，高声喊着"打倒日本帝国主义""停止内战，一致对外""用武力保护华北"！游行队伍还沿途散发清华大学学生自治会救国委员会的《告全国民众书》，响亮地发出了"华北之大，已经安放不得一张平静的书桌了"的呼声。这篇文章的关键内容摘录如下：

> 亲爱的全国同胞，中国民族的危机，已到最后五分钟，我们，窒息在古文化城里上着最后一课的青年，实已切身感受到难堪的亡国惨痛。疮痛的经验教训了我们：在目前，"安心读书"只是中国民族的一帖安眠药，我们决再不盲然地服下这剂毒药；为了民族，我们愿意暂时丢开书本，尽力之所及，为国家民族做一点较实际的工作。同时我们要高振血喉，向全国民众大声疾呼：中国是全国民众的中国，全国民众，人人都应负起保卫中国民族的责任！起来吧，水深火热中的关东同胞和登俎就割的华北大众，我们已是被遗弃了的无依无靠的难民，只有抗争是我们死里逃生的唯一出路！我们的目标是同一的：自己起来保卫自己的民族。我们的胸怀是光明的：要以血肉头颅

换取我们的自由。起来吧,亡国奴前夕的全国同胞!中国是没有几个华北和东北,经不起几回"退让"和"屈服"的!唇亡齿寒,亡国的惨痛,不久又要临头了,挣扎在死亡线上的全国大众,赶快大家联合起来!①

"一二·九"运动反映了清华大学青年学生满腔热血的爱国精神——这场运动正是以城外的清华大学为中心展开的。清华大学的许多学子都自发参加了游行活动。和王大珩关系较好的同班同学黄葳在"一二·九"运动中负责纠察和交通工作。据她回忆②,那时候的学生运动分为两派,一派是国民党领导的,一派是中共的外围组织——中华民族解放先锋队(简称"民先")领导的,王大珩是亲"民先"的,且他在"一二·九"运动后不久,便加入了"民先"组织。王大珩主动参加这些活动,显然是受了黄葳的影响。2002年黄葳去世,王大珩闻讯后写下一首悼念诗,纪念这位性格坚毅、毕生忠诚于党的事业的女同学。

悼念戴中宸(黄葳)同志

岳麓话相依,唤你小中宸。
而今称同志,重逢念往昔。
献身革命事,情深何所期。
征途多辛苦,历年逾古稀。
心系科技界,离休犹不息。
尚尔高风节,哀哉君去矣③。

王大珩不但参加过这场轰轰烈烈的学生运动,他甚至还是

---

① 清华大学救国会告全国民众书(1935年12月9日)//一二九运动资料(第一辑)[M]. 北京:人民出版社,1981:97-99.
② 摘自王大珩档案中的"黄葳的证明材料"(1953年6月6日),存放于中国科学院人事局档案处.
③ 陈星旦. 王大珩年谱·文集[M]. 长春:吉林人民出版社,2015:98.

"一二·九"运动的提议人之一,王大珩的档案材料中有一段简要的内容,记录了他当时的行动:

> 一九三五年十二月九日北京学生抗日救国运动,当时王[①]看到蒋介石对日一再妥协表示不满,便参加了"129"游行(王是当时游行提议人之一)。这是他第一次喊出打倒日本帝国主义的口号,喊得很高尖……[②]

王大珩很少在回忆文章中讲述他在学生时代参加运动的表现情况,在他的档案里也只找到了这段短短的记录。但是可想而知,这短短的记录的背后一定有一段惊心动魄的往事,尤其是许多当事人后来在回忆录中都提到了当年这场爱国运动遭遇了当局的暴力镇压——青年学生走到西直门,便受阻不能进城,他们被军警用水枪扫射,受到皮鞭、大棒、刀柄甚至刺刀的殴打、刺伤,但青年人毫不害怕,毫不退缩,他们坚持奋战了一整天。"前面的人们,在挨着打,流着血,后面的大众在高喊着冲!冲上去!"[③]他们冒着受伤的危险,一边游行示威,一边向过路的行人和城上的军警宣传抗日救国的道理。

"一二·九"学生运动中,有数百名手无寸铁的爱国学生被军警打伤,更有数十人被捕。王大珩的同学钱三强在听说爱国学生们的遭遇和读了《告全国民众书》后,"正义感和激情之火被点燃了,他以自己的实际行动响应学生救国委员会的号召,参加了反对借成立'冀察政务委员会'向日本帝国主义出卖华北的大游行中"[④]。

"一二·一六"运动是北平爱国学生举行的又一次大示威,清华大学和燕京大学的学生们纷纷参与进来。游行当天,学生们手挽着

---

① 即王大珩。
② 摘自王大珩档案中的"王大珩鉴定材料"(1963年),存放于中国科学院人事局档案处。
③ 李凌.朔风吹荡中的呐喊(北平通讯)//一二九运动资料(第一辑)[M].北京:人民出版社,1981:110-114.原载于1935年《大众生活》第1卷第6期.
④ 葛能全.钱三强传[M].北京:人民出版社,2023:56.

手,不断高呼"挽救危亡、共赴国难"口号,从不同的方向向城内前进。

从西直门到阜成门,游行队伍再次被拒于紧闭的城门之外。当游行至西便门外时,愤怒的学生们感到不能再等了,他们决心冲破阻碍,强行进城。学生们轮番用血肉之躯向城门发起攻击,钱三强更是不顾衣服被撕破,腿碰伤流血,以全身力气,和着号令,一次次冲撞。就这样,游行的清华大学学生们得以与城内学校的同学们会合,他们在天桥举行了万人市民大会,接着又到外交大楼前示威。这一次的学生运动再次遭到军警的血腥镇压,清华大学校方虽然竭力保护学生,但仍然有不少学生在运动中被捕或受伤。

这两次学生运动使王大珩得以与进步分子有所接触,他也由此得知共产党在陕北形成了革命根据地[①],他对蒋介石的不抵抗政策公开表示了不满。

1936年的毕业参观中发生了一件事,令王大珩感到了憋屈和无奈,他对日本帝国主义的侵略更加愤恨,心中溢满了希望未来国家强大的愿望。王大珩从清华大学毕业前夕,学校组织学生进行为期三周的毕业参观,他们在南下的火车上遇到一伙日本浪人,这群人为了运输他们走私的货物,强行把火车上的中国乘客赶下车,用火车皮装自己的货物。中国人在自己的火车上忍受着这无理的欺凌,王大珩他们这群青年学生倍感屈辱却又无可奈何,大家真实感受到了国家当时的弱小,人民任人宰割的滋味。对于这段经历,王大珩终生难忘,他希望国家早日强大起来,赶走侵略者,让人民过上自由、富足的生活。

在清华大学的四年时间里,王大珩既得良师指点,又有友人相伴。在1935年底那场轰轰烈烈的学生运动中,他还是一名怀有强烈民族情感的积极分子。

---

① 摘自王大珩档案中的"入党自传材料"(1978年5月),存放于中国科学院人事局档案处。

1986年4月27日，清华大学1936年毕业生毕业50周年之际重返母校合影留念（王大珩位于站姿人群中第三排右一）

王大珩毕生都以自己是清华大学的毕业生而自豪。他一直心系学校和院系的长远发展，常回校参加学术交流和活动，他说，清华是我的母校，即便其他学校的活动我不参加，母校的活动我一定要来。他不仅担任物理系的名誉教授和兼职导师，帮助清华大学培养研究生，还实实在在参与了清华大学一些重要机构的决策和运作，促进了相关学科的建设和发展。1983年他担任清华大学激光单原子探测实验室首任学术委员会主任，2001年起担任学术委员会名誉主任……他在任上时，一直尽职尽责，用实际行动支持清华大学和物理系的建设与发展。

2006年，清华大学物理系建系80周年之际，王大珩赋诗一首，表达了对母校的深情爱戴以及对物理系培养的感激之情。

> 厚德载物名师集，清华大学物理系。
> 春风化雨历八旬，桃李芬芳跨国际。
> 两弹一星树丰碑，诺贝尔奖现真谛。
> 祖国科技爱以铭，还看今朝创奇迹。[1]

---

[1] 王大珩遗留资料（手稿），"诗词"，存于长春光机所档案室。

四、在弹道研究所短暂就业

1936年夏，王大珩从清华大学物理系毕业后留校担任助教，负责教大学二年级学生中级物理实验。1936年底，他考取了"史量才奖学金"，在清华大学攻读核物理方面的研究生。

"史量才奖学金"以民国时期著名报人史量才（1880—1934）的名字命名，目的在于奖励国内理工科的大学生毕业后能继续深造，在国内或国外继续从事研究工作。1936年"史量才奖学金"录取补助名额为：卢玉川（化学）、陈世昌（电机）、党刚（矿冶）、黄席棠（物理）、王大珩（物理）、李瑞轩（生物）等六人[1]。王大珩的研究生指导教师是赵忠尧。

王大珩在清华大学跟着赵忠尧做中子实验研究，是那时国内外最新的研究课题。在此期间，他向赵忠尧学习，在简陋的实验条件下，从中子共振入手，探讨原子能的能级间距。他和老师共同署名，在英国《自然》（Nature）杂志上发表了题为《银、铑、溴的共振中子能级的间隔》（"Spacing of the Resonance Neutron Levels of Silver, Rhodium and Bromine Nuclei"）[2]的论文。这也是王大珩在国际刊物上首次发表的一篇有分量的学术论文。尽管王大珩已经在核物理专业方面展示出研究天赋，但他最终还是走上了应用光学之路，这和时局的变化、他的专业兴趣转变及国家需要都有关系。

王大珩跟随赵忠尧做研究生的时间并不长。1937年"卢沟桥事变"爆发，日军进犯华北，炮火打入了北平，清华大学、北京大学等高校难逃被侵占的噩运。在中国的高等教育面临生死存亡之际，北京大学、清华大学、南开大学做出南迁的决定，这几所学校先是南下长沙，成立国立长沙临时大学，后来又西迁昆明，更名为国立西南联合大学。国难当头，校园难以保存，学业更难持续。王大珩

---

[1] 翁文灏. 翁文灏日记[M]. 北京：中华书局，2010：86.
[2] Chao C Y, Wang T H. Spacing of the Resonance Neutron Levels of Silver, Rhodium and Bromine Nuclei. Nature, 1937, 140: 768-769.

不得不离开清华园，他原打算随学校南迁，去长沙临时大学。他先是去了青岛父亲那儿，在这里遇到偕全家南下的清华大学物理系教授周培源，在和周培源的交流中，他的想法也发生了改变。与周培源的这次会面，可以说对王大珩一生的事业发展产生了重要影响。

王大珩在国立西南联合大学的学生注册片（清华大学档案馆提供）

师生二人聚在青岛，谈起国事，王大珩说自己打算放弃在读研究生学业，去做一些实际的国防工作。他和老师谈起毕业前在任之恭老师的带领下参观兵工署的经历，他认为战时的兵工是国防中最重要的一环，国家的国防力量强大了，才能有力地击退侵略者，他想为正在进行的战争尽自己的一份力量。周培源仔细考虑了一番，向王大珩推荐了位于南京的兵工署弹道研究所，他打算带王大珩一起南下，并动用自己的关系带他去兵工厂实地考察，届时让王大珩根据情况做再选择。

这段南下的旅途，令王大珩终生难忘，周培源不仅在生活上悉心照顾他，还时时用自己的知识、人生经验教导他。旅途中，王大珩途经了大都市上海，也看到了贫穷落后的农村；旅途中，他和不同的人打交道，了解到了当时的社会实际……当年的情景，给了王大珩很大的触动，在他与挚友同窗合撰的文章《缅怀周培源老师》中有清楚的记录：

> 战争已使我的旅途蜿蜒曲折，先是乘船去上海，然后是乘长途汽车经嘉兴、无锡，先回到周老师家乡宜兴。周老师真是待我如家里的亲人，逃难路上要住一次旅馆，他让我和他全家同住在一间房里。在宜兴住了一个星期，这是我生平第一次接触到农村生活。我看到农村生产技术的落后，周老师语重心长地指出应当把改变我国落后面貌作为我们的责任，我们要救国，有多少事情要做啊！要把眼光放开，不能把自己圈在纯粹物理的小范围内。我理解这是他赞成我去弹道研究所的初衷。周老师的教诲，终身难忘，决定着我以后走上从事应用科学研究的道路。当时到了南京，周老师亲自送我去弹道研究所，并会见了该所所长，然后才西去长沙。[①]

王大珩和周培源一起来到了位于南京的弹道研究所。这个单位本是于1935年3月16日成立的兵工署白水桥研究所下设的精度、样板、弹道三个研究所之一。所址设于军政部兵工署在南京汤山民众教育馆旧址上，建立初期由兵工署署长俞大维[②]兼任所长，主要从事枪炮膛内的内外弹道及火药研究。1937年底，因战乱南京沦陷，该所南迁，最后在重庆办所，直到1947年迁回南京大方巷原址复工。弹道研究所筹办期间，曾请德国著名弹道学家，也是弹道学国际权威克兰茨教授任顾问来华指导过工作，并从德国购买了照相测速仪、压电测膛压仪等，还拥有一处小口径模拟火炮的室内射击场，并有三座气派的大楼。当时的弹道研究所，实力在全国军工机

---

① 彭桓武，何泽慧，王大珩. 缅怀周培源老师 // 庄丽君. 世纪清华之四 [M]. 北京：清华大学出版社，2011：80.
② 俞大维（1897—1993），祖籍浙江绍兴斗门，生于湖南长沙，军工专家、政治家，曾任国民政府兵工署署长。

构中是极为领先的，所拥有的一些设备甚至在国际上都是少见的。

彼时王大珩的同班同学陈亚伦和杨镇邦也在弹道研究所工作，老同学得以在异乡相聚。陈亚伦和杨镇邦都劝说王大珩不要去长沙，而是留在弹道研究所工作。王大珩起初还有一些犹豫，但考虑到一来时局不稳定，他去长沙复学也没有可靠的科研环境——离开了清华园的实验室，他此前进行的中子共振实验实在难以继续；二来弹道研究所的设备和技术在国内来说十分领先，他希望通过做一些具体的国防研究工作，从中找到未来的事业方向。经过慎重考虑，他最终下定决心，留在南京就业。于是，周培源把王大珩托付给了他的老朋友、弹道研究所的临时负责人丁天雄，请他安排好王大珩的工作，又殷殷嘱托了学生一番，这才离开。

在弹道研究所，王大珩做的是文职工作，他从八级技术员起步，工作内容是编制弹道表、做各种兵器材料的试验，以及编制炮兵器材的说明书等。王大珩在这个单位工作了大约一年的时间。

不久后南京沦陷，王大珩随弹道研究所不断搬迁，先后在武汉和衡阳待了一段时间，直至考上"中英庚款"留学生才离开这个单位。

在弹道研究所的工作经历，对王大珩影响深远，他一生都十分重视将科技应用于国防事业，总是在各种场合呼吁要注重发展国防科研，就是从这一时期国家贫弱，他得到的教训并从中总结出的救国经验。

> 1937年"七七事变"后，抗战开始，周先生亲自送我到南京弹道研究所就业。这个研究所曾邀请Cranz教授指导近两年光景，后因抗日战争而离去。一年多兵工工作，使我看到物理学为国防服务的广阔天地。……我早期从事兵工方面的经历促使我把光学应用于国防事业。[①]

[①] 彭桓武，何泽慧，王大珩. 缅怀周培源老师 // 庄丽君. 世纪清华之四 [M]. 北京：清华大学出版社，2011：80.

第四章

考"庚款"赴英国

一、应用光学研究生

王大珩到南京不久就因战争迫近,遇到兵工署搬迁。1938年春他随弹道研究所转移到武汉,和同学杨镇邦一起在此做炮兵技术试验。彼时,吴有训因公务经过武汉,特意来探望爱徒,告知他们不久后有第六届"中英庚款"留学考试,汉口将设置考场,物理方面有理论物理和应用光学两个专业。为避免竞争激烈,名额旁落,吴有训嘱咐他们二人要好好商量,只出一人前去报考应用光学专业;至于理论物理专业,吴有训心中的最佳人选是清华大学物理系1935年的毕业生彭桓武[①]。彭桓武也是清华大学研究院理科研究所物理学部的研究生,他最终不负吴有训期望,如愿考上。王、杨二人经过一番商量后,决定由专业基础更好的王大珩前去应考。

"中英庚款"是英国退还的"庚子赔款"(简称"庚款")。受"庚款"留美的启示,英国于1930年与南京政府换文,以英国退还"庚款"利息的15%用于考选赴英留学生。1931年4月,国民政府成立"管理中英庚款董事会",由时任中央大学校长的朱家骅亲任董事长。"中英庚款"的章程规定,"凡国内高等教育机关成绩优良助教及各大学毕业生之服务于社会具有特殊成绩或专门著作,得参加此项考试",章程指出,需专门以上学校毕业从事研究或相关职业两年以上者才有报考资格(王大珩正好符合规定)。该章程还规定,公费生留学期限为3年,入学两年以后视研究需要派往工厂实习[②]。

自1933年起,"中英庚款"用于考选留英公费学生,此后大约每年招考一次,一共录取了9届,共193人,郭永怀、陈省身、钱钟书、钱临照、许宝騄等都曾经是"中英庚款"留学生。

[①] 彭桓武(1915—2007),出生于吉林长春,籍贯湖北麻城,物理学家,1935年毕业于清华大学,1940年获英国爱丁堡大学哲学博士学位,1948年当选为爱尔兰皇家科学院院士,1955年被选聘为中国科学院首批院士(学部委员)。长期从事理论物理的基础与应用研究,1999年被授予"两弹一星功勋奖章"。

[②] 管理中英庚款董事会考选第四届留英公费生章程及考试专门科目表[J]. 全国学术工作咨询处月刊,1936,1:45-61.

因通知考试的消息来得急切，应考前王大珩并未有多少复习和准备的时间，凭着多年的积累，他从容奔赴了汉口考场。"中英庚款"留学考试的科目有党义、国文、英文以及三门专门科目（部分专业加考"著作"科目）。考完后，他也来不及等成绩出来，便回去弹道研究所继续工作，不久后他随迁去了湖南衡阳的乡下。因消息闭塞，直到1938年9月，王大珩才得知自己被录取为"中英庚款"留学生。

根据"中英庚款"考试档案，王大珩各科目的考试成绩是：党义40分，国文60分，英文40分，另有与专业相关的三门专门科目分数分别是70分、64分和67分，各科目按比例折合总分为56.45分[①]。

20世纪三四十年代的公费留学考试中，"中英庚款"留学考试以录取名额少、竞争激烈而著称。"中英庚款"考试完全按分数录取留学生，秉承宁缺毋滥的原则，从而保证了被录取人员的高质量。据统计，从1933年8月"中英庚款"第一届考试以来，前六届分别录取了9、26、24、20、25、20人，录取率均不足全部报考总人数的10%。清华大学的毕业生成绩优异，素质优良，考试成绩突出，他们除在留美考试中表现突出外，在"中英庚款"留学考试录取人员中也占有很高的比例。以王大珩报考的这一届"中英庚款"留学考试为例，报名的人数多达439人，应考人数有338人，最后仅录取了20人[②]，录取率只有不到6%，考场竞争之激烈可想而知。这一届"中英庚款"留学生的录取名单是：陈仲秀、储钟瑞、黄用诹、卢焕章、宁榥、彭桓武、璩定一、史家宜、铁明、王承绪、王大珩、王显湘、王应睐、夏震寰、徐近之、谢志耘、张民觉、赵国华、张万久、朱树屏。其中，王大珩、陈仲秀、宁榥、彭桓武、夏震寰、

[①] 刘真. 留学教育——中国留学教育史料（4）[M]. 台北："国立"编译馆，1980：1939-1942.

[②] 第一届至第七届留英公费生应考人数和录取人数统计 // 杨学为，朱仇美，张海鹏. 中国考试制度史资料选编[M]. 合肥：黄山书社，1992：797.

张民觉都是清华大学毕业生。

1938年9月，王大珩收拾好了简单的行装，他已经来不及回北京和家人话别，便要立刻从衡阳辗转去香港，与考上"中英庚款"留学生的其他同学们会合，乘船去英国。登船的这一天，是1938年9月17日。

当时吴有训正旅居香港，等待从香港转道前往昆明大后方，这一届"中英庚款"留学生中的很多人都曾受过他的教诲，吴有训因此也特意赶来码头为学生们送行。他给爱徒们离别寄语："你们好好学习去吧！待你们学成归来，抗战届时终了，你们能更好地为祖国效劳。"[1] 恩师的殷殷期盼，既令即将远游的学子们尝到了离别的苦涩，也激发了他们心中未来一定要学成归来报效国家的豪情。

轮船延误两日，于9月19日鸣笛离港，王大珩心中既有将前往异国他乡发奋苦学的宏图壮志，亦有离家去国的悲切情怀。同行的"中英庚款"留学生，后来成长为海洋生态学家的朱树屏[2]，曾在自传中提到这次赴英国求学的往事，他写下了留学生离港口远去之际心中升起的复杂情感：

> 船离港时目见祖国大陆步步远离，泪如雨下。其他留英同学亦皆以远离祖国异常悲切。在途中我觉得他们除一两位外皆与我性情相近（绝无我在南京看惯了的中央大学学生的纨绔欺诈的卑劣性格），我们都互相敬爱，相处极好。每人皆有许身报国的决心。我曾作诗告勉同舟赴英同学，记得中有："食犬吐之食（留英公费出自庚子赔款退回之一部）勿望其臭，忍辱（庚子赔款和不能从军抗日是耻辱）负重，庚款（英文原意译为拳匪赔款）锥刺股（苏秦刻苦读书，每逢读倦思睡取以锥刺股，醒来再读。用庚款二字作苏秦之锥），胯下（韩信胯下之辱）学

---

[1] 王大珩.怀念吴有训老师//江西省政协文史资料研究委员会,高安县政协文史资料研究委员会.江西文史资料选辑第36辑：吴有训[M].北京：中国文史出版社，1990：31.
[2] 朱树屏（1907—1976），字锦亭，山东昌邑人，海洋生态学家、水产学家、教育家。

勾践（灭吴报仇之意，将努力学习，以期强国雪耻），共肩建国大业时聚首联欢"。[1]

2006年4月28日朱树屏100周年诞辰之际，王大珩回忆起当年与朱树屏一行人共赴英国留学的情景，想起朱学长在甲板上即兴所赋的这首诗，他说当时听到朱树屏吟诵的诗后潸然泪下，心中产生了共鸣，涌起了"难言之悲楚之情"[2]。朱树屏的诗句，真实描述了留学生们背井离乡探求学业，在异国他乡艰难求生，却时刻不忘要努力为国家崛起而奋发学习的豪情。

经过20多天的海上颠簸，王大珩乘坐的轮船终于抵达法国马赛港口，下船后，大家还要改坐火车经巴黎前往伦敦。前后经历了近一个月的旅行，1938年10月，王大珩才到达了此行的目的地——伦敦。

"中英庚款"留学生在英国就读的学校是根据他们的专业来择定的，一般是由"中英庚款"董事会邀请国内相关领域的顶尖专家帮助他们选择合适的大学。第六届的"中英庚款"留学生除了王应睐前往剑桥，彭桓武前往爱丁堡，夏震寰前往曼彻斯特以外，选择伦敦大学的学生最多，王大珩、朱树屏、王承绪、卢焕章等都到了伦敦大学。

伦敦大学是在1836年由伦敦大学学院和伦敦国王学院合并而成的一所公立联邦制大学。王大珩去了成立于1907年的帝国理工学院（时称Imperial College of Science and Technology，今称Imperial College London）[3]物理系学习应用光学，因为当时只有这所学校的物理系设置了技术光学组（technical optics section），且这所学校在英国进行光学研究的历史较长，可以上溯至第一次世界大战期间。

---

[1] 日月，朱谨. 朱树屏信札[M]. 北京：海洋出版社，2007：2.
[2] 王大珩. 朱树屏文集序言（一）// 朱树屏. 朱树屏文集（上册）[M]. 北京：海洋出版社，2007：i.
[3] 2007年，帝国理工学院脱离伦敦大学，成为一所独立的大学。

当时德国是世界上的光学工业强国,英国海军用的望远镜、潜水艇的潜望镜等军用光学器件都要从德国进口。战争使英国的光学玻璃储备告竭,1917年夏,出于国家紧急任务的需要,伦敦高等教育委员会在帝国理工学院设立了由政府资助支持的光学设计系(Optical Design Department),任命熟悉军需光学装置和德国光学工业的切舍(F. J. Cheshire)为系主任兼教授。1919年该系开设了英国最早的技术光学课程,在国际光学领域颇有影响。然而受制于战后(20世纪20年代)英国经济的不景气,光学设计系的招生情况并不理想,到1926年,该专业只有不到20名毕业生,本科教学无奈关门大吉。此后,光学设计系改名为技术光学系,并于1931年合并到物理系研究生部,改为技术光学组,物理系为技术光学组的发展提供资金和体制上的保障。同一时期,学院成立了光学咨询委员会,向学院管理部门提出与工业相关的光学科学发展建议,该委员会至今仍存在。

王大珩成为帝国理工学院的一名光学研究生,他的导师是1919年起便在帝国理工学院光学设计系担任讲师、从事光学玻璃研究的马丁(L. C. Martin)。马丁从1931年开始,担任技术光学组的主管。

马丁拥有渊博的光学仪器知识和经验,关于光学的著述也很多。1930年,他所著的《应用光学导论》(*An Introduction to Applied Optics*)出版发行,1948年,他的专著《技术光学》(*Technical Optics*)作为《应用光学导论》的修改增订版再次出版。该专著主要包括光学基础、光学系统、物理光学等理论方面,虽已提及光学玻璃及透镜系统的制作,但非重点章节[①]。马丁后期的研究兴趣是几何光学,尽管他在1951年便已退休,并荣任国际光学委员会(International Commission for Optics,ICO)副主席,他在1956年总结自己的研究经验,出版了《几何光学》(*Geometrical Optics*)[②]一书。这里要说的是,因应用光学与技术光学可以互用,马丁的继

---

① Martin L C. Technical Optics[M]. New York: Pitman publishing Corporation, 1948.
② Martin L C. Geometrical Optics[M]. New York: Philosophical Library, Inc, 1956.

任教授改专业名称为应用光学（applied optics）。

另外，当时帝国理工学院物理系名义上唯一的教授（称 Overall Professor）是电子发现者汤姆孙（J. J. Thomson）的独子小汤姆孙（Sir George P. Thomson）。他于 1932 年担任系主任，因发现电子的衍射现象荣获 1937 年诺贝尔物理学奖。1938 年，德国科学家发现铀裂变，他的兴趣转向核物理的军事应用。特别是自 1940 年担任了对启动英、美原子弹研制起到关键作用的莫德委员会（MAUD Committee）主席后，小汤姆孙以一名科学家的身份，在政府推动大科学项目中发挥了重要的决策咨询作用。王大珩日后成长为战略科学家的经历与小汤姆孙亦有相似之处。

除此之外，有一件事可以从侧面印证王大珩与小汤姆孙是有来往的。1945 年 6 月，钱三强到伦敦拜会小汤姆孙，申请到他的实验室工作，牵线的人，可能便是王大珩。因为在这一年 6 月 4 日，小汤姆孙致信让·弗雷德里克·约里奥－居里（Jean Frédéric Joliot-Curie）："钱三强先生通过一位朋友申请到我的实验室来工作。"[①] 如果是曾在约里奥的实验室工作过的核物理学家哈尔班（H. Halban）介绍的钱三强，小汤姆孙应在信里直呼其名，但小汤姆孙只是用"一位朋友"来指代，这位朋友可能便是曾在小汤姆孙任教过的帝国理工学院学习过又与钱三强交好的王大珩。

二、英国生活　友情相伴

20 世纪 30 年代的伦敦，城市常常笼罩在一片雨雾之中，看起来灰蒙蒙的。从空气干燥、光照普遍的中国北方来到这里生活的王大珩，一开始有些不适应，但年轻的他很快便融入进来，逐渐习惯了新环境和新生活。

根据管理中英庚款董事会 1936 年度《考选留英公费章程》，当时"庚款"给留学生的学费、膳宿费为每月 24 英镑（牛津大学、剑

---

① 葛能全. 钱三强年谱长编 [M]. 北京：科学出版社，2013：67.

桥大学稍多），全年 288 英镑，高于同期教育部公费生 240 英镑的标准，这笔钱足够应付留学生在国外的开销。王大珩得到的"庚款"资助主要是用于学费和房租、膳食等生活开销，这笔钱虽然谈不上十分宽裕，但也可以保证吃喝不愁。但是王大珩习惯了简朴的生活，他在离实验室不远的地方租住了一间小屋子，只使用简单的家具，每日自己做些饭食果腹，省下来的钱，他便托人带回北京的家中。因为那时北京沦陷，王应伟坚决地拒绝了日伪政府的任职，赋闲在家，所以除了有时兼课能有一点儿收入外，王家主要靠积蓄和房租度日。但王家人口多，一家人的日常生活开销就不小，王家的子女们读书也是一笔不小的费用。为了支持弟弟妹妹们上学，远在英国的王大珩便努力攒钱寄回去，他尽到了身为兄长的责任。

在英国，王大珩很快就通过了语言关。他英语基础本来就好，到伦敦后，经过一段时间的实际锻炼，他便能与英国的教师、同学们流利交谈了，他尤其注重学习和掌握光学专业术语。他在英国生活多年，英文水平很高，一直到晚年，他还常用地道的英语与来自各国的学者们流利地进行学术交流，为同事和晚辈修改英语文章与讲话稿。

王大珩的语言能力很强，他会英语、德语和俄语三种语言。虽然他谦虚地说自己的英语只是"能说能写，德语能阅读科技书籍，俄语能查字典阅读本专业科技书籍"[1]，但据潘君骅[2]回忆，王大珩的德语尤其厉害，20 世纪 50 年代王大珩去苏联访问的时候，潘君骅给他做俄文翻译，但在参观苏联国家光学研究所时，做光学玻璃的女研究员会说德语，他们两人就直接用德语流利交谈起来，他们谈论的甚至是玻璃的二级光谱这样专业的问题[3]。王大珩遣词造句非常

---

[1] 摘自王大珩档案，存放于中国科学院人事局档案处。
[2] 潘君骅（1930—2023），祖籍江苏常州，生于上海吴淞，毕业于清华大学，应用光学专家，1999 年增选为中国工程院院士。
[3] 2014 年 10 月 16 日，胡晓菁访谈潘君骅，采访地点：苏州大学。资料存于老科学家学术成长资料采集工程数据库。

正宗，专业术语更是张口就来，潘君骅那时就对王大珩高超的德语水平非常佩服。

王大珩每天早出晚归去学校学习，但每逢周末和节假日，他便与同在英国的其他中国留学生好友们一起度过。王大珩与比他大两岁的李薰来往最多，其他交情甚笃的还有同届"庚款"来英国留学的学友王应睐、朱树屏、彭桓武等。

李薰（1913—1983）是湖南人，1937年通过湖南省的公费留学考试来到英国谢菲尔德大学（University of Sheffield）深造，在冶金学院做金属材料研究。谢菲尔德又被称为"钢铁之城"，谢菲尔德大学的冶金学院在当时的英国最负盛名，是当时英国唯一有权授予冶金学博士学位的学院[①]，这个学位也是冶金学院的最高学位，李薰也是这个学院毕业的第二位冶金学博士[②]。1950年3月，李薰获得谢菲尔德大学冶金学博士学位的消息传回国内，王大珩特意给李薰写信祝贺："这真是不容易得来的荣誉，它将为中国冶金界树立起一面旗帜。"[③]李薰后成长为物理冶金学家。后来二人都在中国科学院工作，同为首批院士（学部委员）。李薰是中国科学院金属研究所的主要创办人。20世纪80年代以后，他们同在中国科学院技术科学部工作，李薰为主任，王大珩为副主任。李薰去世以后，王大珩接替李薰的职位，继续为技术科学部服务。

王大珩和李薰来往密切，尤其是1941到1943年王大珩也在谢菲尔德大学期间，他常常去李薰家里做客。那时候李薰租住在一位英国工人的家里，房东一家是他的好朋友，房东太太对李薰的中国朋友到来也表示了热烈欢迎。

英国的饭食并不合中国人的口味，和大多数留学生一样，王大

[①] 英国的哲学博士（Ph.D）继续从事研究五年以上，工作有成绩者可申请专业的科学博士（Sc.D）。

[②] 李薰于1940年6月获得哲学博士学位，1951年3月被授予冶金学博士（D.Met）学位。1923—1951年的28年间，他是获得该学位的第二人。

[③] 李望平，冼爱平. 李薰传[M]. 北京：科学出版社，2013：60.

珩到英国以后，很快便学会了一项实用的生活技能——做饭，所以"每逢星期日休息时，我都要到李薰那儿去做一顿中国饭菜改善生活"①。王大珩回忆："当时英国在打仗，晚间有宵禁，特别是晚上外国人不能上街，有时在他（李薰）那儿待的时间晚了就住在他那儿，我们两个人就睡在一张床上。我们两个人关系非常好，但是在业务上的话不多，俗话说：隔行如隔山。"②李薰的祖父是清朝举人，父亲是清朝贡生，他家学渊源，有很扎实的文化功底，才情很高，会写诗，王大珩恰好也喜爱诗词，他对这位学问做得好又有才华的学长十分佩服。

1941年王大珩（左）与李薰在英国

1950年，还在英国的李薰收到钱三强的来信，邀请他回国参加筹建金属研究所。钱三强在信中提到，这正是由王大珩举荐的。尽管那时候李薰对国内形势还不太了解，但是他信任王大珩，随即回信表示愿意回国③。李薰于1950年8月取道香港回归，参加中国科学院金属研究所的筹建。

与王大珩一起到英国，更是时常一起组织留学生活动的王应睐考取的是生物化学（营养学）专业，去英国剑桥大学读研究生；朱

---

① 王大珩.我们永远怀念李薰同志//中国科学院金属研究所.李薰文集[M].北京：科学出版社，2003：714.

② 王大珩.我们永远怀念李薰同志//中国科学院金属研究所.李薰文集[M].北京：科学出版社，2003：714.

③ 李望平，冼爱平.李薰传[M].北京：科学出版社，2013：88.

树屏到英国后，先在伦敦大学玛丽皇后学院师从生物学家弗里奇（F. E. Fritsch）教授，欧战爆发后，伦敦大学并入剑桥大学，1941年，他获得剑桥大学哲学博士学位，1946年回国效力。

王大珩和朱树屏、王应睐等人一起组建了中华自然科学社英伦分社，并主持社团工作。他们还编辑了《东方副刊》，撰写文章向国内介绍欧洲先进的工业和科学技术，产生到了较好的影响。"经我们努力，东方副刊由中国驻英大使馆邮寄国内，并按时由英国BBC向国内广播。"[1]该刊物自创办以来从未间断，一直到王大珩、朱树屏等主要创刊人回国为止。

王大珩的另一位好友彭桓武是比王大珩高一届的清华大学物理系的师兄，他去了英国爱丁堡大学攻读理论物理研究生，后来还拜了量子力学奠基人马克斯·玻恩[2]为老师。王大珩和彭桓武在英国期间常常结伴出游，他们曾同去欧洲大陆游览，后来还约定一起回国为国防尖端事业效力。王大珩十分佩服彭桓武在科学事业上的造诣。2005年彭桓武九十华诞之际，王大珩赋诗一首，盛赞他是"华夏科学星"。

> 理论物理入名门，卅龄爱都[3]院士彭。
> 几代桃李芳四邑，两弹一星请志奇勋。
> 科技兴国创新多，幸聆渊见一尺明。
> 求是不懈七十载，祝寿华夏科学星。[4]

王大珩常常参加留英中国学生总会的活动，这个社团也是当时英国规模较大、闻名遐迩的中国留学生团体。该组织于1926年在

---

[1] 王大珩.《朱树屏文集》序言（一）// 朱树屏.朱树屏文集（上册）[M].北京：海洋出版社，2007：i.
[2] 马克斯·玻恩（Max Born，1882—1970），德国犹太裔理论物理学家，量子力学奠基人之一，1954年诺贝尔物理奖获得者。
[3] "爱"，指的是爱丁堡；"都"，指的是都柏林。
[4] "恭祝桓武学长从业科学与教育七十年并祝九十华诞"（2005年5月），王大珩遗留资料（手稿），存于长春光机所档案室。

英国伯明翰大学（University of Birmingham）成立，通过举办联谊、组织游览、举办演讲等方式，把分散在英国各所大学里的中国学子联系起来。留英中国学生总会成立后，很快便得到了在英国的中国学生的响应，迅速壮大起来，发展到后来，凡是来到英国的中国学生都被算作其中的会员。

20世纪40年代末到50年代初，留英中国学生总会在鼓励留学生回国参加建设方面起到了积极的作用，这批留英科学家回国后在新中国科技事业的发展中发挥了重要作用。作为社团的一员，王大珩回国后，多方联络并帮助留英的中国人回国参加建设，在1952年李薰致王大珩的一封信中便记述了这样的事情。这封信中谈到，李薰询问了在英国的柯俊、张作梅、张沛霖三人返国工作的意愿，三人都表示很愿意回国效力，于是他便请求已经在国内任职的王大珩帮忙向中国科学院申请一笔回国旅费，并为这三人做些接洽[①]。这三人回国后都在相关领域做了很多工作，并成为中国科学院院士。柯俊（1917—2017）在北京钢铁学院担任教授，创建了高校金属物理专业和冶金物理化学专业；张作梅（1918—1998）回国后帮助李薰筹建中国科学院金属研究所，在金属可塑性、高速形变的机理和材料的机械性能方面做了大量研究，后来还和王大珩成为同事，为长春光机所的发展做了很多工作；张沛霖（1917—2012）在中国科学院金属研究所工作，为核科学技术事业和国防事业发展做出了贡献。

王大珩（左一）1947年在英国

---
① 摘自"李薰致王大珩信"，中国科学院文书档案。

除了留英中国学生总会外，王大珩在英国期间还参加了"一社"（建设事业励进社）、英国物理学会、英国玻璃技术学会（Society of Glass Technology）、访英科学家协会、留英工程师学会、中华自然科学社、伯明翰城中华会馆等组织。这些团体或是有关学术，或是有关留学生联谊；或是由中国人自己发起的，或是全英国性的组织、团体。

王大珩在英国居住多年后，从社团活动的参与者逐渐转变为其中的组织者和领导者。他除了是上述中华自然科学社英伦分社的组织者外，还是"中国人会"伯明翰城分会主席。在英国，有中国留学生的各大城市都有"中国人会"，主要是中国留学生在该城市的组织，一般用办报纸宣传，组织人员联谊，如聚会聚餐、游览风景区、参观工厂、运动比赛等方式，加强同学和华侨之间的联系，把海外的中国人团结起来。王大珩在搬到伯明翰后不久，便因工作好、人缘好、领导能力强，当选为"中国人会"伯明翰城分会主席[1]。

王大珩因常常主动组织当地的留学生和旅英华侨联谊，且反响很好，由此也在留英学生和华侨中积累了威望，吸引了一些追随者。这从当时剑桥大学的留学生朱海帆 1945 年写给王大珩好友朱树屏的一封信里可以看出来：

> 六月十八日手书欣悉，谢谢。
>
> 弟参加曼城之会后即返剑桥，在曼城参观一所工业技专、两处机械工厂，逢到很多 F. B. I. 同学。在集会中中华自然科学社并未举行任何集会，弟当时曾向在会王大珩兄建议，但未能举行。中华自然科学社在英分社究竟要做些什么工作请兄多多指示，弟在时间能力范围内当追随大珩兄尽一分社员之力。[2]

---

[1] 摘自王大珩档案中的"拟接收我所所长、一级研究员王大珩入党的意见"，存放于中国科学院人事局档案处。

[2] 日月，朱瑾. 朱树屏信札 [M]. 北京：海洋出版社，2007：131.

社交活动缓解了王大珩在异国他乡的孤独感，帮助他熟悉并融入英国的生活中，也令他受益良多。在组织各类活动的过程中，他的领导和管理能力得到了锻炼，赢得了周围留学生群体的认可；他还结交到来自五湖四海的朋友，为后来回国开创事业积累了人脉。

三、一篇崭露头角的光学论文

王大珩在帝国理工学院学习了两年多，研究方向主要是光学设计，他于 1940 年获得伦敦大学理学硕士学位（MSC）。因帝国理工学院不长期保存硕士学位论文，所以王大珩在读硕士研究生期间完成的一篇题为《在有球差存在下的最佳焦点》（"Note on the Best Focus in the Presence of Spherical Aberration"）的论文便成为反映他早期学术思想，以及他硕士研究生学习期间学术方向的重要文章。

王大珩的这篇学术论文于 1940 年 11 月投稿，正式发表于 1941 年的英国《物理学会会刊》（Proceedings of the Physical Society）上。这是一份创立于 1874 年的英国老牌物理学刊物，期刊出版地设在伦敦，也是当时英国物理学领域的一份重要学术期刊，于 1968 年改名为《物理杂志》（Journal of Physics）。《在有球差存在下的最佳焦点》讨论的是镜头光学设计中的问题，是王大珩在伦敦大学帝国理工学院两年多硕士研究生学习期间取得的一项重要研究成果。

王大珩在这篇论文中提出并论证了一种基于光强最大判据，在有残余球差光学系统中确定最佳焦点位置的计算方法，他巧妙地利用瑞利准则（当一个光学系统最大波像差小于 1/4 波长时，系统成像质量与理想光学系统没有显著差别）推导出有初、高级残余球差光学系统的光程差计算的数学模型和近似解析表达式，分别讨论给出了系统初、高级球差对系统光程差的影响机制及球差允差计算公式；他创造性地提出了在系统中以初级球差平衡高级球差并适当离焦可以获得优化成像的论点和计算方法，这些处理方法还经过了镜头优化设计和实验的验证。这篇论文中提出的学术观点和数学处理

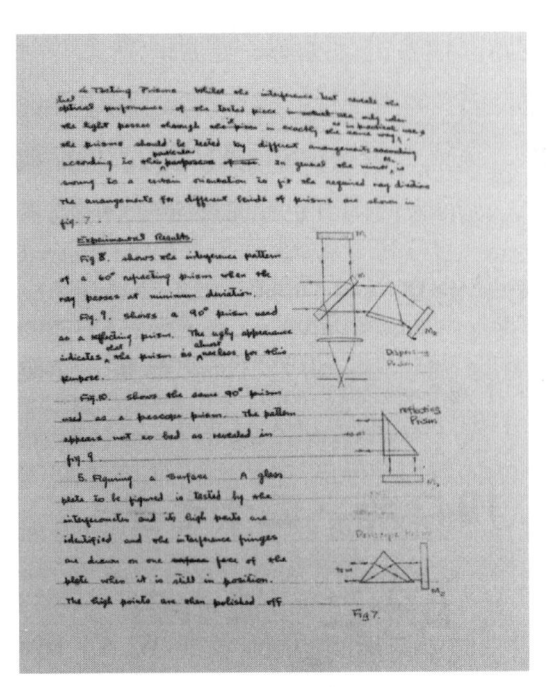

王大珩在英国的学习手札

方法，与前人原有的方法相比，计算复杂度大大降低，还能满足瑞利准则，对当时光学设计领域的研究有着重要的学术意义和应用价值。

需要说明的是，20世纪40年代，在没有计算机的情况下进行光学设计是一项高难度的工作，计算量十分庞大。要制造一个由三到五片透镜组成的光学镜头，必须进行细致、精密的光学设计，进而要进行大量的光学计算，这主要是为了计算和优化光学系统的像差（光程差）。光学工程师在初步建立了镜头模型和完成参数设计后，通过改变透镜镜面几何参数和优选光学玻璃，计算光线以不同方位在不同位置进入光学系统后到达成像焦面的光程差，经过多次循环计算，直到光学系统成像质量得到优化。在像差计算中，能够用解析表达式求解部分像差，当然就能大大减少计算工作量，不能用解析表达式的，就只能靠光线追迹计算了。可想而知，在没有计算机的年代，光学工程师要靠手算、拉计算尺和借助手摇计算机（一种机械计算机，只能做加减乘除计算）来完成光学设计，计算复杂度和工作量是最大的问题。正因如此，在当时的应用光学界，研究像差的优化计算方法必然是热门课题。在20世纪初期的应用光学教科书中，光学系统像差解析表达式的推导和计算的内容，通常要占据全书80%的篇幅。甚至直到20世纪50年代末，以长春光机所做镜头光学设计为例，要设计一个多片的光学镜头，需要一位光学工程师带着四到五名计算员计算几个月，计算员手中的那本三角函数表，由于光线追迹计算中要不停地翻用，右下角都是破损的。直到20世纪60年代初，长春光机所才从英国购置了第一台大型计算机用于光学设计计算，更别提国内其他光学单位了。

鉴于以上情况，王大珩完成的这篇论文，更是经过了数不清的光学计算，在这方面花费了大量工夫。他的研究成果发表后，多年来常常被一些教科书所引用和借鉴，他的观点被认为"是大口径小像差光学系统（如显微物镜）设计中像差校正和质量评价的重要依据"①。例如，在照相机技术上有较高成就的日本光学家小仓磐夫②曾提到，自己在学生时代就曾阅读过王大珩的论文，一直以来印象深刻，他曾说过，这篇文章影响了他的研究方法和思路。小仓磐夫在《现代照相机和照相物镜技术》一书中单列了一个章节，标题为"三级球差和波动光学的最佳象面——摘自中国光学学会理事长王大珩先生青年时代的论文"③，专门引用并论述了王大珩的学术工作。光学专家、中国科学院院士王之江④在青年时代即研读过王大珩的这篇论文，对他亦有启发。时隔半个世纪后，他回忆起这篇文章的内容，仍给出了很高的评价："王大珩先生在英国时发表的论文《在有球差存在下的最佳焦点》是当初国际上对象差校正最佳方案研究中，

---

① 小仓磐夫.现代照相机和照相物镜技术[M].傅维乔，等译.北京：机械工业出版社，1989：195.
② 小仓磐夫，日本东京大学教授，1960年开始研究激光，曾于1984年来华，在西安应用光学研究所访问讲学。
③ 《现代照相机和照相物镜技术》是由小仓磐夫在日本《照相工业》杂志上发表的文章选编而成的，他曾在文中介绍过王大珩的工作，故以这种形式收入该书中。
④ 王之江（1930—），籍贯江苏常州，生于浙江杭州，1952年来中国科学院仪器馆工作，1978年加入中国共产党，1978—1984年担任中国科学院上海光学精密机械研究所（以下简称上海光机所）副所长；1984—1992年担任上海光机所所长；1988年当选为美国光学学会特别会员；1991年当选为中国科学院院士（学部委员）；1997年获何梁何利基金科学与技术进步奖。

很有开创性的工作。"①

青年时代的王大珩在光学设计方面练就了扎实的基本功，奠定了后来从事光学玻璃研究、培养光学设计人才乃至指导长春光机所完成高、精、尖国防光学任务的基础。

1941年春天，因战争对光学玻璃的需求量骤增，一直关注国际科技前沿的王大珩的兴趣转向从事光学玻璃的制造技术研究。在获得硕士学位以后，他向谢菲尔德大学提出攻读光学玻璃博士研究生的申请，很快便收到录取通知。之后他离开伦敦前往谢菲尔德，在谢菲尔德大学玻璃制造技术系的玻璃工艺室，师从著名玻璃学家特纳（W. E. S. Turner，1881—1963）学习光学玻璃炼制工艺，进行玻璃的光学性质研究，并以此作为攻读博士学位的方向。

谢菲尔德大学玻璃制造技术系始创于1915年，是英国第一个以玻璃制造为研究和教学对象的大学机构，这也是源于第一次世界大战后英国进口玻璃量锐减，而国内对玻璃工业的需求增加而开设的一个实用性很强的专业。该机构的负责人是英国著名玻璃学家特纳，他于1916年倡议创立了以"促进玻璃工艺研究，加强玻璃工业界有志之士之间的联系"为宗旨的英国玻璃技术学会。该学会通过定期举办会议、出版相应刊物、组织和整理图书等方式，在激励英国玻璃研究等方面发挥了重要作用。

谢菲尔德大学玻璃制造技术系从创办起，为英国的玻璃制造业培养了一批专业的研究型人才。据统计，截至1947年，玻璃制造技术系70多名毕业生中，有超过30名成为各玻璃公司或部门的主管。该专业的负责人特纳更是为玻璃制造专业人才的培养付出颇多。例如，为了提高英国玻璃制造业的整体水平，他为英国各地的玻璃工人开设全日班和周末班。到20世纪30年代，谢菲尔德大学的玻璃制造技术系和英国玻璃技术学会在特纳的统一领导下，学术研究、应用和交流功能得到充分发展，吸引了包括中国和日本在内来自世

---

① 2015年4月19日，王之江在与笔者的邮件往来中提到。

界各国的学者[1]。

为了纪念特纳在英国玻璃事业上的成就和贡献，如今的谢菲尔德大学材料科学与工程系楼内，还附属有一个以特纳名字命名的博物馆——特纳玻璃博物馆（Turner Museum of Glass），这个始创于1943年的博物馆收藏了大量19到20世纪的玻璃制品，涵盖了欧美各主要玻璃制造者的杰作，藏品之丰富在英国罕有其匹。

导师特纳对王大珩寄予了厚望，大力提携和帮助他，后来王大珩到昌司（Chance）玻璃公司工作，他还与特纳合作发表了多篇有价值的光学玻璃研究论文。

1950年，特纳当选为国际光学委员会首任主席。王大珩的硕士研究生导师马丁，也是这个组织的领导人之一（副主席）。1987年，在王大珩的倡议和努力下，中国光学学会也加入国际光学委员会中，中国的光学研究从此走向世界，国际学者越来越多地注意到中国高水平的光学研究，中国光学家群体也得以在世界舞台上一展风采。

四、卓有收获的光学玻璃研究

1942年4月，王大珩放弃在读博士学位，来到位于英国中部的工业城市伯明翰，成为昌司玻璃公司研究实验部的物理师。在这里，他学会了光学玻璃熔炼技术，展开了对稀土光学玻璃的研究，几年来卓有收获，取得了一系列可喜的成果。

昌司玻璃公司是一家实力强劲、以制造光学玻璃而闻名于英国的大型公司。这家公司在1875年前后便制成了英国最早的光学用途玻璃：四种燧石玻璃和两种冕玻璃。1914年以前，在英国90%的光学玻璃仍依赖进口的情况下，昌司玻璃公司作为当时英国唯一的光学玻璃工厂，生产了英国市场上多数品种的光学玻璃。1932年到第二次世界大战以前，昌司玻璃公司通过兼并等方式，规模日益扩

---

[1] Gooding E, Edward M. Glass and W. E. S. Turner[M]. Sheffield: The Society of Glass Technology, 1951:21.

王大珩在昌司玻璃公司时留影

大,其光学玻璃的产量较之以前增长达五倍之多[1]。第二次世界大战期间,随着战争对光学玻璃的需求多样化,昌司玻璃公司里新品种光学玻璃的研发开始紧锣密鼓地进行。

在20世纪早期的英国,光学玻璃制造作为关键技术是严格保密的。整个玻璃工业界步步设防,各个研究机构之间基本没有合作。特别是不同玻璃制造业者的配方都是严格保密的,当时对光学玻璃手工操作的配方没有严格的配比和分析,其成分一般是通过经验获得。在这种严加保密的制度下,王大珩刚进昌司玻璃公司时,作为一名外国人,他只能在实验室里从事一些核心研究的外围工作,如对成品玻璃进行分析、测试等,他不被允许进入生产车间,更看不到熔炼光学玻璃的关键技术。因为不知道光学玻璃的配方,王大珩借着分析成品光学玻璃特征的机会,细心观察,通过检测光学玻璃的成分,不断摸索光学玻璃熔炼所需的材料,思考炉温对材料变化的影响。当时在熔炼玻璃液的时候没有搅拌装置,他只能"将玻璃倒出粉碎,用研钵研磨均匀后重熔,得到可测色散的玻璃"[2],他通过反向还原的办法,探索了符合条件的光学玻璃的熔炼过程,每一次实验都要花费他许多工夫。据他统计,在昌司玻璃公司工作的5年中,他约进行了300埚玻璃熔炼实验。也正是因为经过反复摸索,他不但掌握了熔炼光学玻璃的经验和方法,对用

---

[1] Gooding E, Edward M. Glass and W. E. S. Turner[M]. Sheffield: The Society of Glass Technology, 1951:37-40.

[2] 姜中宏,王世焯. 中国光学玻璃的先导者 // 宣明. 王大珩[M]. 北京:科学出版社,2005:57.

不同配比的材料所熔炼出来的玻璃性质认识也越发清楚。王大珩在写给好友朱树屏的信中提到了那时候他把大量的时间都花在了工作上：清晨进厂，晚至8时才回[①]。

王大珩在昌司玻璃公司工作期间，对光学玻璃的光学、光谱性能进行了深入探讨，对光学玻璃的性能测试方法和测试装置也进行了改进研究。他还进一步优化了玻璃配方和退火工艺，以获得性能更加优化的光学玻璃，同时开展了对稀土光学玻璃的研究工作。他也是英国最早研究稀土光学玻璃的人之一。

19世纪末，人们把稀土元素应用于玻璃制造。1925年，美国科学家摩莱（Morey）开始研究稀土硼酸玻璃。1938年，美国率先制造出具有高折射率低色散性能的含镧光学玻璃，扩大了光学玻璃系列的常数范围。王大珩对这一研究领域产生兴趣，最直接的原因是他在进行光学设计的过程中，深知高折射率低色散性能的玻璃在设计透射光学系统色差优化中太重要了——折射率正是光学玻璃最重要的光学性能之一。借助昌司玻璃公司玻璃实验室的优良条件，王大珩开始了对稀土光学玻璃系列的研究。王大珩对重要研究成果进行总结，撰写了相关文章，多数发表于英国权威学术期刊《玻璃技术学报》（*Journal of the Society of Glass Technology*）上。

1942年，王大珩撰写了题为"The Visual Spectrophotometry of Glass with Special Reference to Low Absorptive Glass"（《低吸收玻璃的光谱特性比对测量》）的文章，在同年11月18日的谢菲尔德会议上宣读。在这篇文章中，他首先从理论和实验两个方面分析论证了原经典装置用于测量高透明玻璃光谱吸收率的局限性，报告了他基于经典光谱光度计建立起来的一套改进型光谱光度测量装置，并提出了新的测试方法。新装置采用了均匀散射扩展光源，在这个装置中测试样品可以加厚成柱状，这对于低吸收玻璃的光谱透过率/

[①] 1945年10月王大珩致朱树屏的信 // 朱谨，日月. 朱树屏传记：真实历史的回归[M]. 北京：新华出版社，2007：39.

光谱吸收系数的测试，不仅降低了玻璃测试样品的制作难度，特别是在玻璃样品不可避免地存在条纹等光学性能不均匀的情况下，仍可以获得高精度的测量精度。同时在文章中，他还报告了在开展对含氧化铁的钠钙硅酸盐玻璃（Soda-Lime-Silica Glass Containing Iron Oxide）的脱色工艺研究中，用新装置对不同氧化铁含量玻璃样品的光谱吸收率的测试结果。

在这次会议上，王大珩还宣读了他与导师特纳合著的题为"Some Spectrophotometric Investigations on Iron Oxide-Containing Soda-Lime-Silica Glasses-Part Ⅰ. The Influence of Concentration and Ferri-Ferrous Dissociation"（《含氧化铁的钠硅酸盐玻璃的某些光谱特性——第一部分：浓度与氧化正亚铁分离的影响》）[①]的学术论文，报告了对钠硅酸盐玻璃中所含不同氧化铁浓度对玻璃光谱吸收特性的测试和分析结果。紧接着，1943年王大珩与特纳合作完成并发表了上述同名论文的第二部分："Some Spectrophotometric Investigations on Iron Oxide-Containing Soda-Lime-Silica Glasses—Part Ⅱ. The Effect of Arsenic and Antimony Oxides"（《含氧化铁的钠硅酸盐玻璃的某些光谱特性——第二部分：砷与氧化锑的作用》）[②]。他们进一步的研究表明，在钠硅酸盐玻璃配方中加入砷和氧化锑，可以起到脱色剂的作用，在经过了多次配比实验和测量后，得到了不同砷和氧化锑含量对玻璃光谱吸收特性的影响。这两篇文章于1942年和1943年相继发表在《玻璃技术学报》上。

王大珩在昌司玻璃公司的工作实践中，学术研究不断深入，学术水平不断得到提高，实力越来越强。他不仅在光学玻璃性能测试

---

① Wang T H, Turner W E S. Some Spectrophotometric on Iron Oxide-Containing Soda-Lime-Silica Glasses—Part Ⅰ. The Influence of Concentration and Ferri-Ferrous Dissociation[J]. Journal of the Society of Glass Technology, 1942.

② Wang T H, Turner W E S. Some Spectrophotometric Investigations on Iron Oxide-Containing Soda-Lime-Silica Glasses—Part Ⅱ. The Effect of Arsenic and Antimony Oxides[J]. Journal of the Society of Glass Technology, 1943.

方面已经有所建树，还渐渐掌握了光学玻璃研制和生产工艺的多个关键环节的技术工艺。1944年，王大珩在英国获得了两项新光学玻璃配方的发明专利[1]。

王大珩第一项专利的核心发明是通过在钡硼酸盐玻璃中添加多种不同配比的稀土氧化物，从而获得了5种新玻璃配方的镧冕玻璃系列。他的第二项专利是在钡硼硅酸盐玻璃中加入14.5%的氧化钍和高达45%的氧化钡，获得了折射率1.65、阿贝数58.5特征性能的新牌号玻璃。根据这些研究，1945年，王大珩和特纳合作发表了题为"The Influence of Boric Oxide on the Refractive Index and Dispersion of Soda-Boric，Oxide-Silica Glasses"（《氧化硼对钠硼硅酸盐玻璃折射率和色散性能的影响》）[2]的论文，讨论了在光学玻璃熔炼过程中加入不同配比的稀土元素，对成品玻璃的高折射率低色散性能的影响。

说到王大珩获得专利这件事还有过一段故事。这个故事，是时过60年后（2003年），在"中国科学家人文论坛"上，由他本人讲出来的。他说："在科学高度发展的当代，人们在传统意识和行为上，仍保持着有神论的烙印，科学家也难免如此。在实验室里他是无神论者，但是在社会上也是有神论的大流，成为有神论和无神论的两面派。我也这样做过……"[3]然后，王大珩讲了他的故事。

1944年的一天，王大珩到英国伯明翰专利机构申请新型光学玻璃配方的专利，没有想到在英国这个世界上最早（1624年）颁布专

---

[1] 两项专利的信息如下：Patent: CA494204. English Title：Optical Glasses；French Title：Verres Optiques. Inventors: Wang T H, Bastick R E, Hampton W M. Owners: Chance Brothers Limited. Issued: 1953-07-07.
Patent: CA504429. English Title：Optical Glasses；French Title：Verres Optiques. Inventors: Bastick R E, Wang T H. Owners: Chance Brothers Limited. Issued: 1954-07-20.

[2] Wang T H, Turner W E S. The Influence of Boric Oxide on the Refractive Index and Dispersion of Soda-Boric Oxide-Silica Glasses[J]. Journal of the Society of Glass Technology, 1945.

[3] 王大珩. 漫谈科学精神 // 宣明. 王大珩 [M]. 北京：科学出版社，2005：23-30.

利法的国家申请专利，手续竟如此繁复。在填完各种表格、递交原始资料以后，还要接受答询、等待审核。最后专利局官员拿出一本《圣经》放在桌上，要申请人王大珩把手放在上面宣誓，发誓所做的工作和写的材料是真实的。当时，他犹豫了，心里暗想，我是什么教都不信的无神论者，怎么还要向《圣经》起誓呢？转而他又想，不就是宣誓自己的工作诚实可靠吗？这当然是科学家的本分，当然应该坚守的。"在这种情况下，我何必说我不信你的教呢？算了，我也就随大流了，你爱怎么样我就跟着走了。"[1]

王大珩在研究光学玻璃性质的过程中，还动手发明了一种用于测量玻璃折射率的精确装置，这就是于1945年问世的 V-棱镜精密折射率测量仪。这台仪器测试原理巧妙，测试精度可以达到 1×10^{-5} 量级，性能优于当时在光学工业界通用的"普式（Pulifich）"折射仪。他把这一装置制成了商品仪器，在英国物理学会展览会上展出，获得了英国科学仪器协会"第一届青年科学仪器发展奖"[即"包温氏奖"（Bowen 奖）]。1966 年，英国科学仪器展览会在天津举办，开幕式上展示了当年由王大珩发明制造的 V-棱镜精密折射率测量仪。至今 V-棱镜精密折射率测量仪仍在国内外光学实验室和光学制造业中普遍使用，是光学玻璃实验室和工厂必备的测量仪器。

20 世纪 50 年代，王大珩带着青年研究人员进一步改良了这款仪器的性能。如 1956 年，根据研制望远镜的需要，王大珩在中国科学院仪器馆光学玻璃实验室开展了一项名为"V 型棱镜折光仪的研制"的课题，课题组成员有刘顺福、杨秀春等。王大珩拿出了自己在英国昌司玻璃公司工作时记录的手稿供年轻人参考，还亲自参加了 V-棱镜标准玻璃的测定工作，并对实验所获得的折射仪的各种常数做了详细记录。根据王大珩提供的数据，刘顺福完成了课题报告之一——《V 型棱镜折光仪技术报告》，对试制情况进行了总结。随后，王大珩也以书面形式对该项目做了总结，写成《V 型棱镜折光

---

[1] 王大珩. 漫谈科学精神 // 宣明. 王大珩 [M]. 北京：科学出版社，2005：23-30.

仪及其精确量测固体折光常数的应用》的重要研究报告，他提出了 V-棱镜精密折射率测量仪由一个 45°、90°、45° 的 V 型棱镜和一个垂直式分光计组成，指出了该项目的关键技术所在，并提出所试制的 V-棱镜精密折射率测量仪是用于制造望远镜的重要组件。制成后的折射仪，具有介乎大型精密分光计和普式折射仪之间的精度，在方法上却比二者都简洁得多。由王大珩主持的 V-棱镜精密折射率测量仪研制项目于 1978 年 4 月被评为吉林省重大科技成果。

因为研究工作取得了诸多进展，王大珩作为公司里为数不多的亚洲面孔逐渐受到了昌司玻璃公司高层的器重，他受到来自英国人的尊重多了，薪金越来越丰厚，享受到的物质待遇也越来越好。但他的内心并不高兴，"在那些年里，我是受雇于人，出卖自己的智慧，为别人出成果、效益的"[①]。他多么希望能早日把这些关键技术在自己的国家应用。在英国的那段时间，王大珩抓紧时间学习和开展科研，第二次世界大战结束后，他心里已经做好了随时回到日思夜想的祖国的准备。他这样总结这段奠定他一生事业基础的难忘留学时光：

V-棱镜精密折射率测量仪

可以自慰的是，根据自己多年工作经验，掌握了保密性很强的光学玻璃制造的许多关键技术问题，为当时的英国光学玻璃前沿技术做出了贡献。此外，还学会了一套从事应用研究和

---

① 王大珩. 我的自述 // 宣明. 王大珩 [M]. 北京：科学出版社，2005：11-16.

开发工作的思路和方法，特别是讲求经济实效的意识。这对我回国后从事新技术创业和应用研究的开发工作，有着深刻的意义。①

1946年7月，王大珩参加剑桥物理集会
（左起：钱三强、何泽慧、周培源、王大珩）

---

① 王大珩.我的自述 // 宣明.王大珩[M].北京：科学出版社，2005：11-16.

第五章
祖国在心中

中国的知识分子，即便身处积贫积弱的时代，也大都怀有一颗热爱祖国的心。20世纪三四十年代那些漂洋渡海负笈留学的学子，差不多都有一个共同特点——为了国家强盛。王大珩和他的学友钱三强、彭桓武、何泽慧、李薰、王应睐等，就是这样的典型代表。

"日夜思念的祖国""一切要服从祖国的需要"，王大珩在《我的自述》里如此表达他在英国10年期间对祖国的情怀。从他许多经历的事情，更能清楚地看到他把心中的情怀转换到"为祖国需要做好准备"的自我践行上。

一、放弃在读博士学位 做光学玻璃实验师

第二次世界大战爆发后，由于先进技术被应用于制造武器的警示，欧洲一些主要国家很快把光学玻璃研制技术提到"军事要害技术"（王大珩语）的高度，并加以强化研究和发展。1942年春的一天，正在谢菲尔德大学做玻璃光学性质研究博士论文的王大珩，偶然得到一个消息，他在帝国理工学院时的英国同学汉德（W. C. Hynde，时由昌司玻璃公司委派到帝国理工学院进修）告诉他，伯明翰昌司玻璃公司实验部急需找一位实验物理师，专职从事新型光学玻璃的开发研究。汉德认为王大珩符合懂得应用光学专业的应聘条件，问王大珩愿不愿意去伯明翰就任。

1985年，王大珩（左）赴英国考察计量和工程测试技术时与汉德合影

第五章 祖国在心中

想不到，就是这个偶然间得到的消息，决定了后来王大珩一生的事业。这件事他一直铭记在心，时过半个多世纪他回忆说："我的英国同学汉德先生告诉我，英国昌司玻璃公司急需一位懂应用光学专业的科研人员，担任新型光学玻璃开发研究工作。这真是一个难得的机遇，我的祖国是多么需要这种技术啊！"①

从王大珩的忆述中可知，他听到这个消息后，第一感觉是这是难得的机遇，十分希望能学到制造光学玻璃的真实本领，同时想到了祖国需要这种技术。但还有一点，他一定会想到却没有说，那就是放弃在读的博士学位去做技术产品开发，毕竟是一次重大改变，于个人、于将来，会遇到些什么情况？

事实是，王大珩很快拿定了主意，并且带着意向先去见导师特纳征求意见。特纳听后颇感意外，甚至对这名聪慧、有创造性思维的中国学生直说了惋惜的话，不过，特纳还是尊重了学生的意愿。

就这样，1942年4月，王大珩受聘于昌司玻璃公司实验部，做了长达5年的实验物理师。这件事本不一般，5年也不是个很短的时间，但在从不习惯多谈自己的王大珩笔下，却是如此简括和平常：

> 经汉德先生的推荐，离开学校，到昌司玻璃公司工作。我在这家公司实验室工作了五年，职务是研究实验部物理师。在那里我学会了如何从事研究开发工作。虽然不许我进入生产车间，但因为实验室既是产品质量的控制中心，又是进行新技术、新产品开发的源地，所以对生产的组织形式，以及生产光学玻璃的要害问题能有足够的了解。②

为了国家将来的需要而放弃在读博士学位，王大珩向来认为是不值得挂在嘴上的平常事，因而学界知此事者并不多，能理解其中大义的更少。但有一个人几十年来一直很钦佩王大珩的决断，从内

---
① 王大珩.我的自述 // 宣明.王大珩[M].北京：科学出版社，2005：11.
② 王大珩.我的自述 // 宣明.王大珩[M].北京：科学出版社，2005：12.

心发出"真是难得"的赞誉,这个人就是钱三强。钱三强和王大珩是相知甚深的同学与挚友,他们小学(1921—1922年)在孔德学校同过学,在清华大学物理系(1932—1936年)又同班,毕业后分别到法国和英国留学,还共同经历了第二次世界大战之苦。

钱三强特别理解王大珩,还因为他本人与中国学位制的一个历史情结。早在1953年,钱三强率领科学家代表团赴苏联进行了几个月的考察,归国后就积极主张建立中国的学位制,因为客观形势和学界意见分歧,他的计划搁浅了。20世纪80年代初,国家决定实行学位制,钱三强被任命为国务院学位委员会副主任之一(主任为胡乔木)。虽然是兼职工作,但钱三强很上心地把它当正业去做,因为他认为,建立自己国家的学位制,"实质上应该看作是在人才培养上消除半封建半殖民地痕迹的一个内容"(钱三强语)。

1982年2月,钱三强在一次学位工作座谈会上,颇有感触地讲到旧时中国知识界看待博士学位的心态,说当时在大学当教授的,非得有外国的博士学位不可,没有博士学位最多只能当个副教授,还让人看不起。他当场举了刘半农作例子,说胡适经常流露出瞧不起刘半农,为了出这口气,刘半农到法国去学语言学,获得文学博士学位,回国后大家都对他刮目相看。钱三强对比讲了王大珩放弃在读博士学位去做实验物理师的事,他说:"大珩不是不知道没有博士学位对个人的不利影响,但他为了国家将来需要,做了与众不同的选择,在那个时候真是难得。"[1]

事实上,没有博士学位的王大珩,在当年回国时确实能感受到"对个人的不利影响"。他和获得博士学位同时期回国的钱三强、彭桓武相比,明显遭了某种"冷遇"。彭桓武在爱丁堡先后受到国内中央研究院、清华大学、云南大学的邀聘。钱三强在巴黎曾经有北京大学、中央研究院、北平研究院、中央大学、清华大学发来聘函。

---

[1] 葛能全. 又一历史性功勋——王大珩先生与中国工程院 // 宣明. 王大珩 [M]. 北京:科学出版社,2005:81.

还有王应睐，他 1938 年和王大珩同船抵英求学，以《估测可溶性维生素 B1、C 及烟碱酸的化学方法及应用》("Chemical Methods for the Estimation of the Water-soluble Vitamins B1, C, Nicotinic Acid, with Some Applications")研究论文在剑桥大学获得博士学位，1945 年他就被中央大学聘请回国做了生物化学教授。而经许多可查的历史材料和自述证实，王大珩可以说是"不请"自己主动回国的，并且回国后一度为找工作单位而奔波。

在这样的现实情况下，王大珩从未流露出一丝悔意，更没有说过标榜自己的话，他留下的只有这样一段简短朴实的文字：

> 为了能学到制造光学玻璃的真实本领，我毅然放弃攻读博士学位的机会，抓住二次大战的时机，经汉德先生的推荐，离开学校，到昌司玻璃公司工作。[①]

二、关注国家前途

自 1938 年秋登船抵达伦敦之后，王大珩将全部精力放在技术光学硕士论文的研究实验上，并于 1940 年夏获得帝国理工学院的硕士学位，他的这篇论文被公认为是具有创造性的。在紧张的科研工作之余，王大珩心里翻来倒去总惦念着国内的抗战形势。每当从中文报纸上看到解放军失利的消息，他就有说不出的痛楚，寝食难安，有时不由自主地默默唱起最爱唱的《松花江上》那首歌，发泄心中对日寇的愤懑，同时寄托对祖国和亲人的思念。

有时候，王大珩也有感到慰藉的事情。他刚到伦敦不久（1939 年 1 月 14 日），当地许多报纸报道了英国、法国、美国的联合声明，共同反对日本的所谓"大东亚新秩序"；再就是，在平时与人接触中，无论是在帝国理工学院还是在昌司玻璃公司，他的英国同学、同事和老师，都认识到日本帝国主义就是希特勒法西斯，都对来自

---

① 王大珩. 我的自述 // 宣明. 王大珩 [M]. 北京：科学出版社，2005：12.

受日本侵略的中国学生寄以同情和亲近，这使得去国离家的王大珩减轻了精神上的孤独感。

1945年，是王大珩感觉开心的事情发生最多的一年。这年5月，德军最高统帅部签署投降书，欧洲战争宣告结束；三个月后，日本宣布无条件投降，中国的抗日战争和第二次世界大战结束；这一年，王大珩在昌司玻璃公司研制出V-棱镜精密折射率测量仪，其精度达到1×10^{-5}，并制成商品仪器，获得英国科学仪器协会授予的"第一届青年科学仪器发展奖"；这年秋，因为战争多年没有音信的同学钱三强，意外来到伯明翰和他见了面，并且带来了延安的最新消息。

第二次世界大战刚一结束，英国和法国首先恢复学术交流。已经升任法国国家科学研究中心研究员的钱三强，1945年秋受约里奥-居里夫妇委派，到英国布里斯托尔大学鲍威尔（Cecil Frank Powell，因发明核乳胶技术获1950年诺贝尔物理学奖）教授处学习核乳胶技术，同时出席英法宇宙线会议。钱三强离开巴黎时，中共旅法支部告诉他，要他到伦敦后去伦敦海员工会见一个人。钱三强后来见的这个人，就是延安来的邓发（时任中共中央职工委员会书记，陈家康随行）。那天，邓发除了介绍延安和全国的革命形势外，还送给钱三强一份《解放日报》的剪报，报纸上刊载的是毛泽东的新作《论联合政府》全文。

钱三强见了邓发、读了《论联合政府》以后的感觉，他自己形容"可以说是一个新的发现""感到文字内容非常有气魄有远见，并且科学性非常之强，当时我的直觉的反应是'孙中山第二'。"[①]

于是，钱三强很快从伦敦乘火车去了伯明翰，他要把这些告诉王大珩。关于两位同学的那次所谈所感，此处引录《钱三强传》（2013年版）中综合钱三强和王大珩的回忆资料写成的一段文字：

> 两人一起到斯特拉福镇参观了莎士比亚的出生地，还划着

---

① 葛能全. 钱三强传[M]. 杭州：浙江科学技术出版社, 2008：66.

小船，在埃文河上一边阅读《论联合政府》，一边畅谈联合政府建立后的中国未来，以及个人应为此做出的准备。钱得知王刚获得英国首届"青年仪器发展奖"，赞美他三年前放弃博士学位改研究光学玻璃的明智之举，说光学仪器是将来建设国家广泛用得上的。王对钱所攻核物理也有一番赞誉，后来见于诗句的如"四载清华攻'牛爱'（喻牛顿、爱因斯坦——引者注），一朝出国成大贤"。王在诗后加注解说："我与钱三强相处，主要在大学学习及国外留学时期，他对于革命形势的理解，处世为人，以及从事科学的风格，身体力行，对我有着深厚的感受和影响。"[1]

1945年，钱三强同王大珩游莎士比亚故乡，在埃文河畔（王大珩摄）

1945年，王大珩同钱三强游莎士比亚故乡，在埃文河畔（钱三强摄）

作一点说明，上面所引王大珩加注解释的话里，特别提到钱三强的言行（如"对于革命形势的理解"）"对我有着深厚的感受和影响"，这其中很多成分是自谦，是王大珩一向不标榜自己的习惯使然。其实，王大珩对钱三强的进步影响同样有之。如1939年，钱

---

[1] 王大珩.忆三强，我的挚友//清华大学校友总会.清华校友通讯丛书[M].北京：清华大学出版社，1992：复26册.

三强曾经王大珩订阅英国左翼俱乐部出版的进步书籍，其中有埃德加·斯诺（Edgar Snow）著的《红星照耀中国》（*Red Star over China*，曾译为《西行漫记》），他就是从这本书中第一次知道了中国共产党领导的红军和毛主席的游击战，并产生了向往之心。几十年过后，钱三强一直没有忘记王大珩为他早期政治觉醒提供的帮助。

三、共同的约定

王大珩、钱三强、何泽慧、彭桓武四位清华大学的同学，都是在1948年回国的，按抵达时间顺序，彭桓武是2月在先，王大珩是5月，钱三强和何泽慧是6月。

他们于1948年回国这个时间点，给后来留下了猜疑，甚至一度给他们惹来麻烦，"文化大革命"期间更有人诬蔑说，他们这是"投奔国民党反动派"。直到许多年过后，1948年回国的时间问题还在困扰着他们——新中国成立60周年（2009年）时，某电视台计划报道他们中的一位（钱三强），但发现他的回国时间跟"向往新中国"的主题相左，感觉很为难，后来栏目组听了情况介绍，知道了历史细节，才有了新的认识，报道得以正常进行。

实际上，选择1948年回国是王大珩他们共同的约定。还原历史真相，情况大致是这样的。

早在1939年夏，王大珩和彭桓武、夏震寰、卢焕章有一次暑假旅行，除了看风景名胜，到巴黎会晤钱三强、到柏林会晤何泽慧是首先写进日程的，并由王大珩分别致信进行了预约。钱三强记得，这是他离开清华大学后第一次接到王大珩的信，以往的印象从这封信

1939年，王大珩（右二）与彭桓武等在凡尔赛

重新记起；钱三强也想起在清华大学不同级的彭桓武，他们两人曾经（1935年）编在一个班参加学校组织的军训，夜间冒雨巡逻……

当几位同学在巴黎见面时，那种情景就像回到了从前，特别是来自爱丁堡的彭桓武，见了巴黎的太阳，就像小孩子一样又叫又笑，原来"爱丁堡是终年不见阳光的地方。我因此患病，一坐到饭桌上便厌食，但不吃又饿的怪病，到暑假，我约王大珩等清华校友作欧洲大陆之行，见见阳光，这才根治了这怪病"[①]。每当他们的话题转到国家正遭日寇侵略、民生疾苦时，心里都厚积着出国时就抱定的"求学强国"的志向，但谁也没有说大话。

这次短暂游行，后来被他们自己戏称为"一次历险"。王大珩一行从巴黎到柏林后，见到德国和苏联签订互不侵犯条约的报道，便以为战争打不起来，打算再多好好玩几天。就在这时，他们接到了钱三强从巴黎发来的电报，只写了四个字：见电速返。于是，王大珩几人带着疑惑乘火车返回了伦敦。后来才知道，他们乘坐的这是开战前最后一趟车。

对于这件事，几位同学都留下了难忘的记忆。时隔60年后，王大珩回忆道："我们四人去了柏林。这时二次大战已紧锣密鼓，法国已实行了灯火管制。三强关心备至，写信要我们赶快离德，我们便提前返英，途经巴黎，再次与三强会面，战争即将开始，只好互勉好自为之。"[②]彭桓武的记忆是："在报上见到德苏外长签订互不侵犯协定，并受当地市民和平气氛的鼓舞，我们正想做多日停留的打算，却收到三强从巴黎发来的和我们事先约定的电报。我们马上乘车返回巴黎，来时所住的巴黎大学，此时住满了军队，他督促我们立刻换车回伦敦。事后才知道，这是最后一次直达车。如若没有钱三强

---

① 彭桓武. 物理天工总是鲜：彭桓武诗文集[M]. 北京：北京大学出版社，2001：58.
② 王大珩. 忆三强，我的挚友 // 清华大学校友总会. 清华校友通讯丛书[M]. 北京：清华大学出版社，1992：复26册.

的帮助，我们当时就会被困在柏林，后果不堪设想。"①

1946年夏，王大珩和钱三强、何泽慧、彭桓武又一次相聚了，地点在英国剑桥，他们同时出席因战争延期的牛顿诞辰300周年纪念大会。这次，王大珩正好尽地主之谊，把新婚的钱何夫妇接到自己的寓所小住。两天时间里，许多话题从他们新近读的斯诺的著作《红星照耀中国》引出，天南地北，

1946年，王大珩（右）与钱三强（左）、何泽慧（中）在伯明翰

国际国内，政治、科技、人生，无所不谈。王大珩回忆说："这次会面，特别有意义，三强向我介绍了陕北革命根据地（钱从中共旅法支部知道的——注）的一些情况，说到那里现在有肉吃了，特别感到兴奋。对比重庆政府的腐败无能，使我在政治概念上受到很大启发。"②

这次在英国分别时，他们约定：随时做好回国准备，待到形势明朗后就回去，为将来建设一个强盛的中国效力。

一年过后，国内的大学和科研机构都已复员，纷纷邀聘海外学子回国教学和做研究。还有一个情况是，这时国内的战争形势发展迅速，逐渐变得明朗起来，依据钱三强从中共旅法支部得到的说法，"三年左右发生大的变化是可能的"。于是王大珩和钱三强、何泽慧、

---

① 彭桓武.物理天工总是鲜：彭桓武诗文集[M].北京：北京大学出版社，2001：77.
② 王大珩.忆三强，我的挚友//清华大学校友总会.清华校友通讯丛书[M].北京：清华大学出版社，1992：复26册.

彭桓武，便在 1947 年开始将约定计划付诸行动。

王大珩他们约定政权更迭之前回国，其中一个原因，用彭桓武当时的话说，"回去学习学习通货膨胀"。王大珩写的回忆文字，讲得更直截了当：

> 国内解放已成定局，感到新中国已经有望，回国后要为新中国而工作。我和钱三强约好 1948 年回国，当时有一种想法，就是要看看蒋介石国民党的腐臭情况。因为再晚回国，全国解放了，那种国民党鱼肉人民的情景就领会不到了。这是对我毕生有益的一次反面教育。①

也是在 1947 年夏，彭桓武借去布鲁塞尔出席会议的机会，顺便到巴黎看望钱三强和何泽慧，面告他已接受云南大学校长熊庆来的邀聘，即将回国。钱三强把自己打算近期回国的计划也向彭桓武交了底，彭很赞赏钱促使国内机构和人员联合起来发展原子能科学的想法，并且约好一旦国家安定下来，将来"一起好好干"。时至 2006 年，91 岁高龄的彭桓武依然清楚地记得那次的巴黎约定，他在中关村寓所对《钱三强传》作者葛能全说："其实那时我们谁也没有说得很直白，说是回去要搞原子弹什么的，只是说一起好好干，因为说这话时美国已经在日本投了原子弹，一说好好干，彼此都明白是什么意思。"②

王大珩和钱三强、彭桓武用事实兑现了约定。1999 年，他们同时被授予"两弹一星功勋奖章"，被誉为人民共和国的强国功臣。

---

① 摘自王大珩档案中的王大珩"自传"和王大珩"入党申请书"附件（1978 年 5 月），存放于中国科学院人事局档案处。

② 葛能全. 魂牵心系原子梦：钱三强传 [M]. 北京：中国科学技术出版社；上海：上海交通大学出版社，2013：164.

第六章

投奔大连 解放区创业

一、辗转求职 报国受挫

1947年夏秋之交，王大珩已经开始为回国做准备了。但他对当时国内的玻璃行业并不熟悉，柯俊得知他要回国一事后，主动提出介绍他与当时国民政府经济部工矿调整处的张谔联系，以了解国内玻璃行业的情况。柯俊是1944年来到英国伯明翰大学学习金属物理学科的，他来英国之前，曾在国民政府经济部工矿调整处工作过几年，在行业内积攒了一些人脉。王大珩通过柯俊介绍的朋友，在越洋通信中了解到国内的科学、工业发展情况。

1948年春，王大珩登上了由英国伦敦开往中国香港的客轮，踏上了回归的旅程，5月抵达上海。他在这里逗留了数日，镭学研究所的结晶学和X光学的科室负责人、晶体物理学家陆学善邀他暂住于上海武康路395号的镭学研究所内。王大珩在上海期间，一边四处与老同学、老熟人接洽，了解国内的形势，一边等待取回从英国托运回国的行李。在取得行李后，他便返回北平探望父母和其他亲人，同时他也是要去北平研究院物理研究所工作——物理学家严济慈写信邀请他前往北平研究院物理研究所开展应用光学研究，这也是该所将要发展的新的研究方向。

王大珩在1931年就见过严济慈，那时候他还是一名高中生。当时中国科学社在青岛举办年会，严济慈参会之余到青岛观象台参观，接待严济慈的正是王应伟。王大珩借父亲工作之便，见到了这位科学家，严济慈的风度给少年时期的王大珩留下了十分深刻的印象。

严济慈在物理学界威望极高，深受科学界人士的尊重，他做过很多实际的科学工作，取得了很高成就，为中国科学的发展，尤其是在国家存亡关头做出了很大贡献。20世纪30年代，严济慈组织和领导北平研究院物理研究所开展了一些相关的基础研究工作。北平沦陷后，他带领一批人南下迁至昆明。为战时服务，他招收了一些中学毕业的年轻人做学徒，培训他们；同时接受仪器研制生产任务，开始做显微镜、无线电通信用的压电水晶振荡器。在严济慈的领导下，北平研究院物理研究所在昆明期间研究制造出了一些简单的光学仪器，不但能为抗战服务，还培养锻炼了一批技术人才，为中国光学技术的发展打下了一定的基础。据统计，严济慈一行在昆明期间，共为抗日战争前线制造了500多架1500倍的显微镜、1000多架无线电发报机稳定波频用的水晶振荡器、300多套军用五角测距镜和望远镜。这些都是在极其困难的环境下，严济慈带领人员研究制造出来的。王大珩十分敬佩这位早年曾在法国留学、水平很高又素有"科学之光"美誉的老师，也有意在严济慈的领导下从事具体的研究工作，盼望能借此机会在国内的光学方面做出一些实际成果。王大珩和严济慈的缘分很深，后来王大珩领导下的中国科学院仪器馆，一部分重要的光学技术力量就是以严济慈在昆明抗战时期培养的光学组为基础的。

但是，因为时局不定，北平研究院物理研究所尚不具备深入开展光学科研工作的条件，或者说王大珩因没有博士学位，在这个机构里开展工作处处受肘。因此，他仅待了一个多月就以"请假"的名义离开了。1948年7月，他应清华大学学长、秦皇岛耀华玻璃厂厂长兼总工程师龚祖同（1904—1986）邀请，到秦皇岛耀华玻璃厂工作。

龚祖同是我国光学行业的先驱人物。他于1926考入清华大学，毕业后留校当了两年助教，于1932—1934年在物理系跟随赵忠尧教授攻读核物理方向的研究生，后前往德国柏林工业高等学院留学，其博士学位论文题目是《光学系统的高级像差》。龚祖同学成回国以后，参加过我国第一家光学工厂——昆明光学工厂（兵工署第二十二兵工厂）的组建工作，于1939年试制成功军用望远镜和倒影测远机，他还参加创建贵阳兵工署五十三分厂，后担任秦皇岛耀华玻璃厂总工程师。龚祖同毕生的志向，就是要做出之前中国人还没有能力做出来的光学玻璃，"那时我看到应用光学中的基本问题是我国自力更生地制造光学玻璃，以求得光学技术上的独立"①。王大珩与龚祖同志向相同，他们都希望中国光学能发展起来。然而，现实的情况是，王大珩来到秦皇岛耀华玻璃厂还没几天，就因为战争的迫近，不得不跟着玻璃厂向上海分厂搬迁。1948年11月到1949年初这段时间，王大珩在上海耀华玻璃厂担任工程师兼研究室主任，在上海协同建立新平面玻璃制造厂。

当时国民党已经穷途末路，官僚腐败、时局动荡，国内的金融秩序十分混乱，通货膨胀到了不可思议的程度，市面上用来充当流通货币的金圆券每天都在大幅度贬值，民生艰难至极。王大珩每次领到薪水，就要赶紧跑到银行去兑换银圆。这一路上，手里的金圆券还在贬值，换到的钱根本就买不回来多少物资。尽管社会动荡、人民困苦的情景他在回国前就预想过，但那段时间的亲身经历，令他深刻体会到国民党统治的腐朽和民众生活的困难，感受到了在动荡的时局里报国无门的痛苦。

回国之初的短短数月，王大珩从上海来到北平，从北平去了秦皇岛，最后又辗转回到了上海，事业和经济都陷入了困境。就在这时，他收到英国昌司玻璃公司的一封电报，上面说，欢迎他回英国任职，并将给予他更优厚的待遇。

这无疑给了王大珩新的选择，从个人学术前途上说，他在昌司玻璃公司已经连续工作了数年，积累了一定的人脉，工作驾轻就熟，又有坚实的科研基础，回去英国工作，他必然很快就能在光学玻璃行业做出一番成绩来，成为英国玻璃制造行业有名的专家。另外，昌司玻璃公司给的报酬非常丰厚，回去英国，将有更好的经济和生活条件。但王大珩并没有忘记自己回国的初心，他毅然拒绝了昌司玻璃公司的邀请，决意克服困难，留在国内发展。

王大珩回国后短短数月，"亲眼看到国民党统治地区的混乱、贪

---

① 摘自龚祖同档案中的"龚祖同生平"（1979年3月27日），中国科学院西安光学精密机械研究所（简称西安光机所）名人档案。

污腐化、民不聊生，并由于解放战争形势的迅速变化，逐渐认识了国民党大势已去，向往中共……"①

1949年1月，王大珩得到了一个新的机会，在吴有训的引荐下，他将出发前去大连大学任教。这是一条通往新世界的道路，也是一个令王大珩受益终身的抉择，他一生中从未后悔过当时的决定，回忆起那段时间的经历，他总是满怀喜悦。在大连大学的任教经历，不仅增加了他的从业经验，他还通过自己的工作，为新中国的光学事业培养了一批储备性人才。在大连大学的时光是舒心的，他切身体会到新政权对知识分子的尊重，更从中展望到新中国科学发展的光明前景。

> 我在1949年3月28日到达老解放区大连市，参加大连大学应用物理系的创建工作。这是党创办的第一所正规大学，为即将诞生的新中国培养建设人才。
>
> 当时的物质匮乏，办学条件是极困难的，学生做实验没有仪器设备。为了给学生创造学习条件，我和教师们亲自动手制作，许多实验仪器器材只能到旧物市场去找，边开实验边制作。经过努力在一年之内，建成两个同时容纳130人的普通物理实验室，能进行30种物理实验。满足了全校工学院和医学院学生的物理实验需要。
>
> 这个时期的教学，锻炼了我对创业工作的自信。②

1948年，国家准备在全国解放较早、经济和文化较为发达的地区创办一所大学，为将来新中国成立后在各大城市进行建设培养科学技术人才做一些实际的准备。大连是全国最早解放的大城市之一，环境安定，基础设施条件较好，已经具备了开办正规大学的条件。

1948年秋天，在东北和全国解放战争节节胜利之际，中共旅

---

① 摘自王大珩档案中的"王大珩政治思想动向典型材料"，存放于中国科学院人事局档案处。

② 王大珩. 我的自述 // 宣明. 王大珩 [M]. 北京：科学出版社，2005：11-16.

大地委为适应全国解放后经济建设和文化建设的需要，并为了落实中共中央东北局给予的"大力培养干部"的指示，向中共中央东北局递交要在大连开办一所大学的请示报告，学校名称拟定为"大连大学"。

经过中共中央东北局批准，1948年11月2日大连大学筹备委员会成立，并派遣后来担任大连大学医学院院长的沈其震[①]在各地聘请教师。大连大学将给予新来的教师们以优厚待遇，热烈欢迎有才学的教授前来工作。中共党员、中共旅大区党委原副书记、大连大学第一任校长李一氓曾在回忆录里撰写过大连大学对人才的渴求并以优厚的条件选拔人才的往事：

> 对学校来讲，主要还是要请到好教授。仅仅限于原来的教师就不够了。那时，全国的军事形势逐渐向南发展，上海、南京、武汉、广州的大学都无法开学。同时这些教授们出于对国民党腐败统治的不满，赞成新民主主义革命。因此我们医学院院长沈其震到上海、香港邀请了一批名教授到大连大学担任工作。因为大连这个城市是一个沿海的工商业、文化发达的城市，适合这些教授个人的生活习惯，并且我们的条件比较好。一是他的教授地位不变，二是他的薪水不变，三是只要把书教好，不必参加政治活动。[②]

沈其震的弟弟沈其益[③]当时正在中央大学生物系担任教授，他思想进步，声望又高，人脉也广。沈氏兄弟通过自己的影响力，在上海、南京等地，私下寻找并动员科学和技术人员前往解放区工作。在他们的运作下，先后有50余位教授、专家、学者投奔了解放区。这些科技人员，包括各个学科拔尖的专家、教授，他们既有真才实

[①] 沈其震（1906—1993），湖南长沙人，医学生理学家、中国科学院院士。
[②] 李一氓. 模糊的荧屏：李一氓回忆录[M]. 北京：人民出版社，1992：393-394.
[③] 沈其益（1906—1993），湖南长沙人，植物病理学家、农业教育家。

学又热爱祖国，正是未来的大连大学建设急需的人才。

介绍王大珩去大连大学的，是他的恩师吴有训。吴有训多次在王大珩事业和人生的关键阶段提拔他、点拨他，吴有训对王大珩的学识、人品都十分了解，并愿意举贤不避亲，将人才放在合适的位置上，令他发挥最大的作用。吴有训当时正在上海的交通大学担任教职，他与沈其益关系很好，也明白沈其益四处活动是在做什么事情。在得知解放区需要人才的事情后，他立刻将王大珩介绍给了沈其益，推荐他前去工作。在了解到是要去解放区帮助筹建大学，王大珩很高兴，他在英国的时候，就听过挚友钱三强的介绍，对中国共产党的奋斗事业充满向往之情。在回国后的半年多时间里，他见识到国民党政府的腐朽后，更是有意愿在全新的大连大学参加中国共产党的教育事业，为建设一个光明的新时代而奋斗。因而，他格外珍惜这次的工作机会。

1949年2月16日，对王大珩来说，是辞旧迎新的一天，他在这一天启程去往大连解放区。他先乘坐一艘美国邮轮，从上海去到香港。到香港后，再换乘上一艘苏联货船——"AZOV"号。"AZOV"号是沈其震在香港设置的京华公司所租用的货轮，它以"运货"的形式掩护"运人"的实际目的，是一条秘密航线。这艘船从1948年下半年到1949年，在党组织的部署下，通过香港—大连或天津的海上运输线，运送了许多科学技术专家、民主人士、文化界人士来到解放区。

1949年3月10日，在夜幕掩映之下，王大珩乘坐的"AZOV"号从中国香港维多利亚港出发，3月18日，船到达朝鲜兴南港后，他们一行人下船后改坐火车，经过平壤，路过沈阳，到达大连解放区。和王大珩一路同行的还有建筑学家汪坦、电子学家毕德显、生物学家何琦、冶金专家郭可讱教授等一共11人[1]。船上这些特殊的中

---

[1] 同行11人，其中王大珩、郭可讱、汪坦（及其夫人）、毕德显、何琦、李士豪、马思琚从上海出发，杨济时、李辰、周辉、陈文从香港出发。

国乘客，正是中国共产党向解放区秘密输送的急需人才。

王大珩一行人一路上都被视为贵宾，得到了东北人民政府高规格、真诚的接待，东北人民政府卫生部部长贺诚还在沈阳亲切接见了他们，北上专家们感受到中国共产党对知识分子真心的敬重和接纳，他们要迎接光明的心情更加迫切而热烈了。经过十多日的辗转，1949年3月28日清晨，王大珩一行终于抵达目的地大连，大连大学校长李一氓、秘书长段玉明、工学院院长屈伯川[①]等领导前来迎接他们，欢迎他们一起来建设大连大学。

二、创建应用物理系

1949年4月15日，安顿下来的王大珩参加了在大连市文化宫举行的大连大学创校典礼。这是一场盛大的会议，"4月15日"也被定为大连大学的校庆日。

大连大学的首任校长由时任中共旅大区党委副书记、旅大行署（市政府）副主席李一氓（1949年3—11月在任）兼任，他上任后，很快在学校组织形成了一支坚强的干部队伍[②]。在大连大学创校典礼上，李一氓校长深情地提到了中国革命经历了长期斗争，"很快就要在全国范围内完全胜利了！""夺取全国胜利，这只是万里长征走完了第一步，我们还要解决中国独立自主的问题，使经济获得广大的发展，把中国由落后的农业国建设成先进的工业国。"[③]李一

---

① 屈伯川（1909—1997），原名屈伯传，四川泸县人，教育家，延安自然科学院的创始人之一，大连理工大学的创始人之一。
② 根据《大连理工大学校史（1949—1989）》（大连理工大学校史编写组编，大连理工大学出版社，1989年，第28页），大连大学早期领导班子的构成情况是：段玉明任中共大连大学党委书记兼大学秘书长；孙廷烈任教务长；屈伯川任工学院院长兼科学研究所所长（副所长为张大煜）；沈其震任医学院院长，李震勋任副院长，杨济时任关东医学院代理院长；孙文彬任俄语专修科主任；廖玉杰任卫生研究所所长，陈真任副所长；罗若遐任辅导处处长，范大因任教务处副主任（兼电讯专修科主任），姚志健任秘书处长。
③ 大连理工大学校史编写组.大连理工大学校史（1949—1989）[M].大连：大连理工大学出版社，1989：28.

泯道出了大连大学建校的目的。时任中共旅大区党委书记的欧阳钦（1900—1978）在会上说："现在东北全部解放了，就不打仗了。我们就要集中全力来建设，不久的将来全中国也是这样。大连大学，就是为着建设而办的。"①在听完李一泯校长和欧阳钦书记的发言后，王大珩和其他与会人员心情澎湃，他仿佛已经看到未来中国建设的宏伟蓝图，他发誓定要贡献出自己的全部学识，为解放区建设添砖加瓦。

大连大学建校以来，奉行的是在"民主集中制基础上的'大家办学'"方针，校方提出了"要求大连大学全体教职员工大家都来当校长"的号召③，气氛活跃，师生们把学校当作一个大家庭，把自己看作这个大家庭中的一份子，群策群力，畅所欲言，积极向校方提出有益于学校办学的意见。王大珩亲身体会到，大连大学里的主人翁气氛浓郁，学校里一派民主办学的和谐氛围。

大连大学鼓励师生积极参加学校议事，为学校建设提出建议，校方在决议时也是充分尊重师生意见。王大珩以师生代表的身份，兼任大连大学校务委员会委员，他常常参加学校的大会小会，同师生与校领导一起，共同讨论和处理重大校务问题，他为学校提了许多建议。例如，因他受过西方教育的洗礼，知晓世界顶尖大学的办学情况，所以他向学校领导提出要把大连大学工学院办出美国麻省理工学院的特色的设想，得到了校领导的重视和肯定，这也令他的干劲更足了。

王大珩积极参与学校建设的方方面面，在校舍建造上，他充分利用自己的专业知识，帮助设计、改造。例如，现在大连理工大学南院136教室，是全校最好的阶梯教室之一，这是王大珩当年亲自

---

① 大连理工大学校史编写组.大连理工大学校史（1949—1989）[M].大连：大连理工大学出版社，1989：28.

③ 大连理工大学校史编写组.大连理工大学校史（1949—1989）[M].大连：大连理工大学出版社，1989：34.

设计的。他用皮尺测量出从讲台到第一排座位之间最合适的距离，计算每排座椅之间的宽度，从物理学的角度考虑教室的梯度、声音、光线，从而画出了教室设计图供建筑人员参考。136教室建成后，人们发现这间教室内部空间安排合理，距离适度，大而不散，尤其是声音效果和光线十分合适，教师们都争着把自己的课安排在136教室上。

在大连大学度过的这段民主、和谐的美好时光令王大珩久久难忘，1991年5月他回忆起学校早年的办学历史时，深情地说："那是中国知识分子十分舒心、精神振奋的一段美好日子。"

1949年8月1日，中共中央东北局和东北行政委员会发出《关于整顿高等教育的决定》，设立大连大学工学院、大连大学医学院[①]和大连大学俄语专修科[②]。成立于1946年11月的关东工业专门学校和1946年底成立的关东电气工程专门学校，也是后来大连大学工学院的基础。

大连大学建校初期设置了8个系，即电机工程系（系主任毕德显教授）、电讯工程系（系主任毕德显教授）、机械工程系（系主任胡国栋教授）、土木工程系（系主任李士豪教授）、冶金工程系（系主任孙廷烈教授）、化学工程系（系主任张大煜教授）、应用物理系（系主任王大珩教授）、应用数学系（系主任陈伯屏教授）。院系设置以理工科为主，担任各系负责人和教职的多为投奔解放区的爱国科学家，这些科学家和其他来自国内外的学术骨干，为学校的科学研究和学科建设打下了良好的基础。

应用物理系的命名也是王大珩经过慎重思考后向有关校领导提出的建议，得到了学校领导的大力支持。

[①] 大连大学医学院以1947年5月开学的关东医学院为基础，并接受原关东医院作为附属实习医院。

[②] 大连大学俄语专修科以1948年9月15日开办的为适应向苏联学习而培养初级翻译人才的俄语专门学校为基础。

大连大学本来要办的是物理系和物理教研组，王大珩向大连大学工学院院长屈伯川提出，大连大学的办学目的是为建设新中国服务，仅用"物理"作为系名是不够的，本系除了教授理论外，还应令学生体会到科学的实际应用，应多方面考虑该学科的教学内容和教学方式。他说："物理是一切工业技术发展的基石，冠以'应用'二字，对新中国的工业建设更有现实意义。"[①]

在英国参加实际工作多年的王大珩从自己接触到的问题和经验出发，认为在当前的形势下，从国家的需要来看，物理教学不能只教纯理论，而应从实际需要出发，让物理用于工程、生产中，去解决实际应用中的问题。王大珩的建议扩大了教学的范围，也提高了教学的门槛，教师不仅要能讲物理的理论基础知识，还要教学生如何联系实际，对学生的要求也水涨船高。王大珩希望应用物理系的学生要有较好的基础，为了让他们尽快出师，他希望从一年级学生中选拔一批学生来学习这个新专业。王大珩建设应用物理系的方式打破了传统，增加了开展工作的难度，这也令大连大学工学院的一些干部不满意。屈伯川院长做过大量实际工作，是一名教育家和实干家，他理解王大珩，同意他的看法，全面支持他，鼓励他放手去干。王大珩感怀于屈伯川的信任，开始着手应用物理系的建设。

大连大学初期的学生来源于1948年11月到1949年2月从沈阳和大连两地招来的学生。1949年暑假，为保证学生质量，学校首次面向全国，在上海和北京招考了490名新生。1949年底，王大珩通过鼓励在校学生自愿报名、所在系推荐等方式，动员学校一年级的学生报考应用物理系。他在动员大会上做了一场精彩的报告，讲述了物理对认识世界、改造世界的影响，吸引了许多对物理感兴趣的学生们的关注。那时候学生已经入学，并上了一段时间的课，为了了解这批学生的业务水平，从中选拔一批学生，在三个月的政治学

[①] 孙懋德，屈伯川.《中国现代教育家传》编委会.中国现代教育家传（第三卷）[M].长沙：湖南教育出版社，1986：337.

习结束后，学校出面组织了一次物理考试。据1949年入学的姚骏恩（现为电子光学专家、中国工程院院士）回忆：有些考题他在上海上中学时学过，所以答题比较顺利，他感到当时监考老师在他旁边看了一会儿。交卷时他看到老师的签名，怎么像"美术"两字。后来他与王大珩熟悉了，才知道这是老师的名字"王大珩"三个字的连写。这是他第一次见到恩师王大珩的情景，65年后还记忆犹新[①]。

考试之后，学校从各系49级（1949年入学）学生中选拔了22人转到应用物理系作为第一届学生[②]。后来又从50级（1950年入学）学生中选拔了20余人转入应用物理系学习。这些学生都是学校精挑细选出来的，他们的考试成绩都不错，理科基础也很好。

可以说，王大珩为应用物理系的早期奠定基础和发展做了大量工作。

大连大学是在全国尚未解放、经济条件有限的情况下办学的，面临的困难很大。应用物理系既然强调"应用"，在教学上就要花很大的精力去培养学生的动手能力，这也是与国家未来建设需求息息相关的大事，所以系里的当务之急是要建设一个高水平的物理实验室供师生使用。但那时候关内战火连天，大连与关内的交通几乎完全中断，大件的物资很难运进大连。实验室建设最要紧的是仪器设备，但根本就没有地方可以购买，那时候困难到连做物理实验需要的最基本的米尺都弄不到。为了满足教学需求，身为系主任的王大珩可以说是想尽了办法，他通过特殊渠道，比如去找留在大连的外国人，想通过他们的关系从"黑市"上购买，但这些办法都不靠谱。最主要的仪器设备还是靠自己制作。他不但自己动手，修废利旧，还教学生们动手参加仪器的组装。在这个过程中，学生们相当于上了一堂实践课，他们不但了解到了仪器的工作原理，还增强了动手

---

① 2014年9月21日，胡晓菁访谈姚骏恩，采访地点：北京。资料存于老科学家学术成长资料采集工程数据库。
② 原22人有留级和退学各1人，实际毕业生为20人。

能力。就这样一点一滴积累，师生齐上阵，终于把实验室建成。大连大学的校史中用专门的篇幅，记载了这些往事。

为了贯彻理论联系实际的原则，工学院积极加强实验室建设。……应用物理系系主任王大珩教授把实验室建设当作创系的重要工作，亲自来抓。他自己动手，领导教师和实验人员修复旧的仪器设备，使它继续发挥作用，教育大家要培养学生"用低级的仪器也能得出好的实验结果"的能力。有一次，他从土木系和旧货摊上弄来两个破水平仪上的刻度盘和轴承，如获至宝，在机械工厂工人师傅的帮助下，作出了两台精度很高的分光仪。后来，又作出了电阻箱、冲击检流计及粘滞系数测定仪等多种仪器。这样，他们在短期内就建成了两个能同时容纳130人的普通物理实验室，装配了一个能容纳150多人的物理示教用的阶梯教室。这就保证了全校580多名学生，2到3人编成一个小组，每周作一次，一学期共作30个实验。这样的情况，"就国内各大学同样设施来比，规模上当已是最大的了"。[①]

为了找到适合做仪器的材料，一到周末，王大珩便到处去"淘宝"。例如，大连有个西岗破烂市场，王大珩常常去那里看有没有合用的东西。有时候运气好，他能买到成品或半成品的旧仪器，修一修就可以使用。有时候他仅能收获到一些"四不像"的材料，比如一块无人问津、造型奇异的玻璃，几枚特殊的螺钉，一块金属壳，几根铁针……他再对这些材料进行巧妙构思的加工，自己动手画图，和师生一起组装出合用的仪器。像物理实验室用的秒表、高级电位差器、天平……许多仪器都是王大珩淘到或是自行改装出来的。他还用在市场上找到的一块玻璃磨出了好几片光学镜片，供学生们观察使用。师生们都感慨，王大珩真是有一双巧手！他精心筹划，

---

① 大连理工大学校史编写组. 大连理工大学校史（1949—1989）[M]. 大连：大连理工大学出版社，1989：37-38.

令"破烂"变废为宝。就这样,师生们"赤手空拳",在极短的时间内建立起一个实用性很强的物理实验室。这个曾被大连大学师生们戏称是用破烂市场武装起来的物理实验室,建成后达到了当时国内大学的先进水平。

王大珩所做的工作,为学校的长远发展奠定了良好的基础。王大珩费心组建物理实验室的过程,学生们都看在眼里,他们在大连大学里学到的一堂重要的实践课就是,应用物理学从业者一定要想办法提高动手能力。时隔多年,姚骏恩回忆起恩师王大珩的话,依然印象深刻,他说:"告诉你们一个真理,所有精密的东西都是用不精密的设备造出来的。你们要学会用低级的仪器做出好的实验结果。"[1]

王大珩不仅操心应用物理系的硬件设施,在校期间,他还亲自指导学生们的光学实验课。后来成为中国科学院院士的陈佳洱就是王大珩那时候教过的学生。他回忆那时候每次去上课,王大珩就在实验室门口等着,要每个学生回答他提出来的问题,学生回答到他满意了才能进去做实验。这些问题包括:实验有什么问题?要准备观察哪些物理现象?实验中要采集哪些数据?做哪些记录?等等[2]。王大珩提出的问题在于启发学生们在学习过程中独立思考,学生带着问题去做实验,才能有更多的收获。

姚骏恩想起当年王大珩指导的一堂物理实验课,老师原本打算做钟摆物理实验,但悬挂着钟摆的那根悬丝总是容易断,王大珩想了很多办法也不能复位,他就在那儿不断观察,不断改进,终于在上课前解决了问题。许多年后王大珩谈起那堂课,说道:"现在可以和你说了,1950年在准备钟摆物理实验时,那根挂钟摆的悬

---

[1] 中国工程院学部工作局.中国工程院院士自述(第2卷)[M].北京:高等教育出版社,2008:164.

[2] 2015年2月26日,陈佳洱在纪念王大珩先生百年诞辰座谈会上的发言。资料存于老科学家学术成长资料采集工程数据库。

丝经常断，实验课马上就要开始了，真着急。后来才发现，是穿悬丝的那个小孔边上有毛刺，把悬丝割断了。刮去了毛刺，问题就解决了。"① 王大珩一丝不苟、认真解决问题的态度让学生们铭记不忘。

王大珩亲自给应用物理系学生出考试题。他出的考题并不复杂，但创意十足，诸如"马向前拉车，车向后拉马，车为什么能向前走""设计一种方法，在一楼和二楼都能任意开关楼梯中间的一盏电灯"，等等。这些题目现在看起来并不难，但在当时的教学水平下，却锻炼了学生的开放性思维。王大珩出题，既要求学生能正确解答，还要求他们详细列出解答的思路和方法。考完后，他让学生们互相讨论，交流经验。他的教学方法令学生们的思维开阔了，思考问题的能力也提高了。

王大珩教育学生要实事求是，认真对待科学问题，不能有半点儿虚假，这也是他从自己的老师那里学到的并受益终身的宝贵经验。他的学生、后来担任南京大桥机器厂（今南京大桥机器有限公司）总工程师的刘永昌和在解放军通信工程学院（现西安电子科技大学）工作的王蕴芳回忆：

> 有一次，物理实验较难做，快到吃饭时间有一同学尚未做完，就造了一个假数据。这件事让王大珩教授发现了。他不仅严厉地批评了这位同学，而且还到每一个班上去讲这件事，告诉大家科学是老老实实的学问，容不得一点儿马虎和虚假。从此，大家饭可以不吃，电影可以不看，但物理实验始终老老实实地去完成。直到我们参加工作后大家都牢牢记住这一点。②

王大珩为应用物理系开了个好头，在学校成立初期就打下了良

---

① 2015年1月3日，姚骏恩在与笔者的电子邮件往来中回忆。
② 大连理工大学校史编写组.大连理工大学校史（1949—1989）[M].大连：大连理工大学出版社，1989：45.

1999年5月，王大珩（前排左二）参加大连理工大学建校50周年庆祝活动

好的基础，1951年10月，根据国家急需，应用物理系还成立了光学组，专门培养光学专业人才。大连大学的首届应用物理系可以说办得很成功，为新中国的物理和光学事业输送了一批优秀人才。其中一部分学生，如王之江、王乃弘、姚骏恩、吴世法、沃新能等人于1952年提前毕业后，前往王大珩领导下的中国科学院仪器馆工作。这些人后来在光学领域学有所成，王之江、姚骏恩等更是当选为中国科学院院士、中国工程院院士。

三、喜结终身好伴侣

在大连，王大珩认识了在大连大学医学院小儿科当主任医生的顾又芬（1920—2018），收获了甜美的爱情。

顾又芬是一位上海姑娘，受过良好的教育，是一位受人尊敬的儿科医生。1949年她作为爱国科技人员，从上海转道香港，到达解放区大连，参加了大连大学医学院的建设。在这里，她和王大珩相遇，建设一个富强的国家的共同志向让他们产生了甜蜜的爱情。

顾又芬端庄的脸庞上总是挂着开朗的笑容，学生时代的她曾是短跑运动员，喜爱运动的她既青春又健康。工作后，身为儿科医生的她待人接物亲切、和蔼，既有爱心又有耐心。虽然喜欢顾又芬，但羞涩的王大珩并不好意思向心爱的姑娘表白，他形容自己那个时候"感情比较内向，在与女孩子打交道时总是有些怯懦"[1]。妹妹王大玫到大连探亲的时候，看出了两人迟迟不得进展的关系，便主动捅破了这层窗户纸，促使两人走在了一起。顾又芬是一位善良的姑娘，虽然她比王大珩小了5岁，但她对王大珩的生活处处体贴、照料。1950年10月8日，王大珩与顾又芬在北京中山公园"来今雨轩"举行了结婚仪式。

始建于1915年的来今雨轩，假山环绕、古柏常青，在民国时期曾是著名的茶楼和饭馆，社会名流、文化人士常聚会于此。1937年钱三强去法国留学之前，父亲钱玄同便是在此为他践行。

王大珩与顾又芬的结婚照

---

[1] 王大珩.七彩的分光[M].南京：江苏人民出版社，2008：285.

王大珩和顾又芬的婚礼办得简单且朴素，新郎新娘当着来宾庄重宣誓，携手一生。婚后二人生育了三个儿女——王竞（1951年7月10日出生）、王森（1953年12月17日出生）、王赫（1955年12月23日出生）[①]。

王大珩全家福（前排右起：王森、王赫；中排右起：王大珩、顾又芬；后排：王竞）

　　王大珩与顾又芬在工作上都取得了不俗的成绩。顾又芬先是在大连大学医学院工作，后随丈夫调入北京，担任北京医学院讲师及附属医院小儿科医生；举家迁往长春后，她担任长春白求恩医科大学教授和医大一院儿科主任；20世纪80年代返京，在中国儿童发展中心工作直至离休。顾又芬是单位的主管，是先进工作者，还担任政协委员。她在岗位上努力耕耘，既医治了大量患者，还发表了许多医学论文，编撰了医学图书。

　　王大珩常常赞誉妻子顾又芬是他的贤内助。他夸顾又芬是"品德高尚"的"名医生"，是"好夫人""好母亲"，更是"我的好爱人"。他觉得妻子工作做得好，在生活上爱护丈夫，关注他的健康，为他打理日常生活中的琐事，照顾家庭。王大珩和顾又芬心意相通，

---

① 陈星旦. 王大珩年谱·文集[M]. 长春：吉林人民出版社，2015：15-21.

他们有共同的志向和话题，在王森印象中，父亲和母亲在家里总有说不完的话。顾又芬理解并支持王大珩的事业，她总是想方设法解决丈夫的后顾之忧。为了不打扰丈夫的工作，在她需要下乡做巡回医疗时，她便从上海请来自己的母亲帮忙料理家务。

顾又芬受到长春光机所上上下下的尊重，并不因为她是"所长夫人"，而是因为她义务兼任了所里不挂名的"专职"儿科医生。所里的职工们，无论是谁家孩子生病了，大家总是第一时间想起顾又芬，抱着孩子就来王大珩家里找她。不管是科研人员、机关干部还是车间里的普通工人，顾又芬都是同样对待、义务看病。王大珩的儿子王赫在回忆母亲耐心接待患者的情形时说："不论是星期日还是下班后，甚至早上上班前，都会有人上门看病，只要在家，我母亲从不推辞。这些都是我们亲身经历的，现在想起来，觉得我母亲真的很了不起。"[①] 数十年过去了，那些曾找顾又芬看过病的孩子们也都已是退休老者，他们都还记得顾又芬当年的慈爱，一提起她，人人都竖起大拇指，他们对顾又芬怀有深深的尊敬和感激之情。

在家人们的支持下，王大珩在事业和家庭上双丰收。他们的子女，受父母影响，热爱科学，在学业、工作上都取得不俗的成绩。长子王竞初中毕业后即下乡参加劳动，临行前，王大珩嘱咐他随身带上课本，利用业余时间自学高中数理化知识；他返城后，王大珩仔细检查儿子几年来完成的全部习题，并一一予以点评。王竞考上

王大珩与顾又芬

---

① 2015年1月21日，王赫在与笔者的邮件往来中回忆。

长春光学精密机械学院（简称长春光机学院，现长春理工大学），毕业后赴美国深造，获得了博士学位。长女王森毕业于长春光机学院，后来去法国留学深造，获得博士学位，王森继承了父亲的专业，成为中国科学院国家天文台的一名卓有成就的光学专家、研究员。幼子王赫考上了浙江大学，学习镭学专业，毕业后去了美国爱荷华大学攻读博士学位。孩子们学有所成，都走上了科研的道路。

王家儿女选择以科研为业，在一定程度上是家学渊源，外加受到了父亲的影响——王大珩欣赏和尊重动手能力强、能得到高质量实验结果的科研和技术人员。王大珩对子女的成才倍感欣慰，且把功劳归于爱妻顾又芬，认为正是妻子为家庭奉献，悉心培养，才迎来子女的成长和成才。为此，他写了一首诗：

> 难得兢赫森，赞尔手足情。
> 相继留美法，都成博士人。
> 少年诚可忆，下乡学农民。
> 求生靠劳动，求知何艰辛。
> 兢儿擅电算，人工机器人。
> 森女随父业，光学老又新。
> 小赫攻镭射，钾钠知其深。
> 谁是启蒙者，她叫顾又芬。
> 异国风光好，旨趣岂同心。
> 需当爱国者，莫忘中国魂。[①]

丈夫和子女们都敬爱顾又芬。王大珩眼里的妻子，有智慧、有耐心，真正做到了事业、家庭两平衡，他给妻子写下了爱的诗篇，真心实意夸赞她：

> 精业务、勤主管、岗位上、"文革"中

---

① 王大珩遗留资料（手稿），"庆子女留学成才"，存于长春光机所档案室。

难得没有过整风、大字报

荣任政协委员、无愧先进工作者

余芳尤馨

名医生、好夫人、好母亲

邻里间、家庭内，经常涌现出

著名小儿科、关注下一代健康

堪称高尚品德①

　　1995年，在首届何梁何利基金奖的颁奖典礼上，王大珩回顾往事，有感而发，发表了致谢词："我要感谢我的夫人顾又芬教授，感谢她在生活与健康上对我几十年来的照顾，及在子女教育上所承担的责任，从而，使我得以全心致力于工作。在这光荣的时刻，她完全应该分享我的荣誉！"②

　　2000年，在顾又芬八十岁寿辰之际，王大珩为妻子作宝塔诗一首，他亲昵地称呼妻子是自己的"好爱人"。

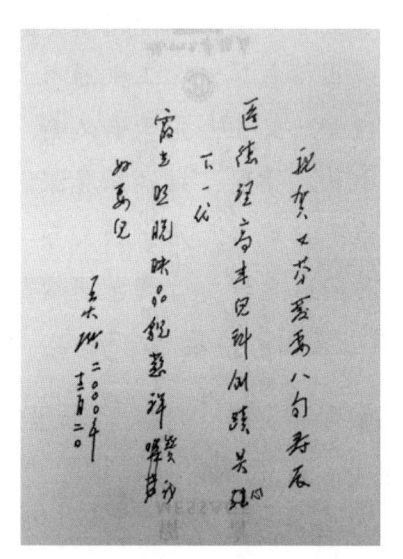

王大珩贺顾又芬八十寿辰手稿底稿

---

① 王大珩遗留资料（手稿），"顾又芬八十寿"，存于长春光机所档案室。
② 王大珩在何梁何利基金奖颁奖大会上的致辞，存于长春光机所档案室。

嗯

真行

有此人

儿科医生

原来在长春

现在调来北京

年龄虽迈有精神

就任儿童发展中心

为了儿孙们健康长成

出差调研开会忙个不停

认真负责不辞辛劳好作风

她就是我的好爱人叫顾又芬

祝你健康长寿作诗宝塔十三层

(甲申年冬日王大珩)[1]

---

[1] 王大珩遗留资料(手稿),"宝塔诗",存于长春光机所档案室。

第七章
打造中国的光学摇篮

一、筹建仪器馆

"仪器在各种生产建设上，是作为代替和扩展人的耳目和感觉器官功能的工具。""在国防上，仪器的使用占着重要的地位。在科学研究上，仪器是最主要的工具。"[1]

国家建设的各行各业都需要仪器，但在1949年以前，我国仪器制造的底子十分薄弱。尽管仪器制造业已经历了一段时间的发展，吸引了一些从业人员，但整体来说，中国从事仪器制造行业的人较少，整个行业没有形成规模。截至1950年6月，全国虽有29家科学仪器制造工厂，但像样的仅有昆明光学工厂（原兵工署第二十二兵工厂），不具备研制和生产精密光学仪器的条件与技术。中国科学院院长郭沫若谈起那时候的中国仪器供应情况时深感痛心，他说："大部分都是购买外国的，目前仍有不少要从外国进口。"[2] 在全国经济困难、百废待兴之际，中央政府采取了一系列恢复经济的措施，决心大力发展工业、农业并致力发展自己的科学技术。未来的新中国建设，仪器制造是各行各业都需要的，发展仪器制造业成为国家迫在眉睫的紧要任务。以王大珩为代表的从事仪器研究的科技工作者们心中都有个愿望，希望我国能够早日建立起独立的精密仪器制造业，尤其是能够早日自己制造出精密的光学仪器。

1949年11月1日，中国科学院在北京正式成立，这是中国自然科学最高学术机构。中国科学院成立初期，接收中央研究院和北平研究院等研究机构，在1950年初把近30个原有科研机构合并改组为17个研究单位，并筹备建设急需的4个研究机构。中国科学院仪器馆就是中国科学院第一批筹建的研究机构之一。

---

[1] 王大珩. 仪器——代替和扩展人的耳目和感觉器官能力的工具 [N] 人民日报，1959-05-09.

[2] 郭沫若. 在中国科学院仪器馆筹备委员会第一次会议上致辞 // 武衡. 东北区科学技术发展史资料：解放战争时期和建国初期（二）科研管理卷 [M]. 北京：中国学术出版社，1986：30.

20世纪50年代与中国科学院领导合影
（左起：钱三强、恽子强、王大珩、竺可桢、吴有训、丁瓒）

从1950年开始，王大珩响应国家的需要，参加到中国科学院发展仪器制造和发展光学的事业中来。

1950年6月，为加强新中国的科学研究，中国科学院院务会议通过了《中国科学院各种学科专门委员聘任暂行办法》，决议在全国聘任有特殊贡献的科学家为专门委员，按学科性质分若干组研讨有关事项。1949年12月至1950年10月，经过全国范围发函调查和推荐（被推荐者800余人），确定聘任181人（另有社会科学领域60人）为专门委员。时任大连大学应用物理系教授兼系主任的王大珩名列其中，他兼任应用物理组和工业实验组两个学科组的专门委员（兼任两组的专门委员计14人）。与他同为应用物理组委员的还有丁西林、吴有训、余瑞璜、陆学善、叶企孙、葛庭燧、钱临照、饶毓泰、严济慈、施汝为等人。

作为专门委员，王大珩参与的主要工作是：研讨中国科学院各研究部门的工作计划、执行情况与工作报告；高级研究人员、技术人员的聘任和升级；与院外的合作；对院外各种学术研究的补助；科学发现、技术发明和著作的审核；国际学术合作等。中国科学院建院初期在机构调整和设置等重大问题的决策上都听取了专门委员的意见[①]。

因为仪器是开展科学研究必不可少的工具，所以国家非常重视相关专业和机构的设置与发展。1950年，文化部、卫生部、教育部和中国科学院联合向政务院文化教育委员会建议：设立从事仪器的研究试制的专业机构。1950年8月24日，在政务院的政务会议上通过了由中国科学院副院长李四光、卫生部副部长贺诚、教育部副部长韦悫、文化部副部长丁西林四人联名提出的设立仪器工厂的建议。

中央有了建设仪器馆的打算，那么，派谁来负责推进这件事呢？时任中国科学院计划局副局长、负责建院期间研究机构设置和人员配备的钱三强，以及后来担任中国科学院副院长的吴有训当时都想到了王大珩。他们认为，王大珩有在国外大型光学工厂工作的经验，又在国内大学组建过大型物理实验室，将是领导和建设未来仪器制造机构的最佳人选。对此，上级部门、领导达成了一致的意见。

1950年秋，王大珩在大连接到钱三强的亲笔信，说他正负责筹组中国科学院的研究机构，要王去一趟北京，商讨建仪器馆的事。王大珩如约赴京。时过50多年后，王大珩在《我的半个世纪》中，对这次商讨写下一段生动的忆述。

> 三强认真地说："中科院要建立一个仪器研究机构，我想推荐你去挑这个头，不知道你是否愿意？"
>
> 我的心一下就跳了起来。
>
> 三强继续说："大珩，我认为你最适合做这件事。你本身是

---

① 樊洪业. 中国科学院编年史1949～1999[M]. 上海：上海科技教育出版社，1999：16-17.

搞应用光学的,又在工厂干过,而且我知道你一直想搞光学玻璃,想发展我们中国自己的光学事业,我想,对你来说是一个难得的机会。"

……

三强说:"这个机构就叫仪器馆吧。因为这个机构不仅要负责研究工作,还要担负制造任务,兼有研究所和工厂的两种性质。叫所和厂都不合适……"

"好!这种结构是最合理的。必须要有工厂,否则什么事情也做不成的。"还没待三强解释完,我就兴奋地打断了他的话。

三强笑了笑,补充说:"就是名字不太好听,馆长。"[①]

王大珩从钱三强的话中感受到了国家支持建设仪器制造新机构的强烈意愿,这也是他在经历了许多次的努力和失望之后,终于得到的一个毕生向往的机会,他"只觉得浑身的血都在往上涌,心里产生了一股压抑不住的冲动"。这个新机构无论是叫"馆"还是"所",都不是当前的紧要事,"馆长就馆长,只要能做事就成!"王大珩丝毫没有犹豫,当场就接受了这个任务。

为了对中国的光学和仪器制造情况进行摸底,1950年10月,作为应用物理组专门委员的王大珩和钱临照[②]一起到抗战时期由国民党政府建立的全国独一无二的光学工厂——昆明光学工厂去了解情况。王大珩与钱临照同为"中英庚款"留学生,他们在英国期间就已经认识,都有为国家物理学发展贡献力量的愿望。他们在这次的共同工作中,认真考察了这家光学工厂。昆明光学工厂在1949

[①] 王大珩.我的半个世纪//陈星旦.王大珩年谱·文集[M].长春:吉林人民出版社,2015:297-298.

[②] 钱临照(1906—1999),出生于江苏无锡鸿声,物理学家、教育家,我国金属晶体范性形变和晶体缺陷研究以及物理学史研究的奠基人之一,中国科学史事业的开拓者。1929年毕业于上海大同大学,他是第二届(1934年)"中英庚款"留学生,在伦敦大学留学。"七七事变"后回国,帮助将北平研究院物理研究所的仪器转运昆明。1949年后,先后在中国科学院物理研究所、中国科学技术大学任职。

王大珩（右）与钱临照（左）在一起

以前又名兵工署第二十二兵工厂，曾经以制造过六倍双眼望远镜、八十公分测距仪、简单的各式迫击炮瞄准镜以及行军指南针等光学仪器而闻名。王大珩和钱临照在工厂里逗留了8天，和厂内的军代表、干部、技术工人分别进行了座谈。经过一番考察，他们发现，这家工厂的技术水平在当时是相当高的，甚至可以与欧洲一般的光学工厂相比。王、钱二位考虑，可以把这个厂继续留作军用，作为发展军用光学技术的基础。后来在很长一段时间内，国家军用光学技术骨干大都直接或者间接源于这家工厂，许多军用光学专家都曾在这家工厂实习或者工作。在参观完这家工厂以后，在考察报告中，王大珩和钱临照对中国光学和仪器事业的发展提出了建议：

> 中国今后可以有几个专业化的光学厂。其大小与二十二厂相当。分别制造测量仪器、显微镜和文教用仪器等。厂址可个别考虑，不必再设于昆明；关于筹设新厂所需要的光学仪器的人才，可以二十二厂及科学院为培养训练的核心。
>
> 从速成立光学器材修理所：鉴于中国各方面现存待修理的光学仪器数量甚为可观，应成立具有规模的光学器材修理所。

第七章 打造中国的光学摇篮

地址可设于交通方便的中心。

筹备光学玻璃制造所：光学玻璃是光学仪器上必须的原料。为求这方面技术上的独立，应自行制造。

为培植高级的光学技术实际人才。如有机会（如订购大批器材时）可派遣或选派适当人员至国外著名光学仪器及有关厂实习。①

从这份建议来看，王大珩和钱临照提出要建立一个新的光学仪器厂，并要发展光学玻璃、培养专门人才。他们关于发展中国光学和仪器制造事业的意见得到了政务院文化教育委员会的重视。"中央文教委员会鉴于仪器之重要性，乃决定在1951年成立仪器制造机构，指定中国科学院领导，经院务会议定名为'科学院仪器馆'，馆址设在北京，首先成立筹备处。"②

1951年1月24日，中国科学院决定成立仪器馆筹备委员会，王大珩被任命为副主任。接到上级部门的任命，王大珩收拾行装，告别大连去了北京，准备在新岗位上开展工作。3月22日，中国科学院仪器馆筹备处在北京正式成立，王大珩被任命为副主任主持工作。

1951年时，当科学院要我参加仪器馆的筹备工作时，那时我下了一个决心，要终身致力于我国的仪器事业（特别是光学仪器事业），我是想使仪器馆成为全国的研究与生产中心。③

仪器馆初建时，命名为"馆"而不是称呼为"所"，是因为当时这个机构还不是一个专门的研究机构，尚不具备专业研究机构的条件；仪器馆要为各行各业的仪器需求服务，要以仪器制造为主，要

---

① "关于了解昆明光学工厂的简报（钱临照、王大珩）"，中国科学院文书档案。
② "关于科学院仪器馆筹备处、长春东北科学研究所联合在长春设立科学院仪器馆的建议"，存于中国科学院档案馆。
③ 摘自王大珩档案中的"我的自我检查"，存于中国科学院人事局档案处。

先解决我国仪器制造"有"和"无"的问题。上级部门对这个单位的要求是，"通过对仪器制造技术的研究、试制，作出仪器，培养出专业性的实验工厂，作为发展成为专业性的雏形工厂，以进一步建立起专业性的仪器工业"①。经过不断发展，中国科学院仪器馆成长很快，建馆几年内，不仅具备了仪器生产的功能，还逐渐承担起国家赋予的各项科研任务，尤其是能独立完成国家急需的重大军工科研项目，其职能也随着发展逐渐开始转变。

1951年3月22日，仪器馆筹备处在北京正式成立，丁西林（1893—1974）任主任，王大珩任副主任主持日常工作，并聘请有关方面的专家二十余人共同组成筹备委员会。丁西林是当时有名望的物理学家，他对仪器事业也有较多研究和贡献。他曾在英国伯明翰大学攻读物理学和数学，于1948年当选为中央研究院院士。20世纪20年代丁西林在北京大学任教期间，自制仪器，使北京大学物理系成为同期全国大学中拥有物理教学仪器与设备最多的一个系。20世纪30—40年代，丁西林将中央研究院物理研究所的金木工车间扩充为物理仪器厂，生产供全国教育所用各类物理仪器。1949年以后，丁西林担任中华全国科学技术普及协会副主席，但因各项公务繁忙，无暇顾及中国科学院仪器馆的筹备工作，所以王大珩是仪器馆筹建的实际负责人。

中国科学院仪器馆筹备处初设址于文津街三号中国

1951年王大珩被聘为中国科学院仪器馆筹备处副主任的聘书

---

① 摘自王大珩档案中的"我的自我检查"，存于中国科学院人事局档案处。

科学院院部①办公楼二楼一间约24平方米的办公室内。随着筹建规模扩大，1951年底，筹备处在文津街真如镜胡同租了一套四合院，作为部分办公室兼小实验工场，以及办公人员的住宿之用。后来中国科学院将位于东黄城根10号的原应用物理所水晶工厂的光学车间划归仪器馆筹备处②。

根据中国科学院的档案，中国科学院仪器馆初建后设想其完整的组织形式包括专门委员会（在筹备期间为筹备委员会）和馆务会议（在筹备期间为筹备工作委员会），此外，还拟设立秘书室、理化试验室、光学设计室、电学试验室（暂不成立）、机械设计室、试验工厂、技术学校等③。根据国家的有关部署："一般仪器可由轻工业部制造，特殊仪器特别是重工业方面需要的仪器，目前还不能解决，可交科学院仪器馆筹备处研究。科学院仪器筹备处目前已把这方面仪器研究作为将来工作重点之一。"④中国科学院仪器馆筹备处早期的工作，主要包括采购仪器设备与图书、培训人员、维修日常仪器等，此外还有基建筹划和少量的仪器研究工作，这一切都是在为仪器馆正式建馆做准备。

1951年7月25日至27日，中国科学院院长郭沫若主持召开了中国科学院仪器馆筹备委员会第一次筹备会议，丁西林和王大珩分别在会议上做了报告，介绍了筹备处工作的开展情况。郭沫若院长鼓励大家说："在国家的各项建设事业中，都离不开使用仪器。工业、农业的科学研究试验，都需要仪器，国防科学研究就更

---

① 中国科学院院部地址变迁：1949年10月借中华全国自然科学工作者代表会议办公地东四马大人胡同10号（今育群胡同17号），11月23日迁入王府大街9号，1950年6月23日迁至文津街3号（原静生生物调查所所址），1966年迁至西郊友谊宾馆北馆，1970年7月迁三里河路52号（原国家科委旧址）至今。见：《中国科学院六十年（1949～2009）》。

② 《所志》编委会. 中国科学院长春光学精密机械与物理研究所所志（1952—2002）[M]. 长春：吉林人民出版社，2002：14.

③ "同意所提联合建立仪器馆希即进行筹备"，存于中国科学院档案馆。

④ "解决度量衡问题的建议"，中国科学院文书档案。

不必说了。中国目前仪器的供应情况是大家所熟悉的,过去大部分都是购买外国的,目前仍有不少要从外国进口。今后,我们要改变依赖外国的状况,自己来制造仪器。"[1]这次会议肯定了前一段时间的筹备情况,通过讨论,会议确定了仪器馆未来的主要任务是"(一)制造与文化建设、经济建设及科学研究工作相配合的精密科学仪器;(二)促进国内科学仪器制造事业的发展"[2],其具体工作方针为:

> 制造建设方面和研究方面迫切需要的仪器,但原则上不以仪器的大宗生产为主要任务;
>
> 对于大宗需要的仪器,而国内尚无专厂,可以大量制造时本馆可为解决技术问题,并与生产部门联系合作,以促进其生产;
>
> 试制在建设方面和研究方面所需的特殊仪器;
>
> 旧有机构合作研究并制造对仪器制造有关的特殊原料;
>
> 协同有关机构提高国内的仪器制造的技术水准为我国发展仪器制造工业,准备技术条件;
>
> 协同有关机构统筹全国仪器生产任务的分工与合作;
>
> 培养仪器的制造与研究人才,并协助其他机构训练技术人员;
>
> 担任仪器的核验与鉴定,并建立检定标准……[3]

这次会议还议定了中国科学院仪器馆将建造机械、光学、光学玻璃和电学并杂项这四种工厂,这也是仪器馆的四个发展方向。

---

[1] 郭沫若.在中国科学院仪器馆筹备委员会第一次会议上致辞//武衡.东北区科学技术发展史资料:解放战争时期和建国初期(二)科研管理卷[M].北京:中国学术出版社,1986:30.

[2] 王大珩.中国科学院议器馆筹备处近况[J].科学通报,1951,5:541.

[3] "为批答仪器馆来函由",存于中国科学院档案馆。

二、安家在长春

中国科学院仪器馆筹备时期遇到的困难很多，人员不足、生产设备缺乏、厂房不够等，有一系列问题急需解决。吴有训回忆，那时候的困难很多，国内虽然有一些仪器制造的薄弱基础，且有几家厂，但生产和人员的问题还是很大，如"华东的仪器厂很大，每月有八十亿的出品，但其中有十五亿靠不住"，且"国内搞仪器的人少又分散，老师傅又找不到，故其筹备工作十分艰苦"[①]。而"目前我国轻重工业、文化教育、及国防建设对仪器制造之需要异常迫切。而全国现有仪器制造的能力又甚微弱，势难满足各方需求，所以仪器馆今后的任务范围颇广，其需费用自亦较巨……"[②]

中国科学院仪器馆遇到的最大困难是经费问题，根据仪器馆初期工作人员回忆，筹建期间国家拨款费用"仅为1400万斤小米"[③]。这笔钱换算成21世纪人民币的购买力，大约只有98万元，在当时建一栋普通的楼房可能是够了，但是对于要建造一个有一定规模，拥有厂房、生产设施、研究设备的仪器馆来说，是远远不够的。首先是选址问题，中国科学院原本打算把仪器馆设在北京，因为北京是全国的文化、教育中心，南来北往交通便利。1951年5月17日，王大珩和钱三强一起，亲往北京西郊去看地，现场勘测择定清华园公路以南、车站以西约40亩[④]，作为仪器馆未来的建设基地。但是在对仪器馆的设想中，它既要承担科研任务，更要具备生产功能。在寸土寸金的北京，从无到有地一砖一瓦修建厂房、购买设备举步维艰，且未来仪器馆必将继续发展，想扩建规模，继续申请用地也是个大难题。在中国科学院筹建东北分院的大形势下，仪器馆将向东北搬迁。

---

① "吴有训副院长报告数理化工各研究所的工作情况"，存于中国科学院档案馆。
② "为批答仪器馆来函由"，存于中国科学院档案馆。
③ 张礼堂.王老与仪器馆的创建 // 宣明.王大珩[M].北京：科学出版社，2005：94-95.
④ 1亩≈666.67平方米。

当时的东北地区属于解放较早的地区，尤其是长春还留有"大陆科学院"①留下的一些科研资源。尽管在战争时期，"大陆科学院"遭到了很大的破坏，如实验室和办公室成了国民党军队的兵营和马厩，建筑残破不堪，四处散落着被损坏的仪器设备。

> 1948年长春刚解放时来到这里，能看到的只是残破的楼房，摔坏了的仪器，楼里边半尺多深的马粪……这个伪满时的"大陆科学院"，被国民党反动派破坏得体无完肤，贵重的仪器被他们盗卖得干干净净。②

1948年长春解放后，东北行政委员会接管了"大陆科学院"，在原建筑基础上建设了东北工业研究所（初属东北工业部管辖），通过开展一些科学工作，促进东北地区的工农业经济恢复。东北工业研究所在条件极为艰苦的情况下，一边进行基建恢复建设，一边开展科学研究，尤其是集中力量发展机械、冶金、土建、有机化学、无机化学和电机等学科。

1949年，地质学家武衡③担任东北工业研究所所长，领导东北地区的科技工作。武衡从1945年起便在东北解放区工作，对东北地区的情况非常了解，他认为东北工业研究所建设中最大的困难是缺乏科技人才。1949年5月，东北工业研究所从关内招聘了龙期威、吕犹龙、吴越、余赋生、张维纲、李仍元等人来所工作，开创了从全国招聘科技人员的先河。1949年9月，东北局改东北工业研究所

---

① "大陆科学院"是成立于1935年3月的综合性科学研究机关，也是伪满地区最高科学研究机构，共设有23个研究室、4个试验室、4个工厂、1个实验厂和1个分院及3个下属研究所，研究内容根据日本发动侵略战争的需要而确定，涉及农业、林业、畜产、矿产、冶金等。该机构是日本为掠夺我国东北的资源，为侵华战争服务而设立的科研机构。1945年，随着日本投降，"大陆科学院"解体，由中央研究院接收。
② 霍为尔. 访中国科学院长春综合研究所 [N]. 东北日报, 1952-09-25.
③ 武衡（1914—1999），江苏徐州人，地质学家、科学管理学家。早年从事抗日救亡与国防科学之宣传教育，长期从事科学技术事业的领导、组织与管理工作，对中国科学院若干机构的筹创、制度的建立有很大贡献。

为东北科学研究所,归属中国科学院,武衡担任所长。该研究所定位为以研究任务为中心的东北高等科学研究机构。为了更好地建设东北,1950年1月到4月,由武衡担任东北工业部招聘团团长,从华北、华东、中南等地区招聘了200多名科技人员来所工作。经过一年多的艰苦奋斗,这所东北地区当时最重要的研究所的职工人数从刚解放时的20人增加到670人,并先后恢复了有机化学、无机化学、电机、矿冶、机械、土建等6个研究室,机械、胶合板、油脂、玻璃仪器等4个工厂和一个地质调查所,还新建了光化学、发酵两个工厂,1个光化学研究室和1个实验农场,还在鞍山建立了1个检验分室[①]。

当时,苏联援助东北地区建设了大量工业设施,很快,东北地区成为全国综合条件比较好的地方。

为了摸底东北的科研情况,也为了建设东北,20世纪50年代初,中国科学院多次组织科学家前往东北地区考察,调研东北的工农业生产及科学研究情况。如1950年5月,中国科学院为了配合国家建设需要,并加强科学研究工作与实际的联系,组织了以气象学家、中国科学院副院长竺可桢为团长,以物理学家严济慈和化学家恽子强为副团长,包括冶金、化学、农林、药物等各学科专家在内共14人的东北考察团,赴东北考察近1个月,走访了东北的冶炼厂、玻璃厂、制药厂和化学工厂等,以初步了解东北的工农业生产及科学研究工作情况。这次考察的结果,记录于《中国科学院东北考察团报告》中。考察报告中写道:

> 我们足迹所到,统感到一种蓬蓬勃勃的朝气,各种工矿生产事业,均有突飞猛进的现象,而且不断的在长进中。……工作人员的情绪高涨。各公司、工厂、农场的工作人员统在努力

---

① 武衡. 东北区科学技术发展史资料:解放战争时期和建国初期(二)科研管理卷[M]. 北京:中国学术出版社,1986:11-12.

达成各期的生产任务，而且多是提前完成任务……参观了东北以后，总觉得建设新中国是很有把握的。①

尽管科学家们看好东北地区的未来，但是这份考察报告也明确指出了问题所在，那就是东北地区缺乏科学和技术人员。另外，虽然东北地区的研究机构有良好的基础，但是研究机构中分工不明确，机构建设还需进一步完善。

1951年4月，中国科学院副院长吴有训率领一支5人的队伍②，再次来到东北考察。这次考察的目的和意义在于解决中国科学院冶金研究所的所址及其在东北可能利用的设备问题，以及将来中国科学院要根据实际情况研究与东北科学研究机构建立工作联系③。考察重点是长春的东北科学研究所和大连分所，两个所的负责人都表示，希望中国科学院领导东北地区的科学研究工作。吴有训回到北京后，向院长会议做了报告，在对东北的科学研究机构的分布、人员和现有条件及设备等进行实际考察的基础上，提出了设立中国科学院东北分院的初步方案。

其时，东北主要的科学研究机构，为东北人民政府所属的长春的东北科学研究所及大连分所。长春的东北科学研究所的基础来自原"大陆科学院"，大连分所原为日寇南满铁道所属的"中央科学研究所"，为日寇利用东北资源的研究中心，已有数十年的历史。这两个研究所主要的研究题目都是为了配合东北生产方面的问题，如合成汽油、合成橡胶、耐火材料、纸浆、石墨精选等，以化工方面的居多。位于长春的东北科学研究所负责人为武衡，大连分所负责人为董晨、张大煜。

---

① 《中国科学院东北考察团报告》，1950年中国科学院资料汇编。
② 考察团成员包括时任中国科学院副院长吴有训、时任中国科学院办公厅主任恽子强、冶金学家张沛霖、时任华北大学工学院副教授颜鸣皋、时任近代物理研究所助理研究员李寿楠。
③ 《当代中国》丛书编辑委员会.中国科学院（上）[M].北京：当代中国出版社，1994：45.

为了全面发展东北的科学研究事业，密切配合东北地区乃至全国大规模的经济和文化建设的发展，团结东北地区的科学工作者更好地为国家建设事业服务，经东北人民政府和中国科学院提议，在中央人民政府的批准下，决定成立中国科学院东北分院。1951年10月13日，中国科学院东北分院筹备处成立。国家在接收东北人民政府相关研究机构的基础上，调集北京、上海的相关研究力量，展开了中国科学院东北分院的筹建工作。

1952年4月5日，中国科学院第25次院长会议提出讨论，决议根据东北现有基础及配合实际发展情况的需要，以及东北分院的长远发展需要，"东北分院以东北原有的长春东北科学研究所及其大连分所为基础，并将原设上海之物理化学研究所及原设北京之金属研究所筹备处和仪器馆筹备处迁往东北，调整为金属研究所、工业检验所、长春综合研究所、物理化学研究所、仪器馆、工业化学研究所和土木建筑研究所等7个研究单位"[1]。1952年8月28日，中国科学院东北分院正式成立，这是中国科学院的第一个地区分院，其成立也是中国科学院配合国家建设需求的一项重要决策。东北分院以原东北科学研究所（长春）及其大连分所为基础，改组成长春综合科学研究所和工业化学研究所，由将从关内迁去的物理化学研究所（从上海迁长春）和仪器馆筹备处（从北京迁长春）、金属研究所筹备处（从北京迁沈阳）等共5个研究所（馆）组建而成。严济慈回忆中国科学院东北分院建设的情景时写道："解放战争三年，金鸡报捷，始自东北；三年国民经济恢复，新中国的工业与科研，也可以说是在东北首唱建设之歌。"[2]

武衡负责筹备中国科学院东北分院，东北人民政府欢迎中国科

---

[1] "关于中国科学院东北分院筹备情况的报告和陆定一批语"，《中国科学院1952年史料汇编》。

[2] 严济慈. 建设之歌——记中国科学院东北分院 // 武衡. 东北区科学技术发展史资料：解放战争时期和建国初期（二）科研管理卷 [M]. 北京：中国学术出版社，1986：1-8.

学院把仪器馆建在东北，并表示东北地区将全面支持仪器馆的工作。王大珩回忆那时候的情况时说：

> 当初想把它建在北京。但是那时候条件非常困难，什么东西都要从零搞起，我碰到武衡同志，他那时是东北科学研究所的所长。谈到这件事时他说："我刚接收东北的工业研究机构，已经招聘了好几位搞仪器的专家，欢迎你也到这里来。"①

为了落实仪器馆选址一事，自1951年下半年起，王大珩多次去往长春实地考察。他看到长春的交通位置和设施条件都不错，又有过去的一些工业基础，如厂房和研究人员等，可以令仪器馆迅速上马；长春的气候干湿适中，有利于仪器研制和保存，这都很适合仪器馆未来的发展。位于长春铁路北面天光路日伪时期的采矿株式会社旧址还有一个遗留下的大烟囱。王大珩在《我的半个世纪》中回忆：

> 当时，市中心有的是好地方，但是我偏偏就看中了当时最脏、最破、最偏僻的铁北区了。铁北是长春市的工业区，工厂大都集中在那里。我看上铁北是因为我看到铁北矗立着一个完整的大烟囱。没有烟囱建设不起熔炼玻璃的炉子，搞不了光学玻璃，这个现成的烟囱能为我们节省6万块钱呢！②

高高的大烟囱矗立在断壁残垣之上，王大珩十分满意——这个大烟囱可以用作光学玻璃熔炼炉的基础设施。更难得的是，在这个大烟囱的附近，还有一片空地和废弃的厂房。后来中国科学院仪器馆建成以后，果然以这个大烟囱为基础，利用一些闲置建筑物，因陋就简地先建立起了仪器馆玻璃熔制厂房。

---

① 王大珩.王大珩在"武衡星"命名仪式上的讲话//《武衡：光辉无悔的一生》编委会.武衡：光辉无悔的一生[M].北京：科学出版社，2005：24.
② 王大珩.我的半个世纪//陈星旦.王大珩年谱·文集[M].长春：吉林人民出版社，2015：301.

当时所考虑的是如何通过对仪器制造技术的研究、试制，作出仪器，培养出事业性的实验工厂，作为发展成为专业性的大型工厂，以进一步建立起专业性的仪器工业。当时确定把仪器馆址设在东北，也就是根据这样的看法，因为当时东北易于筹款投资，对这样一条发展的道路最快，最易于发展[①]。

东北地区条件良好，东北人民政府对仪器馆也有接纳之心，同意给予科研经费的保障。1952年1月7日，中国科学院仪器馆筹备处经过考察，向中国科学院报送了该处和长春东北科学研究所关于联合在长春组建中国科学院仪器馆的建议：

长春东北科学所在研究方面，其与仪器制造有关者，有地磁组和光学仪器组。此外，研究所更有实验仪器工厂，于1949年成立，发展至今年已有400余工作人员，开始时原为配合研究而渐增多，于去年成为一个独立的仪器制造工厂，出品方面，曾制造了各种纸张试验仪器，各种土壤试验仪器，各种橡胶试验仪器和材料试验仪器等。最近又与研究所地磁组结合，制造了磁力探矿仪。今后拟在现有技术基础上，更向前迈进，从事各种精密仪器的制造。

根据上述仪器馆筹备处与东北科学研究所两方面的概况，我们认为若能联合组成为一个机构，对仪器制造当能得到更迅速的发展。[②]

中国科学院很快批准了这个建议：

一九五一年冬因感到仪器馆需要制造工厂，所需建筑较多，那时在京兴建较为困难，又因长春前东北科学研究所有一附属

[①] 摘自王大珩档案中的"我的自我检查"，存于中国科学院人事局档案处。
[②] "关于科学院仪器馆筹备处、长春东北科学研究所联合在长春设立科学院仪器馆的建议"，中国科学院文书档案。

仪器馆实验工厂，在它附近还有旧房屋可以修复利用，所以经中国科学院和前东北工业部批准，把东北科研所属仪器工厂与仪器馆筹备处合并，并决定仪器馆在长春发展。①

新建的中国科学院仪器馆未来的基本任务是："配合国家文化建设、经济建设及国防建设的需要，从事并推进关于仪器制造的研究与生产，其工作方针为：1、研究与仪器制造有关的问题，并制造建设上所需要的仪器。2、培养仪器制造人才。3、有关仪器检定工作。4、与仪器有关机构的联系与合作。"② 同年 1 月 18 日，中国科学院通知该处按所拟的方案进行筹备，并将有关建议及方案报政务院文化教育委员会备案，拟将中国科学院仪器馆筹备处与长春科研仪器实验工厂及物理研究室的仪器制造部分，合组为中国科学院仪器馆。

从 1952 年 5 月开始，原安置在北京仪器馆筹备处的人员共 28 人陆续迁来长春，与东北科学研究所物理研究室的光学仪器组和实验工厂，以及并入的东北工学院教具厂和接管的私营钟东仪器厂联合开展工作。

1953 年 1 月 23 日，中国科学院发函通知仪器馆筹备处工作结束，正式成立中国科学院仪器馆，王大珩任副馆长并代理馆长职务。1954 年 9 月 1 日，中国科学院仪器馆由中国科学院和第一机械工业部双重领导，王大珩任副馆长并主持工作。1955 年 10 月，中国科学院仪器馆重新归中国科学院直接领导，王大珩任副馆长。

中国科学院仪器馆建馆初期，中国科学院聘请了光学专家龚祖同、电子学专家杨龙生等人来参加筹建工作。龚祖同毕生最大的愿望是造出光学玻璃。他参加到中国科学院的工作中后，立刻出发去上海工学馆考察，他已在为未来于仪器馆内发展光学玻璃做出筹划了。此后，又有张静安、吕大元、贾国永、王守中、蒋朝江、卓励

---

① "中国科学院仪器馆基本情况"，存于中国科学院档案馆。
② "关于科学院仪器馆筹备处、长春东北科学研究所联合在长春设立科学院仪器馆的建议"，中国科学院文书档案。

等高级研究人员[1]参加到仪器馆的工作中来，他们中有的曾经到国外留学或在国外工作过，有的曾在国民党兵工厂及科学馆做过技术研究工作[2]，普遍具有较好的工作经验和较高的技术水平。他们是建馆初期的核心技术力量，他们通过"以老带新"的方式，在实际工作中培养了大量优秀人才；他们也利用自己丰富的生产和实践经验，为中国科学院仪器馆完成初期的生产和科研任务立下了赫赫功劳。

龚祖同就考察上海工学馆光学玻璃熔炼事宜与王大珩的通信

中国科学院仪器馆早期人员中除了高级专家外，还包括从长春材料试验机厂（大部分是日伪时期留下的机械专业人员）、感光纸厂和沈阳一些工厂调来的人，北京应用物理研究所光学工厂技术人员（如闫秋兰等人），以及东北科学研究所的物理研究人员（如龙射斗、陈星旦等人）。除此之外，还有一批从上海或东北招来的高中生和年轻人。1951年夏季到1952年从天南海北分配来仪器馆工作的大学毕业生，如1951年的毕业大学生，像唐九华[3]、刘颂豪、郑璋和钟永成等；1952年分配来的20

---

[1] 中国科学院仪器馆时期的高级研究人员包括王大珩、龚祖同、吕大元、杨龙生、王守中、蒋朝江、张静安、卓励、贾国永，共有9名（研究员5人、副研究员3人、技师兼实验室副主任1人）。

[2] 根据"中国科学院仪器馆党对团结科学家工作的专题总结"（1954年5月25日），存于中国科学院档案馆。仪器馆早期的高级科技人员有的曾在国外留学，有的是国民党时期兵工厂里的科技人员，其中参加国民党的有3人，曾在国民党工厂里担任技术少校的有1人，担任过英国工厂代理的有1人。

[3] 唐九华（1929—2001），光学工程总体设计专家，中国科学院院士。

名大学毕业生，其中既包括大连大学工学院应用物理系提前毕业的几名学生，如王之江、姚骏恩，以及毕业于南京大学的丁衡高、清华大学的潘君骅、北京大学的邓锡铭[1]等[2]，他们经过一段时间的锻炼后，都成长为我国光学学科的学术带头人，成为共和国重要的科技力量。新来的大学生统一都是先在文津街的中国科学院院部集中学习，经过一段时间的培训，再到仪器馆筹备处报到。王大珩热烈欢迎这些年轻人到仪器馆工作，他亲自接待了他们，还带着他们前去光学车间参观。

20世纪50年代初期分配来仪器馆的大学生，多是机械专业、物理专业毕业生，因为那时候只有少数学校（如浙江大学和北京工业学院）刚创办了军用仪器专业，但尚无正式毕业的学生，且大多数青年人因为提前毕业参加国家建设，专业实践课尚未完成，或者是大学期间未接触过仪器专业，他们对仪器设计、制造，以及应用光学等了解不深。为了更好地发挥青年人的才能，让他们进入适合的专业领域，王大珩在培养他们的兴趣、引导他们尽快投入实际工作方面费了一番苦心。

作为首批分配来仪器馆工作的大学生，潘君骅始终清楚地记得自己初来仪器馆筹备处报到那天的情形：王大珩领着青年人去了物理所小光学车间（后来并入仪器馆）和一家制造体温计的工厂（私营），他一边带领大家参观，一边详细生动地讲解了一些小型仪器的生产程序和过程，激发了青年人对仪器制造和光学研究的兴趣[3]。

王大珩很关心青年人的专业，他曾询问潘君骅的爱好，得知他是天文爱好者，还特意详细询问他磨镜片的细节。王大珩没有干涉过青

---

[1] 邓锡铭（1930—1997），广东东莞人，激光专家，担任过上海光机所副所长，1993年当选为中国科学院院士。

[2] 2014年10月16日，胡晓菁访谈潘君骅，采访地点：苏州大学。资料存于老科学家学术成长资料采集工程数据库。

[3] 2014年10月16日，胡晓菁访谈潘君骅，采访地点：苏州大学。资料存于老科学家学术成长资料采集工程数据库。

年人的专业兴趣，命令他们去做这个、做那个，而是想办法在工作中发挥他们的特长，他常常鼓励青年人要专注问题、深入学习。潘君骅后来在光学检验领域取得了很大成就，尤其擅长磨玻璃，在2.16米大型天文望远镜、非球面光学系统研制等重大项目上都立下了赫赫功劳。

为了让青年人安心在仪器馆扎下根来，王大珩还想方设法丰富职工的业余生活。他注重劳逸结合，工作之外，他想办法让年轻人感到轻松愉快。例如，仪器馆当时经常在周末举办舞会，王大珩鼓励年轻人多多参加，唐九华就是舞会上的常客，时至今日，还有许多老人记得唐九华那时候在舞场上风度翩翩的潇洒身影。又例如，王大珩得知新来仪器馆的小伙子卢国琛喜欢音乐，便拿出了自己的3000元储蓄让他去购买大号、长笛、小提琴之类的乐器，并鼓励他在仪器馆里组织了一个小型乐队。这些举动，贴近了年轻人的心，丰富了职工的业余活动，调动了他们的工作积极性[1]。

1952年，仪器馆要在长春建馆，王大珩带着筹备处人员北迁，他们把家安在了这里。相比于北京，长春的气候更加寒冷，漫长的冬天里很难见到绿色蔬菜，更别说当时的仪器馆还只是一片大工地，楼宇设施都不齐全。馆内许多人都来自经济条件比较好的南方，早已习惯了大城市的繁华，都不适应长春的气候、饮食和生活。据有关材料记载，当时馆内九个高级研究人员里有四个不愿意把家属调动来长春[2]，可见已有人耐受不了严寒和艰苦，萌生退意。同样，当时上海物理化学研究所的大部分人员也响应号召前来长春建设应用化学研究所，尽管所长吴学周做了很多工作，部分高级研究人员还是耐受不了长春的生活，打了退堂鼓，很快调走了。

王大珩明白其中的难处，他一边请馆内负责后勤的同志对南

---

[1] 2014年11月7日，胡晓菁访谈卢国琛，采访地点：合肥梅园。资料存于老科学家学术成长资料采集工程数据库。

[2] "中国科学院仪器馆党对团结科学家工作的专题总结"（1954年5月25日），存于中国科学院档案馆。

方来的研究人员多加照顾，在饮食和住宿上给他们一些优待，比如给高级别研究人员安排大一些、条件好一些的房子等，一边身先士卒，带着年轻人投入仪器馆的建设中，他本人却从不搞什么特殊化。

潘君骅记得仪器馆建设初期，职工的生活条件十分简陋，单身职工宿舍是一栋日式小楼，是"大陆科学院"时期的房子，每间屋子都很窄小，一层楼共用一个卫生间。那时候王大珩的妻子还在办工作调动手续，他就一个人先来长春，住的也是单身宿舍，仅仅是安排了一个套间，他睡在里间，屋内摆着一张铁床、一把小凳子和一个小桌子①就满当了，外间住着一名警卫员，负责照顾他的日常生活。他白天参加建设工作，晚上就去离宿舍不远的办公室看书学习，到熄灯时分才回去就寝，日子过得很充实。王大珩吃住都和职工们在一起，潘君骅回忆："吃饭就在宿舍后面，北面一个房子，也是旧的厂房之类的，改成了食堂，我们就在那儿吃饭。王先生也在那儿吃饭。我们那时候吃的是高粱米，还有一个白菜粉丝猪肉汤，我印象很深。"②王大珩吃住都和年轻人在一起，丝毫没有馆长的架子。

仪器馆创业初期十分艰难，它选址"在断壁残垣的旧院落里"③，这片废墟里到处是弹片和弹坑，路是泥巴地，坑坑洼洼，一下雨便泥泞不堪，举步艰难；残留的房屋更是破旧，北边的山上还有土匪出没④。在经费有限的情况下，仪器馆的房屋都是能用就继续用，"通过修旧利废（包括光学玻璃车间的大烟囱也是废物利用），

---

① "中国科学院仪器馆党对团结科学家工作的专题总结"（1954年5月25日），存于中国科学院档案馆。
② 2014年10月16日，胡晓菁访谈潘君骅，采访地点：苏州大学。资料存于老科学家学术成长资料采集工程数据库。
③ 张礼堂. 王老与仪器馆的创建 // 宣明. 王大珩[M]. 北京：科学出版社，2005：94-95.
④ 2014年11月7日，胡晓菁访谈卢国琛，采访地点：合肥梅园。资料存于老科学家学术成长资料采集工程数据库。

以最少的基建投资，勉强适应科研、试制的最低需求"[1]。

从上海搬迁到东北的应用化学研究所所长吴学周曾在日记中记录了当时东北地区的建设情况，其中提到，1952年1月21日王大珩为解决仪器馆的实际困难找武衡谈话，他说宿舍不够，请上级增加。武衡对此也没有什么好办法，对王大珩说："谈到工作方法，不能什么事都自己做，每事要找年轻人负责，迫着他负责，他感到困难，也得迫着他克服困难，这样才能打开局面。"[2] 由此也可以从侧面看出，当时仪器馆的基建工作是很困难的，王大珩面临的境况也很窘迫，无论是钱还是人手都不够，要组织要协调，可以说处处都是难题。但他硬是把这些问题给解决了。仪器馆的厂房和宿舍，都是职工们一砖一瓦亲自建起来的。他们一边帮助恢复和修建房屋，一边开展科研和生产工作。无论是技术人员还是工人，大家的建设热情都很高。很快，仪器馆的基础设施便小有规模了，"一九五二年在长春北部修复房屋八一三六 M^2，新建六五二四 M^2。一九五三年继续修建了一一六三零 M^2 房子。"[3]

仪器馆最初建馆是"为全国各地工矿专业所急需之各种试验仪器之制作而服务"[4]。仪器馆初建，试制工作围绕着以下几个方面的

中国科学院仪器馆旧时的大门

---

[1] 张礼堂. 王老与仪器馆的创建 // 宣明. 王大珩 [M]. 北京：科学出版社，2005：94-95.
[2] 吴学周. 吴学周日记 //《长春文史资料》编辑部. 长春文史资料（第三、四辑）[M]. 长春：长春市政协文史委员会，1997：173.
[3] "中国科学院仪器馆基本情况"，存于中国科学院档案馆.
[4] "东北科学研究所科学实验仪器工厂关于修建现代化仪器厂的说明"，存于中国科学院档案馆.

内容进行：各种材料试验机的试制与改良；工业用压力机、油量机的试制；研究航空、汽车用的仪表、普通电表、安培瓦斯表等；精细加工用的仪器，包括钟表；各种光学仪器放演镜头；基本光学仪器的设计和试制；一般物理机械仪器的设计的试制，物理标准量度技术；仪器制造中的化学问题；光学玻璃的制造；精密电学仪表光学高温计指示器；电子仪器自动控制的仪器；仪器文献的收集和研究。

仪器馆初建成时的规模很小，早期的机构设置是兼容并包的"口袋式"模式。实验室承担的研究方向有很强的包容性，主要以光学、机械等基础性研究为主[1]，建馆初期的机构设置主要有光学物理、机械、光学玻璃三个实验室。其中光学物理实验室负责人是吕大元，成员有杨龙生、蒋朝江、贾国永、卓励、陈星旦、袁幼心、冯家璋、沃新能、崔志光、王之江、王乃弘、刘顺福、顾去吾、姚俊恩等。实验室主要从事光学系统设计、电学仪器仪表研制、精密刻划技术与光学真空镀膜技术的研究。

机械实验室由张静安负责，研究业务人员包括成忠祥、唐九华、沈人骥、王兴虞、郑璋、丁衡高、赵桂林、王宏义、张世廉、赵吉林、李超术、江永福、戚国勋、孙立荣、蔡铁山、刘绍宽、龙射斗、田世文、李燕生、应书昌、吴慎、潘君骅、杨秀春、杨耀祥、丁培华、张青、张静霞、蒋厚震、邵海滨、梁浩明、尤国祯、张德赢等，主要从事光学仪器和材料试验机的研制与精密计量技术的研究。

光学玻璃实验室主任是龚祖同。研究室初期有刘颂豪、周盘林、张佩环、干福熹、陈庆云、张迈男、姜中宏、钟奖生等人，主要从事光学玻璃的研制和化学分析方法的建立。

除了上述三个实验室之外，为了配合制造，1952年冬天，仪器馆在上海成立仪器馆筹备处上海分厂，主要从事供学生实验用的

---

[1] 《所志》编委会. 中国科学院长春光学精密机械与物理研究所所志（1952—2002）[M]. 长春：吉林人民出版社，2002：19.

显微镜和比色计、方眼尺、12 角秒精密卡尺等。1953 年末，由上海分厂扩充，在上海成立仪器馆上海实验工厂，侧重光学仪器的试制生产。到 1953 年末，仪器馆又成立长春实验工厂，主要从事土工、材料试验机械实验生产及光学与精密机械的加工试制工作。上海实验工厂和长春实验工厂是仪器馆早期十分重要的两个生产部门，"要搞好仪器制造，必须从研究着手。并且认为由于生产仪器的需要，给进行对仪器制造的研究给予了推动力"[①]。王大珩强调应用，他认为研究和生产必须要紧密结合。根据王大珩最初的设想，仪器馆的建设模式可以参考两大世界机构，一是德国蔡司工厂的研究中心，二是法国光学科学院。前者有实力较强的研究队伍，且与制造工厂紧密联系，有明确的生产对象；后者学术氛围浓厚，拥有光学大师。但是法国光学科学院没有形成像德国蔡司工厂的研究中心这样强大的工业力量，这是因为没有密切结合生产的实际。因此，王大珩认为，仪器馆必须同步建设实验工厂，这是为了配合仪器馆的研究室开展实际工作，最终目的还是要发展制造工业。王大珩认为，办实验工厂可以让研究工作变得有意义，把研究试制的成果推广到生产，也能将实验品转化为产品；没有仪器制造工厂，研究试制的仪器只能起到在陈列室展览的作用。最终两个实验工厂都建成了，建成后也在实际上推动了仪器制造的研究，让仪器馆从产品的研制开发到生产加工形成了一套完整的流程。两个实验工厂都体现了王大珩重视生产与研究相结合的思想，他认为仪器馆要在"仪器制造方面作技术发展与示范的工作"[②]，大量生产还需要设立专门的工厂。

鉴于上海已有较好的生产设施，仪器馆上海实验工厂[③]很快建

[①] 摘自王大珩档案中的"我的自我检查"，存于中国科学院人事局档案处。
[②] 王大珩. 中国科学院议器馆筹备处近况 [J]. 科学通报，1951，5：541.
[③] 1955 年归属第一机械工业部，改名为国营上海仪器厂，1958 年划归上海机电局，改名为上海光学仪器厂。

成了。王大珩提出,要在仪器馆近旁再组建一个长春实验工厂①,以就近完成并实现仪器馆的制造计划且便于运输。中国科学院现存留的档案中也对建厂的起因和过程做了详细记录。

> 建厂之地址:科研仪器工厂的现址,既无夸大发展之余地,故应另觅适宜基地,重建新厂,我们认为长春是一个适当地点,因为它位于东北中心沟通南北满,交通方便原料之购入改成品之销出,适合于工厂经济核算制。而且气候并非酷寒,雨量均,水电及煤气设备完善,并有科学研究所、工学院、地质专科学校等技术机关,可以互相交流技术经验,在发展仪器专业上裨益匪浅……我们希望这个新厂在五二年设计完成,五三年开始建厂,五四年能正式生产……②

但遗憾的是,1954 年,在学习苏联的浪潮中,中国科学院参照苏联的办所方针,不再允许研究所自办工厂,上海实验工厂和长春实验工厂被划归到第一机械工业部,仪器馆仅保留了光学加工、机械加工、光学玻璃熔炼等小型车间,并隶属于相应的研究室。

中国科学院仪器馆建立初期,发展的办法是依靠这些在科研上已具备较好基础的老科学家,让他们作为学科方向的领头人,带领青年人来发展科学。为了让他们更好地发挥作用,仪器馆非常重视高级研究人员的政治思想工作,也较注重团结科学家,依据的方法是"长期地、耐心地对他们进行马克思列宁主义的教育,逐步提高他们的政治思想水平,使之更好地为社会主义建设服务"③。仪器馆通过政治思想学习提高老科学家的思想认识,引导他们投入社会主义建设中。通过"以老带新"的方式,不仅很好地发挥了老科学家

---

① 该工厂先后更名为长春仪器厂、长春材料试验机厂,后为长春新试验机有限责任公司。
② "为呈请苏联专家协助仪器工厂建厂设计专题报告",存于中国科学院档案馆。
③ "中国科学院仪器馆党对团结科学家工作的专题总结"(1954 年 5 月 25 日),存于中国科学院档案馆。

们的才能，还为仪器馆的长远发展培养出一批合格的青年人才。

"以老带新"，不仅仅是资深、高级科技人员带着年轻人做课题，指导他们制造仪器，还要指导青年人看书、讨论，通过定期授课、做讲座，提高全馆人员对仪器制造的认识水平。例如，王大珩不仅在仪器馆倡导"由馆内高级研究技术人员作不定期的学术讲座，目的是提高一般研究技术人员的科学水平，增加有关仪器制造方面的知识"[1]。仪器馆当年的老职工还记得1954年王大珩做过的一场公开的学术报告——《玻璃是一种过冷却的溶液》，他以深入浅出的语言，向青年人普及了玻璃熔炼的知识，给许多人留下了深刻的印象。据统计[2]，1954年7月到1955年5月在不到一年的时间里，仪器馆组织了王大珩、龚祖同、王守中等老科学家，共开展了15次学术讲座，平均不到一个月就有一场学术讲座。不仅如此，仪器馆还借国外学者来华访问的机会，邀请他们来馆做报告，如曾有3位德国蔡司工厂的专家、3位苏联专家在仪器馆做过学术报告。更有全国各高校、科研机构相关专业的高级工程师来馆做过高真空、玻璃冷加工、真空镀铝、相机镜头、玻璃研磨技术等方面的讲座。这些讲座和报告会，令研究人员各有收获，对促进仪器馆初期的学术、技术交流，提高仪器馆人员的学术、技术水平，都起到了很大作用。

光学设计是王大珩的专长，他认为这是进行一切光学研究的基础，1952年，在他的指导下，中国科学院仪器馆建立了光学设计组，这也是中国科学院成立初期唯一能做光学设计的组织机构。王大珩亲自领导的光学设计方向，正是仪器馆较早取得成绩的科研领域。他指导并部署了该研究组的学术方向和具体研究项目，指导组员开展业务工作，这个研究组的发展方向不久后也发展成为该单位最具特色、实力强劲的一大专业学科方向。

为了培养更多的青年科技人员进入光学设计领域，王大珩还利

---

[1] "中国科学院仪器馆概况及各部分研究试制工作介绍"，存于中国科学院档案馆。
[2] "中国科学院仪器馆概况及各部分研究试制工作介绍"，存于中国科学院档案馆。

用工作之余的时间，在仪器馆开设相关课程，比如他为青年人开设了光线计算的相关课程，教青年计算员手算光线、查对数表等。据薛鸣球[①]回忆，他1956年毕业后分配来到仪器馆做光学设计，王大珩为了培养新来的大学生尽快上手工作，几乎牺牲了全部的个人休息时间，他亲自编写教材，利用晚上的时间给他们讲课。在王大珩的指导下，光学设计组稳打稳扎地发展起来。1956年，该组的王之江便撰写了《光学设计方法与高级像差分析》，成为光学设计领域长期以来最有指导性的讲义之一。工作间隙，王大珩常常指导年轻人读书，王之江记得王大珩部署自己阅读康拉德（A. E. Conrad）的应用光学书籍。当时这些书既没有中文译本，也没有在国内出版的其他语言版本，王大珩便四处搜罗，找来复印的资料，让王之江阅读。王之江形容，"自己从那时候才读到一些书"，这些对他帮助很大[②]。他始终记得王大珩当初的教诲："做光学仪器必须先有光学设计，所以光学设计对从事光学仪器的机构来说是很重要的！"[③]王之江在1965年出版的专著《光学设计理论基础》中曾谈到过光学设计组早期开展工作和取得成绩的情况：相继设计出望远物镜、显微物镜、照相物镜、广角物镜等，并在"完成大量设计工作以及参考国外的理论和经验的基础上，我们的设计理论和方法逐渐形成了自己的系统。从我们所内的工作经验来看，它是比较准确而且方便合用的"[④]。

在国家发展光学事业的起步阶段，王大珩大力提倡要培养光学领域的专门人才。在他的倡导下，仪器馆多次开办光学设计训练班。王之江回忆，早期训练班面向的是本单位计划科的人，后来因为反响很好，申请来学光学设计的人很多，训练班便面向全国的高校和

---

① 薛鸣球（1930—2013），江苏宜兴人，光学专家、中国工程院院士。
② 2019年11月7日，胡晓菁、董佩茹访谈王之江，采访地点：上海光机所。
③ 2015年4月19日，王之江与胡晓菁邮件往来中谈到。
④ 王之江. 光学设计理论基础[M]. 北京：科学出版社，1965：iii-iv.

光学工厂了①。1957年，王大珩还部署王之江、王乃弘等人为全国光学设计训练班编写了讲义。1958年、1959年研究所连续举办了两届光学设计训练班，来自全国各单位的约100人参加，培养出一大批从事光学设计的人才。

王大珩对青年人要求很高，取得成果他会表扬，犯了错误他也会严厉批评，但在青年人眼中，王大珩不愧是一位实事求是的领导。例如，仪器馆早期曾从国内外购买仪器馆所需的各类基础设备②，但经费有限，馆内的部分设施是王大珩带领人员自己动手研制的。王大珩严禁职工浪费材料，他对每一件实验材料、每一个设备都异常爱惜。为了满足煤矿安全生产的需求，仪器馆要试制沼气检定仪，潘君骅负责这项仪器的研制工作。为了确保气体密封室不漏气，潘君骅打算采用苏联进口的厚铜板制作的方案，老技术员不了解他的工作方法，便向王大珩汇报，说潘君骅浪费材料。王大珩听说此事后毫不留情地严厉批评了潘君骅。但是后来发现用老办法制作出来的沼气检定仪，气室总是漏气，在重新了解了工艺的具体流程以后，王大珩欣然接受了潘君骅的方案，并对他的方案表示了赞同。而在另一项研制工作中，潘君骅用土办法标定气流计，王大珩也是对年轻人的敢想敢干表示了欣赏③。

王大珩认为，搞好仪器，要从研究入手。"要进行研究，这是我一贯的主张。"④他鼓励科研人员大胆研究，鼓励他们发展自己的科研兴趣。例如，当时的科研人员顾去吾希望做一些计量学研究，便去找王大珩谈，王大珩听后同意他暂不去光学车间，而是让他专注于自己的研究，后来顾去吾在干涉仪方面成功做了一些工作。

仪器馆建设时期，馆里的学习氛围很浓，人员的素质、科研能

---

① 2015年4月19日，王之江与笔者邮件往来中谈到。
② "中国科学院仪器馆基本情况"，存于中国科学院档案馆。
③ 中国工程院学部工作局. 中国工程院院士自述（第二卷）[M]. 北京：高等教育出版社，2008：140.
④ 摘自王大珩档案中的"我的自我检查"，存于中国科学院人事局档案处。

力在实践中得到了有效的提高。王大珩回忆,早年分配来仪器馆的大学生和曾在20世纪50年代来仪器馆(光机所)参加工作锻炼的学子们,尽管其中有的人并非光学专业出身,但通过学习、培养后,他们成长为中国光学事业的骨干力量,成长为相关学科的学术带头人,并是新中国光学事业的开拓者[1]。

配备了厂房,有了人才,仪器馆的工作就能顺利开展了。截至1954年,仪器馆已经进行了一部分试制工作,在光学物理仪器方面,仪器馆设计并试制了高倍显微镜、双目立体显微镜、读数游动显微镜,初步试制了精度达20角秒的光学读数经纬仪和速测光学大平板仪,为青岛观象台配置了150毫米天文望远镜,并在映影及摄影系统方面设计并试制了多种镜头;在光学精密仪器方面,设计试制了水平磁力秤、检定沼气光学干涉仪;在光学玻璃方面,建立了一系列相关设备,基本掌握了光学玻璃的生产技术。不仅如此,仪器馆辖下的实验工厂还向其他单位供应了科研生产所需的部分产品,

20世纪50年代(前排左一)王大珩在苏联考察

---

[1] 王大珩.中国光学发展历程的若干思考//宋健.中国科学技术回顾与展望[M].北京:中国科学技术出版社,2003:198-205.

如向南京水工仪器厂供应水平仪光学系统1807套,向南京电影机械厂制造镜头500套,等等①。

仪器馆初期试制出的仪器设备,为中国科学院乃至全国的科学研究都提供了重要的研究基础。据金属学、材料学专家师昌绪回忆,20世纪50年代,哪个单位缺少仪器,就去找仪器馆解决问题,让他们研制、生产——"找王大珩要!"例如,中国科学院金属研究所做金属蠕变实验的时候缺一个长焦镜头,那时候在国内根本就买不到这样的设备,所长李薰就指点师昌绪去找王大珩解决。王大珩应承下来,他部署了一个研制项目作为仪器馆的重点任务来抓,这样没过多久,师昌绪就拿到了自己所需要的长焦镜头。②

从仪器馆建设起便在此工作的陈星旦回忆起1957年以前的时光,他说:

> 仪器馆初成立的几年,是科研工作效率最高,年轻科学工作者成长最快、最出成果的几年。那时候,研究人员心无旁骛,无须考虑生活上的事,什么都有组织安排。住的地方和工作间很近,吃完饭就来到实验室,睡觉才回家;工作中不要为各种琐事发愁和浪费时间,行政各部门都把"为研究工作服务"放在首位;科学研究工作者更不要为了自己的升迁去包装自己,作为商品推销自己。我留恋仪器馆时代的工作环境和科研管理体制。③

三、第一埚光学玻璃

仪器馆建立初期,最大的成就就是熔炼出中国第一埚光学玻璃,光学玻璃正是一切光学仪器制造的物质基础。我国能自主熔炼光学玻璃,意味着我们在应用光学的关键技术上不再受制于人。我们国

---

① "中国科学院仪器馆概况及各部分研究试制工作介绍",存于中国科学院档案馆.
② 马晓丽. 光魂 [M]. 北京:解放军出版社,1998:137-138.
③ 陈星旦. 往今多少事都付笑谈中——九十致亲友,2017.

家的光学仪器需求才能不被国外所垄断，才有自力更生发展光学事业的基础。

熔炼光学玻璃是仪器馆建馆之初最重要的一项规划。围绕这个规划，仪器馆开展了一系列工作：在经费上，王大珩向东北人民政府打报告，申请了40万元专款；在硬件设施上，围绕铁北的大烟囱，修建了烧制玻璃所需的炉窑，还建了一个配套的煤气厂，搭建起光学玻璃的熔制车间。仪器馆迅速成立了光学玻璃研究室，建立起光学玻璃生产线，自行设计出一套光学玻璃的后处理设备。

那时，仪器馆里懂得光学玻璃性质并长期参与过相关工作的，除了王大珩，就是龚祖同。

王大珩自不必说，在昌司玻璃公司的几年时间里，他积累了大量关于光学玻璃性质、配方，以及有关光学玻璃退火和测试技术的知识与经验，他将这些东西毫无保留地交给了仪器馆参与相关工作的同事们。这些宝贵的资料在光学玻璃熔炼工作中派上了很大的用场。尤其是后来为了使熔炼出的光学玻璃色泽透明，符合折射率高但色散低的性质，科研人员考虑在玻璃配方中加入稀土元素氧化磷（P_2O_5）和稀土氧化物氧化镧（La_2O_3），这正是借鉴了王大珩过去从事稀土光学玻璃研制的技术经验。

龚祖同是在年近而立之年进入应用光学领域的，王大珩知道这位清华学长一心一意就想熔炼出光学玻璃，他"一生有两大愿望，一大愿望是做出光学玻璃，一大愿望是修改秦皇岛耀华玻璃厂的大炉（可提高生产率百分之四十）"[1]。

龚祖同在新中国成立前曾三次试制光学玻璃，但都因时局动荡等原因遭遇失败。

第一次是在1940年初，龚祖同因母丧回到上海，在料理完慈母的后事之后，他就在老同学的资助下，在上海小规模试制光学玻璃。

---

[1] "中国科学院仪器馆关于龚祖同等知识分子改造工作具体材料"，存于中国科学院档案馆。

然而他的行动早就被日伪特务所盯上了，并以"跟内地勾结，购买军火"的罪名绑架了他。日本人计划把这位年轻的光学专家送到日本，为日本效力。多亏龚祖同的亲友暗中帮助，花了一大笔钱，才把他保释出来。龚祖同一出牢笼立刻就乔装打扮逃出上海，返回昆明。就这样，他第一次试制光学玻璃失败了。

龚祖同第二次试制光学玻璃是在1942—1946年。国民政府兵工署在贵阳设厂，他想趁机在这个机构里试制光学玻璃，然而国民政府认为光学玻璃可以花钱向美国进口，不值得自己搞，加上战争引发的动乱，这个机构很快就被撤销了，他的愿望再次落空。

1946年，龚祖同担任秦皇岛耀华玻璃厂总工程师，在恢复玻璃厂生产的基础上，他试图再次试制光学玻璃，但那时国民党统治已面临垮台，秦皇岛耀华玻璃厂于1948年便要搬迁，时局动乱让这一切又化为泡影。

龚祖同遭遇了三次失败，但他并没有因此而放弃试制光学玻璃这一宏愿，中国科学院仪器馆的成立，让他的想法逐渐成为现实。

> 1949年全国解放后中国科学院长春仪器馆王大珩同志（现任科学院长春光机所所长）感到光学玻璃在新中国建设中的迫切需要，向当年的东北人民政府申请40万元的投资，并邀请我调入长春仪器馆，负责光学玻璃试制工作。这时感到异常兴奋，下定决心，誓将光学玻璃试制成功，艰难困苦无所惧，赴汤蹈火也甘心。①

王大珩和龚祖同是清华大学不同级的校友，他们毕业后都曾在清华大学物理系担任助教，都曾师从物理学家赵忠尧做他的核物理方向的研究生，后来又受到叶企孙的启发，出国学习应用光学，学成后都立下回国效劳的志愿。新中国成立前，王大珩回国后受龚祖同邀请，去秦皇岛耀华玻璃厂工作。虽然二人有相似的学术经历，

---

① 摘自龚祖同档案中的"龚祖同生平"（1979年3月27日），西安光机所名人档案。

且二人互相都尊重对方的人品和学识，但因二人性格不同，思想觉悟不同，外加对所务管理、科研方向的理念不同，导致他们在仪器馆共事初期，中国科学院内一度传出王、龚在工作上"不团结"的消息，中国科学院领导为此还组织人员对二人进行了一番谈心和调解。在院机关工作人员的调解下，王、龚敞开了心扉，说了"矛盾"所在：龚祖同认为王大珩回国晚，知道国外的新知识，"解放前走在他的前面，他心里着急"，他"吐露了要和王比高下的内心活动"[1]；二人在办所方向上也各有侧重，王大珩偏重于工程，龚祖同偏重于基础[2]；王大珩倚靠并重用吕大元等老科学家，龚祖同认为"失了面子"；等等。但是，为国家制造出光学玻璃，是他们以前十数年来的共同志向，这一宏大志愿令他们愿意团结起来，携手共进。他们一致同意要对研究所重大问题进行协商讨论——王大珩经常邀请龚

20世纪80年代，王大珩（右）与龚祖同（左）在一起

---

[1] "关于批判王大珩、龚祖同二所长资产阶级思想作风及解决不团结问题的点滴体会"，存于中国科学院人事局档案处。

[2] 2017年6月8日，董佩茹、胡晓菁访谈陈星旦，采访地点：长春。

祖同参与所务（如基建等事项）讨论，龚祖同也常邀请王大珩参加研究室的工作检查。王大珩和龚祖同在早日炼制出光学玻璃这一问题上，目标相同，他们同心同德，共同推进这件事向前进行。在向技术人员提供自己所掌握的资料和研究方法上，王、龚都毫无保留，而且常聚在一起共同讨论，共同部署相关的研究任务。

王大珩回忆龚祖同在光学玻璃熔炼过程中发挥的作用时说道：

> 我知道龚先生除了具有应用光学专长以外，他还有搞光学玻璃的夙愿。我特地邀请他到仪器馆，使他有机会搞光学玻璃。我在国外已经搞了5年的光学玻璃了，因此我对研究光学玻璃的许多技术细节比较清楚，如对玻璃配方及玻璃熔炼后处理工艺等等。但是我缺少熔炼玻璃设备的工程知识，如炉子的建设等。龚先生在这方面是下了功夫的，当时做光学玻璃能如此顺利，全靠他有这方面的知识，亲自设计了炉子以及光学玻璃熔炼的后处理设备等等。①

龚祖同作为光学玻璃研究室的主要负责人，是这项任务的主要技术指导者，王大珩更是全力支持这件事，他想方设法领导和协调，尽可能动员和调动仪器馆全部能调动的力量来配合龚祖同的工作。这也是当时仪器馆的头号大事。为了熔炼成这埚光学玻璃，仪器馆派出了多达100人的队伍，组成了化学组、原料和配料组、坩埚组、熔制组、检验组和行政组，每个组都派专人负责工作协调、组织，还请来曾在全国其他玻璃工厂，尤其是过去在日本人的玻璃工厂里工作过的老技工，借用他们的专长和经验，让他们参加到光学玻璃的试制工作中来。

当时遇到的首要难题，就是没有合适的熔炼炉料。仪器馆初建于东北时，对当地的玻璃工业状况不了解，又无法从国外购买熔炼光学玻璃的炉料。对此，王大珩和龚祖同克服困难，自力更生，提

---

① "中国光学事业的先驱者和创业者"，存于长春光机所档案室。

出通过开发、实验，就地取材，在当地四处寻找合用的国产材料。原料和配料组花费了很大的功夫，才找到合适的熔炼炉料，供光学玻璃熔炼使用。

那时候制造熔炼所需的容器（坩埚）就是一件不容易的事。普通的容器在高温烧制之下容易开裂，而且承受不了玻璃液的压力，十分容易倾塌。熔炼光学玻璃的容器必须是特制的，既要能承受压力，还要保证能耐玻璃液的侵蚀、腐蚀而不污染玻璃液。仅是选择适用的制造坩埚的材料就费了很大工夫。经过多次试验，反复控制炉温，选择合适的材料，一直到1952年7月，坩埚组才用软硬适中的黏土制成了一口合用的、容量达300升的特制大坩埚。

为了熔炼出合格的光学玻璃，仪器馆工作人员上下一心，全身心投入这项工作，"日夜生活在炉旁"，正是那时候工作的写照。1981年，龚祖同回忆当年的情景时写道：

> 从1951年春提出试制车间的设计任务书后，奔走联系设计与施工，当年动工，当年完成。1952年建筑炉窑，同年7月制造大坩埚，到10月中开炉，其中几次坩埚破裂而失败。我精神上受些打击，但责任在身，决不能知难而退，日夜生活在炉旁，全心全意地将心神灌注到炉内的坩埚玻璃上去。[1]

1953年，光学玻璃熔制车间获得了300升K8玻璃液，龚祖同激动不已："1953年的新年真是我的一个欢欣鼓舞的新年。一生的重担从此获得解脱，这是我毕生最幸福的日子。此生此世永志不忘。"[2] 这是我国历史上第一次熔炼出光学玻璃，从此结束了中国没有光学玻璃的历史，这也是仪器馆建成后取得的第一个主要成就，是为国家立下的一项开拓性的功勋！

---

[1] 龚祖同. 誓为祖国添慧眼 [J]. 中国科技史杂志，1981，2：62-65.
[2] 龚祖同. 誓为祖国添慧眼 [J]. 中国科技史杂志，1981，2：62-65.

光学玻璃车间

第一炉光学玻璃液出炉场景

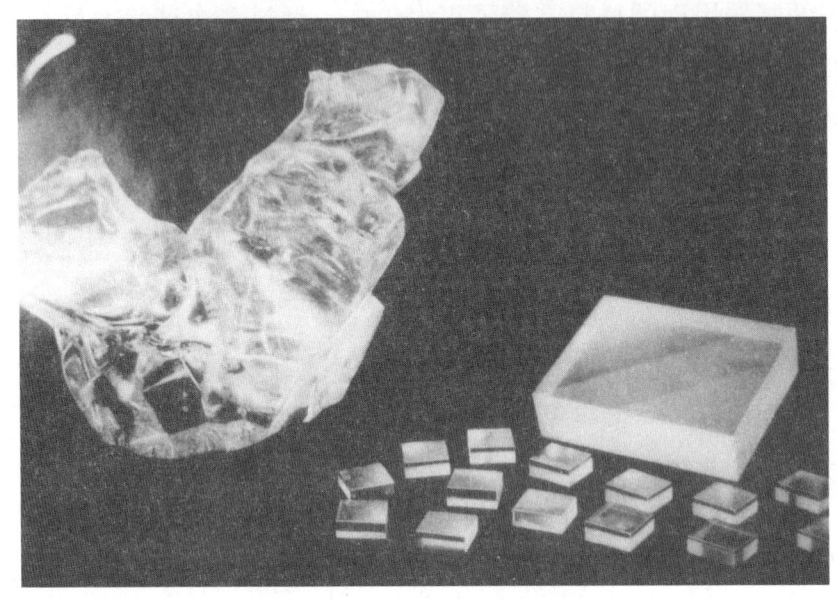

仪器馆熔炼的系列光学玻璃

在光学玻璃试制成功后，龚祖同的兴趣转向了红外夜视项目，推动了微光夜视管的发展。20世纪60年代以后，他奔赴大西北，带领中国科学院西安光学机械研究所（现西安光机所）从事高速摄影的研究工作，并承担了大型天文望远镜的研制任务，担任2.16米大型天文望远镜的技术负责人。

1953年以后，仪器馆光学玻璃研制部门积极展开了光学玻璃新品种、新工艺的研究，并逐渐掌握了光学玻璃的制造技术，为建立我国的光学仪器制造工业奠定了基础。1955年，光学玻璃研究室部署了"滤光玻璃的研究"课题，共研究了 10 多个系列 70 多个品种的滤光玻璃，1959 年研制成功了中国第一批滤光玻璃，这也是向中华人民共和国成立 10 周年的献礼内容之一。由此，满足了当时我国仪器制造的急需，其工艺配方在国内得以推广，改变了滤光玻璃全部依靠进口的局面，对我国滤光玻璃的生产起到了推动作用。

1958 年，在前期工作的基础上，研究所在国内率先开展了稀土光学玻璃的研制工作，研究人员参考了王大珩在英国昌司玻璃公司的稀土光学玻璃研究工作的经验——王大珩将自己多年来的光学玻璃研制经验用在了国家需要的地方。据刘颂豪（中国科学院院士、光学与激光专家）回忆，他和科研人员邓佩珍当时正在做光学玻璃的研究工作，为了帮助年轻人尽快完成工作，王大珩拿出他在英国做的工作记录给他们看，他们也是主要根据王大珩的指导开展工作，从玻璃的成分出发，探索了玻璃的折射率和失散导数这两个重要指标。"王大珩带回来一些配方，我们以这个作为根据，还有我们参考美国标准的配方。（19）53 年就做出了第一埚玻璃"[1]。他们分析了玻璃组分与其性质的关系，并从理论上研究了各种稀土和稀有元素氧化物对玻璃光学常数、密度、化学性质、析晶性能等各种物理化学性质影响的规律，研制出性能良好、具有实用价值的高折射率、低色散的稀土光学玻璃，批量生产出具有良好性能的稀土玻璃新品种，满足了我国当时光学工业发展的需求，填补了我国稀土光学玻璃的空白。

20 世纪 60 年代初，当时研究所里还很年轻的两位从事光学玻璃研究的科技人员钟奖生、干福熹开展了一项题为"硼酸盐系统玻璃性质的综合研究"，他们后来还要撰写《光学玻璃》一书，王大珩也是把自己过往的研究资料毫无保留地交给他们，供他们参考和研究。王大珩的这些资料对《光学玻璃》一书的撰写起了很大的作用，该书著成后成为光学玻璃研究领域的重要教科书和参考书目，并获得包括 1978 年全国科学大会奖在内的多项重要奖励。2005 年，已

---

[1] 2018 年 1 月 21 日，董佩茹、胡晓菁访谈刘颂豪，采访地点：广州。

经是中国科学院院士的干福熹回忆往昔，心中满怀对前辈的尊敬和感动，他说："（20世纪）60年代初，在龚祖同和王大珩先生的鼓励下，由我编写《光学玻璃》一书，我向他们请教如何写书。大珩先生讲，请龚祖同先生写绪论，他把光学玻璃退火的一些资料（他的著作）给钟奖生先生写入《光学玻璃精密退火》一章。他详细审阅了书稿，但不署自己的名字。"①

王大珩在第一埚光学玻璃熔炼过程中不仅发挥了领导、组织的作用，还在其中具体参与了玻璃配方、熔炼、退火及测试等方面的工作。尽管光学玻璃熔炼成功是一件轰动全国的大事，但是王大珩从来都坚定地说，这都是龚祖同的功劳，这是仪器馆在龚祖同领导下完成的重要工作。他很少提到自己在其中做了哪些工作，也不提自己曾拿出了在英国积攒的所有相关资料，并教技术人员用不同配方制造出不同折射率的光学玻璃的事情。他也不说后来自己还教青年人如何入手研究稀土光学玻璃。他认为自己只是在其中做了一些"微不足道"的工作，且这些都是作为仪器馆的一份子应该做的事情。这些细节都可以反映出他的大局观和无私、谦虚的人品。

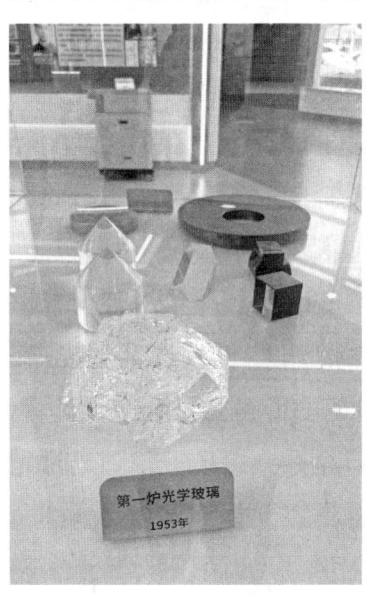

第一炉光学玻璃样品

中国科学院仪器馆从建馆开始就和机械工业部的军工部门保持着密切的联系。光学玻璃研制成功以后，为了能以产品形式提供给国家的国防光学部门，仪器馆便与相关部门合作，建立起全套的实验生产装备，既提供产品，也培养和训练生产光学玻璃的全套技术骨干，尤其是把全套光学玻璃生产工艺和技术无

---

① 干福熹. 谦虚和严谨的楷模——记王大珩先生二三事 // 宣明. 王大珩 [M]. 北京：科学出版社，2005：70.

偿提供给成都二零八厂。王大珩说，这样一来："解决我国光学玻璃制造问题从研制直至实验生产，培养技术力量，是中国科学院仪器馆成立开始的一项突出贡献，也为当时的仪器馆，和以后的长春光机所，对于面向国防的观念树立了传统。"[1]

自1960年起，根据军工任务需要，光机所开展了大尺寸、优质光学玻璃熔制，以及红外玻璃、激光玻璃的研制工作，这些研究成果，为"150工程"、激光技术的发展做出了很多贡献。

四、仪器制造被纳入国家发展规划

中国科学院仪器馆在短短几年的时间内，制成了一些有分量、有实用性的代表性仪器，如1954年6月，仪器馆研制的50吨万能材料试验机、1500倍油浸镜头显微镜、水平磁力秤获得中国科学院东北分院的荣誉奖励。6—7月，仪器馆还办了高真空技术、光学玻璃研磨和水平仪制造技术交流会。但总体来说，仪器馆初期的课题大多是按工业部门的需要提出来的。像初期做的毛发湿度计、磁力秤、沼气检测仪等，虽然用现在的眼光来看，这些仪器非常初步，仅有沼气检测仪尚算是光学仪器。但是在20世纪50年代初期中国的工业基础非常差的情况下，这些仪器的出现，解了工业生产部门的燃眉之急，也代表了仪器馆当时在国内领先的水平。中国科学院仪器馆在初期几年的发展中，稳扎稳打，逐步建设并发展成为一个部门初步齐全、设施初步完备的生产制造和技术研究机构，在国内有了名气，还曾受到国外专家的好评。1954年12月，中国科学院仪器馆试制的水平磁力仪作为中国仪器制造业的代表产品在1954年莱比锡国际博览会上展出。1955年8月29日，英国访华友好代表团在参观完仪器馆后的留言中，肯定了其成就：

---

[1] 王大珩.光学老又新 历程似锦 // 陈星旦.王大珩年谱·文集[M].长春：吉林人民出版社，2015：230-247.

我们英国访华友好代表团感到很荣幸来参观仪器馆。我们很了解这里的科学工作者所遇到的困难，即便如此，我们看到科学工作者解决了问题，虽然缺少设备，但是对新中国贡献很大。①

1955年，苏联科学院通讯院士达纳那耶夫到中国科学院仪器馆参观。当他了解到仪器馆成立后在很短的时间内便制成了许多新型的仪器后，不禁赞叹道："仪器馆的发展令人惊讶！"②

到1956年，中国科学院仪器馆已经具备了较好的规模。1956年11月21日，《人民日报》介绍了仪器馆的情况，发表了题为《科学院仪器馆建立了初步的技术基础，制出许多重要的光学仪器》的文章，自豪地向国人宣传："仪器馆经过几年来的工作，已经在仪器制造特别是光学仪器制造上掌握了一些国际上已有的先进技术，并且建立了初步的技术基础！"

基于仪器研制对国民生产各行各业的重要作用，国家考虑将仪器研制纳入我国的长期发展规划中。1956年初，国家决定制定科技发展的长期规划，在周恩来总理的直接领导，副总理陈毅、李富春、聂荣臻的主持和苏联专家的帮助下，1956年2月下旬开始，来自全国各个部门的数百位专家、学者齐聚北京，群策群力，共同讨论这一科学技术发展的伟宏宏图。3月14日，国务院科学规划委员会在北京成立，负责主持和领导科学规划制定工作。

王大珩和龚祖同带着姚骏恩、潘君骅两位年轻的助手也来到了北京，他们在这里连续工作了数月，为的是讨论《十二年科技规划》中物理学的分支学科光学部分的发展规划。科技专家们对中国光学的现状和前景做了调研，他们希望在未来的12年里，中国光学能有较大的发展，无论是人才、技术还是规模，都能有大的飞跃。

王大珩"与高校、科研、工业生产方面的资深科技专家，用半

---

① "中国科学院仪器馆关于接待外国专家及出国访问等报告"，存于中国科学院档案馆。
② "中国科学院仪器馆关于接待外国专家及出国访问等报告"，存于中国科学院档案馆。

年时间编写完成了第五十四项意见书'光学仪器的生产与提高',并于1957年随以郭沫若院长为首的中国科技代表团赴苏,与苏联科学家进一步磋商,交换意见,后报国家批准实施"[1]。

王大珩还参与了国防项目以及"四项紧急措施"[2]的讨论。这是为了适应国防和工业部门的迫切需要,发展现代科学技术要重视的新技术,也是我国急需的、重要的科学技术任务,尤其是基础薄弱的重要技术任务。《十二年科技规划》中的国防项目包括以下诸项内容:研制地对空、空对空等各种防御性战术导弹和火箭,军用原子能动力堆;研究提高雷达探测距离、武器装备自动化和通信装备小型化;提高喷气飞机的速度、飞行高度和其他性能;提高潜艇、快艇等各型舰艇的速度、续航力和装备系统的自动控制;减轻坦克、火炮的重量,改善越野性能,研制自行火炮;开展防原子、防化学、防生物武器的研究;等等[3]。其中许多项目是为后来发展"两弹"(原子弹、导弹)服务的。

在这次科技规划制定中,在讨论仪器研制问题的时候,专家组曾讨论过电子显微镜的研制问题。王大珩认为科技规划要讨论的是未来将重点发展的、在实际生产中和基本建设中需要解决的较大的科学技术问题,电子显微镜是国防工作的重要组成部分,他提出《十二年科技规划》中可以开展电子显微镜的试制工作。但遗憾的是,帮助制定科技规划的苏联专家对此提出了反对意见,他们普遍认为这个项目太难了,12年的时间远远不够,还不如向苏联采购更为实惠。最后电子显微镜这一提议未能列入《十二年科技规划》中。但是我国的科研人员恰恰就是在几年之内,独立自主地生产出了这

---

[1] 张礼堂.王老与仪器馆的创建//宣明.王大珩[M].北京:科学出版社,2005:94-95.
[2] 四项紧急措施包括:a.发展计算技术、半导体技术、无线电电子学、自动化技术和远距离操纵技术的紧急措施;b.开展同位素应用工作的紧急措施;c.建立科学技术情报工作的紧急措施;d.建立国家计量基准,开展计量科学研究的紧急措施.
[3] 《当代中国》丛书编辑部.当代中国的科学技术事业[M].北京:当代中国出版社,1991:82.

一产品，且经过评估，各类指标都达到了国际领先水平。

1956年12月，中共中央、国务院批准了《1956—1967年科学技术发展远景规划纲要（修正草案）》，一个为社会主义现代化建设服务、向科学进军的新时期开始了。

在《1956—1967年科学技术发展远景规划纲要（修正草案）》中，有关"仪器、计量及国家标准"的相关内容如下：

没有仪器，计量和国家标准，工业生产和科学研究就会受到很大的限制。我国目前，仪器主要依靠外国进口，计量和国家标准则还没有建立。

现代新技术的发展，都是和仪器分不开的。尤其是原子能的和平利用、喷气和火箭技术、生产过程自动化，都需要先进的强大仪器工业作为后盾。我国仪器制造在极端落后的情况下，要赶上世界水平，必须进行全面规划，有步骤地建立仪器制造工业，在发展生产的推动下发展仪器的科学研究。

……

第54项：掌握现有的并建立新型的、更完善的控制仪表、精密仪器和化学试剂

本任务里所指的仪表和仪器包括：（一）机械制造用的精密量具及量测仪器，（二）光学仪器，（三）电学仪器，（四）无线电及电子真空仪器，（五）自动控制仪表及装置，（六）计算机，（七）材料及工程试验仪器，（八）各种专业用仪器（如探矿、气象、教学等仪器）。其中以自动控制仪表及装置为发展重点。并应注意仪器用特殊材料的生产问题。此外，还要从速确定我国仪器生产及研究的发展规划，协调各生产部门之间以及生产、研究与使用部门之间的问题。①

---

① 中华人民共和国科学技术部.1956—1967年科学技术发展远景规划纲要（修正草案）[EB/OL]. https://www.most.gov.cn/ztzl/gjzcqgy/zcqgylshg/200508/t20050831_24440.html[2024-10-07].

第八章
向军用光学进发

一、从"馆"到"所"

1953年中国科学院仪器馆刚建立之时正值我国开始第一个五年计划之际，仪器馆初期的主要任务是配合国家经济建设、文化建设和国防建设的需要，从事并推进有关仪器的研究与生产。主要工作包括从事有关科学仪器的设计及制造的研究改进与发展，并兼制造生产等；与有关机构协同提高国内仪器制造技术水准，为我国发展仪器制造工业准备技术条件；培养仪器制造的专门人才与技术干部；担任仪器的检验与鉴定工作。经过短短几年的发展，仪器馆成为中国科学院乃至全国的部门较齐全、设施较完备的仪器研究和生产科学机构，并取得了许多应用性很强的科学成就。随着仪器馆的设施完善和科研力量增强，其对自身发展提出了更高的目标。

1956年初开始，全国上下"向科学进军"，随着《十二年科技规划》的制定，中国科学院仪器馆响应国家政策和号召，在发展中，更注重学科建设，其研究体制和机构发生了变化，取得了卓越成绩。

1956年9月，中国科学院仪器馆学术委员会成立，这个学术委员会中担任委员的都是所内外著名的科学家，包括：王大珩、过静宜、吕大元、何增禄、余瑞璜、雷天觉、张静安、钱临照、龚祖同、严济慈[1]。当年11月又增补了吴学周、王守融、汪月熙、董宁四位委员。学术委员会秘书由龚祖同担任，另委派孙功虞担任副秘书。学术委员会的作用是加强学术领导。从1956年到1986年（除"文化大革命"期间学术委员会中断外），王大珩连续担任了四届[2]学术委员会主任，并在1987年以后兼任了三届学术委员会名誉主任。

仪器馆时代，主要依靠的是馆长的领导，王大珩在馆内的科技决策和工作、生活中发挥了重要的领导、指挥、组织等作用，在建

---
[1] 中国科学院同意学术委员名单（1956年9月5日），存于中国科学院档案馆。
[2] "文化大革命"结束后，1978年光机所组成临时学术委员会，王大珩担任主任。

馆时期起到了重要的奠基作用。

1956年11月12—17日，仪器馆学术委员会举办了盛大的成立会议，会期4天，邀请了国家各部委及中国科学院各研究所共70多位专家学者参加，会议还邀请了5位苏联专家前来参会。仪器馆方面，王大珩、龚祖同、蒋朝江、陈星旦等人共做了9个学术报告，主要汇报了仪器馆建馆以来的成果和学术上、工作上的进展。王大珩在讲话中，明确指出了仪器馆在第二个五年计划中将要开展的工作——"以大地及航空测量仪器、物理光学量测仪器为重点的研究领域。系统地掌握仪器的设计与工艺""研究并掌握光学仪器关键材料的制造技术""大力支援国防及科学研究方面的光学技术问题""开展应用物理光学，特别是有关光度、辐射、发光方面的研究工作"[①]。这几个方面，是仪器馆未来几年内的学科布局和发展方向。尤其是他指出，要重点发展大地及航空测量仪器，为支援国防以及原子能的和平利用，进行特殊光学仪器的设计与试制工作，这也是根据国家需要，对仪器馆（光机所）的未来发展影响很大，在很长一段时间里，仪器馆（光机所）的研制重点都围绕着这两个方面进行。时任中国科学院技术科学部主任严济慈、中国科学院副秘书长秦力生等人，以及吉林省委方面，都对仪器馆取得的成就给予了高度赞扬。

1957年，中国科学院仪器馆作为一个生产试制机构，已经能同时承担起科学研究机构的责任。从前一段时间奠定的基础、取得的成果，以及未来的发展方向看，该单位已经具备了从"馆"到"所"（研究所）转变的条件。1957年4月28日，经中国科学院院务常务会议决定并经国务院批准，中国科学院做出了将中国科学院仪器馆更名为中国科学院光学精密机械仪器研究所的决定。研究所更名的依据主要是因为仪器馆"不仅掌握了必要的仪器制造技术和建立了一系列的仪器制造设备和培养了一定数量的仪器制造人才，为光学

---

① "王大珩馆长在学术委员会成立大会上关于中国科学院仪器馆基本情况及发展方向讲演稿摘要"，存于中国科学院档案馆。

第八章 向军用光学进发

1956年11月12日，中国科学院仪器馆学术委员会成立大会（前排十九：王大珩）

仪器工业打下了一定的基础，更重要的是，通过他们开展了仪器理论的研究"①。这次更名，既是对仪器馆过去几年发展的肯定、对其能力的认可，更表明仪器馆更名为光机所以后，未来以发展光学仪器工业为主②，该单位的职能和任务方向已经发生了转变。

> 所名还是合适的，它反映了我所的工作内容，我所不但有应用光学的工作；精密机械工作占的比重也很大；如果没有仪器二字，在中国的情况下，各单位就会把什么工作都拿来你做。群众认识不清，有进一步解释的必要。③

对中国科学院光学精密机械仪器研究所来说，正如王之江评价的那样："改名字其实也是个转折，中国科学院的看法也变动了。可能过去轻视基础科学……张劲夫是重视基础科学的，所以他把光机所作为中国科学院的重点来推行。"④

经历了成立之后一段时间的奠基和发展，中国科学院光学精密机械仪器研究具备了较强的研究能力，且以光学精密机械仪器研制作为其主要的特色方向。1957年改名以后，研究所通过一系列的学术委员会会议、党委会议的讨论，明确了未来的学术方向，并逐步建立了光学、精密机械、电子学齐全的学科领域，科研生产能力显著提升⑤。以1957年为例，中国科学院光学精密机械仪器研究所当年就取得了35项高水平的科研成果，研究所人员扩展达到459人，科研力量大幅增加⑥。

从"馆"到"所"，从试制普通中小型仪器转向研制各种大中小

---

① "中国科学院光机所1953—1957研究成果一览表及成就概况"，存于中国科学院档案馆。
② "仪器馆更名通知"，存于中国科学院档案馆。
③ "中国科学院仪器馆关于仪器馆更名、印章启用、馆务会议等文件"，存在中国科学院档案馆。
④ 2019年11月7日，胡晓菁、董佩茹访谈王之江，采访地点：上海光机所。
⑤ "光机所1953年至1957年研究成果一览表"，存于中国科学院档案馆。
⑥ "我所几年来成就（1953—1957）的概况"，存于中国科学院档案馆。

型高端精密仪器，尤其是具备了军用、民用急需的各类极为精密的光学仪器研究、设计和制造能力，研究所在短时间内已经建立起能够持续开展光学仪器研究的良好基础，涌现出许多具有代表性的仪器，代表了当时中国仪器制造的最高水平，以光学仪器的研究和制造能力强而著称全国，是国内有较大规模的光学研究与生产基地。例如，1958年，研究所的唐九华等人在试制高级摄影镜头的基础上，研制出天池牌高档照相机，满足了当时我国驻外使馆在外交场合不使用国外制造的相机进行摄影的需求。1958年底，梁浩明等科技人员研制、装配出一台机械式衍射光栅刻划机，这是中国第一台光栅刻划机。纵观世界，当时能够划出大型光栅的仅有苏联和美国，能划出中型光栅的也只有民主德国和英国。而"大跃进"期间，光机所取得的以"八大件、一个汤"为代表的系列成果，更是标志着研究所已经初步拥有了仪器制造所需要的如结构设计、精密铸造、小模数齿轮加工、精密冲压工艺以及表面处理技术的完整架构。

光机所研制出的中国第一批光栅样品（梁浩明提供）

与中国科学院仪器馆初建时发展光学基础学科、试制民用和普通光学仪器不同，根据研究所党委会的部署，从20世纪50年代末期开始，光机所的研究方向发生了较大转变，那就是着眼国家需要，研制军用光学仪器。

二、"八大件"促转型

在全国上下"鼓足干劲，力争上游"的氛围中，到1957年，我国已经完成了第一个五年计划的目标任务，新中国建设取得很大进展，工业、农业等各行业生产有了大幅度的提高。全国上下热情高涨，开始实施第二个五年计划。在此期间，仪器馆变更为研究所，光机所定下了"八大件"的攻关项目。"八大件"指的是 8 种具有代表性的精密仪器，即电子显微镜、高温金相显微镜、万能工具显微镜、多倍投影仪、大型水晶摄谱仪、晶体谱仪、高精度经纬仪、光电测距仪。"八大件"是光机所早期的明星产品，令该所在中国科学院乃至全国闻名，更奠定了该所向国防光学转型，并以任务带动学科、长远发展的基础。

（一）在学部大会上的发言

1957 年于光机所而言，是一个在研究所的历史上留下了浓墨重彩的重要年份，有许多具有纪念性和对研究所产生了重大影响的事件都是从这一年开始的；1957 年于国家来说，也有特殊的影响。随着"双百"方针的提出，1957 年 3 月 24 日，《人民日报》发表费孝通题为《知识分子的早春天气》的文章，文中写道："去年 1 月，周总理关于知识分子问题的报告，像春雷般起了惊蛰作用，接着百家争鸣的和风一吹，知识分子的积极因素应时而动了起来。"1957 年 4 月整风运动开始，党中央鼓励知识分子的"鸣""放"，知识分子的顾虑逐渐减少，他们大胆给党和国家提意见，一些问题表达得直白，甚至尖锐。这一年春夏之交，中国科学院和其他科研机构召开了一系列的科学家座谈会，科学家们热烈讨论了科学事业发展中的问题。

王大珩早在 1955 年就被选为中国科学院首批院士（学部委员），他既以学部委员的身份参加学部的活动，同时组织、参与仪器馆的科研活动。他另有一重参政议政的特殊身份——早在 1955 年 2 月便当选为吉林省人民委员会委员；1958 年 6 月 17 日又当选为吉林省第二届人民代表大会代表和常务委员会委员；自 1964 年起，他连任第三、四、五、六届全国人民代表大会代表，还担任过中国人民政治协商会议第三、第七届全国委员会委员；1977—1983 年担任吉林省政协副主席。这些身份，既给了王大珩参政议政的机会，一定程度上也有助于他在研究所发挥领导作用。人大代表和政协委员的身份，促使他关注国家政治、关注科技发展的大事，为后来他参与的向党中央提出国家高技术研究发展计划（863计划）和倡议成立中国工程院等重大建议积累了必要的经验，人大和政协为他以科学家身份积极参政议政提供了必要的平台。

1957年5月23—30日，中国科学院在北京召开第二次学部委员大会。这次大会影响深远，学部委员们在会上积极发言，指出了当时国家科学发展、政策实施中的各种问题。

王大珩的发言相对来说措辞比较谨慎、温和，但他并没有回避问题，而是结合实际指出了光机所当时的情况，因为这些问题正在影响所内职工的情绪和思想，从而影响到研究所的工作开展。他希望借助大会讨论，会后回所向所里传达会议精神，从而帮助所内同志们解决思想上和工作上的矛盾[1]。

王大珩对研究所的工作方向、机构调整和人才培养等问题进行了一些探讨。他的发言有理有据，既谈到了光机所未来的发展方向，也对人才队伍的培养进行了展望。他提出：光机所的发展是"适应目前工业情况的现实"还是"服从科学院的工作方向"？他谈到，"问题在于科学院规定的方针任务如何适应于我们所"，他感到国家光学精密机械仪器工业还很落后，但并非毫无基础，且在第二个五年计划期间已有很大的发展，光机所在最近几年的主要任务是"支援我国光学精密机械工业的提高与成长"。他说，"就我所的现实情况来说，似乎谈不到科学院和产业部门如何分工，问题是如何结合当前的需要而又照顾到长远的一面，结合工业水平的提高，而提高研究工作水平"[2]。

---

[1] "中国科学院学部委员会第二次全体会议大会发言汇集"，王大珩的发言，中国科学院文书档案。

[2] "中国科学院学部委员会第二次全体会议大会发言汇集"，王大珩的发言，中国科学院文书档案。

在机构调整和增设以及变更领导关系的问题上,王大珩认为,光机所应当尽可能地在现有基础上发展,而不要去惊动已有的研究工作的秩序,他强调要勤俭办科学。

在干部培养问题上,尽管王大珩对理科毕业生不重视实验、工科毕业生基础知识较差的状况有所触及,但他的言语比较平和,他说,"高等学校培养的人才要紧的是有一定的对专门学科所必备的基础知识,有足够理解问题并创造性地解决问题的能力,并在一定时期的进一步的锻炼下,能够掌握在这门专业中的最先进的东西并能创造性的予以运用""我们要求精悍的科学技术干部,对干部就不得有所选择,不能认为人人都能培养成为副博士,人人都能培养成为科学研究人才"。他呼吁中国科学院不仅要注意研究人员的培养,同时也要培养一定比例的技术人员[①]。

从王大珩的发言中可以看出,他是从一名科学家、科技管理者的身份出发,委婉而切实地在反映当时研究所面临的问题,他在学部大会上的发言,就事论事,既谈到了研究所前一阶段的发展形势,也对研究所的未来发展提出了设想,他认为阻碍研究所发展的主要问题是对人才培养不够、设施不足等。但是实际上,当时研究所面临的还有新老科学家之间的矛盾等问题,这也是思想改造运动后社会上存在的普遍现象。当时所里的一些党员干部和青年科技人员认为高级研究人员思想政治高度不够,作风陈旧、保守,所里尽管采取"以老带新"的人才发展方式,但还是存在有人对老科学家不尊重、采取科学家意见不够,以及新老科学家之间"不团结"等问题。

(二)李明哲来所

"八大件"是光机所早期除了光学玻璃之外的又一大成果,不仅

[①] "中国科学院学部委员会第二次全体会议大会发言汇集",王大珩的发言,中国科学院文书档案。

展现了研究所的实力，还令该所在中国科学院内闻名，在全国有了名气，极大地奠定了研究所在仪器制造界的地位。

提到光机所成功研制"八大件"，不能不提到的一个人就是研究所党委书记、副所长李明哲。

李明哲，生于 1923 年 11 月，河北行唐人，1940 年参加革命，1941 年加入中国共产党，历任小学教员、区助理员、区长、区委书记、武工队长、县委宣传部部长、干教科长、县委书记等。1952 年 10 月思想改造运动后调入中国科学院工作。李明哲从 1952 年 10 月到 1955 年 2 月先后担任中国科学院办公厅秘书处、人事干部局干部管理处副处长、处长职务，1955 年 3 月—1957 年 6 月担任中国科学院沈阳办事处主任、中国科学院干部学校副校长。1957 年 7 月，作为专职党政干部，李明哲调入光机所主抓党务工作，从 1958 年 2 月起担任副所长，1958 年 8 月兼任长春光机学院副院长，1958 年 10 月—1964 年，担任光机所党委第一书记，直到 1964 年 8 月调往上海分所任副所长（兼）、临时党总支书记。

李明哲在任期间，于推动光机所的"八大件"，以及促使该所在新一轮发展中转向军工领域、开拓新方向，起到了重要作用。光机所的前任所长宣明研究员曾在题为《谈如何做好一名合格的长春光机所中层领导干部》的讲话中评价李明哲："我们还要记住一个人：李明哲。他是当时的党委书记，而当时是书记负责制，没有他的认同和支持我们光机所也是干不成 150 的。所以五十年所庆时我说写我们的历史的时候李明哲一定要写，我们要把每一位为光机所做出贡献的人写进光机所的历史。"[1]

李明哲来所时，正值中国科学院仪器馆从"馆"到"所"转变，仪器馆经过第一个五年计划的发展，已经基本具备了仪器制造的底蕴，因在光学领域制造出光学玻璃而在技术上取得了巨大突破。

---

[1] 宣明. 宣明所长谈如何做好一名合格的长春光机所中层领导干部 [EB/OL]. http://www.ciomp.ac.cn/xwdt/yw/201307/t20130712_3898502.html [2021-10-19].

李明哲调来长春以后，主抓研究所的政治思想工作，加强党组织对科研机构的领导。他在任时，正是光机所经历了前一段时间的基础建设后成果大量涌现的一个时期。他到所以后，无论是大形势还是小环境，研究所都经历了一系列大刀阔斧的变动，这期间他和所长王大珩的关系、对研究所的领导方式、对研究所的影响，都值得后人思考。

李明哲到所后做的一件大事，就是扭转了研究所的新老知识分子之间的关系，这一方面令青年科技人员成为研究所的主导力量，另一方面促进了研究所的团结，对集中力量做工作起到了一定的作用。

仪器馆时代，由老科技人员担任各研究室的正、副主任，负责主要的课题任务，通过"以老带新"的方式，早期分配来的大学生和科技人员在实际工作中得到了锻炼与成长，许多人已经能够独立承担小型课题，取得了不少有价值的成果。以王之江、潘君骅、王乃弘、张礼堂、谭维翰等为代表的青年人，他们的共同特点是：毕业于正规大学的物理、机械专业，到研究所以后已经经过一段时间的科研锻炼，积攒了一定的工作经验，取得了一些科研成果，在光学和仪器相关专业上打下了较好的基础。以研究所最具代表性的学科——光学设计为例，当时的光学设计组成员以年轻一代的科技人员为主，毕业于大连大学工学院的王之江是组内的核心人物，他已能独立开展光学设计方面的课题，并取得了较好成果，科研能力很强。李明哲十分欣赏并看重王之江，尽管1957年王之江被内定为右派，但李明哲看中王之江的业务能力，认为其可以重用，便给他创造环境，帮助他做出成果来。为了激励他，李明哲力排众议，大力推举王之江为研究所先进工作者和人大代表，给他创造条件让他可以充分参与工作。此外还有毕业于大连大学工学院的王乃弘，他同时是龚祖同的研究生，在红外和微光研制方面有才能，后来又在激光事业上施展了才华，他也是李明哲看重的一位青年科技人员。这一时期李明哲重用的几位年轻人，如邓锡铭、王之江、孙功虞[①]等，后来都成为上海光机所的骨干力量，为发展激光事业做了不少工作。

反右运动中，一些科研人员，如1932年毕业于中央大学物理系、1949年以前曾在北平研究院物理研究所工作过的吕大元，机械实验室主任、高级研究人员张静安等都被划为右派。李明哲认为："青年人的政治热情很高，旧社会遗留给他们的东西较少，几年来经过党的培养，在历次运动中受到了锻炼，对党所提出来的各项号召，总是响应最快也最坚决……""党对青年的支持。党必须大胆放手使用青年，帮助他们去实现自己提出来的理想……"[②]

1958年，李明哲在《科学通报》上发表了一篇题为《解放思想 打破迷信 发动群众 依靠群众向世界科学的最高峰奋发前进》的文章，文中写道："年老的科学家必须依靠，但终归还是少数"，高级研究人员（科学家）思想保守、在学术上是权威，他们"把科学神秘化、崇拜英美"，是不可取的；他认为研究所需要"插红旗、拔白旗"，要"发动群众，大胆使用青年"，培养青年干部、发挥年青的科技人员的作用[③]。李明哲在另一篇文章《党是如何领导科学大跃进的》中写道，研究所里开展的反右斗争解决的是两条道路的问题，批判的是"资本主义科学道路"以及老知识分子的"保守"，"先进和保守的斗争，不仅是两种方法的斗争，而且在很大程度上表现出是两种道路的斗争"[④]。

李明哲来所以后不久，随着形势的变化和他在所里大力推动，研究所内的新老关系发生了很大变化——从仪器馆时代依靠老科技

[①] 孙功虞是光机所上海分所原科技处处长，他在上海分所成立过程中，三次南下，多次调研，给相关领导演示激光的巨大作用，为上海分所的成立立下了很大功劳，被誉为建所的功臣。

[②] 李明哲. 党是如何领导科学大跃进的 [J]. 科学通报，1958，18：545-550.

[③] 李明哲. 解放思想 打破迷信 发动群众 依靠群众向世界科学的最高峰奋发前进 [J]. 科学通报，1958，14：420-422.

[④] 李明哲. 党是如何领导科学大跃进的 [J]. 科学通报，1958，18：545-550.

专家到开始依靠中青年科技工作者。

反右运动初期,王大珩尽管不是右派,但他也被鉴定为是"重才轻德""思想右倾,立场模糊,与右派分子划不清界限",且"不积极,软弱无力,忙于事务工作,同时对大家反映上来的落后思想和问题不敢进行斗争,表现温情主义"①。这主要是因为在"大跃进"初期,以王大珩为代表的老科学家最开始对研究所紧锣密鼓、激进地开展仪器研制持谨慎态度,王大珩提出不能在科研工作中冒进,他的观点是"作仪器只能由低级到高级再到万能,循序渐进仿制国外",所内的老科学家王守中也说,"作研究工作像万米赛跑只能一步一步来,不能跳高一跃而过"②。在光机所提出把原定于在第二个五年计划期间完成的万能工具显微镜"跃进"为一年半做出来时,王大珩一开始也表达了不同意见,他说:科学研究工作不比工农业生产,不能大搞跃进。尽管王大珩是从科学规律出发,但他这"不合时宜"的言论当即被批评为"保守""学术垄断"③。王大珩回应说,尽管他一向自认为自己是理论联系实际的,但是反右以来,结合实际在工作上难以贯彻④。

李明哲与王大珩,前者是研究所党委负责人、副所长,后者是研究所科学家代表、所长。两个人作为研究所领导班子的核心成员,如果关系不处理好,势必会影响研究所的正常工作,不仅会影响研究所承担的科研任务,严重的甚至会造成损失。

王大珩敏锐察觉到了形势的变化,他积极向党组织靠拢,很快便转变了思想,他把党委意见放在前面,个人服从党委决定。1958年

---

① 摘自王大珩档案中的"王大珩整风运动以来的表现"(1957年7月6日),存于中国科学院人事局档案处。

② 摘自蔡仁堂档案中的"个人正(整)风思想总结"(1959年2月),存于长春光机所档案室。

③ 摘自王大珩档案中的"王大珩的变化情况"(1960年4月),存于中国科学院人事局档案处。

④ 摘自王大珩档案中的"我的自我检查",存于中国科学院人事局档案处。

10月，王大珩在研究所党委会成立大会上发表讲话，"光机所党的领导，有力地说明了党在科学技术的绝对领导，是迅速发展我国科学技术事业的根本保证"，自己要"团结在党的周围，坚决服从党的领导"①。王大珩对所里的一些重大问题，"不再是擅自主张而都请党来决定。常引用领导同志的意见来说明自己的看法。和党员之间的关系也很密切"②。王大珩支持李明哲和党委的工作，例如他外出开会回所，主动与党委书记商量如何贯彻执行会议方案；他去北京参加全国政协会议时，将自己拟定的大会发言稿寄回，请党委审查……党委对他的评价是："工作中一般能贯彻执行党委的意图，能执行党的政策。"③王大珩和党委之间良好的互动，对加强党对研究所的全面领导起到了很好的作用。

李明哲作为党委书记，也充分尊重王大珩在科技方面的权威，给予了他学术领导者应有的地位。王大珩以党外科学家的身份，听从党委的领导。遇到与李明哲意见不统一时，王大珩就采取"迂回"的方法来处理，通过讲道理、说服党委其他成员，采取少数服从多数的办法来解决问题，等等。如此一来，研究所内较好地处理了科学家所长和党委书记之间的工作关系，保证了研究所领导班子的团结和稳定，有利于所里各项工作的开展。

李明哲在任期间，研究所的领导班子，尤其是书记与所长之间的关系较为融洽，团结的领导班子对于研究所顺利承担国家任务及开展各项研究工作，产生了积极的作用。这也是奠定"八大件"成功的一个重要基础。

---

① "1958年王大珩在光机所成立党委会上的讲话"，王大珩手稿，资料存于老科学家学术成长资料采集工程数据库。
② 摘自王大珩档案中的"王大珩的变化情况"（1960年4月），存于中国科学院人事局档案处。
③ 摘自王大珩档案中的"王大珩同志的鉴定"（1964年7月21日），存于中国科学院人事局档案处。

(三) 响彻全国的"八大件"

在"鼓足干劲,力争上游,多快好省地建设社会主义"的总路线指导下,光机所的"大跃进"也定下了目标,包括完成向国庆献礼的任务①。1958年3月16日,中国科学院光学精密机械仪器研究所、中国科学院机械电机研究所、中国科学院应用化学研究所和长春地质研究所四个单位联合召开了一场"跃进"誓师大会,中国科学院光学精密机械仪器研究所参会代表在大会上坚定表态:研究所要在今后6年内赶上国际先进水平,并提出了"跃进"期间研究所将要完成的任务,其中包括要在1958年试制出中型光谱仪和大型光谱仪的光学部分,要在1959年6月试制出世界先进的万能工具显微镜,在1958年试制出一等精度测量用的经纬仪,在1959年末试制出新式电子显微镜,还要在1958年使得光学玻璃的熔炼新技术赶上世界先进水平②。

光机所在"大跃进"期间完成的"八大件、一个汤"具体指的是:1微米精度万能工具显微镜、大型石英摄谱仪、中型电子显微镜、晶体谱仪、高精度经纬仪、高温金相显微镜、多倍投影仪、光电测距仪等八种有代表性的精密仪器,以及一系列新品种的光学玻璃③。光机所"八大件"取得的巨大成功,令研究所名扬全国。

"八大件"是光机所在特殊的历史时期完成的成果,是研究所上下借着"大跃进"的形势,又没有丢掉科学精神共同艰苦奋斗取得的一批有影响、有水平,货真价实的科研成果,也是研究所在发展初期取得的令全体职工引以为豪的具有代表性的研制成果,其成功的经验对研究所上下鼓舞很大。

---

① "中国科学院光机所十年发展纲要及第二个五年计划",存于中国科学院档案馆。
② 中国科学院光学精密机械仪器研究所. 在今后六年内赶上国际先进水平 [J]. 科学通报,1958,8:230-232.
③ 《所志》编委会. 中国科学院长春光学精密机械与物理研究所所志(1952—2002) [M]. 长春:吉林人民出版社,2002:6.

（a）万能工具显微镜　　　　　（b）多倍投影仪

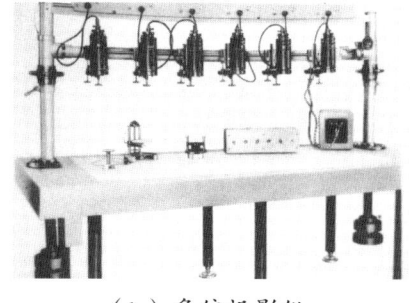

（c）高精度经纬仪　　　　　　（d）大型石英摄谱仪

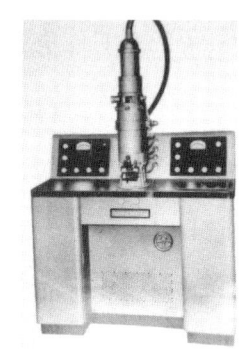

（e）中型电子显微镜　　　　　（f）晶体谱仪

（g）高温金相显微镜　　　　　（h）光电测距仪

光机所研制的"八大件"历史图片

光华人生 丹心永照

王大珩 传

王大珩和同事们热烈讨论工作的场景

"八大件"原本是光机所第二个五年计划攻关研制的项目。在"大跃进"形势下，研究所党委会议决定将此原本要在几年内完成的计划提前完成。为了达成目标，从1958年6月开始，全所科技人员放弃了节假日，自觉加班；他们打破八小时工作制的要求，每天工作十小时、十二小时甚至更多时间；他们夜以继日工作，忘我投入到"跃进"中[①]。这场历时75天的战役，口号是"反保守、插红旗、实现科学大跃进"。

王大珩记得光机所里上上下下，团结一心，干起工作来热火朝天的情形：

> 当时年轻人干劲非常足……大家真是白天晚上干起来。干到什么程度呢？就是研究一个东西，碰到材料上的问题，碰到技术上的问题，当时就把所有有关的人找来，当时就解决。……铺盖卷放在实验室里，你太累了睡觉，有人接着做。原来预备两年的工作，我们半年就做出来了。正是由于"大跃进"，后来光机所搞工作，差不多近10年的工夫，实验室的灯白天晚上通明，人们戏称其为"日不落实验室"。[②]

王大珩被所里你追我赶的热烈气氛所感染，忘我地投入工作中。在装校光谱仪的时候，遇到技术难题无法解决，他亲自上阵，自己

---

① 中国科学院光学精密机械仪器研究所. 在今后六年内赶上国际先进水平[J]. 科学通报，1958，8：230-232.

② 路甬祥. 向科学进军：一段不能忘怀的历史[M]. 北京：科学出版社，2009：77.

动手，连续加班加点，直到把光谱仪装校完成。"大跃进"期间，党组织对他的工作情况鉴定如下：

>"大跃进"以来，一直是夜以继日的紧张工作，想办法克服困难完成任务，在技术革新运动中表现突出，亲临前线指挥。[1]

"八大件"里的中型电子显微镜是其中很重要的代表性产品，该产品打破了苏联权威。因为早在1956年制定《十二年科技规划》时，王大珩就提出过电子显微镜试制计划，但被苏联专家否定了，他们认为我国没有研制的实力和技术，直接从国外引进就可以了。但王大珩始终认为电子显微镜的研制是一项重要工作，有必要研制，当时他还曾考虑过五年之内派人去德国民主学习这项技术。

提到电子显微镜，不能不说的一个人便是电子光学专家黄兰友。黄兰友是我国有机化学家黄鸣龙[2]的儿子，1951年毕业于美国富兰斯大学物理学系，1957年获得德国图宾根大学应用物理系博士学位后回国，在中国科学院电子学研究所工作。他希望能参加制造电子显微镜的工作，为此，他于1958年4月专程去了光机所拜访王大珩，希望得到他的支持。王大珩当时正在外地出差，听说黄兰友来访时，立即与这位年轻人取得了联系。黄兰友回忆当时的情形时写道：

>当天下午，大概是在电话上和王大珩所长讨论了以后他们又把我叫了去，第一句话就是叫我马上回北京去取行李，我一下子没有听懂。他们说快回去拿暖和的衣服来，国庆前回不了北京了。工作马上开始，国庆拿出东西来。我大吃一惊，说研制这么一个大型仪器要两三年的时间，怎么可能在几个月里做

---

[1] 摘自王大珩档案中的"民主人士鉴定表"（1965年12月），存于中国科学院人事局档案处。
[2] 黄鸣龙（1898—1979），江苏扬州人，有机化学家、中国科学院院士，以"黄鸣龙还原反应"闻名。

出来呢？回答很干脆：要么十一献礼，要么不考虑。①

王大珩全力支持电子显微镜的研制工作，他派出自己的业务秘书邓锡铭、孙功虞全力协助黄兰友的工作，并组建了一个实验室开展工作。当黄兰友提出需要一台比较现代化的电镜作参考时，王大珩雷厉风行，立刻找到并说服了时任中国科学院副院长张劲夫，张第二天便同意将武汉微生物研究所刚进口的一台显微镜借调到电机所。当时张劲夫曾问过王大珩：你们的电子显微镜能做出来吗？他斩钉截铁地回答：做得出来，分辨本领不会比鲁斯卡②的第一台差！③

黄兰友"暗中敬佩领导这个大所的王所长，他聚积了这么多的有各方面专长的人材"④。当时研究所同时进行着"八大件"中其他仪器的研制工作，车间里有人做机械设计，有人做电器设计，有人负责加工、采购……事情很多，情况又复杂，"图纸都是几万张，这'八大件'加起来是 2.3 万张；光学零件有五六百件，每大件仪器装配都有一个组，都有一个摊子"⑤。黄兰友感到惊诧："在我看来是一团乱烘烘的事，光机所是怎么组织得如此有条有理？"⑥那时候研究所的工作虽然紧张但有条不紊，事务繁杂却又井然有序。在全所人员的共同努力下，1958 年 8 月，电子显微镜等"八大件"终于成功试制出来了。

光机所在"大跃进"期间研制成功的"八大件"，是在以王大珩为首的所领导和党委会的领导下，在全体研究所职工共同努力下完成的有分量、有代表性的优秀成果。为了庆祝这些成果完成，也为

---

① 黄兰友. 早期电子显微镜制造的回忆 [J]. 电子显微学报，1996，15（2-4）：344-352.
② 恩斯特·奥古斯特·弗里德里希·鲁斯卡（Ernst August Friedrich Ruska，1906—1988），德国物理学家，电子显微镜的发明者，1986 年诺贝尔物理学奖获得者。
③ 黄兰友. 早期电子显微镜制造的回忆 [J]. 电子显微学报，1996，15（2-4）：344-352.
④ 黄兰友. 早期电子显微镜制造的回忆 [J]. 电子显微学报，1996，15（2-4）：344-352.
⑤ 2014 年 11 月 7 日，胡晓菁访谈卢国琛，采访地点：合肥梅园。资料存于老科学家学术成长资料采集工程数据库.
⑥ 黄兰友. 早期电子显微镜制造的回忆 [J]. 电子显微学报，1996，15（2-4）：344-352.

了总结交流经验，中国科学院于1958年9月2日在长春召开现场会议，交流研究所全面"大跃进"的经验。出席会议的有中国科学院各地20个研究所的负责人和有关单位代表共200多人，还有来自长春各大院校、科研机构的共1000多人。会议由中国科学院副院长张劲夫主持，光机所副所长龚祖同在讲话中提到光学方面的研究成就时说："国庆献礼中有三种超出世界水平的光学系统设计，七种电影摄影镜头，六种照相镜头。"[1] 紧接着，各大新闻媒体纷纷报道了光机所的成就，如1958年9月5日，新华社长春电报道了《中科院制成电子显微镜等仪器》，文中写道："到今年8月底为止，中国科学院光学精密机械研究所已先后完成了8种仪器的试制工作。这8种仪器是：电子显微镜、高温显微镜、万能工具显微镜、多倍投影仪、大型光谱仪、晶体谱仪、高精度经纬仪、光电测距仪，同时还试制成功电影摄影机镜头、照相镜头、结晶玻璃和光子计数管等一系列新品种光学玻璃。"[2] 1958年9月6日，《人民日报》发表了题为《高精度经纬仪、多倍投影仪、光速测距仪研究试制成功》一文，报道了"八大件"研制成功的新闻，高度赞扬了光机所取得的成就：

> 中国科学院长春精密机械仪器研究所经过八个月的苦战，已经基本完成了第二个五年计划所规定的研究任务。
>
> 到8月底为止，这个研究所已先后完成了八大仪器的试制工作。
>
> ……
>
> 这八大仪器的研究成功，对于我国的技术革命和文化革命具有极重要的作用。电磁式电子显微镜的应用范围非常广泛，是物理学、冶金、医学和有机化学高分子等研究工作所不可缺少的工具。大型光谱仪是现代工业和科学研究上进行光谱分析

---

[1] 科学院开现场会交流经验[N]. 人民日报，1958-09-06.
[2] 张应吾. 中华人民共和国科学技术大事记（1949—1988）[M]. 北京：科学技术文献出版社，1989：139.

的主要工具。利用光谱分析法，可以对金属冶炼、合金制造和矿物的化学成分的分析，得出精确结论。万能工具显微镜是一种高精度的计量仪器，是机械工业必备的重要仪器。光速测距仪是一种新型的大地测量仪器，高温显微镜是发展冶金工业不可少的工具。

这八大仪器经过鉴定，其质量都已达到或超过国际同类产品的水平。它们的试制成功，表明我国在光学精密机械仪器研究方面已经进入国际先进行列。①

光机所科研人员积极向科学高峰攀登，成为全国"跃进"运动的先进典型，家喻户晓。1958年10月5日到11月9日，中国科学院在中关村新建实验大楼举办了自然科学跃进成果展览会，光机所研制的"八大件"在展览会上亮相。展览会上展出了3000余件展品，有来自中国科学院院内外445个单位的38 392名观众参观了展览。10月27日，毛主席在郭沫若、吴有训、张劲夫等中国科学院领导的陪同下，也亲来参观，他看到了光机所研制的高精度经纬仪等参展成果，对它们表示了赞赏。光机所取得的成果在全国科技界引起了极大的轰动，尤其是那台电子显微镜令观众大为震撼。

"八大件"里的电子显微镜，加速电压为50千伏，分辨率达10纳米，是一台中型电子显微镜。这台电子显微镜是仿制的，那么，能不能自己设计制造大型显微镜？ 1958年9月，王大珩提出由光机所组织人员，自行设计研制100千伏XD-100大型电子显微镜，由黄兰友担任技术负责人，姚骏恩担任课题负责人。姚骏恩回忆："王所长参加了方案论证和图纸审查，提出了十分中肯的意见。"② 项目组花了10个月的时间，到1959年9月末，一台分辨率优于2.5纳米、放大倍数达10万倍以上的大型电子显微镜研制成功。1959年10月

---

① 高精密经纬仪、多倍投影仪、光速测距仪研究试制成功 [N]. 人民日报，1958-09-06.
② 姚骏恩. 王大珩院士与中国电子显微镜制造事业 // 宣明. 王大珩 [M]. 北京：科学出版社，2005：68.

1日，这台大型电子显微镜作为一项重大科技成果在北京展览馆中央大厅展出，姚骏恩回忆展览时的盛况时说："观众排着长队用电子显微镜来看蚊子翅膀上的汗毛……这种场面古今中外少有。"① 在庆祝中华人民共和国成立10周年大会上，这台电子显微镜的巨大模型就排在中国科学院游行队伍的前列，在天安门接受党中央和毛主席的检验。每当回忆起这台XD-100大型电子显微镜的研制，姚骏恩的自豪感便油然而生，因为这项成果被视为中国仪器仪表行业从仿制到自行设计制造的一个重要标志，为"中华人民共和国四十年重大科学技术成果"之一，收入记载古今中外自然科学大事的《自然科学大事年表》中②。

  大型电子显微镜制造成功，难得的是，光机所毫无藏私，而是无偿地把这一技术转让出去，以进行大规模生产，满足国家生产等需要。1960年，光机所将电子显微镜图纸毫无保留地交给了合作的上海精密医疗器械厂，王大珩叮嘱前去上海传授电子显微镜电子光学设计及调试技术的姚骏恩，一定要发扬共产主义大协作精神，把他知道的所有技术都传授给这个厂，不要有丝毫保留。按照王大珩的嘱咐，姚骏恩来到了上海，指导该厂进行电子显微镜研制和生产。经过几年时间的努力，上海精密医疗器材厂在1965年7月制造出了分辨率在0.7纳米、放大倍数为20万倍的DXA_3-8型一级电子显微镜，并通过了国家级鉴定。这个厂一共生产了72台电子显微镜，供应给国家各个有需求的单位和部门，其中第一台就是著名科学家彭加木到新疆安装的。

  1964年4月，根据国家"两弹一星"的需要，光机所的电子显微镜研究室被整体调并到北京科学仪器厂。

  王大珩十分关心和支持中国电子显微镜技术的发展，他后来多

---

① 2015年2月26日，姚骏恩在纪念王大珩先生百年诞辰座谈会上的发言。资料存于老科学家学术成长资料采集工程数据库。
② 姚骏恩. 我国超显微镜的研制与发展[J]. 电子显微学报，1996，15（2-4）：353-370.

次向姚骏恩了解电子显微镜的研究情况，当得知已取得了进展时，他感到由衷的喜悦。1987年11月，当我国自行设计制造的扫描隧道显微镜（scanning tunneling microscope，STM）在国内首次获得石墨表面原子像时，他高兴地称赞："这是件大事！"

上述是电子显微镜的研制情况。除了电子显微镜引起轰动之外，"八大件"里的其他产品反响也不错。例如，高精度经纬仪作为光机所研究的八项研究成果之一参加了展览，得到了毛泽东等党和国家领导人的高度赞誉。10月27日，毛泽东主席在中国科学院院长郭沫若和中国科学院副院长张劲夫的陪同下参观中国科学院科技成果展览会，并在光机所研制的高精度经纬仪前留影。此照片半个多世纪以来一直陈放于位于北京三里河路52号的中国科学院机关大楼二楼大厅，已然成为中国科学院熟知的历史珍藏之一。

"八大件"里的万能工具显微镜也是一件成功产品，该产品虽然因为同期从苏联进口了全套技术资料而未在全国的生产厂家进行大范围推广，但这件仪器在研究所的车间里使用了多年，在研究所的生产实践中发挥了很大的作用，产生了较大的效益。

还有大型石英摄谱仪，当苏联专家、光学教授福利希来研究所参观看到这件产品时，大为惊讶和赞叹，他说：没想到这台由中国人自行研制生产的仪器的光学性能已达到了当时同类仪器的国际水平。另一台晶体谱仪——这也是王大珩亲自参与的研制项目，后来研究人员在仪器上加装了编码器，使它更加现代化了。

1958年11月21日，郭沫若院长为光机所题词这台仪器作为为原子能试验专门设计的大型精密测角仪器，试制成功后便被送往中国科学院原子能研究所作为原子堆旁的一项中子试验仪器。1978年，该项成果获得中国科学院重大科技成果奖。

1958年，中国科学院在长春举办的光机所"八大件"庆祝大会上，中国科学院院长郭沫若、副院长张劲夫、吴有训等亲来祝捷，郭沫若题词勉励："光学精密机械仪器研究所，仅仅费了七十五天的工夫，把原订在五年内完成的八大件精密仪器完成了。其中有的已达到国际水平，有的成为我国的独创。"[1] 在这次祝捷大会上，光机所乘胜追击，进一步提出研制"四十大件"高水平的光学精密仪器的宏大目标。

虽然"大跃进"期间存在不重视经济规律的问题，但全国人民要在短时期内赶英超美、建成共产主义的热情高涨，带来的是对工作的无比投入。在"八大件、一个汤"取得成功的事前和事后，王大珩都曾表示过担忧："抢时间、搞突击的科研方式是不够严谨的，甚至可以说在某种程度上是缺乏科学态度的。"[2] 但不可否认的是，光机所因为在仪器馆时期打下了较好的精密仪器制造基础，以及重视对人才队伍的培养和锻炼，有力保证了"八大件"的成功；更别说"八大件"原本便是光机所计划内、打算在第二个五年计划中完成研制的项目。同时，在"八大件"仪器和一系列光学玻璃的研制过程中，我国未曾接受外来援助，试制中所需的特殊材料和精密加工以及其中某些关键设计都是国内和研究所自行解决的，研制非常深入，为此后开展研究工作积累了宝贵的经验。王大珩回忆说：

> 在"大跃进"期间，以较短时间，试制成功若干台在当时是高精尖的仪器，其中包括万能工具显微镜、一秒级高精度大地测量经纬仪、中等分辨率电子显微镜、晶体谱仪、大型石英

---

[1] 1958年郭沫若的题词，存于长春光机所档案室。
[2] 王大珩. 七彩的分光 [M]. 南京：江苏人民出版社，2008：189.

摄谱仪、多倍投影仪等等。这些成果虽然称不上达到生产的水平，但通过一系列关键技术，为全国解放思想、敢于从事带有攻关性的高精尖任务，起了带头作用。①

在"八大件"取得巨大成功以后，光机所再接再厉，1960年所党委确定研制自动记录红外光谱仪、高速照相机、超级照相机、二米光栅摄谱仪、5倍连续变焦物镜等16台新仪器，以此作为向庆祝中华人民共和国成立10周年的献礼项目。这16台仪器当时被所里人自豪地称为"十六条龙"。必须肯定的是，在以"八大件"为代表的成果研制过程中，光机所已经有了一定的仪器研制基础，并建成了一支有相当实力的研究队伍，且这也是一批有影响、有水平的科研成果。"八大件"令研究所的青年人得到了成长，许多年轻人从这一时期开始走向科研一线，在实践中得到锻炼，20世纪80年代以后，普遍成为光学科研的带头人。

"八大件"是我国科研人员汗水和努力的结晶，也是我国自力更生取得成果的体现，"这些仪器代表着近代仪器中较高的水平，在祖国建设事业中将发挥一定的作用"②。"八大件"的成功也

1992年，武衡为光学机械研究所成立40年题词"中国光学事业的摇篮"

---

① 王大珩. 光学老又新 历程似锦 // 陈星旦. 王大珩年谱·文集[M]. 长春：吉林人民出版社，2015：230-247.

② 中国科学院光学精密机械仪器研究所资料室. 光学精密机械仪器研究所一九五八年试制成功的八大件仪器[J]. 物理，1959，11：481-486.

是光机所发展中的巨大飞跃，标志着该研究所"已实现了从研制一般、通用、简易的光学仪器向独立设计、研制高精度光学精密仪器的飞跃"，也为研究所"在国内树立起一个勇于向高档精密仪器进军的排头兵形象"[①]。更重要的是，"八大件"的成功为研制、开发大型精密国防光学装备奠定了可靠的技术基础。

三、长春光机学院

1958年6月27日，在"向科学进军"的号角中，中国科学院决定以光机所为基础，创办长春光机学院，建校之初校址设于长春市隆礼路19号，1960年迁入长春卫星路新校址。长春光机学院建校也是光机所"跃进"计划的一部分，该校办成以后成为当时我国第一所，也是唯一一所培养光学和精密机械专业人才的高等院校。长春光机学院主要依托光机所的师资、设备等有利条件办学，建成以后为国家光学事业输送了大量优秀的光学人才，尤其是参与国防尖端任务的专业人才。学校后来归属国防科委和中国科学院双重领导，可以说，该校也是光机所向军用方向转型的组成部分之一。

长春光机学院初创时学制定为五年，创办首年在全国范围内招生，首届学生包括从全国统招来的百名应届生，从长春、吉林、四平、通化等地中学选拔的200名高三学生，以及21名工农速成中学保送生、其他高校转学生、中国科学院院内单位的代培生，等等。首批毕业生顺利完成学业后，有1/3的学生被分配到光机所工作。"研究所同志们一致反映这些学生理论基础扎实，动手能力强，胜任工作较快。"[②]

光机所所长王大珩兼任长春光机学院第一任院长，任期长达7年（1958—1965年）。光机所的其他主要领导也在长春光机学院担

[①] 《所志》编委会.中国科学院长春光学精密机械与物理研究所所志（1952—2002）[M].长春：吉林人民出版社，2002：86.
[②] 杨光.长春理工大学校史[M].长春：吉林大学出版社，2018：9.

任要职，由此可见光机所对长春光机学院办学的重视，由所领导亲自挂帅，部署学校的教学和管理工作。

王大珩系统了解过国外大学的办学情况，他在大连大学工学院工作过，对大学教育有着丰富的经验，还曾多方参与过国内大学相关专业的教育、教学指导。例如，1952年浙江大学率先创办了光学仪器专业后，王大珩常常受邀参与该校的工作，如指导该专业制订教学计划、选拔优秀毕业生到中国科学院工作等。他对国内的光学仪器制造专业情况、相关问题都有了解，尤其是对当前全国仪器制造行业欠缺哪些方面的人才做到了心里有数。因此，长春光机学院成立以后，王大珩为学院早期的专业设置、课程制定和发展规划耗费了很大的心血，他提出的建议落实以后，不仅帮助学校在刚创办时得到了快速发展，还让学校在长远发展中受益无穷。

王大珩结合当时的形势，提出长春光机学院的办学思想还是以切合国家需要为主，按照国家的急需专业培养人才。他提倡要"教学、科研、生产"三结合，学校办学以教学为主，但要以科研和生产作为辅助；学校要培养既具备专业知识，又有极高动手能力，毕业后可以直接在工作岗位发挥才能的专业人才。在制订教学计划时，王大珩提出，要培养学生的理论基础、学习方法和实践能力，指出要保证学生有充足的实验实习课时[1]。不仅如此，研究所还与时俱进，把每年的最新研究成果编制到学院的教材中，供学生们参考学习，令他们学到当时的前沿知识。长春光机学院的学生们在学习教学课程之外，还要去研究所的实验工厂中实习，学习制造的工艺技术。在这种要求下，长春光机学院的学生常常去光机所的实验室和生产车间参加实际工作，他们都是实验室、生产车间中的一员。经过实践，学生们开阔了思维，甚至在具体生产中帮助工人提出不少改进工艺方法的建议。在光机所的技术革新技术革命运动中，学生

---

[1] 《所志》编委会. 中国科学院长春光学精密机械与物理研究所所志（1952—2002）[M]. 长春：吉林人民出版社，2002：86.

们在生产劳动中所起的作用更为显著。例如，在"八大件"紧锣密鼓的研制和生产中，长春光机学院的学生们也齐上阵，组装零件、绘制图纸……学生们绘制了三千余张图纸，提出了技术革新的建议多达一千四百条[①]。长春光机学院的学生们是研究所研究和生产中的一股重要力量，在研究所的发展中发挥了不可忽视的作用。

　　长春光机学院建院初期，囿于师资，只开设了光学精密机械仪器系，课程设置也比较单一。在王大珩的动员下，"全所办学院"不再是一句口号，而是落实到了实处，成为长春光机学院有效的办学办法之一。光机所的全体成员几乎都参与办学，很快就解决了授课问题。以王大珩为例，他虽然日常工作繁忙，经常要去各地出差，但仍然抽出时间来，承担了学院的普通物理、近代物理、理论物理等课程的授课任务。他花费了大量时间备课，准备讲义和教案，参加课程组教师的集体讨论。尤其是普通物理课程，他抓得很紧。因为这门课是物理学的基础课，也是最难讲明白的课程之一，他不放心别人经手，在条件允许的情况下，他一直坚持亲自讲授。有一次

王大珩在长春光机学院给学生上课

---

① 王大珩. 科学研究机构要培养专业人材 [N]. 人民日报，1960-04-15.

他到北京出差,在火车上一直备课,下了火车来不及回家,拎着行李就直奔学院去上课。在王大珩的带头示范下,光机所大部分科研人员都愿意去长春光机学院兼职授课,学院里的许多专职教师都是由光机所的研究人员充任,像龚祖同、吕大元、张静安这些老科学家自不必提,他们承担了学院里较难的专业课讲授。年轻的科研人员也纷纷根据自己的专长去学院开课,如后来成长为光学专家的薛鸣球,当时就在长春光机学院教授了仪器光学课程,他为这门课程编制的仪器光学讲义,内容深入浅出,后来经过不断完善,成为该课程的经典教材,影响了许多有志于从事该专业的科技人员。王大珩提出的像这样因人而异办校的办法,令学院师资力量得到了极大加强。

长春光机学院办学之初赶上了国家经济困难的那几年,各方面都很艰难,硬件设施尤其跟不上。回忆初期办学的艰苦时,王大珩说:"实验室还在准备,房子也还欠缺,学生还要睡在地板上,吃饭在席棚中。"[1] 学校里几乎是啥都欠缺。宿舍里没有床,学生们便打地铺。没有建筑充当饭堂,师生就在席棚里或者露天就餐。教学用房不够,学生们就十几个人挤在一间宿舍里,腾出屋子来做实验室。王大珩鼓励师生们说,勤俭办学也能办成一所好学校!没有经费置办设备,他便让研究所和学院共用实验仪器。长春冬季寒冷,但一开始教室里还没有通上暖气,冷得和冰窖一般,王大珩就鼓励大家发挥苦中作乐的精神,克服困难坚持学习。每次讲课之前,他领着学生搓搓手、跺跺脚,待身体活动暖和了再开始上课[2]。这种情况一直持续到了1959年夏季,学院搬迁到长春市工农广场西边的光机所科研大楼,条件才有所好转。后来为了完善教学实验设备,王大珩提出除了由研究所提供外,他还想办法从各研究室调拨一批闲置不

---

[1] 王大珩. 科学研究机构要培养专业人材 [N]. 人民日报, 1960-04-15.
[2] 姜会林. 王大珩院士的教育思想与实践 // 相里斌. 光耀人生——王大珩学术思想与创新贡献 [M]. 北京:科学出版社, 2011:166-169.

用但又有一定精度的设备给学院，并通过长春医学院、吉林师范大学，支援来一批物理实验仪器和演示实验仪器。但这些远远不够，王大珩给师生们讲了自己在大连大学建物理实验室的事，鼓励师生们在实验课上自己动手，自制设备。学院师生齐心协力，因陋就简，自发劳动，在较短的时间内便建设了钳工、机械、铸造、电工、木工、光学、玻璃细工等加工车间，师生们还制作了简易车床、简易水平仪、四用电话会议机、人工晶体等产品，制作出一些生产用的一般产品，学生们很快便学会了绘制图纸，等等。

经过充分准备，长春光机学院办学一年以后，于 1959 年已经有了 530 名学生，办学规模不断扩大，增加到 4 个系（5 个专业），分别是：精密机械系（开设光学仪器专业），电子物理学系（开设电子学专业），光学物理学系（开设光学物理专业、技术物理专业），光学材料系（开设光学玻璃专业），从而在光学技术领域形成了较完整的体系。1960 年春，光机所开办了长春光学精密机械制造学校，为长春光机学院的附属中专学校。

1960 年 11 月，随着光机所和中国科学院机械研究所（以下简称机械所）合并，长春光机学院与由机械所创办的长春机械学院合为一校，但校名仍用长春光学精密机械学院。但在 1962 年 5 月 30 日，吉林省委宣传部提出要停办长春光学精密机械学院，王大珩感到上级部门的这一决定不妥，他几次三番找到吉林省委的主管领导，陈述国家对光学精密机械后备人才的急需，强烈要求保留学校。他还去找了中国科学院领导如张劲夫、郁文等人，阐述了办学、教育的重要性，积极争取到院领导对保留学校的支持。在王大珩的多方奔走努力下，长春光机学院成为长春市 1958 年创办的十余所院校中唯一保留下来的学校，也是当时全国 407 所大专院校之一。

1963 年 5 月 5 日，为了长春光机学院的长远发展，王大珩审时度势，给时任国务院副总理聂荣臻写了一封信，汇报了长春光机学院自成立以来的建设情况，并对未来做了乐观的展望。他提出：为了使长春光机学院得以较快的发展，适应培养光学人才的需要，建议将学院划归国防科委直接领导。这也是适应当时以任务带动学科，以及国家大力发展国防军工的要求。王大珩在信中写道：

> 聂副总理：
>
> 您好！
>
> ……
>
> 据我了解解放前我国能从事光学方面的科学技术的专业人员仅有数百人，解放后虽然国内有关高等院校（例如浙江大学、北京工业学院、哈尔滨工业大学等）设有光学方面的专业，培养了相当数量的专门人材，充实了我国的光学队伍，但根据目前近代科学技术，尤其是国防尖端科学技术的飞跃发展，远远不能满足需要，而且需要光学方面人材的程度是一天比一天更加迫切。国外对光学人材的培养早已给予了极大的重视。……重视并加强我国光学方面人材的培养，确为一项当务之急。
>
> ……
>
> 这所学院在党和国家的重视下，经过五年来的艰苦努力，它已初具一定的规模，并且具备了继续发展的初步基础。特别是在国务院和您批准保留这所学校后，更使我们感到党和国家对光学人材培养的重视和支持，亦是我们继续办好这所学院的极大动力。
>
> ……
>
> 目前虽然这所学院领导关

1964年9月16日，王大珩被任命为长春光机学院（兼）院长系较前得到了进一步的明确,但实际情况表明,学院今后发展中的一些根本性问题尚未得到应有的解决。为此我个人建议,为使光机学院得以较快的发展,适应培养光学人材的需要,还是将光机学院划归国防科委直接领导为宜。

……

借此机会表示一下:光机学院应该办下去,而且应该下决心办好,为国家培养出能从事近代科学技术,特别是国防尖端光学方面的科学技术人材,这个任务对于我们来说是责无旁贷的。

……

近安

中国科学院光学精密机械研究所

王大珩

一九六三年五月五日 [①]

在聂荣臻副总理的亲切关怀和王大珩的奔走努力下,上级部门同意了这一建议,长春光机学院不久后便归属国防科委和中国科学院双重领导,但实际上还是由光机所主要负责办校。1965 年 2 月,鉴于学校已经发展到一定规模,考虑到学校长远发展的建构等问题,中国科学院同意将长春光机学院与光机所分开,学校的人员编制和经费独立核算。关于长春光机学院早期的发展情况,王大珩曾有一些描述:

> 学校至"文化大革命"前已有毕业生近千人。学校在教学中,因为有长春光机所作为技术后盾,许多毕业论文得以密切结合实际,颇得赞许,"文化大革命"后,学校划归五机部领导和支持。至今毕业学生总数已达 14 300 多人,至今仍供不应求,大都就业在光学工业和科研单位,很多已成为学术带头人

---

① 王大珩遗留资料,"给聂荣臻的信件(1963 年 5 月 5 日)",存于长春光机所档案室。

及我国光学行业的业务和领导骨干。[①]

经过多年的发展，长春光机学院逐渐发展为一所以光电技术为主体、光机电算相结合、理工管文兼备的高等院校。该校长期以兵工类专业为主，承担军工任务，培养军事科技人才。20世纪80—90年代，长春光机学院与北京理工大学、南京理工大学、中北大学、西安工业大学、重庆理工大学、沈阳理工大学被时人并称誉为"兵工七子"。

1988年，在长春光机学院建院30周年之际，王大珩饱含深情，为学院题词，寄托了对学院多年培养专业人才的嘉许和对学院未来发展的美好期待：

> 三十而立，继往开来，发扬艰苦创业传统，培养现代科技人才！

2000年，长春建筑材料工业学校并入长春光机学院。2002年4月，经教育部批准，学校更名为长春理工大学，王大珩亲笔为学校题写了校名。王大珩为学校发展做了很多工作，包括帮助学校申请重点实验室、申请博士点和硕士点，他督促学校向上级部门递交材料、去找国务院学位委员会办公室主管部门交流等。

2008年，在建校50周年之际，王大珩因病无法亲自到长春出席纪念盛典，但他不顾身体不适，写来贺信一封，既回顾了历史，字里行间还寄托了自己对学校未来进一步发展的美好祝愿：

> 1958年，在中国科学院的领导下，我们白手起家创办了长春光学精密机械学院。50年来，学校从小到大，由弱变强，从单科性的院校发展成为具有工、理、文、经、管、法六大学科门类的多科性大学，其间凝聚了几代人的心血和汗水。今日的

[①] 王大珩.缅怀聂荣臻元帅//陈星旦.王大珩年谱·文集[M].长春：吉林人民出版社，2015：124-126.

学校在办学条件、人才培养、学科专业、科学研究、服务社会等方面，都已取得了长足的进步和发展。作为长春理工大学的名誉校长，对于学校所取得的成就甚感欣慰和自豪。

建校50周年，既是学校承前启后、继往开来的新起点，也是学校规划未来、改革创新、凝聚力量、加快发展的重要契机，衷心希望广大师生继续努力，发扬学校的优良办学传统和严谨的治学精神，坚持教研并举，产学结合，军民兼顾，实践求是、审时度势、传承辟新、寻优勇进，为全面建设小康社会、实现中华民族的伟大复兴作出新的更大的贡献！

……

王大珩
2008年9月10日 [①]

四、学科布局新规划

光机所（仪器馆）在建成的第一个十年里，在以王大珩为首的所领导班子的部署和组织下，开展了大量制造和科研工作，通过积累，初步形成了富有特色的学科布局，并在多个方面取得了卓越成果，成为全国闻名的光学基地。

以光学设计为例，最早由王大珩亲自领导的光学设计组于1958年发展成为一个独立的研究室，并成为研究所实力强劲的特色研究方向，取得了瞩目的成就。例如，1959年，在王大珩的安排下，青年科研人员王之江、谭维翰等展开了"光学设计理论及方法"课题，在完成大量设计工作并参考国外光学设计理论和经验的基础上，对光学设计的理论和方法逐渐形成了自己的系统，为光学设计的原则和具体方法提出了理论依据与实施途径。1960年以后，光机所设计出高质量的大型折反式光学系统，满足了"150-1工程"的需求，并为研究所承担大型电影经纬仪的光学设计工作奠定了基础。1964

[①] 王大珩遗留资料，"贺信"，存于长春光机所档案室。

年，光机所汇总研究所在光学设计上的研究成果，整理出书稿《光学设计论文集》，经王大珩、吕大元审读和修改后，由国防工业出版社出版，供全国从事该专业的研究学者参考，对促进我国光学工业的发展起到了积极作用。光机所（仪器馆）通过学习、吸收、分析和评价国外光学设计理论，在大量光学设计实践的基础上，逐步形成了一整套具有我国特色的光学设计理论和方法。

在光学工艺和检验方面，1952年，中国科学院仪器馆便开始了该方向的研究工作，并已具备加工显微镜、沼气干涉仪的光学零件及直径在50毫米以下的平面及球面的能力。在测量显微镜和望远物镜的成像质量方面，中国科学院仪器馆建馆初期，在王大珩的指导下，主要采用的是刀口阴影法和星点法，自1958年起，研究所开展了对显微镜像质评价的研究，之后又开展了利用干涉法检验光学系统质量与测量光学元件面型的研究。1960年，研究所研制出显微物镜波面像差测定仪、显微物镜几何像差测定仪和数值孔径仪。不仅如此，20世纪50年代中期，研究所还开展了用光学传递函数的方法来检测光学系统的研究，光机所的光学工艺和检验水平由此不断提高。

在光学计量方面，仪器馆受国家计量局委托，从20世纪50年代初起便展开了建立国家长度、光度、温度及电学计量标准的研究工作，并奠定了一定的研究基础[①]。中国计量科学研究院成立后，上述大部分工作移交给了他们承担，但研究所仍然负责光度基准研究，并于1965年顺利完成工作。

在光学薄膜研制方面，仪器馆是在国内最早开展该研究工作的机构，除了1954年研制成功国内第一台真空镀膜机外，1958年研究所还建立了多层膜制备技术，同年研制出全介质多层高反射膜，1959年研制出全介质干涉滤光片，1960年又研制出用于氦氖激光

---

① 《所志》编委会. 中国科学院长春光学精密机械与物理研究所所志（1952—2002）[M]. 长春：吉林人民出版社，2002：29-138.

器的全介质高反射膜，由单层薄膜的研制到建立多层膜的制备技术，光机所的工作在全国范围内都是领先的。

上述是光机所进行光学基础研究的一部分情况。光机所在光学应用方面，也是大放异彩。如在光学仪器方面，光机所于1958年在国内率先自行设计制造成功了大型石英-玻璃摄谱仪及中型石英摄谱仪。另一项卓有收获的成果便是"地形一号"光学经纬仪的研制，这是我国独立设计研制的第一台光学经纬仪，其研制基于国家经济建设发展急需地形及工程测量仪器的状况。

20世纪50年代以前，我国缺乏制造高精度测量仪器的能力，国家需要用大量外汇购买测量队使用的测量仪器，所需的仪器还常常难于及时供应，不利于测绘事业的发展。自1957年初开始，中国科学院仪器馆接受国家测绘局委托，研制中等精度的光学经纬仪，这就是"地形一号"。"地形一号"以当时国际上使用较多的名牌产品蔡司030型经纬仪为参考，对其中的复测机构、垂直轴系和调平机构等进行了改进。"地形一号"样机于1958年试制成功，通过了中国科学院测量制图研究室的鉴定，精度达到了当时的国际水平。该仪器推广生产以后，主要应用于四等三角测量、导线测量及一般测量。该项成果于1978年荣获吉林省重大科技成果奖。"地形一号"的研制成功，掀开了我国测绘仪器制造新的一页，显示出我国已经具备独立制造中等精度的经纬仪的能力。在此基础上，光机所总结经验，不断创新，制造出了特殊高精度的测量仪器。1958年8月，光机所研制出我国第一台高精度经纬仪，这也是"八大件"的代表成果之一。该仪器由长焦距高分辨率望远镜、高精度水平度盘、精密显微测微器等部件组成，供一等三角大地测量用，其技术性能和精度均达到当时国际同类产品的先进水平。这台高精度经纬仪的研制成功，令光机所上下兴奋不已："我们登上了大地测量仪器的最高峰！"[①] 该经纬仪于1978年获全国科学大会奖、中国科学院重大科

---

① "高精度经纬仪的研制"，存于中国科学院档案馆。

技成果奖和吉林省重大科技成果奖。

20世纪50年代末期，因研制技术和条件日趋成熟，光机所除了研制民用和各建设行业所需的光学仪器外，还涉足常规国防光学仪器研制，并取得了较好的成果。1958年，王大珩和龚祖同结合国家需要，提出"增大观察望远镜入射孔径以提高观察性能的建议"，光机所开展了大倍率军用观察望远镜的研制工作。1959年初，王大珩和龚祖同提出在弱光情况下进行观察的可能途径，增大望远镜入射孔径以提高观察性能。在两位专家富有创造性的设想和亲自指导下，以研究所青年科技人员薛鸣球和史济成为主，研制出大倍率观察望远镜和以红外变像管为核心部件的红外望远镜，运送到前线使用。前者可以全天候观察，后者满足了夜间近距离观察的需要，这一技术为开辟夜视技术领域打开了局面。在上述工作的基础上，当时光机所的研究人员改

1959年研制的大倍率军用望远镜

进了微光夜视仪，它由三级串联的像增强管组成，在星光照明下就可以看到百米以外的情况。该成果于1964年荣获中国科学院新产品一等奖。不仅如此，1958年末，光机所根据空军提出的技术要求，开展了长焦距军用航空摄影机的独立设计，用于改造苏制"米格-17"飞机，用于军用侦察摄影，也取得了不错的效果。光机所于20世纪50年代末期做出的这些成果为研究所在20世纪60—70年代从事高空摄影、靶场光学设备中的红外捕获追踪研究奠定了良好的技术基础，也有力地支持了国防军事技术的发展。从1959年开

始，研究所开始研制高档次的双光束自动记录红外分光光度计等。

经过一段时间的大力发展，到1959年，光机所已经建成了规模齐备的研究机构。全所共有7个研究室，学科分类已较为细致，具备了进一步开展高规格科学研究的条件：第一研究室是光学设计与检验研究室（主任王大珩），主要开展光学设计、光学检验、光学工艺方面的研究；第二研究室是光学材料研究室（主任龚祖同），主要开展光学玻璃、光学晶体及相关化学工作的研究；第三研究室是精密机械与计量研究室（主任王守中），主要开展仪器机构设计、精密刻划、精密量度、精密机械工艺等研究；第四研究室是物理技术研究室（主任卢寿楠），主要开展光度、色度、光源、干涉仪器和真空镀膜研究；第五研究室为特种光学仪器（军工）研究室（主任龚祖同），开展夜视侦察、航空摄影、光学跟踪、导向技术等方面的研究；第六研究室为光敏元件、电真空器件研究室（副主任付宝中），从事探测器件、变像管等研究；第七研究室为光谱仪器、电子学技术研究室（主任王大珩），从事光谱技术、光谱仪器和电子学技术研究。王大珩作为所领导，除主抓全所业务之外，还亲自主持光机所两个研究室开展科研工作。从上述研究机构的布局可以看出，与中国科学院仪器馆初建时发展光学基础学科、试制民用普通仪器不同，从20世纪50年代末期开始，光机所的研究方向有一个很大的转变，那就是着眼国家需要，研制军用光学仪器。至此，光机所既包含规模齐全的研究机构，又具备了一定的生产能力，是当时国内具有较高规模的光学研究与生产基地。值得一提的是，为了独立自主发展我国的国防尖端武器，1959年底，国防科委成立了国防光学专业组，光机所派陈星旦参加了国防光学调查组，以此为转机，光机所陆续开始承担一些国家急需的国防光学科研任务。

1959年10月8日，光机所因原地址"光机所现址长春市铁道北，地偏一隅，与本市文教区相距过远，形似两极，工作联系较为困难，又按长春市市政规划，我所原址属工厂区域，研究机构不能发展，而实际上又无发展余地，我所研究主楼是从日伪留下的断垣残壁的基础上修复而成，保险期已过，即使能在原地重建亦无地皮可用"①，在向上级请示之后，研究所从铁北迁址到南湖新址。

1960年，面向国家重大任务布局，光机所和机械所两所合并。11月，中国科学院光学精密机械仪器研究所更名为中国科学院光学精密机械研究所，所长为王大珩，副所长包括龚祖同、吴学蔺、张作梅、贾力夫、张希光等人。20世纪60年代初，光机所明确了其主要任务和开展工作的方针：

> 在光学和机械学（主要是精密机械）方面的主要学科，建立基础，为解决国家有关的重大科学技术问题，做出重要贡献，培养出一批具有社会主义觉悟和高度学术水平的光学和机械方面的科学家；力争在某些重要方面接近或赶上国际先进水平。
>
> 为在国防建设和经济建设中所需的有关光学和精密机械方面的高级的、尖端的、精密的仪器装备和元件，承担科学技术任务。②

无论是"八大件"还是随后的红宝石激光器，光机所都表现出了很强的研发能力。光机所在发展中注重学科建设，其研究体制和机构均发生了变化。20世纪50年代末期，因研制技术和条件日趋成熟，光机所除了研制民用和各建设行业所需的光学仪器外，开始承接国家提出的常规国防光学仪器研制任务，并取得了很多成果。从20世纪60年代起，光机所面向国防光学，以任务带动学科，进一步明确了发展方向和目标。

---

① "中国科学院光机所迁移地址等请示及中国科学院批件"，存于中国科学院档案馆。
② "中国科学院光学精密机械研究所今后发展方向及任务安排的意见"，存于中国科学院档案馆。

1968年，光机所划归国防科委领导，并在1971—1976年先后改称中国人民解放军第一零一八研究所、中国人民解放军沈字六一九部队。1976年光机所回归中国科学院管理。1999年，在中国科学院的统一调整部署下，研究所与中国科学院长春物理研究所整合，建成了中国科学院长春光学精密机械与物理研究所，走上了新的发展道路。

五、中国第一台红宝石激光器

在光机所的部分研究方向向国防任务转变时，20世纪60年代初期，令光机所职工们感到骄傲的一项科学成果是中国自行研制的第一台红宝石激光器。红宝石激光器的研制，对我国激光事业产生了深远影响，对我国发展国防科技事业起到了极大的促进作用。这件事也直接促成了光机所上海分所的建立。

"激光"，即"laser"，是取"light amplification by stimulated emission of radiation"的首字母组合而成的一个专门名词，意思是"受激辐射光扩大"。激光是现今人类所能获得的最亮的光，是基于量子物理的一种新型光源，早在1916年，爱因斯坦在论述普朗克黑体辐射公式的推导时，便提出了受激辐射这个概念，奠定了激光的理论基础。早期人们曾用"光量子放大""受激光发射"词语等表示"激光"。直到1964年10月，钱学森致函《受激光发射译文集》编辑部，建议将"光受激发射"改为"激光"。1964年12月，全国第三次激光会议召开，严济慈、王大珩等专家参加了会议讨论，在钱学森的建议下，"laser"一词正式被称为"激光"或者"激光器"。20世纪60年代，激光作为一门新兴科学，受到科技界重视。

1958年前后，我国即有科研人员开展受激光发射的相关研究。例如，中国科学院电子学研究所的黄武汉率先开始了红宝石微波量子放大器的研制工作，并在1959年制成了液氮温度下的10厘米波段和3厘米波段的量子放大器。光机所的研究人员受到黄武汉的启发，对光量子放大器产生了研究兴趣[1]。1960年5月，美国物理学家西奥多·梅曼（Theodore Maiman）在美国加利福尼亚州梅里布市的休斯（Hughes）研究实验室里，成功研制了世界上第一台红宝石激光器。在听闻梅曼的红宝石激光器问世的消息后，光机所从事光学设计和光学加工的王之江、邓锡铭、王乃弘等年轻人立刻敏锐地意识到这是一个可研究的方向，如取得成果，将会产生突破性影响，他们很快便投入这项研究工作中。王大珩在回忆这段历史时提及：

> 我们有些有利的条件：刚巧有人在研究红宝石晶体生长，加上长春光机所有光学精密加工的条件，而且这些年轻人在光学理论上比较透彻。我们只花了一年多一点的时间就做出自己的激光器，正是因为有这个基础。[2]

但因为当时全所正在集中力量做"150-1"大型电影经纬仪这个大项目，研制初期分给激光研究的资源比较少，几个年轻人只能利用实验室里的剩余材料自行钻研，得到的支持较少。研究者之一的王之江深感这项研究困难重重，无论是资金还是实验材料都很有限，只能利用中国科学院电子学研究所提供的红宝石和光机所仓库里报废的电源器做一些工作，在困难时他甚至自嘲地形容，这是一个"黑项目"。幸而光机所拥有当时全国较为先进的大型设备可供使用，且光机所给了年轻人足够的研究自由度，更重要的是，青年人经过几年的工作训练，对光学理论和实践都有着较深厚的基础与较好的创新能力。经过一段时间的努力，1961年9月，我国青年科技人员就制成了有自主知识产权的红宝石激光器。这台小球照明红宝石激光器仅比梅曼的第一台红宝石激光器晚了一年，是用红宝石作为工作物质的固体激光器，是一种获得大能量、大功率激光脉冲的

---

[1] 陈崇斌, 孙洪庆. 历尽艰辛 锐意创新——中国第一台红宝石激光器的研制 [J]. 中国科技史杂志, 2009, 30（3）: 347-357.

[2] 王大珩. 激光, 具有巨大的生命力 [J]. 中国激光, 2000, 27（12）: 1058-1062.

主要器件。这台激光器与梅曼的有所不同，梅曼的红宝石激光器是利用一个高强闪光灯管来刺激在红宝石晶体里的铬原子，从而产生一束相当集中的纤细红色光柱。光机所研制的红宝石激光器在结构上与之有很大的区别，他们在器件设计上另辟蹊径，安装在激光器上的泵浦灯不是传统的螺旋氙灯，而是采用直管式氙灯，把灯和红宝石棒并排地放在球形聚光器球心附近[1]。为了提高效率，研究人员采用了光学成像的办法，这样就可以用很少的能量来发光。就这样，王之江等人创造性地"只用了一支较小的直管氙灯，其尺寸同红宝石棒的大小差不多，用高反射的球形聚光器聚光，使红宝石棒好象泡在光源（氙灯）的像中，所以效率很高。"[2]当这台红宝石激光器发出的光射向某一点时，可使这一点达到比太阳光还高的温度。王之江等人研制出的这台激光器，激光输出功率是 1—10 千瓦，聚焦后能烧穿刀片等硬质材料，在激发方式上比国外激光器的效率更高，他们的这项工作是我国研究人员的一大技术创新。

  该激光器的研制成功为我国激光技术的发展开辟了一个崭新领域，使激光技术越来越多地应用于国防和工农业生产中，对推动我国的国防建设和社会主义建设事业起到重要作用。[3]

  光机所研制的这台能发出巨大能量的红宝石激光器，引起了国内科学家的重视，人们从中看到了激光应用在国防科技发展中的广泛前景。1964 年 7 月 10 日，邓小平同志参观光机所，当他听完王大珩汇报红宝石激光器的研制情况后，高兴地连声赞叹说："好！好！大长了中国人的志气。"光机所的这项成果具有深远影响，可以说是开创了国内之先，于 1978 年 4 月荣获吉林省重大科技成果奖。

  在红宝石激光器取得成功以后，为了进一步探索激光的奥秘，

---

[1] 邓锡铭. 中国激光史概要 [M]. 北京：科学出版社，1991：1-2.
[2] 王大珩. 激光，具有巨大的生命力 [J]. 中国激光，2000，27（12）:1058-1062.
[3] 我国第一台红宝石激光器的研制，我国第一台红宝石激光器的研制报告记录等，1962 年 10 月起至 1978 年 4 月止，存于中国科学院档案馆。

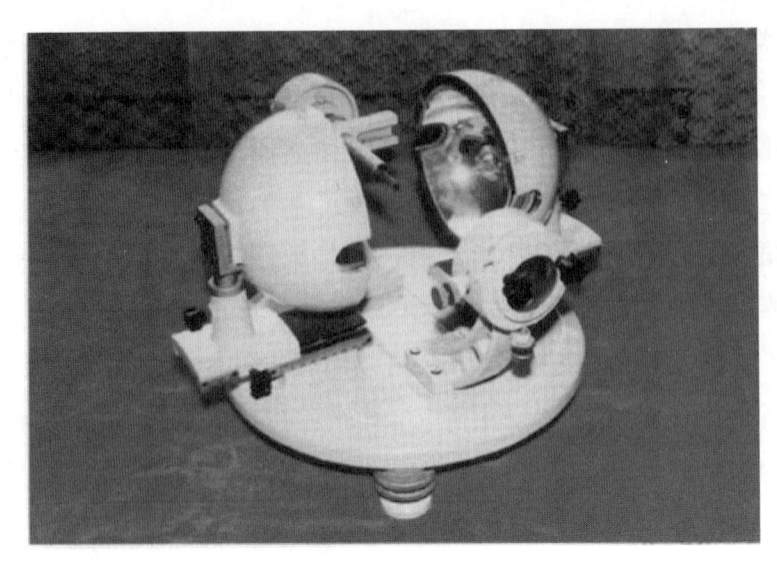

红宝石激光器

1962年11月底，光机所在讨论"三定"（即定方向、定任务、定人员）时，研究所里出现一种声音，以邓锡铭、孙功虞等青年科技和管理人员为代表的人员，主张光学要以激光为纲，要重点发展激光有关的项目。他们认为激光有很大的发展前景，可以带来光学革命性的进展。

  当时光机所正在进行的项目包括基于记录导弹轨迹的弹道观测和发展红外技术的夜间观测研究，这些都是我国国防光学不可或缺的重要科研任务，也是上级部门千叮咛万嘱咐一定要完成的重大任务。所长王大珩顾全大局，权衡利弊形势，建议研究所可以"受激光和'两观'（弹道观测和夜间观测）并列"。经过研究所党委会慎重考虑，最终确定了"适当收缩了战线，突出了重点，提出了以150-1工程（包括60号）、86号（即激光技术）为核心'大力发展四个尖端，努力打好五个基础，精雕细刻四个器件'的主攻方向"[①]。在这样的思想指导下，光机所抓住形势，很快部署了光量子

---

① 《所志》编委会. 中国科学院长春光学精密机械与物理研究所所志（1952—2002）[M]. 长春：吉林人民出版社，2002：249.

放大及光谱晶体研究室，由邓锡铭和刘颂豪主持工作，专门研究受激光发射及工作物质。光机所激光方向的研究由此大放异彩，取得了很好的效益。例如，1963年7月，邓锡铭领导的研究组研制成功我国第一台气体激光器——氦氖（He-Ne）激光器。为了推进激光研究，1962年1月、1963年7月、1964年12月，光机所连续举办了三次全国性激光学术会议，促进了激光科研在全国各个行业的开展。1964年，光机所和中国科学院半导体研究所在同一时期研制出了半导体砷化镓（GaAs）激光器，并首先演示了半导体激光通信。这些都充分说明，我国当时的光学技术基础已有能力在短期内跟上国外的发展。

著名科学家钱学森注意到激光领域取得的成就，他对激光的发展前景做了评估，他指出："重要的发展方向的另一个例子是受激发射……受激光发射技术的生长和发展有可能将在今后十年内，在科学技术中引起一次广泛的波澜，建立起另一门尖端技术。"[1]毛泽东主席在听取时任国务院副总理、国家科委主任聂荣臻汇报《1963—1972年科学技术发展规划纲要》时也指出："死光，要组织一批人专门去研究它。要有一小批人吃了饭不做别的事，专门研究它。没有成绩不要紧。军事上除进攻武器外，要注意防御问题的研究……"[2] 由此，成立一个专门研究激光的机构便被提上议程了[3]。

据当时在光机所工作的潘君骅回忆，尽管所长王大珩出于种种考虑，对光机所分建激光研究机构的事情还存有犹豫，主要是因为那时候光机所抽出了大量人力、物力投入国家重要的军工项目中，如另外分出人手建新所，必将影响到这些工作的进度。但是研究所

---

[1] 邓锡铭.回顾——纪念长春光机所建所三十周年//中国科学院 中国工程物理研究院高功率激光物理联合实验室.邓锡铭研究论文集（1961—2000）.上卷.2008：24.
[2] 王扬宗，曹效业.中国科学院院属单位简史（第二卷，上）[M].北京：科学出版社，2010：46.
[3] 1963年9月16日，王大珩等在中国科学院召开的受激光发射工作会议上提出了"加强激光研究，建立专门研究机构的若干建议"。

党委负责人李明哲，以及科研人员邓锡铭、王之江等人对这件事"很敏感，认为激光的出现是光学上的一次革命，应该大发展，于是直接捅到张劲夫那里，策划成立上海光机所"[1]。李明哲也是受激光发射会议领导小组成员，据 1958—1987 年在光机所工作过、参与过大量"两弹一星"光学项目研制工作的王传基回忆：李明哲"不懂激光，但是他觉得国际上有这样一个新的概念，他支持"[2]，且王传基认为李明哲支持激光是在很大程度上受了邓锡铭的影响——邓锡铭懂激光，认为这一学科将会有极大突破，他主张要大搞激光。李明哲敏感地意识到发展激光具有潜力，他就势而为，支持光机所搞激光研究，更积极支持光机所筹建上海分所。他判断激光是能很快做出成果的事，尽管这是李明哲个人的态度，但是他的确是发现了发展激光在军事上的巨大前景，当时有一种说法：据称赫鲁晓夫的办公桌上放着一个用激光打了孔的钢尺，苏联也在大力发展激光武器。1963 年 8 月，聂荣臻副总理在中国科学院党组书记张劲夫的陪同下，观看了光机所人员用红宝石激光器和氦氖激光器进行的激光演示，聂副总理指示说："在上海建所为宜，可以充分启用上海的工业基础，加速发展激光技术。"[3]

李明哲等人在得到上级部门和领导的许可后，多次派遣孙功虞等人去上海协调分所建所一事。经过研究所领导班子统一思想后，1963 年 9 月 16 日，王大珩等在中国科学院召开的受激光发射工作会议上，提出了"加强激光研究，建立专门研究机构的若干建议"。落实上海分所成立事宜已经刻不容缓。

在前期已经做过一系列准备工作的情况下，1963 年 10 月 28 日，国家计划委员会（以下简称国家计委）有关部门和领导听取了

---

[1] 白玉良. 中国工程院院士自述（第 2 卷）[M]. 北京：高等教育出版社，2008：145.

[2] 2018 年 1 月 20 日，董佩茹、胡晓菁访谈王传基，采访地点：广州。

[3] 邓锡铭. 我国激光的早期发展（1960~1964）[J]. 激光与光电子学进展，1990，12：13-16.

关于开展受激光发射的研究工作及国外量子电子学的最新发展情况的汇报，决定将工业基础和经济条件较好的上海作为光机所分所的筹建地点。在研究所的统一部署下，派遣王之江等人作为先遣队，到上海调研。王之江等人到上海以后，组织了一系列的激光应用展览，包括在衡山饭店进行了红宝石激光打孔演示，在锦江饭店和上海大厦之间进行了激光通信演示，他们请了上海市委的人来参观激光器，也是借此希望在上海建所问题上得到上海方面的大力支持。因这些激光展览十分成功，展现了激光加工和激光通信的较强功能，上海方面看到后十分满意，认为于上海的发展有很大好处，同意给予大力支持。经国家科委和国家计委批准，1963年12月30日，中国科学院技术科学部批准成立光机所上海分所筹备处，并决定将光机所和中国科学院电子学研究所有关方向的科研骨干迁到上海，组建中国科学院光学精密机械研究所上海分所（即上海光机所的前身），着重发展激光器件及其应用，并以辐射武器作为长远发展方向之一。

在光机所上海分所的筹建过程中，为了达到快速发展上海分所和激光的目的，李明哲大量增加上海分所的力量，他开出很高的条件，如许诺户口、许诺待遇等，吸引光机所有才干、有技术的人报名去上海，光机所光学设计和光学材料的许多骨干人员，如邓锡铭、王之江、干福熹、刘颂豪、谭维翰等人都被调去上海。李明哲还以直接调走或者借用的方法从长春运走一大批设备和仪器到上海，并再也不还回长春。李明哲的做法，虽然于新成立的光机所上海分所快速发展有很大好处，但是在实际上削弱了光机所的科技力量，对光机所当时完成其正在进行的国家部署的各项重大国防任务十分不利。李明哲还筹划要把王大珩也拉到上海去坐镇，他明白王大珩的影响力和能力，认为王大珩到上海对上海分所的发展有极大好处。他甚至还想办法通过王大珩的妻子顾又芬来做工作（顾又芬是上海人）。但王大珩清楚地知道光机所不仅是要做激光，更重要的是要完成其他与国防科研相关的光学研究；光学学科分支众多，其发展的方向是广阔的。尽管上海作为大城市，经济、气候环境都好于长春，但王大珩心系大局，记挂着光机所承担的各项任务，他婉转拒绝了李明哲的邀请，还是将工作重心放在了长春方面。

1964年5月，光机所上海分所成立，王大珩兼任所长，邓锡铭担任副所长，这是世界上第一个专门从事激光的研究所。上海分所成立之后在很长时间内处于保密状态，一直到1974年，杨振宁前来上海分所参观，该单位才被公之于世。

光机所上海分所成立以后几度易名，1966年1月改称中国科学院六五一六研究所，1968年5月改称中国人民解放军第一五零五研究所，1968年7月改称中国人民解放军南字829部队，1970年10月改为现名——中国科学院上海光学精密机械研究所。

尽管王大珩身在长春，但他一直都很关心上海分所的发展，并为之付出了很多心血。王大珩大力支持上海分所的科研部署，在研究所筹建过程中便积极组织开展了以大能量激光和大功率激光为中心任务的各项单元技术和总体装置的研究[①]。在所领导的支持下，上海分所当时的研究方向兵分两路：一路由王之江率领，主要从事激光武器的研究；另一路则是研究激光核聚变，由邓锡铭牵头，这项研究也取得了进展。上海分所发展激光核聚变，王大珩多次向国家提出建

王大珩（左）与王之江（右）在一起

---

① 上海光机所.我国激光事业发展的战略科学家——上海光机所在王老的指导、关爱下成长 // 宣明.王大珩 [M].北京：科学出版社，2005：90-93.

议，促成了其迅速发展①。上海光机所的干福熹回忆：

> 中国核聚变的推进工作，王大珩先生起了很大的作用。我们那时候叫两个王老：小王老、大王老。大王老就是王淦昌，小王老就是王大珩，他积极反映意见，对我们的发展方向有影响。②

20世纪70年代，王大珩和我国核物理学家王淦昌联名向聂荣臻副总理提出建立相当规模的激光核聚变装置的建议。1979年，上海光机所与有关单位协作，建造成六路激光核聚变装置，每路激光输出功率达1亿千瓦，并相应发展了各类型的测试系统，研制了X光真空照相机、X射线凹晶谱仪等17种激光等离子体的诊断装置和玻壳微球靶。这项研究受到国际同行科学家的高度评价，《光明日报》对上海光机所开展激光核聚变研究的评价是：向世界先进水平迈进！③1986年，在聂荣臻副总理的支持下，在王大珩、王淦昌和于敏三位院士的努力下，积极促成了中国科学院与核工业部的联合，跨部门合作，利用已经建成主要从事激光技术研究的上海光机所，在这里建成了峰值功率超过10^{12}瓦的强脉冲激光试验装置，也就是举世瞩目的"神光"。

20世纪80年代，王大珩担任中国科学院技术科学部主任以后，为促进上海光

王大珩（左三）与王淦昌（左二）一起视察工作

---

① 2014年11月8日，胡晓菁、朱晶访谈干福熹，采访地点：上海光机所。资料存于老科学家学术成长资料采集工程数据库。
② 2014年11月8日，胡晓菁、朱晶访谈干福熹，采访地点：上海光机所。资料存于老科学家学术成长资料采集工程数据库。
③ 我国激光核聚变研究向世界先进水平迈进[N]. 光明日报，1979-12-12.

机所发展激光事业，他专门请来了全国光学方面的顶尖专家、行业内的知名学者50余人对研究所进行了为期4天的全面评议，全方位考察上海光机所历年来的发展与取得的科研成果。最后专家的评议结果如下："肯定上海光机所已建设成为我国激光科学技术的重要研究基地""强激光方面力量最强，基础较好，已形成自己的特色""同意上海光机所的研究方向以强激光研究为主，发展激光物理和新型激光器及其应用"[①]。这次评议对上海光机所的发展具有很大的推动作用。

上海光机所的老职工们都对王大珩心存感念：

> 回顾建所四十年的历史，上海光机所的成长与发展同样得到王老的亲切指导与关爱，处处闪耀着王老为我所的激光事业所创造的光辉业绩。[②]

光学专家陈星旦在一次访谈中动情地说：

> 光学在咱们国家发展得很好，没有落后于国际，而是排在前列，这都是大珩先生提升起来的，是大珩先生的功劳，也是激光的功劳！[③]

[①] 上海光机所.我国激光事业发展的战略科学家——上海光机所在王老的指导、关爱下成长//宣明.王大珩[M].北京：科学出版社，2005：90-93.
[②] 上海光机所.我国激光事业发展的战略科学家——上海光机所在王老的指导、关爱下成长//宣明.王大珩[M].北京：科学出版社，2005：90-93.
[③] 2017年6月8日，胡晓菁、董佩茹访谈陈星旦，采访地点：长春。

第九章 尖端光学动态观测

一、光学与"两弹一星"

抵御外敌、自强自立,在特殊的年代里,强大的国防力量是支撑一个国家屹立于世界民族之林的根本。因亲身经历过国家遭遇外来侵略,王大珩深知一个强大的国家必须具备强大的国防力量,发展军事科技事业极其重要。

第二次世界大战后,美苏双方展开军备竞赛,国际形势剑拔弩张。面对大国核威胁,为了人民能够有更加安定的生活,党中央高瞻远瞩,重视发展国防事业。

提到新中国的国防科技,"两弹一星"——被载入新中国史册的重大事件便代表了20世纪中国国防科技发展的最高成就,是中国独立自主研制的集中国广大科技工作者智慧的重要成果。"两弹一星"指的是核弹、导弹和人造卫星。"两弹一星"的研制是国家的重大决策,是一项庞大、艰巨且持久的大科学工程[①],是中国科学家团结一心攀登科学高峰的伟大壮举。早在1945年7月,美国成功爆炸了第一颗原子弹,成为拥有核武器的军事大国。20世纪50年代到60年代,国际形势复杂,在当时美苏两极争霸、冷战加剧的情况下,美国继续推行对华封锁包围政策,并凭借手里的原子弹,多次对我国进行核威胁和讹诈,那时甚至有美国政客叫嚣要对中国进行先发制人的军事打击,我国面临巨大的压力。为了保护国家安全、不受制于人,我国集中力量发展自己的国防科技。

从1954年地质部的探矿队在广西第一次发现了铀矿资源,我国发展原子能的计划便被提上了议程。1955年1月15日,中央召开中共中央书记处扩大会议,研究发展我国原子能问题。会议做出了发展我国原子能事业的战略决策。1956年制定的《十二年科技规划》,把原子能研究列为头等重要任务。1958年,毛泽东主席在中

---

① 刘戟锋,刘艳琼,谢海燕. 两弹一星工程与大科学[M]. 济南:山东教育出版社,2004:36.

共中央军委扩大会议上谈到了国防问题，提到了要"搞一点原子弹、氢弹、洲际导弹"，并提出，一年要"抓它七八次""有十年功夫完全可能"①！毛主席的讲话指出了新中国对发展国防科技的重视，并提出了国防尖端科技的发展目标，国家投入了大量人力、物力和财力，致力于"两弹一星"的研制。中央成立了专门小组，周恩来总理和聂荣臻元帅以及在他们领导下的中央专委作为"两弹一星"研制工作的总指挥，负责指导原子能事业的工作。国务院设立了专门办事机构，专门设立的第二机械工业部（以下简称二机部）、国防部五院以及国防科学技术工业委员会（以下简称国防科工委）作为"两弹一星"研制工作的总负责部门。"国防部五院、二机部、中国科学院三家拧成一股绳，共同完成国防尖端任务。"②作为"两弹一星"主要参与单位的中国科学院，几乎是动员了当时科研队伍中的全部精锐力量，承担了"两弹一星"的前期基础性研究和关键技术的突破性研究任务。据统计，中国科学院近百个研究机构和几万名科研工作者参与了"两弹一星"尖端技术的研究工作。在"两弹一星"的研制过程中，中国科学院发挥了重要作用。

发展"两弹"一开始采取的是"自力更生为主，争取外援为辅"的方针，即一边自己发展，一边向苏联专家学习。中苏关系破裂以后，苏联撤回援华专家，带走了研究资料，进而对我国进行了技术封锁，我国面临的国际形势越发严峻。毛泽东在1960年7月18日的北戴河会议上发出号召："要下决心搞尖端技术。"我国发展国防科技事业便完全依靠自己的科技力量，独立自主、自力更生。

从中国科学院仪器馆试制出中国第一炉光学玻璃起，光机所试制、生产出各类精密仪器，应用于国家建设的各个部门，这个研

---

① 毛泽东. 要搞一点原子弹氢弹（一九五八年六月二十一日）// 中共中央文献研究室. 毛泽东军事文集（第6卷）[M]. 北京：军事科学出版社；北京：中央文献出版社，1993：374.

② 杨照德. 中国返回式遥感卫星研制的艰辛历程[J]. 太空探索，2015，10：48-51.

究所已经具备了一定的仪器研制能力。光机所开始由研制光学精密仪器升级到研究光、机、电、控仪器，并致力于让光学仪器服务于国防科技。王大珩说，那时候研究所在"光学技术上已建立了配套的技术基础，包括预研、工程设计以及进行加工的技师、熟练的技工"。所领导考虑未来的研究方向时，认为，"出路有两条，一是服务于国防，二是研制发展高档民用光学仪器"；但民用仪器花钱可以从国外进口，先进的军事装备则是各国的要害技术，花钱也买不到[①]。1959年11月28日，光机所党委提出了《1961—1962年国防科技发展项目》，其中提到了要发展夜视器材，远距离侦察技术，光学跟踪、导向技术，轰炸瞄准具，高速摄影技术等。由此可见，当时光机所的研制重心与国家需要是紧密联系在一起的。

1960年1月26日，光机所党委制定了"以国防光学研究为中心，军民用并举，基本理论、尖端、重大同时并举，发展'一主、二从、三结合'，以宏观综合研究为纲，带动研究工作进一步发展"的指导方针[②]。面对国家的需求，光机所作为中国科学院的重要科研机构，整合技术力量，调整研究方向，将光学和国防联系在一起，开展了一系列与国防相关的科研工作，拉开了从事尖端技术研究的序幕。

提到光学与"两弹一星"的关系，王大珩在中国科学院技术科学部举办的一次座谈会上谦虚地说："这个工作是全国的大协作。我们在里面怎么说也只是做了非常局部、很少很少的工作。""这项工作原则上说应当是一个国家级的大工程，但是从整个组织形式上说，除了管理上的组织形式以外，从技术上说，是工程与科学的大结合。"他形容光学的作用是"打边鼓"的，简而言之，便是"在试

---

① 王大珩.光学老又新，历程似锦（1990年），资料存于长春光机所档案室。
② 《所志》编委会.中国科学院长春光学精密机械与物理研究所所志（1952—2002）[M]. 长春：吉林人民出版社，2002：297.

验以前和试验以后，做记录这方面的工作，和使它能够看见"[1]。实际上，光学在"两弹一星"任务中看似是配角，却是能为大型武器设备提供探测、测量、观察、记录、通信等手段的重要办法，尤其是在靶场光学系统和卫星研制中，精密的光学仪器是其中关键的一环，为必要的观察手段创造条件。国防光学广泛应用于军事观察、摄影、测量和记录、科学研究以及武器装备等领域，也是一门以光学工程的综合技术为国防建设服务的学科。

光学仪器专家、中国科学院院士、参与过我国载人航天工程任务的王家骐说：光学与国防的关系最密切了，定位、侦察、引导、制导，都离不开光学的作用，没有光学、光电行业，就没有现在的国防！[2]

自20世纪60年代起，面对国家的需求，光机所作为中国科学院的重要科研机构，整合技术力量，调整研究方向，拉开了从事尖端技术研究的序幕。王大珩以及光机所将光学事业和中国的国防科技发展紧紧联系在一起。在一系列的工作中，光机所以任务带动学科，在"两弹一星"的研制历程中担当了重要的历史使命，推动了国防光学事业在中国的蓬勃发展，为国家的科学技术进步做出了卓越的贡献。光机所参加国防光学任务的科研人员有很多。这些人，有的后来成为两院院士，有的成为教授、高级工程师，有的虽然默默无闻却如一颗牢固的螺丝钉一般为做好相关工作打下了坚实的基础，每个人都在国家的"两弹一星"事业中发挥了不可替代的重要作用。无论工作安排，无论功劳大小，他们将永被历史铭记！

1999年9月18日中华人民共和国成立50周年前夕，党中央、国务院、中央军委隆重表彰为我国"两弹一星"事业做出突出贡献

---

[1] 王大珩在中国科学院技术科学部纪念"两弹一星功勋奖章"获得者座谈会上的发言，资料存于长春光机所档案室。
[2] 2015年5月19日，胡晓菁访谈王家骐，采访地点：北京。资料存于老科学院家学术成长资料采集工程数据库。

的 23 位科技专家，授予于敏、王大珩、王希季、朱光亚、孙家栋、任新民、吴自良、陈芳允、陈能宽、杨嘉墀、周光召、钱学森、屠守锷、黄纬禄、程开甲、彭桓武"两弹一星功勋奖章"，追授王淦昌、邓稼先、赵九章、姚桐斌、钱骥、钱三强、郭永怀"两弹一星功勋奖章"（以上排名按姓氏笔画为序）。

王大珩忘不了在艰难的岁月里，科学家们处处以国家的需要作为自己的行为准则，他们拧成一股绳，团结奋进，他们求真务实、大胆创新。在物质条件跟不上、科研条件也不完善的情况下，参加"两弹一星"研制的科研人员坚韧不拔，克服了种种困难。许多人隐姓埋名、默默奉献，甚至有人献出了宝贵的生命。就是靠着这样鞠躬尽瘁、死而后已的精神，他们为中国的国防事业谱写了一曲赞歌！

> 在科学研究中应当永远保持这一优良传统和精神，那就是热爱祖国、无私奉献、自力更生、艰苦奋斗、大力协同、勇攀高峰。这就是"两弹一星"的精神。我们要永远发扬崇尚科学、团结协作、追求一流、讲求正气的团队精神。我们就是靠这种精神，独立自主地发展我国的光学事业的尖端技术，做出突出成绩和贡献的。[①]

二、改装高速摄影机

1964 年 10 月 16 日 15:00，我国自行研究、设计、制造的第一颗原子弹在西北核试验场地上空爆炸成功，这意味着我国有了可以抵御外国对我国进行核威胁的有力武器。核爆试验是大型、广泛、多学科交叉的系统工程，需要多部门协作。核爆试验的成功，凝聚着我国科学家以及各单位、各部门鼎力合作的汗水。王大珩组织领导光

---

① 王大珩.中国光学发展历程的若干思考 // 宋健.中国科学技术回顾与展望 [M].北京：中国科学技术出版社，2003：198-205.

机所相关人员进行的高速摄影机改装研制任务,是基于核爆试验的需要,是我国第一颗原子弹试验项目中一次开创性的科研工作。

1950年5月,中国科学院组建了近代物理研究所,主要任务是建立核科学技术基础,为核能的应用和发展做准备。1955年,中央做出了发展原子能的决定,我国核工业进入全面建设时期。1958年7月,在北京成立中国核武器研究所,开展原子弹的研究和设计工作。随着硬件设备相继就位,1960年春,原子弹研究工作正式展开。

1960年3月,经钱三强点将,物理学家程开甲被调到二机部任中国核武器研究所副所长,1962年10月30日,他从二机部到国防科委报到,负责靶场试验技术设计,准备为核试验提方案。在钱三强推荐下,程开甲在吕敏、陆祖荫、忻贤杰三人的协助下展开了工作。

完成核爆试验所需的协作部门很多,涉及的研究和课题繁多。1962年底,在北京召开了一场由副总参谋长张爱萍、国防科委副主任刘西尧主持,有光机所等十几个科研单位参加的原子弹爆炸试验光学测试方案交底会。在会上,程开甲详细介绍了第一颗原子弹的情况,当时我国在技术上已经有能力制造原子弹,技术上的难点已经转移到测试其爆炸后的性能和威力大小以便提高与改进。王大珩等人提出以高速摄影和测量光冲量的途径来获取核爆后的部分性能信息。这次会上讨论的一个重点就是如何用高速摄影机提取爆炸初期产生的火球的画面,如何通过火球直径随时间变化的规律,如何计算原子弹爆炸威力的数据等技术问题,这就要进行远距离长焦距高速摄影,用高速摄影机摄取爆炸初期产生火球的画面,取得火球直径随时间变化的规律,从而计算原子弹爆炸威力的数据。程开甲开诚布公地对王大珩说:"我们知道的情况已经全部交底了,光学测试总体方案怎么订,光学站如何布局,完全交给长春光机所的专家组来确定。"①《程开甲》一书中提到，为了应对这个方案，王大珩在会上亲自提出了采用等待式几十万次高速相机——即用高速摄影机进行观察的方案②。

1962年11月26日，程开甲主持起草了《国家第一种试验性产品试验技术方案》。为了确保方案顺利实现，他提出了"急需安排的研究课题"，其中一项就是高速摄影机的研制任务，这是代号"210"项目中的一个课题。国防科委第21研究所提出并正式向光机所下达了"210工程"项目任务，这是一项时间紧迫、技术复杂的尖端任务，研制时间总共只有一年半。但以王大珩为首的光机所毫不犹豫地接受了这个任务，因为研究所有充分的技术基础和人才队伍可以保证任务顺利完成——早在1958年，光机所科研人员就研制出仿苏联民航用的航空摄影机，开辟了航空摄影技术领域，研究所锻炼和培养出的研究技术人才，为高速摄影机和光冲量计项目奠定了良好的基础。参与过核爆研制任务的青年科技人员王传基，回忆了两个研究所最后确定合作目标的情况：

> 当时主管这项任务的国防科委二局和刚组建不久的负责原子弹测试技术工作的国防科委第21研究所则摒弃了这种自己束缚自己的做法，在选准了合作伙伴——中国科学院长春光机所以后，充分给予信任，这就充分地调动了光机所的积极性、主动性及创造性。③

为保证核武器计划顺利实施，围绕第一颗原子弹要于1964年爆响的目标，中央成立了四个核试验委员会。第一次核试验委员会主任是张爱萍，副主任是刘西尧、成均、朱光亚、朱卿云、毕庆堂、

---

① 王传基. 一项卓有成效的突击任务 // 中国科学院国防科学技术史资料丛书[M].1996：443.

② 熊杏林. 程开甲[M]. 贵阳：贵州人民出版社，2004：85.

③ 王传基. 一项卓有成效的突击任务 // 中国科学院国防科学技术史资料丛书[M].1996：443.

李觉、张蕴钰、程开甲。王大珩作为光学部门的负责人,正是核试验委员会的委员之一。

中国科学院新技术局向光机所下达了核爆光学测量的研制任务,要求研究所在一年半之内完成这项任务。王大珩领到任务后回所,立刻组织人员进行了充分讨论,这个任务被迅速分解成为两个课题,一是"光冲量测量",二是"高速摄影测核爆火球尺寸"。前者由当时的青年科研骨干陈星旦(现为中国科学院院士)负责,设计研究分别由薄膜电阻热计和薄膜温差电偶组成的多种光冲量计,以测量原子弹爆炸时光辐射的时间空间分布和积分光冲量值。后者由王大珩亲自领衔,他带着王传基、薛鸣球、王金堂等人具体来做这项工作。1962—1964 年,他们在没有参照、没有准备的情况下,从无到有地建立起一个完整的光学测试站,这项与核试验相关的研究工作是光机所当时密级最高的任务。那个时期,王大珩多次奔波于长春和北京两地开展工作,频繁开会、交底、汇报进度、沟通各单位情况,指导项目组的技术关键,参加试制。为了配合核爆试验工作,王大珩可以说是殚精竭虑、费尽心血。

1962 年改装的高速摄影机

由于人眼感受光信号需要 1/30—1/5 秒的暂留时间,所以普通电影以 24 帧/秒的速度摄影和放映时,人们能看到正常速度的连续动作;当高速摄影以 24 帧/秒的速度放映时,人们将能看到"慢"动作,瞬间发生的情况,可拉长到几秒到几十秒映出,高速摄影以每秒几十亿帧的速度记录瞬变现象。与此相应的高速摄影机每秒进行几千次到百万次的远距离长焦距摄影,又称为"时间放大器",它能把瞬间变化的现象从时间上"拉长",即"时间放大",从而能观察出细微的情节[1]。核爆试验所需要的高速摄影机，正是利用这种原理，用布置在遥远处的一架长焦距摄影机，拍摄和记录核爆实验的景象，依据拍摄下来的内容，包括核爆火球在短时间内膨胀的大小、尺寸，来测试核爆火球的直径与时间的关系，由此推断出原子弹的威力。

这项课题被光机所列为最重要任务——"天字一号"任务，王大珩团队在研究所的全面支持下，紧锣密鼓地开展工作。研究所党委领导表示，对他们全面开放器材仓库，任何材料和设备，只要有需要，马上可以领出去。就这样，研究所器材处处长亲自领着课题组的王传基等年轻人去仓库挑选合用的东西，仅用了一天时间，他们从仓库里拉了三车（手推车）的设备和材料，只用了五天，课题组便建立起一个简易的实验室，具备了研究所需要的实验条件[2]。

国防科委第 21 研究所对成品的高速摄影机的技术要求是：总焦距在 200—220 毫米，总分辨率不低于 20 条/毫米，并能适应运输和环境温度变化的要求。正常情况下，如果要完成研制一台包含达到要求的高速摄影机的跟踪望远镜，从预研、设计到施工，至少要花四到五年时间。而高速摄影机项目是在原子弹研制接近尾声时才启动的，国防科委布置的这项任务十分紧急，留给光机所的研制时间已经很短，只有一年半。时间不等人，参与人员心中都有强烈的紧迫感，王大珩知道，要想快速完成任务，就必须另辟蹊径。为了缩短研制周期，他向课题组提出立刻向上级部门申请征调一批国内已有的进口高速摄影机作为主机，在此基础上进行改装。他说，这样可以节省时间，避免一切从零做起，快速达到预期的效果。不得不说，王大珩的构思十分巧妙。课题组请求国防科委调来了 10 台从民主德国进口的 Pentazete-35 型高速摄影机供研究参考。经过一系列论证和设计，最后定下来的改装计划和内容包括：配置一台合用

---

[1] 赵学颜，李迎春. 靶场光学测量 [M]. 装备技术学院，2001：217.
[2] 王传基. 一项卓有成效的突击任务 // 中国科学院国防科学技术史资料丛书 [M].1996：443.

的镜头、配置一套起爆时间信号发生器、在底片上加上计时用的时标信号。按照王大珩提出的改装方案，在他的指导下，科研人员以原装置为基础，更新了一个焦距200毫米的中等焦距的镜头，并加了一套光电原点启动系统及1000次/秒的时标打点系统。课题组在不到一年的时间内就完成了任务，完成了10台样品机，且最终制成的样品机比原机器增大了4倍视场面积，实现了特定要求的高速摄影方案。

1963年10月29日至11月5日，光机所经过半年多的努力，部署由陈星旦、王传基、王金堂、赵振华等人带着3000次/秒的高速摄影机样机和光冲量计来到北京官厅水库，参加由国防科委组织的联合模拟试验，考验即将参加原子弹爆炸测试的各种仪器的性能。这次试验包含几百次小试验和正式试验。王传基形容，大家非常重视在官厅水库的试验工作，因为在此之前，谁也不知道核弹爆炸是怎么回事，也从未领略过。虽然当时已经开展了一段时间的工作，研制的初样机在实验室内也经过了初步测试，但尚不知道改装后的高速摄影机到底会在现场有什么样的表现，能达到什么样的效果，所以大家的心情是既激动又忐忑。在进行小试验的过程中常遇到挫折，拍摄并不是次次都成功。经过仔细推敲，科研人员发现，最常见的问题就是摄影机在拍摄过程中会出现断片，即当工作人员为摄影机安装底片的时候，如装片时稍有不慎，或者底片本身带有瑕疵，便会造成摄影中断，导致拍摄失败。经过几百次小试验，研究人员一次又一次总结，逐渐摸清了样机的"脾气"，获得了宝贵的经验和教训，整理出一整套注意事项。通过对操作人员进一步培训，保证了测试可靠，也为进一步研究打下了良好的基础。

王传基回忆在官厅水库正式试验当天的情景时说：

那一天，风和日丽，500公斤炸药放在大约200米以外，我们调好了全部装置，接好了电源并撤离了光学站，等待那爆炸的一瞬间。

轰的一声巨响，我坐在地上，第一个感觉就是屁股上好像被打了一下。接着地面前后摇了好几下，同时一朵小小的蘑菇云升上了天空。这场面，尽管与真正的原子弹相差了十万八千里，但对我们这些从未开过眼界的人来说，也算是补上了一小课。爆炸一结束，我们就立刻冲进光学站，取出胶片，紧张地冲洗。当我们看到底片上显示出清晰的火球图像和各种测试时标记时，心里真有说不出的高兴。初样机基本上成功了！[1]

国防科委于1964年初在长春组织了专家鉴定验收会。参会的有来自国防科委第21研究所、第五机械工业部（以下简称五机部）、中国科学院等单位的专家。经过三天紧张而热烈的答辩考验，改装的高速摄影机通过了鉴定验收，获得了鉴定专家和国防科委领导的高度评价。鉴定小组充分肯定了光机所在较短时间内完成这项任务的成绩，鉴定结果表明：由光机所设计改装的样机得到了满意的成像质量，在原焦距不变的情况下，视场扩大了四倍，实现了特定要求的高速摄影方案，适合现场使用，建议投入实物加工[2]，为今后按期、按质、按量进行批量生产提供了良好的基础。不久以后（1964年3月），由光机所陈星旦负责研制的光冲量计也通过了鉴定。

出于高速摄影领域的国防需求以及促进该学科发展的考虑，中国科学院考虑在西北成立一个专门研究机构，从事高速摄影方面的研究。钱三强曾提到，"科研任务还需要很多仪器，特别是光学仪器，例如高速摄影，还要调中国科学院的一些人去"[3]。1961年9月，中国科学院在对西北地区的自然科学机构进行调整的过程中，产生

---

[1] 王传基.一项卓有成效的突击任务//中国科学院国防科学技术史资料丛书[M].1996：445.

[2] 王大珩.光学老又新 历程似锦//陈星旦.王大珩年谱·文集[M].长春：吉林人民出版社，2015：233.

[3] 中国科学院西安光学精密机械研究所//王扬宗，曹效业.中国科学院院属单位简史（第二卷·下册）[M].北京：科学出版社，2010：883-904.

了新的设想："以西安原子能研究所为基础，加上西安光学研究所和西安电子学研究所的有关部分力量，成立一个西北光学精密机械研究所，所址设在西安。"[1]1961年10月25—26日，关于在西安设置光学精密机械研究机构的几个问题的座谈会在长春举行。会上讨论了该研究机构的体制与所名、编制与组织机构、方向和任务等内容。关于西安分所的机构设置和组成，档案中记录："西安原子能研究所，原方案是下放西北大区分院。经与兰州、陕西分院联系，拟以西安原子能所为基础，加上西安光学研究所和西安电子学所的有关力量成立了一个西北光学精密机械研究所（设西安），作为我院光学精密机械研究所的分所，建制直属科学院。"[2]

1962年3月27日，光机所西安分所成立。原光机所副所长龚祖同担任所长，中国科学院调任原新技术局副局长苏景一为西安分所副所长。龚祖同率领光机所的喻焘，以及从事高速摄影技术研究的陈俊人、袁祖扬、杨秀春、佟恒伟等十余名科研骨干奔赴西安，会集陕西分院应用光学所、机械所大部分人员和自动化所部分人员建所，开拓发展了我国高速摄影、瞬态光学等新领域的研究。光机所西安分所成立以后，1963年5月，受国防科委委托，中国科学院党组下达任务，要求研制微秒级单片克尔盒高速摄影机。西安分所立刻抽调了全所60%以上的研究人员投入研制工作中，并取得了较好效果。1965年12月，经中科院（65）院新综字第1203号文批准，西安分所更名为"中国科学院西安光学机械研究所"；1970年11月，再次更名为"中国科学院西安光学精密机械研究所"（西安光机所），所名沿用至今。该所成立以来，为我国历次重大核试验提供了各种专用的高速摄影装备，开辟了光电高速摄影新领域，形成了系列特色。

---

[1] 《关于西北地区自然科学研究机构的调整意见（草案）》（1961年9月26日），中国科学院文书档案。

[2] 根据中国科学院文书档案。

光机所西安分所成立以后，王大珩多次来所指导、交流工作。他在多方面提供帮助，包括组织学科评议、来所做学术报告、组织和参加重大项目评审、选派优秀科技干部等，积极支持光机所西安分所开展工作。1992年，在西安光机所建所30周年之际，王大珩来到现场庆祝。回首往事，他欣然赋诗，祝贺这一盛事：

> 建所三十年，朝夕争瞬间。
> 毫微纳皮飞，秒事成大观。
> 功在拓新者，志把高峰攀。
> 继往以开来，时光更好看。

如今，西安光机所已是中国科学院在西北地区最大的研究所之一。研究所面向科技发展的新形势，主要研究领域包括基础光学、空间光学、光电工程，主要研究方向包括瞬态光学与光子学理论与技术、空间光学遥感技术、干涉光谱成像理论与技术、光电信息技术。尤其是空间光学学科，更是该研究所的特色学科，在国家发展载人航天技术中发挥了重要作用。

为了保证首次核爆测试任务的顺利完成，1964年6月，王大珩在西安参加了核爆观测所需的单片克尔盒相机和ZDF-20G型高速相机的鉴定会，为我国首次核试验的高时间分辨光学测试设备把关。通过鉴定，认为这套装备完全能够满足使用要求。自1964年6月开始，中国科学院地球物理研究所、物理研究所、声学研究所、自动化研究所、光机所、光机所西安分所先后派出本所的四十多名科技骨干，到达核试验场地，协同国防科委第21研究所执行核爆观测和测量任务。

1964年10月16日15:00，在一片无声的寂静中，测试人员紧张地倒计时："五、四、三、二、一、零！"随着一道强烈的闪光，一声惊雷劈开长空如期响起，罗布泊上空冉冉升起一朵巨大的蘑菇云。热泪、拥抱、欢呼、鼓掌……参加核爆测试的科学家们激动万分：他们见证了历史！与此同时，安装在现场的高速摄像机完整记录下了爆炸时产生的火球在不同时刻的照片。

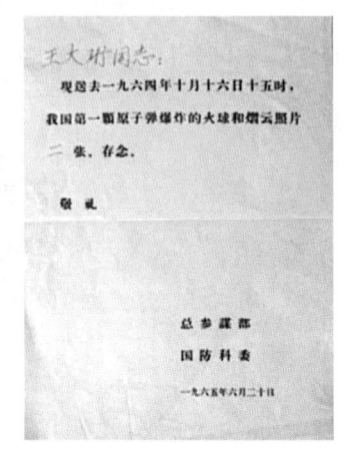

核爆纪念照和王大珩收到的相关函件

事实证明，由光机所、光机所西安分所改装和研制的高速摄影机取得了成功，达到了核爆测试的使用要求。通过拍摄的图像，研究人员看到了核爆火球在不同时刻的尺寸变化，由此获得了核爆早期火球的变化规律。不仅如此，由物理研究所、光机所和自动化研究所研制的光热辐射测量仪器，也测得了核爆炸最小照度和最大照度到来的时间、光冲量及火球表面温度等参数。这些光学设备完整记录了核爆炸早期的一些特殊发光现象的照片，为后续研究和改进核弹设计提供了数据支持。

核爆试验结束后，参加现场调试的王金堂回所后向王大珩汇报试验取得了成功，王大珩十分高兴，他把王传基、陈星旦、王永义等参加过这一任务的人都叫来家里。他也不说发生了什么事，只是拿出来一瓶珍藏多年的陈年红葡萄酒，给每人斟满了一杯，率先一仰而尽，以示庆贺。多年后，曾经担任过光机所计划科科长、科技处处长的王永义研究员回忆起这件事，作词《如梦令》首：

> 往昔靶场驰骤，曩日小楼红酒。
> 低问领路人，却道"称心"依旧。
> 知否，知否？应是强者智叟。①

第一次核爆炸试验成功，我国自此拥有了原子弹武器。这是我国发展国防科技获得的巨大成功，由此也粉碎了国外对我国的核威胁。随即发表的《中华人民共和国政府声明》严正声明："中国政府郑重宣布，中国在任何时候、任何情况下，都不会首先使用核武器。"我国在和平使用原子能方面迈出了跨越式的坚定步伐。

值得说的是，原子弹研究工作全面展开之际，正值"大跃进"之后我国经济面临极大困难的时期。在原子弹研制最关键的那几年，也是科研人员面临困难最多的几年。生活上的艰苦自不必说，粮食不够吃，甚至要饿着肚子搞研究，更别提能吃到肉了。有这样一段描述，记录了当时人们不惧艰苦、奋勇向前的情景：

> 这是中国经济最困难的年代，每个人都在经受饥饿的煎熬。由于核武器研究院是重点单位，国家给的补助要多一些，尽管这样，这里的大科学家们每餐也只能领到一个馒头，一角钱的干菜汤，汤里，只飘着几星油花。很多人患上了浮肿，彭桓武的脚脖子也肿了……②

王永义回忆，为了保证完成光机所承担的国防任务，当时研究所不允许职工开展诸如打球类消耗体力大的文体活动，避免影响工作。食堂有时给职工们煮萝卜水喝，防止他们因饥饿导致水肿。后来研究所在长春西边郊区建了一个小农场，抽调力量专搞后勤，种地养牲畜。在有了收获后，党委第二书记贾力夫设置批准了一个名为"114"的指标，那便是给每一位科研人员每月增加 1 斤粮食、

---

① 王永义. 是智者，更是强者——记大珩先生二三事 // 相里斌. 光耀人生——王大珩学术思想与创新贡献 [M]. 北京：科学出版社，2011：171.

② 陶纯，陈怀国. 国家命运 中国两弹一星的秘密历程（三）[J]. 神剑，2012，3：9-41.

1斤肉、4个鸡蛋来增加职工的营养。但就是在这样艰难的情况下,科学家们满怀爱国热情,干劲十足,克服种种困难,完成了国防科研任务。当时主持国防工业的聂荣臻元帅在回忆录中写道:"如果没有那几年的实干,'两弹'也就不会那么快地上天。"①

三、一竿子插到底的"150-1工程"

"150-1工程",是光机所在20世纪60年代承接的一个大型国防光学项目,这个项目是应导弹光学测量的需要而产生的,历经五年半,动用了全所大部分科研力量。该项目的开展对光机所的学科布局和研究所的长远发展产生了举足轻重的影响。可以说,这个项目,不仅满足了国家的需要,而且形成了研究所以光、机、电、控为主体的光学设备研制体制,为进一步发展我国的测控技术打下了坚实的基础。

1960年,中国第一枚导弹"东风一号"发射成功,实现了我国导弹技术"零"的突破,为我国发展运载火箭提供了重要的技术基础,开创了我国武器装备的新纪元。国家部署了"150工程",这是有关现代靶场光学测试设备的工程性研制任务,也是为了配合"两弹"研制而进行的一项重要任务。

1950年2月,中苏两国签订《中苏友好同盟互助条约》,1957年10月15日,中苏两国签订《国防新技术协定》,苏联承诺在发展原子能工业和核武器方面向中国提供援助。中苏两国在科学技术研究领域合作较为密切,中国派出很多学生到苏联学习科学技术,苏联也派了1000多名专家来华。但随着中苏两国关系破裂,1959年6月,苏方宣布废除《国防新技术协定》,单方面撕毁与中国签订的343个专家合同及其补充书,废除了257项科学技术合作项目。1960年7月16日,苏联突然宣布在一个月内撤走在中国的全部1390名专家,使中国的40多个重工业、国防工业部门的250家

---

① 聂荣臻.聂荣臻回忆录[M].北京:解放军出版社,1984:838.

工厂在建设中途被迫停顿。面对国家发展尖端武器技术遇到的困难，为了我国能自强自立发展，党中央提出依靠中国自己的学者专家独立自主发展中远程火箭，并在此基础上发展洲际导弹系列。发展导弹需要在靶场上建立大型光学观测系统，对导弹轨道进行跟踪及精密测量。"150工程"就是在这个背景下应运而生的，主要指的是大型光学跟踪电影经纬仪及与之配套的时间统一勤务设备、引导雷达、程序引导仪、判读仪及数据处理设备的研制。这项工程的命名，是与其研制的内容紧密相关的。导弹飞行分为主动段和被动段，主动段指的是导弹起飞时由控制系统控制的距离，被动段指的是控制系统关闭后导弹飞行的距离。当时要求光学观测导弹飞行的主动段距离为150千米以上，"150工程"的代号正是反映了光学追踪系统对导弹飞行的主动段进行跟踪测量的要求。

研制这套大型的光学系统是一项综合性强、难度高的研究任务。我国那时候只有一个可供发射火箭使用的靶场，且只配备了观测极限距离在100千米左右的光学电影经纬仪，远远达不到远程导弹的观测需要。但当时全世界除了美国和苏联外，并没有哪个国家具备这样的研制能力。这项艰巨的任务由中国科学院负责牵头，并由多个国防科技有关部门协作完成。虽然20世纪50年代末期国内的光学工厂很多，如国营298厂、248厂、208厂、上海光学仪器厂等，但只有光机所有较强的研究队伍和测试技术，具备光、机、电、控的研究基础。因此，国防科委副主任钱学森提出由光机所主要负责完成工程的核心任务——大型电影经纬仪的研究和制造工作，任务代号为"150-1"。1960年10月，国防科委把导弹光学外弹道测量系统的试制任务交给中国科学院，随后中国科学院正式向光机所下达了样机研制任务。考虑到该项目是一项综合性的任务，又组织了中国科学院自动化研究所、国家测绘总局测绘科学研究所、电工研究所、计算技术研究所、东北三省的分院、西安军事电讯工程学院等单位参加，参加项目的人员都集中到光机所工作。1961年6月经国家计委、国家科委联合批准之后,以光机所为主承担的"150-1工程"项目被列为国家项目。研究所参加该工程任务的研究技术人员多达 600 人。该项目与后来的"160 工程"数字电影经纬仪、"718工程"激光红外电视电影经纬仪、180 电视跟踪变焦距研制任务并称为"现代国防试验中动态光学观测及测量技术"项目,获得 1985年度国家科技进步奖特等奖,其中光机所参与项目人员中获得个人奖励的就有王大珩、龚祖同、唐九华、薛鸣球、林祥棣等优秀代表[①]。

电影经纬仪是跟踪测量飞行器飞行轨迹的光学测量仪器,它是电影摄影机与经纬仪相结合的仪器,在固定的位置上测量目标的方位角和俯仰角,对飞机、火箭和航天器轨迹进行测量以及对其起飞、着陆与飞行做实况记录[②]。"150-1"大型精密电影跟踪经纬仪是用于测量高空飞行体的轨道参数和记录飞行姿态的外弹道光学测量装备,这是一套在导弹发射过程中进行观测的必备仪器设备。通常是利用数台仪器同时进行观测摄影,用同步三校交会的方法求出轨道,当目标距离为 200 千米时,定位精度可达 10 米。为了达到观测要求,光机所即将研制的这台大型电影经纬仪,预计仪器的总重量将大于 5 吨,经纬仪望远镜的口径达到 600 毫米左右。"要求能对弹道轨迹进行跟踪、记录、测量角坐标,并同时摄取导弹姿态,通过二至三台经纬仪的同步测角交会以获得飞行目标的空间轨迹。有关作用距离、定位精度、测速精度等性能指标要求,远高于当时国内所有的同类型进口仪器",且这是一项"庞大的工程,是一台包括光学、精密机械和自动控制等综合技术的大型精密测量装备"[③]。

---

① 林祥棣. 王大珩先生与光电所 // 宣明. 王大珩 [M]. 北京:科学出版社,2005:67.
② 金光,杨秀彬,张崤,等. 机载光电成像跟踪测量系统误差与像移分析 [M]. 北京:国防工业出版社,2018:2.
③ 王大珩. 中国光学发展历程的若干思考 // 宣明. 王大珩 [M]. 北京:科学出版社,2005:37-46.

国家要求这台电影经纬仪必须优于当时同类型的国外进口仪器，达到世界先进水平。20世纪60年代，国际上只有美国、苏联少数几个国家有这种研制能力，由于技术封锁，我国的技术人员得不到任何相关资料。据王之江回忆，那时候国内光学工业的水平尚达不到研制这台电影经纬仪的要求[①]。独立研制这套大型光学系统的难度几乎无法想象，这是一项综合性强、难度极高的研究任务。

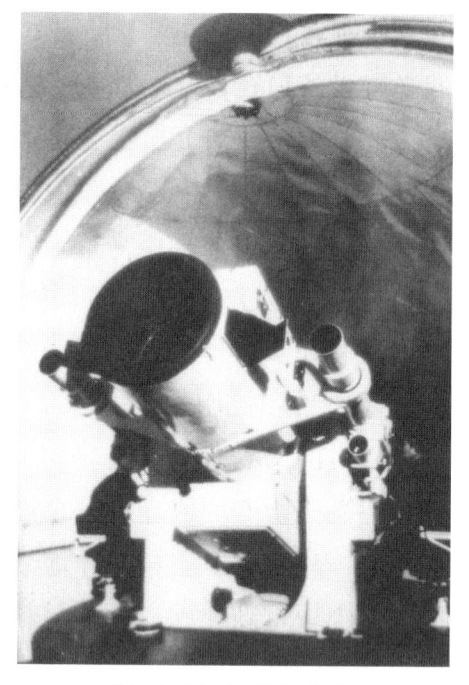

"150-1"大型经纬仪

尽管自1956年开始，研究所就研制过系列大地测量仪器，对经纬仪有一些认识，积累了一些成功经验，但1959年底受国防科委委托，研究所进行的"60号"任务（即仿制名为EOTS-C的中小型经纬仪）并没有达到预定的指标，研究所上下感受到了挫折和沮丧，给研究所承接"150-1工程"任务也带来了不小的压力。

20世纪50年代末期，我国通过中间商从苏联和瑞士进口了一些靶场光测设备，这些设备大都是20世纪40—50年代初的产品，作用距离近、测量精度低、数量少且配套不全。使用这些设备应付近程导弹初始段测量尚可，对于我国要研制的中远程导弹飞行测量，其精度远远不够。但是这些进口的靶场光测设备却耗费我国不少外汇，尤其是6台瑞士产的EOTS型靶场光测设备，仪器的总重量仅3吨，国家却花费了1.5吨黄金的代价。

---

① 2014年5月7日，朱晶访谈王之江，采访地点：上海。资料存于老科学家学术成长资料采集工程数据库。

研制有我国自主知识产权、能够满足国家发展中远程导弹需要的光测设备迫在眉睫。那时候光机所还处于"八大件"取得了巨大成功的喜悦中，研究所上上下下热情极高，所里乘胜部署了仿制瑞士产品EOTS-C型电影经纬仪的任务，组织科技力量测绘样机，并开展了加工、组装工作，希望以最快的速度完成这项任务。但遗憾的是，尽管经过一年左右的时间，于1960年底试制出来样机，但是工作最后并未取得圆满成功，做出来的中小型电影经纬仪的光学系统成像质量和控制系统的可靠性均未达到预期。试制结果不理想，研究人员的信心备受打击。为了总结失败的教训、找出失败的原因所在，光机所专门成立了一个光学小组，组长是邓锡铭，组员包括王之江、薛鸣球、潘君骅等骨干。他们把"60号"物镜的光学玻璃切下一小块重新化验，检验材料的牌号是否搞错；他们还细致测量齿轮的度，从而一点一滴摸清了EOTS-C电影经纬仪的设计思想。潘君骅创造性地用刀口法测量了"60号"物镜的光学成像质量——他将"60号"对准北极星，用刀口阴影法来查看光学系统质量。"60号"电影经纬仪失败还有一个原因，当时光机所缺乏生产能力，该项目是与昆明298厂合作——由光机所设计图纸，交由298厂组装，但是组装出来的样机光学分辨率比较低，电器部分不过关。这就是说，"60号"电影经纬仪的研制和生产没有能够很好地衔接起来。在总结"60号"电影经纬仪的基础上，研究所后来组织人员研制成功了160系列型号经纬仪[①]。

从"60号"任务可以看出，当时光机所虽然有较强的光学设计基础，但是在光学工艺机械和电子学方面的研究力量比较薄弱，生产加工力量也不足，再加上受到经费制约，严重缺少加工检测设备。中国科学院仪器馆建设之初提出的基本任务是"科研、生产、培训、基建"，在从建馆到建所，以及一贯以来的发展道路中，一直坚持这个原则。在时代变迁中，在承接国家任务过程中，光机所通过

---

① 2018年1月21日，胡晓菁、董佩茹访谈王传基，采访地点：广州。

"150-1工程"任务走上了研产学相结合的道路,对研究所长期以来的发展模式产生了很大影响。

在"150-1工程"研制过程中,研究所里出现了是否要研究、设计、加工都要同时发展的争论,人们形象地将此比喻为"一竿子"和"半竿子"之争。一部分人主张研究所主要负责解决关键性的技术问题,不负责整机加工制造任务,这样少了很多工艺装调等技术问题。他们认为研究所应以研究而非制造为主,应该扬长避短,集中力量做自己擅长的工作,这就是"半竿子"。尤其是当时研究所党委书记李明哲认为,"150-1"任务只是加工设计项目,没有什么研究内容,加工量大,搞出来也叫不响,不甘心当配角。以他为首的一些人主张"半竿子"。

王大珩却不这么看,他提出要"一竿子插到底",即研究和生产不分家。这就是说,研究所除了负责研制样机之外,还要负责经纬仪整机的制造和生产,这样一来,工作压力便大得多了。

关于"半竿子"和"一竿子"的关系,王大珩曾有个形象的比喻,他说,"新技术科研面向实际,必须有工厂制造技术体系密切配合。就如我国医学科学的传统那样,搞医学科研与教学,必须有临床医院"[1]。长春光机所从建所以来,实行的就是科研与生产密切结合的模式,采用"一竿子插到底",才能更好地以实物来验证成果,并能够以少量产品满足国家的特殊需求。科研与生产实践密切结合,既能争取时间,也能保证质量,这也是王大珩当初在英国昌司玻璃公司工作多年得到的深切体会,并活学活用,将之应用于我国光学机构的生产、科研实际中来。

王大珩的主张一开始并没有得到光机所党委部门的认可,且两种争论一时半刻也没有什么定论[2]。据后来担任光机所科研处处长

---

[1] "我的自述",王大珩手稿,存于长春光机所档案室。
[2] 王大珩.从导弹轨道跟踪与测量到863计划//科学时报社.请历史记住他们:中国科学家与"两弹一星"[M].广州:暨南大学出版社,1999:233.

的王永义研究员回忆，有一次李明哲当面告诉王大珩要采用"半竿子"方案，并要王大珩立即向院里汇报。王大珩不同意李明哲的做法，但他当时并没有与党委负责人直接冲突，而是采取了迂回措施，他暗地里找人，做了多方面论证，他打算在行动上把"一竿子"落实[①]。

光机所参加过"150-1"任务的朱云青研究员回忆："当时全国只有光机所可以承接'150-1工程'。云南有一个光学工厂[②]，生产一般性光学系统的东西，比如小透镜、望远镜，大的东西他们做不了。其他的光学工厂，上海也有一个。总的来说，全国的光学单位很分散。光机所实力最强。在做'八大件'的时候，所有的元件都是光机所自己做的，锻炼了基础技术队伍。"[③]考虑到光机所从建成到发展已有多年，且是从生产试制部门开的头，早就具备了一定的技术力量和加工能力，大家对光机所的实力有信心，且在仪器研制的过程中已经配备了工艺检验设备和工具，具备了研制和生产的基础，上级部门决定将"150-1"任务下放给光机所完成。但是从细节看，大型电影经纬仪的构造比过去我国已经制造出来的任何一台经纬仪更精密、精度更高、细节更严谨，因此相应的研制要求也更高。朱云青说："光机所虽然做过'八大件'，但是都是小的光学设备，大设备没做过。而且'150-1'经纬仪中的小件，例如镜片、镀膜、加工、所要求的光洁度和技术标准都相当高，这些工作过去也没人做过，大型电影经纬仪对镜头要求特别严格，比如直径半米多的大镜头，光机所就没人见过。"[④]以当时的情况来看，如"150-1"这样高标准的设计，全国也没有一家光学工厂有能力承担起生产任务。王大珩对光机所的实力有信心，他认为："我们要提供的是高档设

[①] 2015年5月21日，胡晓菁访谈王永义，采访地点：长春。资料存于老科学家学术成长资料采集工程数据库。
[②] 即昆明298工厂。
[③] 胡晓菁、董佩茹访谈朱云青研究员，采访时间：2017年6月8日、2017年6月22日。
[④] 胡晓菁、董佩茹访谈朱云青研究员，采访时间：2017年6月8日、2017年6月22日。

备，技术上的综合性极强，从方案论证、技术攻关到造出产品，有许多问题是相互交叉难以分割的，许多微妙精细之处，从研究到制造生产，如果转手，很难实现。"[1]任务重、时间紧，王大珩果断建议："一竿子到底更为有利！"这是王大珩的整体论思想，他是在实践中形成的这一思想，从中国科学院院士、中国科学院理化技术研究所固态光源专家许祖彦的回忆中也可以看出：他有一次问王大珩，为何光机所不叫光学所？王大珩回答说：难道要用手把光源举起来吗？光学和机械是分不开的，这是工程科学技术，需要完整地考虑。

经过王大珩等光机所领导班子统一思想认识，也为了"一竿子插到底"，研究所提出了三件事，并在得到国防科委和中国科学院的大力支持后实施，为此后光机所的长远发展奠定了基础。

第一件事是申请建设光学精密加工试验工厂，即0308厂，王大珩提出主要由这家工厂负责大型电影经纬仪光学机械等的加工和工艺装调工作。0308厂于1960年1月由国家计委批准建设，一度随光机所隶属国防科委归口管理，工厂配备了全套设备，为长春光机所从事国防尖端任务制造了大批高精尖的科研仪器，促进了长春光机所的光学、机械加工水平的飞速发展。当年的0308厂如今已成为长春市实力雄厚、主导军工产品业务的上市公司——长春奥普光电技术股份有限公司。该单位的明星产品是光电经纬仪光机分系统、航空/航天相机光机分系统、新型雷达天线座、精密转台、军民两用医疗检测仪器、光栅编码器、导弹火箭及空间结构件、K9光学玻璃等。

第二件大事是经过中国科学院同意，1960年11月，光机所与机械所两所合并，原机械所大批人员参加到"150-1工程"研究中来，两所合并后人员规模扩大到1000多人，围绕工作程序，分为五

---

[1] 王大珩. 发扬自主开发的创新精神——回忆150工程的研制 // 红外与激光工程编辑部. 现代光学与光子学的进展——庆祝王大珩院士从事科研活动六十五周年专集[M]. 天津：天津科学技术出版社，2003：103-104.

个部：一部光学材料，二部机械，三部光器件，四部光学设备，五部陀螺。两所合并增强并集中了光学和机械两个方面的科技力量从事"150-1工程"的设计及工艺，也影响了研究所的长期发展方向。光机所确定以"150-1"经纬仪、受激光发射、红外、微光夜视技术以及精密陀螺仪为研究所的主攻方向。

第三件事是光机所向国家申请了150万美元外汇，用于进口部分精密机床。

以上三件事，从人员和装备上为光机所开展大型电影经纬仪的研究和试制工作奠定了较好的基础。

王大珩回忆"150-1工程"决策的情况时写道：

> 我提倡的这种建所模式，在承担大型光学装备任务时，也曾引起争议，即研究所究竟应当搞"半竿子"，还是搞"一竿子"。"半竿子"就是研究所只研究科技问题，而整机工程，不论工艺难易，产量多少，都应由工业部门承担；"一竿子"就是考虑到任务中科技问题错综复杂，工艺难度大，数量要求少的，应由研究所从科研攻关，直到出产品（整机）都承担起来。我是搞"一竿子"的坚持者。
>
> 实践说明，这样做，使科研与实际结合，既争取了时间，又保证了质量，可取得又好又快的效果，还锻炼了一支科研与工程技术结合的人才队伍。这在今天改革开放的新形势下，已肯定是研究所从事开发高新技术，并向产业化过渡的有效形式，是符合国情的。而在当时，这种在产业部门是当然的做法，在科学院系统中，却是别树一帜。而现在这种做法已经被普遍接受了。①

研究与生产紧密结合是王大珩面向国家需求提出的一种有担当、有大局观的科研思路。1963年4月，国防科委、国务院国防工

---

① 王大珩. 我的自述 // 宣明. 王大珩 [M]. 北京：科学出版社，2005：11-16.

业办公室和中国科学院在北京召开了讨论会（即"410会议"），各单位共42人出席了这次会议，王大珩在会上汇报了情况。会议一锤定音，确定由光机所全面负责"150-1"电影经纬仪样品的研制和生产，除了做出样机外，还要于1967年底提供四台成品。同年6月15日，根据"410会议"决定，光机所落实了"150-1工程"任务，成立了设计部，并设立了"150-1工程"办公室。王大珩、唐九华主持总体设计。光机所承接了大型电影经纬仪的制造任务，这也意味着研究所即将接受一次重大的考验。

中国科学院对这项任务高度重视，时任副院长裴丽生亲自担任"150-1工程"领导小组组长。在王大珩的主持下，光机所调动了研究所近一半的科技力量，从总体设计、分系统设计到单元技术研究试验及工艺、检测技术，形成了一支规模宏大的研究、设计、工艺技术队伍协同攻关会战，热火朝天地投入了这项任务中。当时第一机械工业部（以下简称一机部）、四机部和五机部也派人参与这项协作。光机所承担大型电影经纬仪的研制项目正逢"大跃进"之后我国经济面临极大困难的时期。为了纠正"大跃进"期间的一系列问题，1961年春天，周恩来和李富春酝酿提出了"调整、巩固、充实、提高"八字方针。此后，在听取各方面的意见后，党中央制定了《关于自然科学研究机构当前工作的十四条意见》，即"科学十四条"，规范了科研秩序，鼓舞了科学家的士气。在被誉为第一部科学宪法的"科学十四条"发布以后，知识分子的积极性空前高涨，为科学事业尽心尽力。而为了贯彻执行"科学十四条"，中国科学院要求各所进行"三定"工作，在这种情况下，光机所按照学科发展方向调整、整顿了研究室的建制，组建了19个研究室，分别是：技术光学研究室（主任王大珩），光度及大气光学研究室（副主任陈星旦），光学材料研究室（副主任干福熹），光栅刻划、精密刻划与精密计量研究室（主任龙射斗），电子光学研究室（主任杨先敏），电子学技术研究室（副主任崔志光），精密机械工艺研究室（主任王守中), 轴承及摩擦磨损润滑研究室(主任刘承烈), 齿轮及机械传动研究室(副主任孙麟治), 材料及热加工研究室(副主任、代主任刘正经), 机械强度研究室(负责人单藩圻), 农机研究室(主任周广瑄), "216"组(主任龚祖同), 化学分析研究室(负责人郭永廉), 机械设计室(副主任卢国琛、王宏义), 光学跟踪研究室(副主任唐九华), 陀螺及机械振动研究室(副主任张顺天), 红外光学研究室(副主任王乃弘), 光量子放大及光谱晶体研究室(副主任邓锡铭、刘颂豪)。其中光学跟踪研究室便是专门负责"150-1工程"工作的。

根据大型电影经纬仪的设计要求,王大珩和所领导班子经过研究,将这项庞大的任务分解成包括工程样机总体设计、光学总体、光学设计、光学玻璃制备及检测、光学工艺及镀膜、跟踪系统、特殊控制元件等60个实验项目,并委派科研人员各自负责。

光机所即将研制的这台大型电影经纬仪,预计仪器的总重量将大于5吨,经纬仪望远镜的口径达到625毫米,这台电影经纬仪在技术上主要有三个方面的难度:摄影距离、测角精度、跟踪精度。这也是判断成品经纬仪是否能够顺利交付使用的重要指标。围绕这些难题,科研人员紧张地攻关。"150-1工程"项目在进行过程中遇到过很多难题,初期遇到的困难甚至包括对仪器外形模样的认识。一来没有国外大型仪器可以借鉴,二来研究时能参考的资料只有国外一般文献中的少许描述和一些仪器的外形照片。王大珩回想起自己在20世纪50年代访问苏联时,曾去过苏联国家光学机械工厂,当时苏方只给王大珩看民用光学部分,他主要看了天文方面的仪器,包括这个工厂做的天文光学镜面和大型磨镜机器。在经过一个厂房时,王大珩看见有一块伞布下盖着一个大型仪器,苏方人员只稍微揭露了一下伞布,露出了仪器的镜筒,并未给王大珩看到仪器的全貌,但他立刻敏锐地意识到这就是苏联生产的KT-50弹道测量仪器,也就是电影经纬仪。这个仪器外形,给王大珩留下了很深刻的印象。

在"150-1工程"项目初期,研究人员对仪器外形一筹莫展,从美国光学学会的期刊上看到美国生产的ROTI-Ⅱ型经纬仪的图片和简单的指标介绍，科研人员根据图片估计其口径应该在500多毫米。在对图片和数据进行分析后，王大珩等人预测大型电影经纬仪的口径应是600—700毫米，重量为6—7吨。曾参与过研制工作的朱云青回忆，1963年，王大珩曾应国防部门的要求，带领光机所的三位研究人员去基地维修了一台KT-50仪器[①]，这台功能类似的实物机器的口径是500毫米，而要研制的"150-1"经纬仪最后做成的口径是625毫米，这台机器对后来的研制起到了促进作用，他们在维修过程中对经纬仪的构造和功能有了认识。尽管如此，研制难度依然很大。上述便是研制初期的一些基础认识。

作为总设计师，王大珩主要从望远镜的口径、焦距等结构参数，对仪器的总体框架方案提出了设想。他"设计了望远镜的十字线结构，使瞄准线不因为镜筒挠曲而改变，提高了瞄准精度"。他还提出"水平转轴采用滚轮弹簧支承及驱动系统"，从而"大大增强了水平轴运转的灵活性、平稳性及自控能力"。光机所的老人们还记得那时候王大珩参与设计的情形：

> 150工程中，有一个直径接近两米的端面滚动轴承，它是支撑整台装置实现360度旋转的重要部件。轴承面的平面度要求甚高，因为它的偏差将直接影响测量系统的垂直轴偏差……王大珩先生运用他丰富的光学知识，提出了一个大胆而富有创新精神的想法，将一台立式车床进行改装，保证研磨盘在转盘上旋转时有足够的稳定性。同时，在立式车床旁装一台牛头刨床，利用刨床刀架的往复直线运动，拉动工件沿研磨盘的直径方向作往复运动。如此，如同研磨光学镜面的办法，硬是把轴承端面研磨到了3—5微米，使整台一起的测量精度达到了国

[①] 胡晓菁，董佩茹.回顾长春光机所与"150-1"大型电影经纬仪的研制——朱云青访谈录[J].科学文化评论，2018，15（1）：79-87.

际水平。①

王大珩还对经纬仪的光学作用距离进行了总体分析②。他的工作涉及电影经纬仪试制较为关键的技术问题，并联系了仪器的各个组成部分，推动了电影经纬仪的设计和制造。

在光机所的相关技术人员和其他有关部门的协同努力下，经过五年半的艰苦努力，"150-1"电影经纬仪于1965年研制出来，并一次试验成功。这是中国自主研制成功的第一台大型电影经纬仪，其性能超过了当时苏联的同类设备，与当时美国正在使用的电影经纬仪水平相当。例如，当时光机所研制出来的大型电影经纬仪的技术指标，在观察距离上，远远超过了150千米，实际达到210千米。后来使用单位反馈的材料显示，天气晴朗的时候，"150-1"电影经纬仪可以观测300—400千米。在测量精度上，当时美国生产的ROTI和MRAR Ⅱ型号经纬仪的精度是20角秒，而我国自行研制的大型经纬仪的精度分析是14角秒，性能更优越。在"150-1"电影经纬仪使用长达20多年后，机器仍然稳定可靠，保持了出厂时的精度。

大型电影经纬仪用于测量导弹的飞行轨道参数，记录飞行姿态，提供给导弹靶场，解决了当时国防的急需问题。1966年1月，中国科学院组织人员对该产品进行了鉴定，1966年9月，"150-1工程"通过了国防科委的鉴定验收。1965—1967年，光机所首次为我国导弹靶场研制生产了5台大型电影经纬仪，在相关基地安装使用，为导弹等武器的飞行试验提供了许多宝贵的测量数据和形象资料。

王大珩总结"150-1工程"的研制成功是"开创了我国自行研制大型精密光测设备的历史，为国家节约了大量外汇，为独立自主

---

① 王传基，王永义.王大珩先生与"两弹一星"//宣明.王大珩[M].北京：科学出版社，2005：78.

② 王大珩.光学老又新，前程端似锦//《回顾与展望》编辑委员会.回顾与展望——新中国的国防科技工业[M].北京：国防工业出版社，1989：470-473.

地发展我国尖端技术做出了突出的贡献"[①]。需要提及的是，光机所承担的大型电影经纬仪研制项目是一项集体协作工程，王大珩在其中起到了领导、指挥、协调、技术指导等关键性作用，每一位参与项目人员在其中都做了重要工作，发挥了不可替代的作用。以"150-1"电影经纬仪的光学设计为例，当时的青年科技人员王之江，在主摄影系统方面有所创造，薛鸣球则为其中的读数系统做了很多工作。大型项目体现的协作精神，是我国科研工作取胜的重要法宝。

历时5年半的"150-1工程"通过开展大兵团作战，圆满完成了国防任务。光机所把任务拆解，开展了不少相关的小型研究课题，由此丰富了光学精密机械的学科内容。例如，在光学方面，开展了光学总体设计研究、热光学理论研究；在光学玻璃方面，建立了精密测量折射率温度系数的方法；在大气光学方面，开展了大气背景亮度、大气吸收、大气抖动等研究课题；在薄膜光学方面，开展了镜面反射率的膜层理论研究；在精密机械方面，开展了精度分析的研究、轴系零件和铸件稳定处理与稳定性的研究，以及精密齿轮、涡轮工艺和测量技术的研究；在计量工作方面，发展了大平面精密计量、空间方向角的间接测量等方法……可以说，光机所承担的这个任务对其长远发展起到了极为重要的作用，该任务对研究所产生了深远影响。通过完成任务，研究所培养了光学设备研制的技术力量，并带动了一批相关技术的发展，锻炼了测控系统总体队伍，形成了以光、机、电为主体的光学设备研制体制，为进一步发展中国的测控技术打下了基础，且在技术上为第二代、第三代、第四代大型经纬仪的研制奠定了基础。它的研制成功，摆脱了我国对外国进口设备的依赖，开创了我国大型光学工程的研制历史的先河。在"150-1"电影经纬仪的基础上，光机所又开启了160#、170#、179#、

[①] 王大珩. 发扬自主开发的创新精神——回忆150工程的研制 // 红外与激光工程编辑部. 现代光学与光子学的进展——庆祝王大珩院士从事科研活动六十五周年专集[M]. 天津：天津科学技术出版社，2003：103-104.

180# 等型号经纬仪任务的研制工作。

1967年，光机所等单位又展开了"160"型电影经纬仪的研制工作，此时"文化大革命"已经开始，光机所受到了很大冲击，正常的科研秩序受到很大干扰。为了完成国防科委下达的任务，王大珩顶着外界的干扰，组织了研究所里能调动的科技力量，展开了调研，并多次进行方案论证，于1971年研制成功了机动式"160"型中型电影经纬仪。

1966年底，国防科委为了检验反导系统的反击弹的作战性能，要求能提供进攻弹和反击弹两弹相遇爆炸时的遭遇参数以及摄取弹体的姿态，并测量从发射到爆炸的时间。为此，国防科委向光机所下达了研制跟踪望远镜的任务。这便是光机所承担的"170"跟踪望远镜研制任务。这个任务的成功，离不开王大珩的巧妙构思。在这个项目中，他"借鸡下蛋"，征用国内进口的高速摄影机加以创新改造，完成了国防光学测量任务。

光机所要研制的跟踪望远镜是飞行器轨道光学测量装备的另一种类型，主要用于空间飞行目标的姿态、事件、遭遇参数的测量和记录。它与已经研制成功的"150-1"电影经纬仪既相似也有不同，在设计上，其中的光学机械结构总体有许多地方可以参考已有"150-1工程"的经验。但是这台仪器与众不同的地方是，它需要有一个精密的高速摄影机，用来拍摄进攻弹和反击弹两弹相遇爆炸时的遭遇参数及摄取弹体的姿态，这就要求高速摄影机取得较多的同帧画幅，达到两弹影像置于同一画面的要求，这也是这台仪器的核心部分和关键技术所在。王大珩有着组织大型科研项目丰富的经验，他很清楚地知道，尽管光机所已经研制出"150-1"电影经纬仪，并拥有一定的研制高速摄影机的经验，但是要完整地研制一台包含达到要求的高速摄影机的跟踪望远镜，从设计到施工，至少要花去四到五年时间。国防科委布置的这项任务十分紧急，时间不等人，必须另辟新路。在这样的情况下，王大珩想起了在研制核爆光测设备

王大珩在经纬仪前

时的经验。他提出可借鉴已有的设备，通过改造、技术革新等方法，以节省时间达到任务要求。在他的指导和建议下，从 1969 年上半年开始，课题组开展了跟踪望远镜的设计工作，他们选择了以民主德国生产的 ZL-1 型高速摄影机的转镜补偿结构作为参照，将 ZL-1 型高速摄影机所采用的内多面体反射系统改造成任务所要求的外多面体反射系统，就这样，光机所的研制人员在较短的时间内实现了摄取较多同帧画幅的要求。时隔近半个世纪，王永义还能清楚地回想起王大珩当时的思路：这种一"内"一"外"的摄像，一种"倒过来想"的巧妙构思成就了一台崭新仪器的视线[1]。

1972 年 10 月，光机所研制成功第一台跟踪望远镜，参加了我国自行研制的第一颗反击型导弹发射试验。通过仪器拍摄的电影胶片，实验人员观察到弹体在飞行过程中除尾部有喷火外，在弹头处还有不正常的小喷火现象。这些珍贵的记录对于我国导弹研制有很高的参考分析价值。光机所承担的科研任务取得了圆满成功。1983

[1] 根据 2016 年 2 月长春光机所王永义提供的资料。

年后，根据国家发射地球同步轨道试验通信卫星要拍摄弹体和卫星飞行姿态的需要，相关科技人员对"170"跟踪望远镜进行了改装，1984年4月24日，我国继美国、苏联、欧洲空间组织和日本之后，在成功利用运载火箭发射地球同步轨道试验通信卫星中投入使用。记录到的影像表明，该设备高速摄影状况良好。

四、在远洋船上进行光学观测

1964年10月27日，我国研制的中近程导弹在西北导弹试验基地和核武器试验基地进行了核武器运载试验，导弹飞行正常，准确命中目标，我国有了可用于实战的导弹核武器。1965年，我国已积累了一定基础，开始研制洲际弹道导弹，并进行导弹经过多次不同弹道、不同发射方式的飞行试验。

洲际弹道导弹是一种无人驾驶的无翼飞行器，它沿着一定的空间轨迹飞行，攻击固定的目标。导弹飞行分为主动段、自由段和再入段三部分，其射程一般是在8000千米以上。因导弹射程超越了我国大陆范围，因此我国把洲际弹道导弹靶场建立在了幅员辽阔的海洋之上。

为了对洲际弹道导弹进行测量观察，人们要在导弹飞行的沿途布置大量的测控站。但因为洲际弹道导弹的射程很长，不仅要飞过大陆，还要飞越海洋，仅靠陆上无线电测量精度是远远不够的。对于导弹的再入段测量，必须依靠海上测量船。在茫茫大海中对远程导弹的落点轨迹进行测量，是一项复杂的工作。观测人员必须在船只上，利用光学设备，观测洲际弹道导弹再入段轨迹。不仅如此，测量船的光学设备还可以在远离国土的海面上对卫星运行轨道进行观测。发展远洋测量船和导弹任务以及卫星研制工作直接挂钩，其对于国防的重要性不言而喻。

结合导弹任务实际工作的需要，1967年，国防科委提出要发展测量船、护航舰艇和后勤补给船只等一系列配套舰船，这项工程被命名为"718工程"，并于1968年5月下达给光机所，由其负责其中电影经纬仪等精密观测仪器的研制工作。后来建成的如大名鼎鼎的"远望号"远洋综合测量船，便是航天测控网的海上机动测量站，它能够根据航天器和运载火箭的飞行轨道与测控要求，灵活地配置在海域的适宜位置上，对航天器和运载火箭进行密切跟踪与精确测量。这些精密仪器，根据光机所参与过研制任务的史济成回忆：

> 在我国测量船"远望号"的主甲板上，我们看到沿船的艏艉排列着各种精密测量设备——测量雷达、综合雷达、激光电视电影经纬仪、天文经纬仪等，气势宏伟，很是壮观。在主甲板的下层，还有两种重要的精密测量仪器——惯性导航平台和变形测量系统，前者为在海上摇晃的测量船提供水平和指北的大地坐标基准及船位，后者则是将装在主甲板的各种精密测量设备与惯导平台以光学手段联系起来……[1]

关于"718工程"中所需的光学设备研制，尤其是船用电视电影经纬仪，王大珩对其来龙去脉有过清晰的回忆：

> 中央军委在20世纪60年代提出了向南太平洋发射洲际导弹、核潜艇水下发射潜地导弹及发射地球同步通信卫星等三项体现我国国威、军威的国家级工程研制项目（后来简称"三抓"工程）。其中，涉及许多光学技术问题要由中国科学院解决。我们为发射洲际导弹全程试验研制的船舰用718激光、红外、电视、电影经纬仪及船体变形测量系统，为舰艇水下发射潜地导弹试验研制的G179激光、红外、电视、电影经纬仪和912光电瞄准仪以及为发射地球同步静止通信卫星研制的331激光、红外、电视、电影经纬仪和光电技术所研制的电视跟踪望远镜

---

[1] 史济成.海上靶场测量船精密测量设备间的纽带——船体变形测量系统的研制过程//中国科学院长春光机所国防军工史料（1951—1986）[M]. 170-172.

等靶场光测设备，在发射试验中都发挥了应有的作用。①

远洋测量船是一项技术先进、专业面广、系统复杂的综合性大型系统工程。由王大珩和唐九华作为总指导的"718工程"中的激光、红外、电视、电影经纬仪研制项目以及船体变形测量系统项目，前者是研制海上靶场测量船的主要光学观测仪器，后者是解决海上颠簸环境下各类仪器的合理布局问题，这两项任务是在远洋测量船中进行光学观测至关重要的环节，体现的是光学工程的关键技术。这两个项目均获得了成功，其成果获得了1978年、1979年国防科委国防科技成果一等奖。

"718工程"激光、红外、电视、电影经纬仪研制项目从1969年正式下达光机所立项开始，1970年成立研制工程组，经过9年努力，于1978年在所内研制完成并通过鉴定，于1979年初运往上海进行了装船、调试等一系列工作，并在后续一系列海上任务执行的过程中，运营良好，表现出色，取得了圆满的研制效果。

这个项目研制之初，国防科委对光机所提出要求，希望研制出的船用经纬仪具备较好的功能，既要能精确测量洲际导弹载入弹道参数和中程飞行目标的轨道参数，为安全控制提供实时测量数据，还要兼顾两个目标的遭遇参数及摄取飞行姿态和提供事故记录。不仅如此，国防科委还补充提出，要求该经纬仪兼做天文定位及供夜间观察卫星使用。这也是其中的重要和关键技术。在王大珩的领导下，唐九华专门负责这部分的研究工作。

国防科委提出的要求非常高。王大珩明白，要达到这样的要求，需要研究所上下一心，他与唐九华担任了这项任务的总指挥，并先后组织了上百名科研骨干参加到这项工作中，包括王锋、朱云青、邹仲玉、史济成、刘栖山、姚立常、孙世维等。

---

① 王大珩. 光学老又新，历程似锦//陈星旦. 王大珩年谱·文集[M]. 长春：吉林人民出版社，2015：237.

经过"150-1 工程"和近 10 年的积累，研究所已经有了较好的研制国防用经纬仪的经验和技术，但是尽管原理相似，船用经纬仪和以往研制的经纬仪在实际工作方法上还是有很大差异。过去研制的各类型经纬仪都是安装在稳固的地基之上，用于测量导弹飞行的初始段，可获得较高的测量精度。海上测量时，船体在大海上漂浮，随着海浪翻腾，轮船颠簸，船身时时刻刻都处于不平稳的状态。然而，国防科委要求的船用经纬仪不仅要在海上环境下清晰观测到导弹的飞行姿态，还要在海上多变的环境下测量导弹重返大气层后的再入段，这样的难度实在太大了。当时参与研制的科研人员心里都没底，既不知道已有的经纬仪能否在测量船上使用，也不知道能不能研制出符合要求的新型号经纬仪。当时国际上仅有美国、苏联和法国拥有带光学测量设备的远洋测量船，国外对中国进行技术封锁，如何在一无资料、二无经验的情况下完成这项任务，是摆在专家面前的首要难题。从千方百计获取到的有限的国外测量船图片资料上，王大珩和研究人员们发现测量船照片上有圆顶舱，经过推测，认为这可能是经纬仪的圆顶室，他们对要研制的经纬仪的大小、结构有了一些印象，这样就打开了一个新的局面。根据长春光机所原科技人员王永义回忆，实现舰用经纬仪海上测量，至少要解决三个基本问题[①]：

1. 准确可靠地在导弹再入段捕获快速飞行目标，即"抓得住，跟得上"；

2. 经纬仪能在海上获得稳定、准确的测量数据，即"测得准"；

3. 海上船体和仪器的定位。为此，必须把仪器的底座安放在依靠陀螺仪稳定的平台上。

按照这样的要求，以往研制的经纬仪皆不能满足在测量船上使

---

① 根据 2016 年 2 月长春光机所王永义提供的写作材料。

用的要求，只有重新研制新型仪器。王大珩和唐九华带领科研骨干进行了多方论证，对仪器的技术指标提出了具体要求，并制定出总体研制方案：船用经纬仪的光学结构选用与原大型经纬仪相同的光学系统，口径为350毫米；为实现海上单站测量，仪器备有激光测距系统；为捕获快速再入目标，采取红外、电视等多种跟踪手段，电视测量可为安全控制实时提供精确数据，并备有天文测量系统，提供仪器自检和船体定位手段。

为实现上述方案，王大珩组织科技人员多次进行海上试验，他还多次去船上考察，和科技人员一起讨论，提出在海上颠簸、潮湿、太阳直射等特殊环境下，要对所有的光机及电器元件进行"三防"（防湿热、防霉、防盐腐蚀）处理，这样才能确保仪器能够长期稳定地使用。根据技术参数的需要，科研人员从无到有建立了盐雾箱，创造新的机械零件表面处理工艺及光学镀膜工艺。他们还对海上大气抖动、船体置平稳定性进行了研究。为确保仪器在海上的使用精度，科技人员对经纬仪的仪器轴系结构、主镜等部件进行了多次振动、冲击试验，并做了仪器实体模型控制系统及结构刚度方案试验，对仪器整体模型进行了冲击、振动试验。通过上述工作采集到的大量数据，为经纬仪的技术设计奠定了良好的基础。经纬仪的核心部位，即光学系统的设计，由王大珩亲自指导，他在工作距离分析计算方面，提出了许多宝贵的意见。他的爱徒蒋筑英还对系统的光学质量做过精密的光学检验工作。天文定位系统，则是一个全新的课题，在唐九华的指导下，通过在夜间进行实地拍星实验，并进行了上千

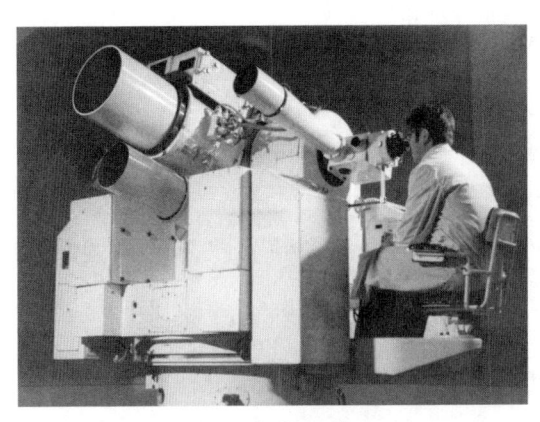

"718"电影经纬仪

个数据处理计算，通过实地测星，将其方位与天文年历里的数据进行比对，从而满足了"718"电影经纬仪的天文定位系统指标要求。

科研人员历经10年，经过多次试验、调试，终于将这份标志现代化的，具有激光、红外、电视等技术武装的第二代电影经纬仪研制成功。1978年10月，该经纬仪通过鉴定，参加了远程导弹的发射试验。

发展远洋测量船的另一项任务就是进行船体变形测量系统的研制，简而言之，就是要在特殊环境下，对测量船仪器进行合理安装和布局。

茫茫大海上，狂风巨浪，海面上波涛翻滚，船只在颠簸中行进，每时每刻都处于不平稳的状态中。海上颠簸环境造成船体变形，安放在船上的测量设备——雷达、电影经纬仪、天文经纬仪等，和安放在平地环境中不同，它们要在颠簸的环境下工作。因为受到外界环境影响很大，船上的测量设备无法在相对静止的环境下运作，从而会导致测量上的误差。因此，设备研制人员面临的最大难点就是要解决这些误差带来的问题。只有对误差进行及时修正，才能得到最准确的测量数据。

如何解决船体变形带来的测量误差？1968年5月31日，国防科委委托光机所研制远洋测量船船体变形测量系统，王大珩和唐九华接受了任务，组织并指导了所里的科研力量进行研制。但受"文化大革命"的影响，科研工作受到多方面干扰。船体变形测量系统正式研制实际上是从1970年开始的。

当时对远洋船的设计是这样的：在主甲板上放置各种精密测量设备，甲板下层则安放惯性导航平台和变形测量系统。惯性导航平台和变形测量系统是精密测量的关键所在。研究人员以惯性导航平台的大地坐标系为基准，通过变形测量系统的光学手段，将主甲板上各种测量设备测得的数据联系起来，并得到最精确的测量数值。

原理看起来似乎并不复杂，但实践起来却是千难万难，细节问题更是千头万绪。在和相关专家进行了一系列的论证之后，王大珩把光学变形测量系统研制的主要任务交给了史济成等人，他自己主要负责远洋船测量系统的布局和测量方法。在靠雷达作为测量手段的情况下，他对雷达的盲区和精密测角等处的应用光学设备进行了测量。在对测量船的图纸做了详细研究并进行了多次实际勘测后，王大珩提出要在最合适的位置上安放光学测量设备，必须对测量船的布局做一些调整。考虑到船体在海浪颠簸中行进的实际情况后，他对测量的方法提出了改进性的建议。他做的工作解决了在变形船体中进行光学测量的关键技术问题：

一是在测量船的布局上，把船上烟囱移到船尾，利用船的中心有利位置布设测量仪器，特别是光学经纬仪，须对周围甲板采取措施，使光学望远镜的成像质量不致受太阳照射甲板产生气流变化的影响；二是发明了一套利用机械连杆及飘动钢筒加上光学测量的方法，解决船体摇摆和挠曲变形在测角上得到补偿的问题。[1]

王大珩强调，要获得满意的观测效果，船上观测设备（包括光学设备和雷达）在布局上必须与船体及航船设置进行一体化的综合考虑，他在测量船的光学测量布局和船体摇摆及挠曲与实时修正方面均有重要创造。不仅如此，王大珩考虑到，经纬仪作为距离分析仪器，必须要考虑到大气环流、大气抖动，他提出，安置经纬仪的地板一定需要是木头的，因为地面如果是钢板，在大海中潮湿的环境下，经过太阳照射后会蒸发出水汽，进而会影响经纬仪的作用距离。王大珩所提出的这些方案，最后都被证明是行之有效的。

研究进一步推进，历经10年，经过艰苦的努力，在多次试验

---

[1] 王大珩.光学老又新，前程端似锦//《回顾与展望》编辑委员会.回顾与展望——新中国的国防科技工业[M].北京：国防工业出版社，1989：472.

后,"远望号"远洋测量船终于在1980年5月首次执行向太平洋发射洲际弹道导弹的试验任务中取得了圆满成功。我国独立研制的现代化的多功能舰载电影经纬仪和第一代船体变形测量系统,出色地完成了火箭再入段的跟踪测量任务,独立解决了世界远洋航天测量的平稳跟踪、定位、标定、校正和抗干扰等技术难题。

"远望号"执行洲际弹道导弹海上再入段测量任务的那一天,是记入史册的一天,读者可以从相关文字记录中了解到测量船光学系统执行精密测量任务的情形:

> 目标刚刚出云层,经纬仪操作手兴奋地喊:"发现目标!"接着红外、电视也收到目标信息,仪器转入红外自动跟踪。霎时,再入弹体同大气激烈摩擦而爆炸,解体的弹片像流星群一样发出强烈的白光。当操作手发现光点从视场前移,断定红外跟踪解体弹片时,及时加以干预转入半自动跟踪,直到目标进入云层并转入数字引导自动跟踪目标。整个测量过程只不过30多秒钟,目标多次穿云,工作方式转换5次,摄影机仍拍到480多张有目标显示的画幅。这些画幅是目标在云缝中穿行时分7段拍摄的……[①]

这枚洲际弹道导弹从西北导弹试验基地发射,飞向太平洋,准确落入预定区域,回收舱在预定落区溅落。我国独立研制的现代化的多功能舰载电影经纬仪第一代船体变形测量系统,成功观测到了这枚洲际导弹的飞行轨迹,出色地发挥了它的作用[②]。

"远望号"远洋测量船是我国研制的第一代海上综合测量跟踪站,远洋测量船队建成,使得我国成为继美国、苏联、法国之后第四个具有海上跟踪测量能力的国家,填补了我国海上测量的空白。

[①] 刘栖山.洲际导弹海上再入段测量纪实//科学时报社.请历史记住他们——中国科学家与"两弹一星"[M].广州:暨南大学出版社,1999:215-220.

[②] 史济成.洲际导弹远洋测量船船体变形测量系统的研制//科学时报社.请历史记住他们——中国科学家与"两弹一星"[M].广州:暨南大学出版社,1999:209-214.

"远望号"下水后，圆满完成了一系列国防任务。现在，"远望号"家族更加庞大了，在科技人员的努力下，从"远望一号""远望二号"到"远望六号"……组成了我国航天远洋测量船新一代的"姐妹船"。

在测量船上安装大型、高精度的电影经纬仪，进行海上再入测量，在我国是第一次，当时国外也没有相关报道。回忆测量船光学系统的研制历史，在工程论证和设计阶段，"工作人员吃住在工作室，没有星期六也不知道星期天，连续近两年之久"[①]，这体现了全体参与工作人员的奉献精神。王大珩认为，这项工作是值得自豪的创新，因为研究人员在"没有资料可循的情况下，完全依靠自己的创造力出色地完成了任务"，而他自己，"也为在技术方案上有些创造而感到欣慰"[②]。

从20世纪60年代承担"150-1工程"开始，长春光机所先后研制出近百台套靶场光测设备，装备了我国各有关兵种基地靶场。据统计，由长春光机所参加研制的光测设备占各基地光测设备的80%以上[③]，长春光机所承担的研制任务为国家节省了上亿美元的外汇支出。1985年，王大珩领衔主持的"现代国防试验中的动态光学观测及测量技术"项目获得国家科学技术进步奖（国防专项）特等奖。该奖项肯定了

1985年，"现代国防试验中的动态光学观测及测量技术"获奖证书

---

① 孙世维.回顾718激光电影经纬仪的研制过程//中国科学院长春光机所国防军工史料（1951—1986）[M].154-156.
② 王大珩.光学老又新，前程端似锦//《回顾与展望》编辑委员会.回顾与展望——新中国的国防科技工业[M].北京：国防工业出版社，1989：470-473.
③ 2016年2月，王永义提供的资料。

1985年以前以长春光机所为主研制的靶场光测设备系列[①]，这些设备在国家"两弹一星"历次重大试验中均圆满完成了测试任务。

1985年，"现代国防试验中的动态光学观测及测量技术"
王大珩的个人奖项证书

经历了"两弹"及相关国防科研任务的研制，长春光机所"以任务带动学科"，在光电工程技术方面取得了巨大的成就。在很长一段时间内，光电工程技术也成为长春光机所立足于国内光学界的一大优势。在以王大珩为首的长春光机所老一辈科学家的精心指导下，研究所建立起我国特有的光学靶场测量装备的研制基地，同时也培养、造就了一批不畏艰难、团结协作、勤俭务实、勇于攻克技术难关、不断追求技术创新的科研骨干队伍。他们继往开来，对我国发展国防光学、为推进我国国防现代化建设做出了重大贡献。

[①] 包括"150-1"电影经纬仪，160电影经纬仪，170跟踪望远镜，G179激光、红外、电视电影经纬仪，718激光、红外、电视电影经纬仪，331激光、红外、电视电影经纬仪，812光电瞄准仪，912光电瞄准仪，以及718船体变形测量系统。

第十章

探索全新太空战略

一、挑战对星相机

1970年4月24日，随着我国第一颗人造地球卫星按照预定计划发射入轨，一曲《东方红》在浩瀚无际的宇宙中唱响，并将这曲象征着民族精神的乐曲发射到地球上无数的角落，在中国航天史册上写下了新的篇章。

卫星，是悬挂在太空中的转播台，是地球人的"千里眼"和"顺风耳"。人们通过卫星上的相机、无线电等设备传输回地球指挥台的图像和信号来探索太空，同时监测地球的动静，卫星还能够观察气象变化，在国防军事、民用生活中有着巨大的作用。

各国为了占据高技术领域阵地，不断致力于卫星的研发。如苏联第一颗人造地球卫星于1957年上天，1958年1月美国研制的卫星也成功上天。1958年5月17日中共八大二次会议上，毛泽东便发出"我们也要搞人造卫星"的号召。1964年6月29日，中国自己研制的中程导弹再次发射成功，我国已经具备发射人造卫星的能力。1965年1月，党中央正式做出了研制我国第一颗人造地球卫星的决定。因为这项决策是1965年1月定的，所以当时也称为"651工程"。1965年4月29日，国防科委向中央提出了要在1970—1971年发射我国第一颗人造地球卫星的报告，并建议由中国科学院负责卫星工程。1965年5月31日，中国科学院成立了卫星本体、地面设备、生物和卫星轨道四个专家组。王大珩被任命为地面设备组组长。1965年8月，中国科学院召集院内有关单位负责人开会，讨论卫星工程任务的落实和组织实施。会上成立了卫星总体设计组，赵九章担任组长，郭永怀、

人造地球卫星

王大珩担任副组长。

为了搞明白卫星发射的一系列参数，1965年10月20日到11月30日，中国科学院主持召开了我国第一颗人造地球卫星的总体方案论证会。王大珩和来自有关单位的共100余名科技人员参加了会议。王大珩在会议上发言，在地面跟踪方案问题上，他深入浅出，向与会人清晰"介绍了光学编码度盘的原理和应用"[1]。对于我国第一颗人造地球卫星采用的跟踪体制问题，他支持与会年轻人的看法——采用国际上新发展的多普勒测速定位跟踪系统新技术。这次论证会，确定了我国第一颗人造地球卫星的性质为科学试验卫星，提出了卫星研制的方案并部署了任务，以及以"东方红1号"为这颗卫星命名。这是王大珩在我国卫星研制早期所参与的一些工作。

在"东方红"卫星进入太空以后，《人民日报》1970年4月26日第2版发表文章——《我国人造地球卫星运行情况良好 从空中发回〈东方红〉乐曲清晰嘹亮》，记录了"东方红"卫星在地球上空的运行情况：

> **新华社二十五日讯** 我国第一颗人造地球卫星四月二十四日进入预定的轨道以后，一天来运行情况良好，各种仪器工作正常。
>
> 人造地球卫星上的短波无线电发讯机，循环播送《东方红》乐曲和遥测讯号，乐曲声音清晰嘹亮。每分钟循环一次，首先以四十秒的时间连续播送两次《东方红》乐曲，间隔五秒钟以后，播发遥测讯号十秒钟，又间隔五秒钟，进入另一个循环。人造地球卫星上的遥测仪器不断地发回各种数据。
>
> 现在，这颗人造地球卫星正在围绕地球继续正常运行。
>
> **新华社二十五日讯** 我国第一颗人造地球卫星从天空中

---

[1] 潘厚任. 王老与我国空间科学事业 // 宣明. 王大珩[M]. 北京：科学出版社，2005：101-103.

发回的歌颂伟大领袖毛主席的《东方红》乐曲和遥测讯号，已由中央人民广播电台收录，并从四月二十五日二十时三十分开始广播。这个录音，中央人民广播电台将对国内外连续广播三天。①

一曲《东方红》，不仅唱响了华夏大地，还将中国的声音传送到世界上的各个角落。"东方红"卫星上天，是我国科学家探索浩瀚太空迈出的第一大步，预示着中国在空间科学事业的发展上将迎来辉煌。我国第一颗人造地球卫星发射成功，在中国航天史上具有划时代的意义，是我国发展航天技术事业的一个良好开端。在这一过程中，中国科学院及相关部门开展的有关单项技术研究，以及测量和实验设备研制，为发展中国的航天器技术和地面测控技术奠定了良好的基础。

"东方红"卫星是我国第一颗人造地球卫星，但并非第一颗返回式遥感卫星。人类探索太空资源，并不是把卫星发送到太空就可以了，而是需要通过卫星在太空中的运行，获取更多有关太空的信息。因此，需要卫星具备返回的功能。通过回收卫星，获得卫星在太空中捕获的对空、对地等的数据。可以说，返回式卫星是为了适应航天活动的需要而研制的。20世纪50—60年代，美国和苏联两个大国都在积极发展返回式卫星，早在1960年8月，美国就成功地从近地轨道上回收了"发现者"号卫星返回舱，苏联也在相近的时间内回收了"斯普特尼克"号卫星返回舱。面对这种情况，为了提高国际竞争力，掌握尖端空间技术，在研制"东方红"卫星和"实践一号"卫星的同时，我国也把返回式遥感卫星研制提上了日程。1965年7月，中国科学院起草了《关于发展我国人造卫星工作规划方案建议》，其中提到了要发射6颗返回式卫星的计划。中央专门委员会

---

① 我国人造地球卫星运行情况良好 从空中发回《东方红》乐曲清晰嘹亮 [N]. 人民日报，1970-04-26：2版．

在讨论了该方案后明确指出："我国发展人造卫星以应用卫星为主，应用卫星又以返回式遥感卫星为主。"①"东方红"卫星顺利上天，获得了卫星发射的一系列有关材料、燃料、运行等有关数据，为我国后继发射遥感卫星打下了良好的基础。

返回式卫星的关键技术在于两个方面：一是要掌握卫星的回收技术，另一个就是要研制卫星遥感相机。空间摄影相机可以说是返回式遥感卫星的"主角"，它赋予卫星一双"慧眼"，令卫星在离地面百余千米的空间轨道上对预定地区进行摄影，完成拍摄任务后，将装有胶片暗盒的返回舱回收，地面上的工作站通过回收空间相机的资料，获取珍贵的遥感资料。可以说，卫星上所有的分系统的作用，都是为光学系统提供最佳的工作条件，最后回收的光学成像是作为最终检验结果。这就必须由光学专家对卫星相机的光学系统进行精心设计。

> 对于对地观测卫星来说，"光学"观测系统确实是真正的"主角"。卫星是它的载体，为它提供一个平台；所有的分系统的作用，都是为光学系统提供最佳的工作条件；最后回收的所谓成果，也就是"光学"提供的地面信息。因此，这类卫星的研制，"光学"是所有分系统的"先行者"，"光学"研制不到位，所有分系统，包括卫星总体都没有了依据，就无从下手了。②

1965年，光机所接受了上级部门下达的空间卫星全景扫描缝式相机研制任务。实际上，关于高空摄影技术，光机所早就展开一系列研究了。例如20世纪60年代，光机所应空军要求对一架击落的美国产"U-2"飞机残骸进行解剖与分析，这架飞机上拥有高空长焦距的相机，科研人员对相机进行了解剖，研究了其光学系统的参

---

① 杨照德. 中国返回式遥感卫星研制的艰辛历程[J]. 太空探索，2015，(10)：48-51.
② 王传基，王永义. 王大珩先生与"两弹一星"// 宣明. 王大珩[M]. 北京：科学出版社，2005：77-80.

数，获得了一些数据，这也是后来从事卫星摄影系统工作的一些参考。1964年底，光机所的王传基、王金堂等青年人员对安装于"米格-21"飞机上的航空侦察相机进行了总体设计。这一系列工作，奠定了其未来从事卫星相机的技术基础。

光机所的研究人员参考了美国月球考察计划的摄影系统，分析了我国已有的各种航空相机，于1967年上半年提出了地物相机的方案。即让卫星携带一台可见光地物相机，用以在轨道上对地面预定地区摄影。但王大珩认为这是不够的，他提出，同步对星体摄影作为对卫星定位的手段，同时研制星空相机，通过拍摄恒星照片，以便在事后作为定位的参考，并用来校正卫星姿态误差。

一开始王大珩的方案并没有得到认可。太空摄影本来就是个难度很大的课题，对地摄影已经是很困难的问题，有距离、光线、卫星运动姿态等各方面的干扰因素，对空摄影更是困难。在太空环境中，烈日当空，地面日光反射又很强烈，要把暗背景的星象拍摄下来，就必须消除一切强杂光，在当时的技术条件下要达到预定的拍摄效果，难度很大。王大珩提出，空间相机要采用地物相机和星空相机相组合的同轴双向相机系统，从而获得拍摄目标的地理位置信息。王大珩的提议等于增加了一个新的攻关项目，科研人员要重新考虑高空摄影系统由于温度、气压变化引起的离焦，远距离摄影系统的色差，轴外像点的质量，透过率等[1]……这些问题加大了原定的研究难度，研究计划要改变的地方太多了。但王大珩十分坚持，他说："星空相机迟早是要上的。与其晚上，不如尽早取得一些经验。即使失败了，也是为今后的成功做出试探。"[2] 王大珩的建议在后来的论证中得到采纳。

1967年9月11日，国防科委主持召开了返回式卫星总体方案

---

[1] 沈宇619部队.国外光学设计发展概况//第一机械工业部情报所.光学设计文集[M].第一机械部情报所，1973：284.
[2] "光学老又新，历程似锦"，王大珩手稿，1990年，存于长春光机所档案室。

讨论会，并由八机部第八设计院完善了返回式卫星的设计方案，提出了"两步走"建议：第一步是重点解决相机技术、三轴姿态控制技术和卫星返回技术，这包含了卫星相机的研制；第二步是解决卫星对地观测的效果和应用技术，研制实用型卫星。为了研制卫星遥感相机，光机所布置了一个专门的研究小组进行空间相机的设计预研，任务的题目就叫作大画幅相机，参加预研工作的人员有薛鸣球、王传基、王金堂、杨秉新等[1]，他们在这段时间的工作中建立了好的基础，他们也是王大珩带到北京参加任务的骨干力量。

为了完成卫星遥感相机的设计任务，1967年11月，王大珩带领光机所十多名技术人员来京，进行卫星相机的预研工作[2]。王大珩这时的另一重身份，是国防科委第十五研究院筹备办公室副主任（后任筹备组副组长，1968—1970年）。为了完成卫星遥感相机的研制任务，相关部门还从北京工业学院（今北京理工大学）、公安部811厂等单位抽调部分专业人才，组成了有30多人的"6711"工程组，由此诞生了我国第一支航天光学遥感器研制队伍，我国航天光学遥感器研制迈出了第一步。这一任务下发的时间节点是1967年11月——这也是"6711工程"代号的来由。当时在北京成立的"6711"工程组，也就是今日北京空间机电研究所的前身，1971年划归七机部五院。

"6711"工程组的初始工作地点设置在北京工业学院教学楼，他们在这里借了一个大教室作为临时办公室。曾参与过"6711工程"工作、现在已是博士生导师的光学专家张国瑞研究员回忆工程组成立当天的情况时说："我们11月1日全部到北京工业学院报到了……王大珩讲完话后，宣布这个工作组成立了，大家在这儿要搞返回式

---

[1] 韩昌元，《学习薛鸣球院士努力发展我国应用光学与光学设计事业》（2017年11月18日），资料存于老科学家学术成长资料采集工程数据库。

[2] 韩昌元，《学习薛鸣球院士努力发展我国应用光学与光学设计事业》（2017年11月18日），资料存于老科学家学术成长资料采集工程数据库。

卫星！"①张国瑞回忆，最初在方案设计阶段，真正参与工作的人不多，有两个人做光学总体，三个人从事电方面的工作，还有三个人负责大相机的研制；到工作进行到一定阶段任务难度增加后，五机部218厂派人来了，205所也派人来了，沈阳自动化所来人了，武汉测地所也有人来，工程组人数最多的时候多达40—50人②。

王大珩回忆他受命筹建这一工程组领导开展工作的往事，感慨地说：

> 我奉命在北京筹建一个新机构——第十五研究院，由于"文化大革命"动乱，研制工作不宜在长春继续进行，于是我就在北京专门组织一班人马，从事空间相机的研制工作。我们借用北京工业学院四系的教学楼作工作用房，当时在"文化大革命"期间，室内没有暖气要自己生煤炉取暖，我们把光机所有关人员和北京工业学院四系搞过航空相机的教师组织起来开展工作。③

当时无论是物质条件还是技术条件，都很差。航天遥感器专家、2011年当选为国际宇航科学院院士的杨秉新回忆当时艰苦奋斗的场景时说："办公室没有暖气，室内厕所不能使用，就从七层楼步行到离办公楼约500米处的临时厕所方便。"④工作场地不完善、生产中有很多问题，甚至是特殊年代里人员和骨干的流失，这些困难，王大珩和他的队伍都克服了。因为这项工作是对外保密的，从长春借

---

① 胡晓菁访谈张国瑞，采访时间：2019年6月19日，采访地点：北京。资料存于老科学家学术成长资料采集工程数据库。
② 胡晓菁访谈张国瑞，采访时间：2019年6月19日，采访地点：北京。资料存于老科学家学术成长资料采集工程数据库。
③ 王大珩. 光学老又新，前程端似锦 // 回顾与展望——新中国的国防科技工业 [M]. 北京：国防工业出版社，1989：470-473.
④ 杨秉新，庞冰. 国家空间光学遥感器事业的开创（1967—1986年）// 北京空间机电研究所. 精确感知空间光学遥感器技术的发展与成就 [M]. 北京：北京理工大学出版社，2018：6.

调过来的人员从1967年冬季一直连续工作到了第二年夏天,大半年的时间里,他们既不能回家探望亲友,也不能和家人通信,他们严格遵守保密制度,克服各种困难,争分夺秒地工作。

卫星研制是一项复杂的综合性工程,除了相机之外,还有卫星发射、姿态、材料、燃料、动力等多方面的研究工作,需要多部门、多人员的协作。到1968年7—8月,卫星相机的主要光学设计部分已经基本完成。根据已经设计出来的光学系统图纸,一部分参与卫星相机研制的科研骨干进驻工厂,开始卫星相机的试制和生产工作。

1968年下半年以后,随着光机所形势的变化,一部分由光机所派来参与"6711工程"研制的科研人员被要求返回长春。1971年后,因为体制调整,"6711"工程组划入七机部五院,但研制任务继续进行。1971年完成星、地正式样机10套,并成功地用于卫星上,实现了空间探测、胶片回收。

1974年6月,返回式遥感卫星的第一颗发射星终于完成了总装、测试,很快被运往发射场。但遗憾的是,第一次发射任务因为运载火箭控制系统的导线故障未能成功。但经过科研人员认真检查,不断调试,1975年11月26日11时30分,我国成功发射了第一颗返回式侦察卫星。这颗卫星携带一台可见光地物相机和一台星空相机冉冉升上了天空,卫星重达1800千克,运行轨道距离地球最近点为173千米,最远点高度为193千米,周期为91分钟,轨道倾斜度为59.5度。这颗返回式遥感卫星,既是中国第一种返回式航天器,也是中国返回式遥感卫星系列中的第一颗试验型返回式卫星。卫星在环绕地球运行了3天以后,于11月29日11时6分返回大地,回收成功。我国成为世界上第三个能够回收卫星的国家。卫星上搭载的相机也是我国首台胶片型航天相机。在返回地球的卫星相机中,人们欣喜地看到了相机在太空中拍摄的图像。有资料记载:

我们获得了2000米、65千克胶片的珍贵影像资料,回收胶片冲洗结果，照片清晰可判。这是中国人从太空拍摄的第一批地球影像，成功地实现了相机"上得去""照得下""回得来"三步走。……毛泽东主席看到拍摄回来的照片，非常高兴并圈阅。[1]

当时在指挥室坐镇的张爱萍将军得知卫星回收成功的消息后，心情十分激动，当即赋诗一首：

"长征"万里遣"尖兵"，巡行太空战鬼神。

我国第一颗可回收遥感卫星发射的巨大成功，标志着我国侦察卫星技术已经达到了国际先进水平，王大珩回首往事，感慨地说："不仅为以后几十次上天开了个好头，而且锻炼了一支经过磨难和基本训练的队伍，为我国对地观测科研领域的技术发展奠定了坚实的基础。"[2]

要说的是，1961年遥感（remote sense）这个名词首次提出，在卫星上天以后，遥感的重要性越来越被大众所认可。卫星和遥感技术在军事侦察、资源调查、气象预报等军事和民用领域都有重要作用，尤其是在气象方面有着重大作用。早在20世纪60年代初，美国就利用卫星获得了全球的云图，这引起了世界大气气象部门的震动。发展气象卫星可以跟踪热带风暴和云，预防台风带来的紧急损失，全球各个国家受益。

在一系列工作开展的过程中，王大珩看到了发展遥感技术的重要性，他在此后的工作中，一直十分关心中国遥感技术的发展。但我国的遥感工作起步较晚，1975年，在中国科学院和国防科工委的组织下，王大珩主持编制了我国第一个遥感科学规划，推动了我国

---

[1] 杨秉新，庞冰. 国家空间光学遥感器事业的开创（1967—1986年）// 北京空间机电研究所. 精确感知空间光学遥感器技术的发展与成就 [M]. 北京：北京理工大学出版社，2018：9.
[2] 杨照德. 中国返回式遥感卫星研制的艰辛历程 [J]. 太空探索，2015，（10）：48-51.

遥感工作的发展。1976年，国防科工委与中国科学院合作，召开了一场讨论遥感技术的研究发展会议，在这次会上，王大珩执笔拟定了中国第一个遥感科学发展规划。1976年，在他的倡议和领导下，中国科学院长春分院在长春地区开展了一场综合性航空遥感试验。在王大珩主导下，光机所承担了有关遥感仪器的研制，研究出多光谱相机，彩色合成仪地面光谱辐射计这一大套遥感仪器，在试验中获得了成功。1979年，在王大珩的倡议和领导下，中国科学院长春分院在长春地区组织开展了一次综合性航空遥感试验，全国有包括农林、地理、水务、地质、森林等行业60多个单位的约400人参加了这次试验，王大珩动员长春市出动了飞机，试验采用了当时的各种先进仪器，在我国初期遥感工作发展中留下了浓墨重彩的一笔。1980年，王大珩组织各单位总结前期的一系列工作，召开了长春遥感试验学术会议，并出版了《长春遥感试验论文集》和《长春遥感试验典型图象分析》。1988年，光机所基于前期遥感工作打下的基础，将一些重要技术应用于净月潭遥感实验站，开展了一系列有分量的遥感模拟试验。

二、模拟太阳新装置

在发展卫星技术时，做好卫星在太空中的摄影是一项重要的工作。但要保证卫星能够成功上天并在太空中运行，事先还要在地面上进行多次模拟试验。光机所承担的另外一项和卫星上天有关的任务，便是研制新型的KM_4型太阳模拟器。这项技术是为卫星在太空中运行做准备的。

卫星在浩瀚的太空中运行，要受到和在地球上完全不同的太阳光照与辐射，当卫星运行到朝向太阳的一面时，温度急剧上升，受到比在地球上高许多倍的光照和辐射；当运行到地球的阴影区时，光照和辐射降低，卫星表面温度急剧下降。卫星上的仪器大多由半导体器件组成，在严酷、多变的温度环境下，如果不对卫星本体采取温度控制措施，将会造成卫星器件故障。因此，在卫星上天前，研究人员必须在模拟辐射换热的高真空条件下，对卫星组件展开一系列的模拟试验，以保证卫星上天后能在太空中安全运行。为了在地面上模拟卫星在太空中接收的光照和辐射的状态，提前预判将要面临的各种情况，就需要设计一台相应的模拟装置，即太阳模拟器，先令设计出的各种元件在地面实验室中运转。王大珩解释了这个装置的原理：

KM$_4$型空间模拟器

> 一是热沉环境，即在地面制造一个相当于太空的冷背景，另一是要能模拟太阳辐射以及地面光热的照射，要求在容器中能形成单向照射的模拟太阳照射，简称太阳模拟器。[1]

当时世界上各个空间大国都建造有这种设备，尤其是美国的"阿波罗计划"中就有这样的项目，其建成的容器设备有30多米高，直径达20多米。

光机所于1967年开始论证KM$_4$型太阳模拟器项目，但在此之前，研究所已经有一些基础了，如1966年研究所试制了采用碳弧灯作为光源的KM$_2$型太阳模拟器，这是利用两根接触的碳棒电极在空气中通电后分开时所产生的放电电弧发光的电光源，但因光源亮度不够且能耗较高，难以模拟大体积卫星在太空中的运行环境。随着

---

[1] 王大珩. 光学老又新，历程似锦 // 陈星旦. 王大珩年谱·文集 [M]. 长春：吉林人民出版社，2015：240.

卫星体积的增大，必须扩大在地面上进行环境试验的规模，对太阳模拟器的要求提高了。1967年10月19日，为了适应人造卫星地面模拟试验的需要，中国科学院新技术局军管会生产领导小组向光机所下达了KM$_4$型空间模拟器中的太阳模拟器的研制任务，要求完成的太阳模拟器技术指标能够达到返回式遥感卫星系列任务的需要。

1967年末，光机所在王大珩的领导下，组织了50名科研人员专门参加这项研究，并很快建立起从事大型太阳模拟器的总体设计、加工、组装及检测系统的小组。

王大珩认为，新型的KM$_4$型太阳模拟器较之前的研究，主要在于选择更合适的光源。由于1964年复旦大学电光源专家蔡祖泉教研室研制出我国第一台长弧氙灯，研究人员就想，能否通过技术上的改进，将高压氙灯应用于新型的太阳模拟器上？

为了达到规定的光照均匀度，光机所组织人员专门开展了特殊的照明度光学设计。太阳模拟器的照明指标是25千瓦，辐射面积是直径4米。经过计算，研究人员原打算采用37个单元卡塞格林系统拼接成准直型太阳模拟器系统。但经过多次试验后，发现这种拼接办法令光能量损失较大，且这部分能量落到金属壳体上，会导致金属承受热量增大，造成过热，对冷却和密封都不利，且维护困难，十分不利于卫星地面模拟试验的开展。

1970年，随着氙灯研究技术的提高，王大珩提出建议：能否减少拼接单元，在达到技术指标的基础上简化照明系统，以便提高系统运行的可靠性和可操作性？王大珩冒着一定的风险找到当时尚处于巨大政治压力下的潘君骅，委派他对拼接单元进行计算。通过全面而精密的计算，在王大珩的建议下，课题组决定将新型的太阳模拟器改作为用19个单元进行同轴拼接的新方案，同轴准直系统由氙灯、椭球聚光镜、积分器、滤光片、抛物面反射镜和透射式双曲镜、填充系统等组成，其光源采用25千瓦水冷短弧氙灯。这一方案结构简单，装调、维修方便，而且为国家节约了大笔的资金。

在王大珩和光机所研究人员的不懈努力下，终于成功研制出一台光照直径达到 4 米的大型太阳模拟器。这个大型太阳模拟器由 19 个六角形拼接起来，组合方式是：中间为一个单元的同轴准直系统灯，外面一圈有 6 个单元，再外面一圈是 12 个单元。但令人感到遗憾的是，因为"文化大革命"，科研工作停顿，工程暂时停顿下来。一直到 1978 年，太阳模拟器才运往北京试验场地，进入全面安装阶段。但 1980 年因经费不足，工作再次中断。直到 1988 年 5 月，航空航天部 511 所和光机所才再次恢复安装工作。组装成功的 KM_4 型空间模拟器，加太阳模拟器后总高度为 15 米，作为大型的空间环境模拟试验设备，它被用于大型卫星整星的热真空与热平衡试验，曾为中国已发射的通信卫星、气象卫星、返回式卫星做过热平衡与热真空试验。KM_4 型空间模拟器太阳模拟器经过国家科委主持鉴定，被认为是中国空间技术中的一项重大基础设施，其主要技术性能也达到了当时的国际先进水平。

从远古时代嫦娥奔月的美丽传说到明代万户飞天的悲壮实践，华夏儿女对神秘太空的好奇和探索从不曾止息。飞出地球、遨游太空、探索未知，不仅仅是中国人的梦想，也是世界人民共同的愿景。我国科技人员从未停止对太空的探索。光机所从早期对卫星相机的探索，到对遥感科学的研究，以及进一步组织人员开展包括大气光学、光谱学、光学加工、光学检验等相关学科研究。在各门学科蓬勃发展的基础上，我国的空间光学学科取得了长足进步。

从"两弹一星"中的人造地球卫星出发，到 21 世纪的空间科学事业蓬勃发展，从"东方红"卫星上天，到载人航天飞船和空间站，都离不开光学在其中发挥的巨大作用。

三、孵出了一窝"机"

在国家发展"两弹一星"的过程中，长春光机所承担了大量国防尖端光学任务。像改装的高速摄影机、大型电影经纬仪、星空相机、太阳模拟器等，这些仅仅是其中一部分具有代表性的成果，还有如分辨摄谱仪、激光电影经纬仪、电视望远镜、用于导弹发射的瞄准仪……多台大中小型精密设备都成功应用于核爆试验、导弹轨迹观测、通信卫星发射和回收，这些光学设备在跟踪测量、数据采集、远程监视等方面发挥了重要作用，做出了突出贡献。长春光机所在承担一系列任务的同时，已经逐步开辟并稳定形成了靶场光学测试技术，在高空、空间侦察摄影技术，微光夜视技术等国防光学技术领域，形成了稳定而扎实的研究队伍。王大珩作为长春光机所的主要领导者，对研究所确定国防光学技术领域、方向、任务，在建立充分的技术基础以及在规划国防光学技术长远发展方向上，做了大量的策划、决策、领导及组织工作，并在一系列光学仪器研制的关键技术上做出了突出贡献。

在发展与国防相关的光学技术的同时，国家对我国的光学事业做了严密部署。20世纪60—70年代，长春光机所根据国家的需要进行了一系列调整，最显著的举措就是进行了多次分建和援建，新建设的机构被分派了国家赋予的神圣而紧要的任务。长春光机所——中国光学事业的一只老母"机"，渐渐孵出了"一窝机"！

作为中国光学摇篮，长春光机所被同行亲切地赞誉为中国光学事业的"老母鸡"。这只"老母鸡"在成长和发展的过程中，下了五枚金灿灿的"蛋"，孵出了一窝"机"——长春光机学院、上海光机所、西安光机所、中国科学院光电技术研究所（以下简称光电技术研究所）、中国科学院安徽光学精密机械研究所（以下简称安徽光机所），还有全国大大小小的许多光学研究机构、科研院校……中国的光学事业从无到有，从一到多，光学在中国不但牢牢生了根、发了芽，还孕育出许多棵茁壮的大树。

分建了上海分所和西安分所后，20世纪70年代，在承担国防科研任务的同时，光机所在支援"三线"建设的过程中，分建了光电技术研究所，继而又援建了安徽光机所。

20世纪60年代初期,中苏关系恶化,美国在中国东南沿海虎视眈眈,我国面临的威胁压力巨大。1964年5月,在北京召开的中共中央会议上讨论了农业规划和第三个五年计划,毛泽东提出了要进行"三线"建设。他提到,"三五"计划要考虑全国工业布局部平衡的问题,要搞一、二、三线的战略布局,尤其要加强"三线"建设,防备敌人入侵。此后,国家强调立足于战争,从准备大打、早打出发,积极备战,将国防建设放在首位,加快"三线"建设。就这样,以调整工业布局、加强国防为主要目的的大规模建设运动便在全国展开了。从1964到1980年,"三线"建设历时15年,被称为我国现代史上的一场大规模的战备工程。当时的"三线"地区主要包括四川、贵州、云南、陕西、甘肃、宁夏、青海等省区及山西、河北、河南、湖南、湖北、广西等地靠内地的一部分。其中西南、西北地区俗称"大三线",各省份自己靠近内地的腹地则被称为"小三线"。

出于国防决策的考虑,当时对"三线"建设选址基于三个原则,即靠山、分散、隐蔽。1968年5月31日,国防科委第十五研究院决定在陕西省留坝筹建大型光学跟踪仪器研究基地。1968年7月8日,陕西省留坝"三线"建设工程指挥部成立,代号"6568工程"。但后来并未把基地设在留坝,王大珩到这里考察后,发现此地取水不便,无论是开展生产还是群众生活,都很不方便。

1969年12月,研究所提出在成都大邑县找一个地方建设"三线"基地,代号为"6569工程"。地址选在了大邑县雾山乡,王大珩亲自到这里察看。提到选址四川作为长春光机所的"三线"基地,1973年来到雾山的张礼堂[①]回忆,因为长春地处北国容易受敌,光机所提出建设"三线"基地是防备苏联对中国开战;一旦开战,承担大量国防任务的光机所就要遭到破坏了。而正好中国科学院在"文化大革命"以前就想自己搞卫星、搞导弹研究,便在四川

---

① 中国科学院光电技术研究所原所长,20世纪50—60年代曾在光机所工作。

大邑县建了一个研究卫星的单位。后来因为四川的气候条件不利于开展卫星研究，所以这个单位便搬去了西安郊区，但在雾山这边遗留下了厂房和工地。光机所考虑之后，认为有这样的物质基础，建设起来更方便一些，便选了这里作为"三线"基地。后来国家投入了一些资金，派来了干部和科技人员，将这里建成了一个真正的研究所[①]。

雾山乡，顾名思义，是一个多雾的山沟沟。一年到头，这里雾气深重，雨水较多，缺少阳光。陕西的留坝干旱缺水，雾山乡却潮湿阴霾，要说两处有什么共同点，那便是：地方隐蔽，条件艰苦，符合"三线"选址原则。

自1970年6月起，中国人民解放军1019所在成都大邑县雾山乡动工。到1973年，这里已经建成了6个研究室和6个试制加工车间。同年4月开始，根据国家"三线"建设总部署，由光机所分迁出由党政干部和科研骨干、技术工人全面配套的共400多人到四川大邑组建1019所，即现在的光电技术研究所，也是中国科学院在西南地区规模最大的研究所。

在"三线"建设期间还有一个情况，在分遣了研究人员前往大邑"三线"之后，光机所的研究力量被削弱了。当时研究所承担的都是国防尖端任务，科研人员减少，令王大珩感到工作开展艰难。他心怀忧虑，1973年6月10日，他给国防科委有关领导写了一封诚挚的信，详述了研究所面临的困难。王大珩提及研究所承担了很重的国防光学任务；在大邑的"三线"建设即将完成之际，所里需要提供人员、设备支持，力量将被削弱，将影响长春光机所正在进行的国防任务的进一步开展。

鉴于这样的情况，王大珩希望在支援"三线"建设的同时，也为本所补充一些科研力量。

---

① 2014年3月17日，朱晶访谈张礼堂，采访地点：成都。资料存于老科学家学术成长资料采集工程数据库。

条件渐渐具备以后，自1973年7月开始，分遣人员便正式投入紧张的科研试制工作中。建所初期，1019所布置的任务是"克隆长春所，做相关的工作"[①]，其工作开展是仿造光机所进行，当时最大的任务是研制光电跟踪测量设备，也就是160数字式电影经纬仪。根据1973年从光机所迁往"三线"的林祥棪[②]回忆，王大珩那时候对"三线"新研究所的工作十分关心，专程从北京赶到雾山地区，反复动员"三线"新建研究所要积极地去承担国家科研任务[③]。

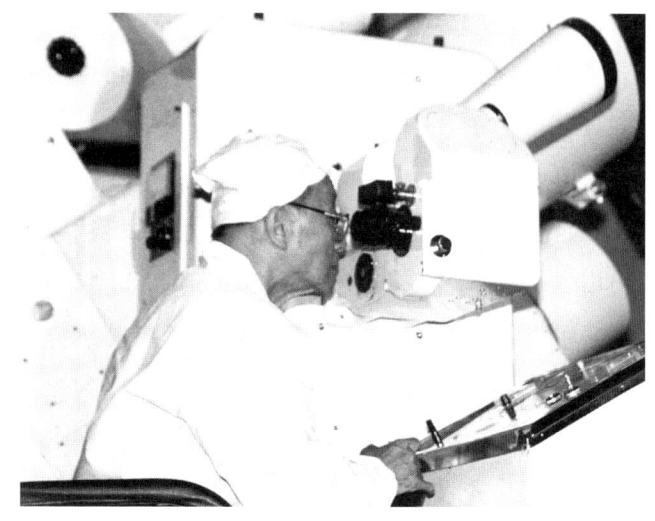

20世纪90年代，王大珩在成都光电所操作大型经纬仪

虽然雾山地区交通不便，气候恶劣，但是科研人员都全力以赴地开展工作。1975年，1019所成功试制首批也是第一代160数字式电影经纬仪，并交付用户使用。1975年12月，1019所更名为中国科学院光电技术研究所。这一年，所里新提出了研制新一代大型多功能光电经纬仪的设想。经过数年的努力，20世纪80年代，光电技术研究所成功研制了我国第一台具有激光、红外、电视三种自动跟踪测量手段的778光电经纬仪，并于1985年4月通过了有关部门的鉴定，这项成果被誉为我国新一代（第四代）光电经

---

① 2014年3月17日，朱晶访谈张礼堂，成都。资料存于老科学家学术成长资料采集工程数据库。
② 林祥棪（1934—2018），江苏南通人，光电技术与工程专家，中国工程院院士。
③ 林祥棪. 王大珩先生与光电所 // 宣明. 王大珩 [M]. 北京：科学出版社，2005：66-67.

纬仪，并与190系列相机、高速摄影机等作为"现代动态光学观察及测量技术"，同兄弟单位一起获得了1985年国家科技进步奖特等奖[①]。

雾山地区地处山沟，交通不便，不适应研究所的长远发展，随着时代的发展，1979年，经过反复考察后，光电技术研究所决定在四川省成都市南郊双流县（现双流区）兴建新所，并于1988年完成全所的整体搬迁工作。如今的光电技术研究所，研究领域面向世界光电科技领域发展前沿，包含光电跟踪测量、微电子光学、微纳光学、自适应光学、光束控制、航空航天光电、先进光学制造、生物医学光学等多学科研究。

王大珩十分关心光电技术研究所的成长，他常常对该所的科研工作提出建议。他提出，光电技术研究所必须将国家经济发展、社会发展和国家安全的需要放在心中，研究所的发展应该与国家的需求联系在一起。光电技术研究所的职工一直都很感念王大珩对研究所的关怀，他们写下了纪念的文字：

> 王老从我国光学事业发展战略大局出发，既考虑"三线"建设的需要，也考虑到老所的发展，谈了很多非常有远见的重要指导意见。这些意见对"三线"研究所科研队伍的组成和以后的发展起了非常重要的作用。
>
> 光电所三十多年来一直以解决国家重大需求为己任，以承担国家很重要的研究任务为荣，先后出色完成了许多国家重点科研任务，而研究所也在实践中培养锻炼了科技人才，扩大了科技队伍，在科技水平上得到极大提高。[②]

除了光电技术研究所，"三线"建设中还有一项特殊的任务——

---

① 中国科学院光电技术研究所 // 王扬宗，曹效业. 中国科学院院属单位简史（第一卷 下册）[M]. 北京：科学出版社，2009，777-792.

② 林祥棣. 王大珩先生与光电所 // 宣明. 王大珩 [M]. 北京：科学出版社，2005：66-67.

组建安徽光机所。这个所是作为上海光机所的"小三线"而建设的一个新的研究所。

在从事与国防相关的光学研究任务时,光机所已经注意到大气光学的重要作用。无论是火箭、导弹还是卫星,它们在大气层中运行时,都要受到大气环境的影响。原有的大气光学知识已不能够满足研发的需要,为了配合研制各种光学工程的需要,王大珩多次在光机所强调要发展现代大气光学。1960年,王大珩在光机所组建了国内第一个大气光学研究组,1962年建立了长春净月潭光学观测站,开展了大气透明度、能见度及天空亮度的研究工作。

然而,在"文化大革命"的干扰下,光机所的大气光学研究受到了冲击。王大珩对此深感痛心,在秩序混乱的情形下,他希望尽可能地把大气光学的研究队伍保存下来。在自己的处境百般艰难的情况下,他走访了中国科学院有关部门,奔走呼吁。20世纪60年代末期,光机所派出技术骨干前往安徽,开始上海光机所分所的"小三线"建设,同时因激光和光谱学在生物学与医学中的应用很广泛,上级部门也想趁机把激光光谱学的一些研究转到安徽去。在这个背景下,1970年12月,安徽光机所成立了。

当时的安徽光机所选址于合肥西北角董铺水库上游的一个半岛上,靠着大蜀山,风景优美。安徽光机所成立初期只有100余名职工,研究方向主要是激光应用和大气光学。研究所成立以后,开展了大能量、大功率激光器和中小能量激光器等方面的研究工作,同时展开激光大气传输、激光晶体材料、激光技术和应用等科研工作。安徽光机所是上海分所的"小三线",在上海分所做成的激光器,搬到合肥去做远距离打靶的实验。

安徽光机所成立后没多久,1971—1972年,曾经承担过一项与远程激光雷达相关的大气衰减和大气湍流的研究任务。当时王大珩正主持一项与国防有关的远程激光工程项目,考虑到湍流大气引起的激光束光强闪烁对远程激光雷达有严重影响,会大大降低激光雷达的丢靶概率,甚至导致远程激光工程失效,他便把这项工程的辅助研究任务交给了安徽光机所。

1972年春天,王大珩来到安徽光机所,他的到来,引起了所里不小的轰动。原来,安徽光机所成立后的一段时间内,只是一片基建工地,并没有开展多少科研活动。王大珩在所里布置的这项任务,可以说是打开了安徽光机所的科研局面。为了欢迎他的到来,研究所安排了一次有关大气衰减的学术报告,并部署了会议讨论。王大珩一直十分关心研究所的发展。在他的关怀下,安徽光机所的相关人员和光机所的激光大气传输组(后来与安徽光机所一起组成了激光大气传输研究室)一起,于1972年9月在长春开展了一次测量激光束的大气闪烁野外实验。王大珩还为安徽光机所选定环境光学学科的重要方向,根据该所的学科特色和国家需求,提出希望研究所在这方面做出贡献,成为国家环境监测的尖兵。

安徽光机所成立后,先后承担了多项国家重点科技攻关项目、国家863计划项目、国家973计划项目、国家自然科学基金项目、中国科学院方向性及地方攻关项目,并在大气光学、环境光学、光学遥感、激光技术等学科领域,取得了许多重大科技成果,培养了一大批优秀人才,在推动国家科技进步、促进经济发展、维护国家安全等方面做出了重要贡献。1990年安徽光机所建所20周年之际,王大珩鼓励研究所要继续做好工作,提笔写下:"继往开来、群策群力、团结奋斗、力争上游!"1998年2月14日,王大珩再次为安徽光机所题词:"发扬高新科技优势和特色""面向知识经济时代之需求""当好国家创新体系的尖兵"!

王大珩心里始终牵挂着几个光机所的长远发展方向,1972年10月,王大珩曾经给周恩来总理写过一封信,希望国家能加强国防光学力量,在信中,他对光学系统几个所的任务方向提出如下建议:

（a）长春光机所（1018所） 做为这个系统的综合研究所。

（b）大邑光机所（三线） 逐步建成为从事光学跟踪仪器的专业所。

（c）西安光机所 按照过去传统以面对二机部及21基地所需光学装备为主攻方向。

（d）安徽光机所 从事大能量气体激光的研究及大功率固体激光的热冲击试验。从事大气光学等基础科研以及上述激光试验有关的工程技术项目。

（e）上海光机所 按现在开展的激光科研项目继续作为所的方向，可与上海市同共领导。

……①

在发展国防光学的过程中，长春光机所调派人手、力量分建或援建了一批相关的研究机构。这些研究所成立后，肩负了艰巨的任务，开展了相关研究。他们在各自开辟的战场上开展了一系列自力更生的研究工作，在当时有效打破了国外的技术封锁，取得了技术上的独立，培养出一批优秀的科研队伍，增强了国家的军事力量。王大珩曾经算过这样一笔账：这几个研究所研制出来的大大小小光学设备有数百台，无论是大型电影经纬仪、高速摄影机还是其他光测设备，如果当时用外汇向发达国家购买，花费将在两亿美元以上，而这笔钱已相当于国家对这几个研究所建所以来投资的总和。这样的成就实在令人惊讶、赞叹！

根据国家建设的需要，长春光机所在学科、专业技术等方面进行了多次集中和调整。长春光机所的所志中记录了该所分建或援建单位的情况。据统计，在研究所历史上有四次援建、三次大分建和支援，"分出或支援有关单位的事项有近二十次，涉及人员有两千

---

① "王大珩给周总理关于国防尖端光学技术方面的若干问题的信"（1972年10月），存于长春光机所档案室。

多人！"[1]

长春光机所的四次援建，第一次是在1961年，由副所长龚祖同带领一支队伍，在大西北的土地上组建了西安分所，从事高速摄影机研制任务。

第二次援建是在20世纪60年代初期，那时候长春光机所正在开展以龚祖同挂帅承担研制的2.16米大型天文望远镜研究任务。这项任务提出于1958年，启动于1959年，王大珩是研制倡议人之一。1963年，中国科学院在调整学科任务部署后，将"216"研制任务转到南京天文仪器厂，并将研究所里从事该领域研究工作的10名科研人员转移到了南京。

1989年，王大珩（右）与潘君骅参加2.16米天文望远镜落成典礼

长春光机所的第三次援建是在1964年，姚骏恩等14名从事电子显微镜研究的科研人员被并入中国科学院科学仪器厂，从此，长春光机所不再进行电子显微镜技术领域的研制工作。

第四次援建是在20世纪60年代末，光机所派卢国琛帮助筹建安徽光机所；到1976年，所里从事大气光学的7名科技骨干连同有关设备一起迁往安徽，参加组建大气光学研究室。

三次大分建，第一次分建是于1964年成立上海分所，从研究所分出骨干力量250余人。第二次分建是在1965年，长春光机学院独立建制，与研究所脱离，并从所里分出260余人。第三次分建是在1973年，由研究所分遣438人前往四川大邑组建解放军第1019研

---

[1] 《所志》编委会.中国科学院长春光学精密机械与物理研究所所志（1952—2002）[M].长春：吉林人民出版社，2002：16-17.

究所（即光电技术研究所）。

除了上述几次大型援建或分建外，光机所自20世纪50年代起，先后派出大量科技人员支援多家单位的光学科技发展。

从长春光机所分建、援建来的机构，自建成以来，争相承担国家重大任务，积极开辟新的研究领域，做出了巨大贡献。这些研究所之间有合作、有竞争，但是他们都愿意"拧成一股绳"，为国家的光学事业发展共同出力。这些研究所里的老中青职工，都尊重王大珩，记得他的事迹，许多人提起王大珩，都亲切地称呼他是"老所长""老领导"。王大珩也是想尽办法，支持这些机构的建设和发展。

进入2000年，国家在高技术领域大量投入，王大珩常常鼓励各个光学机构加入高技术领域的研究中，既要发挥特长，也要开辟新学科。他亲力亲为，包括去和中国科学院领导谈，去与研究所负责人讲，在公开会议上提，等等，他鼓励这些机构去争取适合自己单位的项目，但又提醒他们之间要有序竞争，以合作为主，避免恶性竞争和资源浪费。曾担任过科技部副部长、中国科学院副院长的曹健林记得，他在担任中国科学院院长助理期间，有一次王大珩来找他商量事情，特意请他去位于北京黄庄的快餐店吃了一顿炸鸡，吃饭时，王大珩说起要让长春、上海、西安、成都的这几个光机所联合起来去"争任务"，多多合作，扬长避短，最大限度地发挥各单位的长处，以实现光学系统的联合发展。曹健林依然记得那时已经高龄的王大珩为了各所健康发展殚精竭虑的一片苦心[1]。

回首往事，人们犹记得20世纪50年代初期长春市铁北地区那片坑坑洼洼、泥泞不堪的大工地。如今，飞速发展中的长春光机所早已焕发出新颜，已建成以知识创新和高技术创新为主线，从事基础研究、应用基础研究、工程技术研究和高新技术产业化研究的多学科综合性基地型研究所。伴随着研究所的成长，研究所走出了一批又一批优秀的科学家。他们在国家重要的科研机构、岗位上开创

---

[1] 2017年6月22日，胡晓菁、董佩茹访谈曹健林，采访地点：长春。

了一番事业，为国家科技工作做出贡献。

2002年9月16日，王大珩在长春光机所建所50周年庆祝大会上讲话
（左起：丁衡高、王大珩、江绵恒、胡世祥）

第十一章
新时代 新思考

一、探索颜色体系

王大珩是一位应用光学专家，他认为，光学研究应是综合性的，光学仪器的制造更需要结合多门学科、多种理论。与光学关系紧密的有色度学，因为常被用于光学成像质量评价中，所以王大珩对这门科学有诸多研究。

色度学是研究人的颜色视觉规律、颜色测量理论与技术的科学，是一门以物理光学、视觉生理、视觉心理、心理物理等学科为基础的综合性科学。人们眼中所反映出的颜色，不单取决于物体本身的特性，还与照明光源的光谱成分有着直接的关系，人们眼中反映出的颜色是物体本身的自然属性与照明条件的综合效果。王大珩留学英国期间，曾经跟随国际色度学权威之一莱特（W. D. Wright）教授学习过色度学的有关知识。在莱特教授的指导下，他参加了色差阈值研究中的观测试验，这是他对色度学认识的开始，此后他也未间断过对这门学科的探索。王大珩领导下的长春光机所，早期开展色度学、颜色体系的探索，其中一项具有代表性的工作就是20世纪70年代初承担的"彩色电视会战"任务，这也是全国电视领导小组领导和第四机械工业部具体组织部署的一项政治性任务。

电视诞生以前，我国最重要的宣传工具是广播。1958年10月1日，我国用自行研制的第一辆黑白电视转播车，转播了在天安门广场举行的庆祝中华人民共和国成立9周年阅兵典礼、群众游行和焰火晚会，引起了轰动。"文化大革命"期间，本该得到发展的广播电视事业不得已停顿了。20世纪70年代初，中国开始发展彩色电视广播事业，全国兴起了轰轰烈烈办电视的热潮。其中一项研究工作，就是要让彩色电视的画面呈现出正常的色彩。因为那时候彩色电视复原技术的不成熟，人们打开电视，常常会看到屏幕上呈现的是猪肝色的人脸、长满绿毛的"红色"衣服……这样失真的效果，显然既不能满足人民的收视需求，也不能反映电视放映的真实效果。

为了让彩色电视播出逼真的画面，全国电视领导小组布置了相关的研究任务，要求有关单位解决相关问题。

彩色电视会战涉及的内容比较多。摄像要反映出红、绿、黄、蓝等色彩，还有明暗、明度甚至鲜艳度这些情况。彩色电视要客观地显示事物的颜色，就要求显色系统会测量，这就需要用色度学知识建立测色系统，从而进行测量。要解决这些问题，关键就在于彩色电视的摄像机系统。摄像机不能是普通的变焦镜头，而是要有分色棱镜，还要会调整镜头的亮度曲线。这既涉及光学设计知识，还涉及色度学和手动学知识。而懂得这一套的人，当时全国上下只有数得着的几位专家，王大珩便是其中之一，且长春光机所还有承担任务的人员和设备。因此，上级单位提出让长春光机所来承担这一项目，以彻底解决这个问题。王大珩了解情况后，认为要用色度学的方法来解决问题。他部署了研究所的蒋筑英、冯家璋、禹秉熙、冯秀恒，以及南开大学的母国光等人来研究这个课题，重点是光度、色度、变光距等问题。

为了搞明白彩色电视的工作原理，并吸引、动员更多的人加入这项工作中来，1973年，在广播事业局的授意下，在长春和西安联合举办了彩色电视学习班，学习班以设计变焦镜头彩色摄像机为课题，王大珩在学习班上向来自全国几十个单位的科技工作者讲授了色度学原理、手动学、彩色还原浮现等问题。这个学习班大约举办了三周，来自全国光学行业的科研骨干，在学习班上学习颜色的测色系统，了解彩色电视怎么回事，学员从三基色开始，翻出红绿蓝三个滤光片的光谱曲线，设计分色棱镜，光按照光谱曲线射出来，大家在学习班上共同探讨了用何种方式可以让彩色电视屏幕上显现出绚丽而真实的彩色图像来。

在研究所组织的颜色问题学习组的讨论中，王大珩的学生、后来被誉为我国知识分子楷模的蒋筑英（1938—1982）提出，要用校色矩阵来解决色复原质量问题的方案。蒋筑英是浙江杭州人。

1956年，年轻的蒋筑英考上了北京大学物理学系，在这所古朴而美丽的校园里学习了物理学基础知识。1962年，大学毕业后的蒋筑英来到长春，投身应用光学研究，成为王大珩门下的一名研究生。一开始，蒋筑英是被研究所作为光学成像质量评价的专门科学人才来培养的，他在光学设计、光学加工和光学检验等方面都有所突破。他的专长是研究并建立先进且实用的光学传递函数测量装置。1965年，蒋筑英研制出我国自行设计制造的第一台光学传递函数测量装置，并在此后根据这些工作建成了一个现代化的实验室，光机所发展出一个国内光学镜头检验的基地。

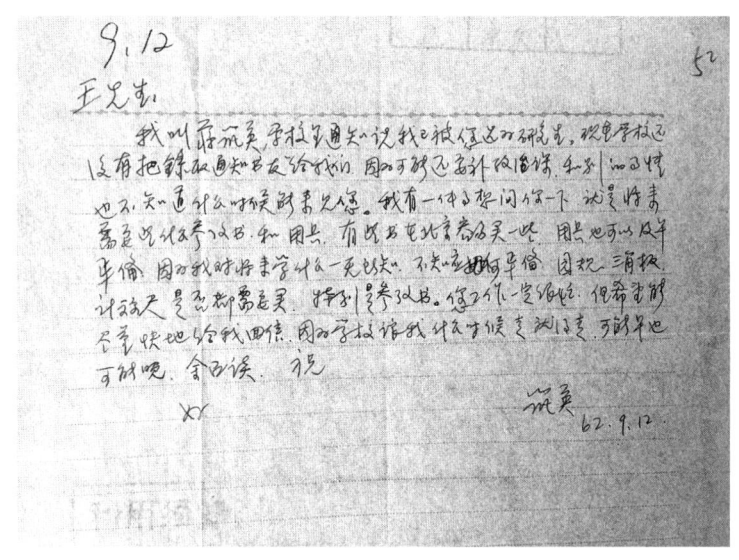

1962年9月12日蒋筑英与王大珩的通信

在王大珩的组织和指导下，所内科技人员蒋筑英、冯家璋、禹秉熙三人分工合作，着手设计彩色电视摄像机校色矩阵。这个工作主要是光学设计方面的，冯家璋和禹秉熙设计出红绿蓝三基色光谱区别曲线，在此基础上蒋筑英编写了"彩色电视摄像机校色矩阵最优化程序"。后来北京电视台用这个程序进行了现场试验，当绚丽多彩、清晰逼真的画面在电视屏幕上复现出来时，在场的人都震惊了。王大珩带着光机所的科研骨干设计出的彩色电视摄像机的分色棱镜和电学矩阵网络，解决了当时彩色电视中的彩色复现问题。据禹秉熙回忆[①]，王大珩的动手能力很强，在他们设计光学矩阵的过程中，王大珩具体指导了工作。禹秉熙常常看到王大珩只用一把计算尺、一支笔、几张纸就能算出复杂的曲线，而那个年代，既没有高速的电脑计算机，也没有可以借助的电子软件；在大家面对复杂的图形一筹莫展、不知道从何处下手的时候，王大珩总是能想出最简便的办法，用娴熟的笔法，迅速绘出高速曲线的图像。王大珩还根据学习班的内容，专程编写了《彩色电视中的色度学问题》一书，成为当时研究色度学方面有价值、有意义的资料。

王大珩非常器重蒋筑英，他看重蒋筑英在光学研究上的才华，欣赏他不计个人得失、心无旁骛投入研究工作的毅力。当他得知蒋筑英出国访问只带几包榨菜，把餐费补助的钱省下来给所里买资料和设备的情况时，他十分赞赏这位青年人不怕吃苦、一心为公的精神。王大珩是将蒋筑英作为青年一代中的重点骨干来培养的，他特意请1956年便来所工作、在光学设计上有专长、从事过多项国防光学实际工作的薛鸣球帮助他培养蒋筑英。蒋筑英为人正直、性格刚烈。在特殊时期，光机所有人抨击老科学家，蒋筑英第一个出头，强烈反对，绝不允许任何人把矛头指向王大珩等老科学家。蒋筑英几乎把全部精力都放在工作和帮助别人上，顾不得个人健康和休息，因为过度劳累，1982年6月15日，蒋筑英在赴成都执行科研任务时，突发疾病离开了人世，终年44岁。据薛鸣球的女儿薛凡回忆，因父亲当时调到西安工作，姐姐在外上学，只有母亲李品新和自己在家，蒋筑英临走去成都出差的前一天，还惦记着薛家的下水道坏了，下班后便带来工具帮忙维修，她和母亲都没想到这竟然是和蒋筑英的诀别。

爱徒逝世的噩耗传来时，王大珩正在北京友谊宾馆开会。听到这件事，他顿时愣住了，感到强烈的不可置信，立刻便要打电话回

[①] 董佩茹、胡晓菁访谈禹秉熙，采访时间：2017年6月9日，采访地点：长春。

长春核实这一消息是否真实。情急之下,这位花甲老人一口气从二楼跑到了五楼,竟忘记宾馆有电梯。当他听到蒋筑英确实永远离开人世的消息后,泪水不住地从他眼中涌出,他伤心不已,捶胸痛呼:这是从何说起呀!

王大珩暗暗自责平时对学生关怀不够,他心里常常想着,要是蒋筑英的生活条件好一点儿,要是他早一点儿发现蒋筑英身体不好催促他去治疗,也许他就不会那么早离开了……在此后的许多年里,他一直思念着爱徒,想念他的音容笑貌。每一次回长春,他一定要抽出时间探望蒋筑英的家属,他还为这位优秀的学生写下了许多纪念的文字。他号召长春光机所的同志,号召全国同行们向蒋筑英学习:

王大珩(右)与蒋筑英(左)

> 蒋筑英同志的事迹是感人的,品德是高尚的。
>
> 我认为,学习蒋筑英,应该学习他对共产主义的坚定信念和鲜明的革命立场。
>
> 学习他对祖国的无限忠诚,对社会主义事业的主人翁责任感和不断前进的创业精神。
>
> 学习他忘我无私,胸怀全局,不计名利,严于律己,乐于助人的崇高品质。
>
> 学习他刻苦钻研,治学严谨,勇于创新,手脑并用,学以致用,诲人不倦的优良学风。
>
> 学习他艰苦朴素,勤俭办事业的朴实风尚。
>
> 学习他善于利用时间,抓住问题要害的高效率的工作和学

习方法。①

蒋筑英的离去，在社会上也掀起了巨浪。人们惋惜他的离开，钦佩他为科学事业奋斗终生的精神，钦佩他从不考虑个人待遇、一心扑在工作上的奉献精神。通过蒋筑英，一些人开始思考知识分子的地位和待遇问题。时任中共中央政治局委员的胡乔木于1982年11月29日在《光明日报》发表文章《痛惜之余的愿望》，痛心蒋筑英等科学家因为劳累倒在了工作岗位上："我们为什么不能更早地注意到他们的病情，在来得及的时候挽救他们的生命呢？我们为什么不能更多地采取一些严格的'强制措施'，让他们得到稍为好一些的工作和生活的条件，得到比较接近于必要的休息呢？"②社会上也举行了很多纪念蒋筑英的活动。各大报纸、刊物对蒋筑英的事迹进行了报道，号召人们学习他不计名利、甘于奉献的科学精神。1992年，导演宋江波还执导了一部电影《蒋筑英》，讲述了蒋筑英的思想和事迹。

1995年9月，王大珩来到蒋筑英的家乡，陪同的有蒋筑英的另外一位老师薛鸣球，他们在杭州抚宁巷小学为孩子们讲述了蒋筑英的事迹。回忆起爱徒的音容笑貌，王大珩满怀深情地写下了：蒋筑英是青少年们学习的榜样；学习他无私奉献专门利人的雷锋精神；学习他刻苦学习贡献祖国的远大志向；学习他认真求是创新进取的科学态度；学习他勤奋节约

1996年，王大珩在蒋筑英的母校杭州抚宁巷小学

---

① 王大珩. 怀念蒋筑英同志 [N]. 光明日报，1982-12-02.
② 胡乔木. 痛惜之余的愿望. 转引自：中共吉林省委宣传部，中国科学院长春光机所. 蒋筑英[M]. 长春：吉林人民出版社，1983：3.

讲求效益的朴实作风。

蒋筑英离去了，但王大珩和他领导下的长春光机所未停止对"颜色"的探索。逼真的颜色不仅仅是彩色电视行业所需要的，也是其他各行各业都需要的。尤其是颜色与光学有着千丝万缕的联系，制定颜色标准化，也是光学工程中极其重要的一环。王大珩深入讨论了彩色电视中的色度学问题，主要是彩色还原问题。他还倡议制定标准化方案来解决色度学研究中遇到的各种各样的问题。

标准化是指在经济、技术、科学和管理等社会实践中，对重复性的事物和概念，通过制定、发布和实施标准达到统一，以获得最佳秩序和社会效益。颜色，应该有固定的标准。这是一项涉及领域广泛、科学内涵丰富的工作，是颜色科学中很重要的一环。如果没有标准化制定，那么，呈现在人们面前的，将有五花八门的红色、各式各样的绿色、深浅不一的黄色……

虽然我国早就对颜色标准进行了一些初步的实践，例如20世纪50年代，中国科学院编译出版委员会名词室曾经出版了《色谱》一书，该书涵盖了1631种颜色，并对其中的625种颜色进行了命名。但此书在研究中，选取的色样缺乏科学数据，既没有统一的颜色标准样品，也没有建立起可靠的颜色体系，如此一来，红色就有各种各样的红，绿色也有深浅不一的绿……随着国民经济的高速发展和人民生活水平的不断提高，无论是生产还是人民生活，人们都需要更多的颜色样品，需要制定统一的颜色标准，对颜色的研究因而被提高到了重要的位置。

"文化大革命"结束以后，王大珩积极参与的一项科研工作，就是进行颜色标准化研究，他为这一行业做了相当多且十分突出的工作。1988年5月，他主持筹建颜色标准化组织（在全国颜色标准化技术委员会成立后担任主任委员），10月，倡议开展中国颜色体系研究和建立中国颜色体系标准，并亲任课题负责人。在确定研究方向时，他提出做中国人眼颜色视觉实验，以便研究成果具有自主知识产权；在寻求立项和经费支持时，他或亲自出马或给有关部门写信，得到了国家科委、国家自然科学基金委员会和中国科学院的支持。1989年，在国家自然科学基金委员会、国家科委、国家技术监督局的资助下，我国开展了"中国颜色体系问题研究"项目研究。同年，在国家技术监督局标准司的赞助下，成立了全国颜色标准化技术委员会（SAC/TC120）[①]，直属国家标准委员会领导，王大珩当选为主任委员。在他的领导下，全国颜色标准化技术委员会负责全国颜色领域的基础和产品标准化归口管理工作，向国家标准委员会提出颜色标准化工作的方针、政策和技术措施等建议，组织颜色领域相关国家标准的制定、修订及复审。该组织成立以后，参与修订了许多重大国家基础标准。例如，1989年3月，王大珩在出席全国政协会议讨论《中华人民共和国国旗法》时，了解到不同厂家生产的国旗颜色不一致的情况，他当即就写信给全国人大法律工作委员会（2018年更名为全国人大宪法和法律委员会），说明制定国旗技术标准和颜色标准的意义与必要性，象征着国家、民族的国旗，必须有统一的颜色标准！王大珩的建议受到了有关部门的重视，不久后有关部门制定并出台了《国旗国家标准》（GB12982—1991）和《国旗颜色标准样品》（GB12983—1991）。在他的倡议和推动下，《国旗国家标准》《国旗颜色标准样品》等国家标准也很快制定完成。

在王大珩的主持和指导下，项目组完成了"中国颜色体系样册"的研制工作，为了研制中国颜色体系样册，他多次到天津工厂现场指导。后来还创建了颜色视觉实验室，"中国颜色体系问题研究"项目于1993年7月24日通过了由国家自然科学基金委员会、中国科学院联合主持召开的成果鉴定会，获得了较高评价，鉴定一致认为"中国颜色体系问题研究"课题所完成的颜色体系和实物样册的研究在我国是首创，具有我国自己的特点，又可与国际上已有的其他的

[①] 颜色标准化技术委员会的前身是全国人类功效学标准化技术委员会（SAC/TC7）分技术委员会。

颜色体系媲美，达到了国际先进水平。1994年6月10日，"中国颜色体系问题研究"课题通过了国家标准审查，该课题制定的《中国颜色体系》《中国颜色体系样册》作为国家标准被公布实施，中国颜色体系正式建立起来了。从此，涉及国民经济的外贸、纺织、交通、建筑、出版……各行各业的颜色控制、标定和交换，有了科学的颜色定量和进行颜色对比的实物依据。该项目的完成和推广，不仅能为我国国民经济各部门颜色控制的标准和交流提供科学的颜色定量标准，而且可为色度学的发展和颜色标准化工作做大量有益的工作，产生了积极的经济效益和社会效益。2005年，全国颜色标准化技术委员会撰文回忆王大珩在颜色体系中做出的努力："所有这些工作，无不倾注王大珩先生的心血与智慧，大珩先生也因此当之无愧地成为我国颜色标准化事业的开创者和奠基人。"[1]

在王大珩的指导下，长春光机所更是把对颜色体系的研究成果应用于计量、红外、光谱、遥感等多个研究领域，而且都在实际应用过程中达到了预定目标。例如，设计成功多光谱相机，承担"鱼眼成像光谱仪"研究，完成包括《多光谱遥感图像处理的手动学方法》等多篇论文等，取得令人惊喜的成果。

二、出席科教座谈会

20世纪50—60年代，光机所的发展有目共睹，研究所研制出的各类精密机械仪器，不仅满足了民用，更是大量应用于国防光学领域，有力支持了我国的国防建设。该研究所不仅在中国科学院内有了一定名气，更是建成了我国首屈一指的光学基地。

1966年，在国民经济调整已经基本完成、国家准备开始执行第三个五年计划的时候，"文化大革命"开始了。国家经济建设、文化生活都遇到了不同程度的破坏和停顿，全国很多机构、知识分子都受

---

[1] 全国颜色标准化技术委员会. 大珩先生与中国颜色标准化事业 // 宣明. 王大珩 [M]. 北京：科学出版社，2005：116.

到了牵连。光机所也不例外,在特殊年代里,科研秩序遭到严重破坏。那时光机所还承担了许多国家重要的军工项目,为了如期完成这些重大任务,王大珩多方奔走,他来到北京,找到了时任中央军委副主席聂荣臻元帅,希望研究所得到保护。在聂荣臻元帅的关怀下,1967年7月,中国人民解放军驻长春部队奉中央军委命令进所实行军事保护,12月,光机所实行了军管,是当时全国唯一受到军队保护的科研单位。尽管有聂荣臻元帅的保护,光机所还承担了大量的国防科研任务,但还是经历了一场不小的浩劫,许多科技专家受到冲击,给研究所的正常科研工作造成了极大干扰。

在全国"清理阶级队伍"的声音下,光机所里许多到国外去过的或者过去跟国民党有点儿关系的人都莫名变成了"特务",所里的科技干部、领导班子中大多数人都受到了冲击,"六个人,四个被打成'走资派、复辟派'"[①],像所里德高望重的老领导、中国科学院院士(学部委员)吴学蔺,以及曾保护了"150-1"样机不被破坏[②]的老党员、老专家龙射斗都被无辜关押。不仅如此,许多干部、科技人员不得不离开工作岗位,举家下乡插队落户,例如当时的副所长、老专家张作梅就曾被下放到农村插队。还有的骨干人员被停止工作,或是去农场接受"劳动锻炼",或是被发配到车间接受再教育。"文化大革命"结束以后,光机所职工回顾往事,震惊地发现,在特殊时代里,光机所里许多干部、科技骨干无辜蒙受了不白之冤[③]。"文化大革命"后复查的结果证明,这些"特务"案全部都是冤假错案。

在这期间,研究所的正常科研秩序受到破坏,王大珩本人的事业也受到了极大影响。"文化大革命"初期,他先是带着一支队伍在北京从事"6711"项目的研制工作。1969年以后,国防光学研究

---

① "邓副主席在科教工作座谈会的讲话和插话",存于中国科学院档案馆。
② 李培才.太空追踪:中国航天测控纪实[M].北京:中央党校出版社,2005:17.
③ 王扬宗,曹效业.中国科学院院属单位简史(第一卷 下册)[M].北京:科学出版社,2010:1062.

院（后被命名为国防科委第十五研究院）解散，王大珩回到了长春，1971年他担任革委会副主任。虽然头上挂着领导的头衔，但他的处境并不好，一直受到排挤。他被别有用心的人比作电影《海港》里的反革命分子钱守维，被所里的当权派扣上了一系列"大帽子"，还被公开点名批判[1]。对他的安排，名曰"三同"，实为"监督劳动"[2]。王大珩与受到不公正待遇的职工们一同参加劳动，为了能参加所务工作，他甚至主动去扫厕所。1976年，上级部门指定要王大珩去北京参加毛主席纪念堂水晶棺的研制和照明系统的设计任务，也遭遇到某些人的阻拦，直到国家计委单独点名后，才得以放行。

光机所的这种状况一直持续到科学和教育工作座谈会召开后才得以彻底解决。王大珩在会上提出了问题，在邓小平同志的亲切关怀下，困扰研究所数年的科研秩序逐步恢复了正常。

王大珩十分佩服邓小平同志的高瞻远瞩，他盛赞邓小平同志是一个真正伟大的马克思主义者，是一位关心科技和科技人员的伟人！[3]1977年8月4—8日这次载入史册的科学和教育工作座谈会，更是王大珩心中永远忘不了的一件大事。这次座谈会上谈到了尊重知识、尊重人才，谈到了抓科研、抓教育，并提出要恢复高考，这次会议阐明了中国长期发展要依靠科技和教育。

1977年8月，王大珩接到上级通知，要到北京参加一个会议。但当时并没有人告诉他要参加的是什么会议，会议的议题是什么。他带着疑惑，简单收拾了行装，来到了北京饭店报到。

在饭店的报到桌前，王大珩拿到了参加会议的名单，这才知道一同来开会的30人都是来自各高校、科研机构的老、中、青教育和科学工作者，其中有一些还是他的老朋友。参会的物理学家沈克琦

---

[1] "长春光机所在全国科学大会上的发言稿及相关贺信"，存于中国科学院档案馆。
[2] "长春光机所在全国科学大会上的发言稿及相关贺信"，存于中国科学院档案馆。
[3] 王大珩.关心科技和科技人员的伟人// 张玉台.邓小平与中国科技[M].福州：福建科技出版社，1997：190-191.

教授回忆，当时发放到各人手中的参会人员名单写得非常简单：

> 座谈会名单标题只是《名单》二字，前4页都是所请专家名字，上面内容为"姓名""年龄""政治面貌""职务""专业""单位"几项。第5页则为出席会议领导和工作人员名单，只有两项内容"姓名""单位"。①

这是一次不同寻常的会议。1977年8月4日一大早，在工作人员的引领下，王大珩来到了人民大会堂台湾厅，知道来参加的是由刚恢复工作的邓小平主持的全国科学与教育工作座谈会。

邓小平非常重视科技的发展，曾多次视察过长春光机所。王大珩对邓小平充满了感激，2004年，在为纪念邓小平同志百年诞辰出版的《春天长在 丰碑永存：邓小平同志与中国科技事业》一书中，王大珩感慨：半个世纪以来，自己和小平同志的接触，是他一生中最美好的回忆。

> 1964年7月10日，小平同志第二次来光机所，那时光机所正值大发展和不断取得科研成果的时期，我陪同小平等中央领导同志，再次参观光机所。他对长春光机所从建国初期的艰苦创业，到1960年之后的蓬勃发展，是有很深刻的印象的。他对长春光机所发展之快表示满意。我向小平同志汇报了我所光学工程事业的进展，得到小平同志的嘉许。当小平同志听到光机所研制成功的红宝石激光器，仅比世界上第一台激光器晚十个月时，连声称赞说："好！好！大涨了中国人的志气。"不用说，我的心里是热乎乎的，无形之中也形成一种对小平同志的亲切感。②

---

① 陈芳. 历史转折的标志——沈克琦先生忆1977年全国科教座谈会 // 中国人民政治协商会议北京海淀区委员会. 海淀文史选编·第14辑[M]. 2007：3-4.

② 王大珩. 美好的回忆和感受 // 宣明. 王大珩[M]. 北京：科学出版社，2005：19-22.

在 1977 年的这次科学和教育工作座谈会上，王大珩再次见到了他所仰慕的邓小平同志。其实早在这次会议之前，邓小平便在思考中国的发展方向问题，他为中国的前途感到忧虑，他认为，中国和国外比在很多地方有差距，要实现"四个现代化"要从科学教育入手。他对相关的同志说道："最近准备开一个科学和教育工作座谈会，找一些敢说话、有见解的，不是行政人员，在自然科学方面有才学的，与'四人帮'没有牵连的人参加。"[1]

不少与会人员后来都撰写回忆文章，提到了参加科学和教育工作座谈会的情景。对每一位参会人员来说，这都是一场毕生难以忘怀、永远铭刻在心的会议。这次会议是一次转折性会议，对重新定义中国的未来，对科技和教育走上新的起点起到了很大的作用。

在 8 月 4 日上午的第一次会议上，邓小平做了重要讲话，他说明了这次会议的目的，邀请大家一起研究和讨论怎样才能把科学研究搞得更快些、更好些，教育事业要怎么搞才能适应四个现代化建设的要求、适应赶超世界先进水平的要求。会议上，邓小平认真地向每一位与会人员了解情况，听取他们的意见。一开始，大家尚未敞开心怀，刚刚恢复工作不久的老教授还心有余悸，表现得谨小慎微。但在邓小平有意识的动员和激励下，大家渐渐放下了思想包袱，开始畅所欲言。邓小平号召科学家和教育家们抓紧时间、迎头赶上，要花很大的力气，把损失的时间抢回来。小平同志的话让与会人员受到了很大的激励，大家纷纷发言，要把在心里憋了十年的话全部都讲给邓小平听。

这是一个畅所欲言的座谈会。三十几位教授和科学家控诉了"四人帮"残酷迫害科技人员的罪行，要求澄清教育战线 17 年究竟是红线还是黑线；有的建议高等学校招生恢复考试制度；有的提出给工农兵学员补上基础课；有的呼吁关心和改善

---

[1] 顾迈南. 报国：回忆我所采访的科学大家 [M]. 北京：中共党史出版社，2011：30-31.

中年科技人员的生活待遇;有的希望重建国家科委,主张恢复六分之五的科研时间……①

王大珩的心中有千言万语要向敬爱的小平同志倾诉。他想到了"文化大革命"灾难深重的十年,自己的心中曾经压抑了无数的愤懑,但是他顾不得说自己个人的经历,而是和小平同志汇报起了长春光机所的情况。

"文化大革命"的摧残对长春光机所是沉重的打击。在此期间,对长春光机所破坏最大的是某些军代表的胡作非为,光机所里正义的群众纷纷向上级反映情况,引起了中国科学院的重视,但一时间问题尚未完全解决。早在1977年6月25日,王大珩已经在中国科学院的工作会议上,以《一场触目惊心的灾害》为题,对某些人的胡作非为进行了一番控诉,他提到,某些人至今仍顽固地坚持错误立场,阻碍长春光机所的行动,他诚恳请求上级派工作组进驻研究所,帮忙解决问题。

时隔不久,在这场科学和教育工作座谈会上,王大珩再次对长春光机所遭受的苦难表示了痛心,他说,"文化大革命"对长春光机所的仪器设备、实验室破坏很大,对科研人员无法做到合理安置,科研人员的工作积极性被严重挫伤。例如,他提起了上海光机所激光研究停滞不前的事,他说,自己的学生王之江有很高的光学设计水平,在激光研究方面能力更出众,他曾研制出我国第一台红宝石激光器。但所里的风气问题,加上激光器研究课题下马,以及他个人的政治成分等问题,导致他只能放弃激光器研究,为此他甚至心灰意冷,十分可惜。另外一件事是,光机所的科研人员不能正常在岗,由现役士兵负责操作高级仪器设备,而军队人员流动太快,他们往往刚学会使用仪器便要离开所里,高级仪器设备发挥不了应有的作用,造成了很大的浪费。他更是告诉小平同志,在特殊年代

---

① 顾迈南,杨建业. 运筹帷幄 决胜未来[J]. 瞭望,1984,41:9.

中因阶级斗争扩大化和某些人的胡作非为，长春光机所成了"重灾区"，恳请上级部门帮助解决问题。

王大珩把研究所里的情况一五一十地说给了小平同志听。王大珩反映，某些掌权的人强迫知识分子"下乡"，不让他们返城，剥夺了他们做科研的权利，在光机所和省内外科技界造成了极坏的影响。上海光机所、西安光机所、安徽光机所等兄弟单位受牵连、受影响尤其严重。虽然省委已经开展了一些工作，但坏影响并没有消失，还要努力战斗、打开局面。王大珩在会上所控诉的情况，激起了与会人员的极大愤慨，邓小平当即便表明了态度。有文献这样记载：

> 邓小平听了，十分气愤，他当即转身对在座的科学院负责人方毅说："就从吉林那里着手，与王恩茂通个电话，请他们指定人专门解决科技界的问题。像吉林光机所的军代表动不动就把人送公安局那样的问题，要抓典型调查，集中解决，要把整个冤案平反。先平反再说，个别有问题的另作处理。"[①]

在邓小平的关怀下，长春光机所的问题在短时间内便得到了解决，倒行逆施者得到了惩戒，冤案得到了平反，长春光机所很快便恢复了正常的科研工作秩序。王大珩在科学和教育工作座谈会上的发言，引起了领导人的重视，对长春光机所乃至吉林省科教界秩序的恢复都起到了作用。

汇报完长春光机所的情况后，王大珩和其他与会人员一起，与邓小平详谈起了要尊重知识、尊重人才，要抓科研、抓教育，他们还谈到了要恢复高考。这次的科学和教育工作座谈会，虽然与会人员不多，规模不大，却是一次被载入史册的会议。科学家和教授们的发言，谈到了中国未来的发展要依靠科技和教育，为后来举行的全国科学大会确定了许多大政方针。

---

① 顾迈南.报国：回忆我所采访的科学大家[M].北京：中共党史出版社，2011：33.

三、参加全国科学大会

不久，王大珩作为来自全国科学界的 6000 名代表之一，参加了 1978 年 3 月 18 日在人民大会堂举行的一次空前的盛会——全国科学大会。这次大会，也被认为是中国现代科技事业的一个里程碑事件。在这次拨乱反正、气势恢宏的科学大会上，邓小平发表了重要讲话，他指出四个现代化的关键是科学技术的现代化，并着重阐述了科学技术是生产力的观点。会上，邓小平首次提出了知识分子也是工人阶级的一部分。邓小平的讲话让与会的科技英豪们十分激动，王大珩感到这次大会"给我们从事科学技术的工作者指明了努力的方向，确实感到科学的春天到来了"[1]。

王大珩斗志高昂，他代表长春光机所的职工们在全国科学大会上介绍了研究所的情况，他慷慨发言，强调了全所职工将为实现四个现代化而努力奋斗的坚定决心。

> 长春光机所正在发生着深刻的变化，广大科技人员欢庆获得了第二次解放，精神振奋，斗志昂扬，科研生产逐步上升。最近，我们已经拟定了一个远景发展规划。我们设想要在八年内，把光机所建成一个包括四个分所和一个相对独立的实验工厂的光学和光学工程的研究基地。在本世纪末，光机所将要发展成为具有世界第一流水平的光学研究中心。我们决心响应华主席和党中央的伟大号召，为把我国建设成为伟大的社会主义现代化强国而奋斗。我们决心乘这次全国科学大会的东风，奋勇前进，为我国实现四个现代化作出新的贡献。[2]

王大珩记得，会议闭幕前，播音员宣读了郭沫若院长的发言《科学的春天》："这是革命的春天，这是人民的春天，这是科学的春天！让我们张开双臂，热烈地拥抱这个春天吧！"激动的泪水盈

---

[1] 王大珩. 美好的回忆和感受 // 宣明. 王大珩 [M]. 北京：科学出版社，2005：19.
[2] "长春光机所在全国科学大会上的发言稿及相关贺信等"，存于中国科学院档案馆。

满了王大珩的眼眶……

全国科学大会之后，随着恢复科研机构的学术委员会、恢复技术职称、重建国家科委、恢复国内外学术交流、进行科技体制改革等一系列有效措施，科学和教育界的积极性空前高涨，全国上下洋溢着一片建设社会主义的热情和勃勃生机。经过一系列的拨乱反正，迎来了全国科学的春天，全国上下掀起了尊重知识、尊重知识分子的热潮，科技工作得以恢复，实验室开放起来，科研经费提高，也开始派遣留学生出国，派出学者对外交流……科技界面貌一新，知识分子们积极投入、努力工作，大家都争着把失去的时间抢回来。

王大珩（左）在指导工作

王大珩和光机所的科技人员们，以雀跃的心情、崭新的面貌，迎着朝阳，热烈欢迎着科学春天的到来。

1977年11月，王大珩担任了长春光机所的研究生招生工作领导小组组长，主持开展研究生招生和培养工作，为新时期的科研工作培养接班人。1978年，长春光机所招收了"文化大革命"结束后的第一届硕士研究生11人。紧接着，1978年8月，长春光机所建立所务办公会议制度，在王大珩主持下，研究所召开了第一次所务办公会，对研究所的科研任务做了部署。当年12月，长春光机所组成了临时学术委员会，指导和把握全所的科研工作方向，王大珩担任学术委员会主任，副主任是吴学蔺、张作梅、唐九华和龙射斗等人。

在所务会和学术委员会的领导下，长春光机所一步步对研究方向进行了调整，主要是消除"文化大革命"中不遵守科学规律带来的坏影响。1980年，研究所进行了机构改革，按照光学材料、光学设计和检验、激光、计量、光电学、机械、光学镀膜、化学分析等学科部署，设置了19个研究室和1个情报资料室[①]。1981年又根据实际工作开展的需要，组合激光光谱技术研究室、光谱技术研究室和光栅刻划研究室的资源，形成了光谱技术研究部。1982年，对研究所进一步调整，增设太阳模拟器研究室和计算中心，全所按照研究方向划分为6个板块，共22个研究（技术）室，两个中心[②]。在此基础上，1983年以后，根据中国科学院体制改革要求，长春光机所把各研究室纳入"部"进行管理，全所陆续被分为应用光学部、光谱技术部、精密机械部、光学材料部、光电工程部、精密仪器部，并筹备成立国家重点实验室等。合理的机构布局充分调动起科研人员的积极性，长春光机所翻开了新的一页，科研生活一步步走上了正轨。

四、光荣入党

全国科学大会以后，王大珩深有一种"是时候了"的感觉——加入中国共产党，是他心中热切渴望的一件事。

王大珩对中国共产党的认识是从学生时代开始的。"一二·九"运动中，他听进步的同学提起过中国共产党。留学英国的时候，钱

---

① 19个研究室分别是：光学材料、化学分析、电真空器件、光学设计及检验、光学信息处理、精密齿轮及传动、轴承及摩擦磨损润滑、激光光谱技术、光学镀膜、金属材料及加工工艺、光学晶体、光学仪器、光电工程、光度与遥感、光谱技术、精密刻划、光电编码技术、光栅刻划、机构学研究室。此外还有情报资料室。

② 技术光学：光学玻璃研究室、光学设计及检验研究室、光学镀膜研究室、光学晶体研究室。现代应用光学：光电器件研究室、光学信息处理及全息术研究室、光学遥感仪器与技术研究室、光学遥感地面实验与色度应用研究室。精密机械与机械学：精密机械传动研究室、精密机械润滑研究室、精密机械材料研究室、机构学研究室。光谱技术与光谱仪器：激光光谱技术研究室、光谱技术与仪器研究室、衍射光栅研究室。光电工程：光电跟踪测量研究室、精密刻划技术研究室、数字化测角技术研究室。技术系统：情报、图书资料研究室，化学技术研究室、太阳模拟器研究室和测试中心、计算中心、工程技术室等。

三强也介绍过陕北的情况。那时候"钱三强自发过来英国,带来了毛主席的《新民主主义论》……"①随着他对中国共产党的认识逐渐增多,他来到大连解放区,度过了一段舒心的时光,切实感受到中国共产党对知识分子的关怀和尊重,对这个组织有了深刻的体验并开始主动去了解。

中华人民共和国成立初期,全国有200多万名知识分子,他们有着很高的爱国热情,渴望了解新社会、了解中国共产党、了解马列主义。王大珩是这200多万名知识分子中的一员,他一边做着本职工作,一边花了许多时间和精力学习新社会的新知识,自我改造思想。经过一番学习,尽管王大珩对许多问题的了解还不够深入,但他感到,自己的想法已经发生了本质性的变化。他感触愈深,积极向党组织靠拢,严格要求自己,更加谦虚谨慎。这些变化是显而易见的,当时组织上这样评价他:

> 思想改造运动中能大胆检查个人自高自大名利思想,和批判对我党错误看法及正统观点、崇拜英美、不关心政治等倾向。抗美援朝运动中积极捐献。②

王大珩在思想上要求进步,在生活上简朴,最难能可贵的是,他时刻帮助、关怀着周围的人。20世纪60年代初,是国家经济最困难的时候,物资短缺。王大珩从未叫过苦,还常常说服家人们要克服困难,他抱着乐观之心:现在的困难都是暂时的。他甚至拿出自己的劳动所得去帮助周围有困难的人,"在学院兼课所得的报酬,第一次一百余元贴补了幼儿园,第二次一百四十余元也坚决不要,让行政上给经常出差生活困难的同志作补助,在群众中的影响是很好的"③。

---

① 摘自王大珩档案中的"入党自传材料"(1978年5月),存于中国科学院人事局档案处。
② 摘自王大珩档案中的"民主人士鉴定表"(1957年10月),存于中国科学院人事局档案处。
③ 摘自王大珩档案中的"王大珩政治思想动向类型材料"(1963年3月),存于中国科学院人事局档案处。

王大珩用实际行动支持光机所党委会的决定，他身体力行，对党委会的决定，他总是率先响应，深入各研究室了解情况，撰写规划，并积极组织推进落实。王大珩把对党的热爱寄托于工作中，他努力工作，促进光机所发展，党组织对他的评价是"工作中事业心强，十年如一日，一贯积极肯干，精力旺盛，劲头很大""在党的教育下思想不断得到改造，并有很大进步，在政治上拥护党的领导，拥护社会主义……"①

王大珩对中国共产党的感情越发深厚，他渴望成为一名光荣的中国共产党党员。早在1956年，王大珩就递交了入党申请书，在很长一段时间里，认认真真接受党的考察，在思想上、行动上，处处以中国共产党党员的标准严格要求自己，他渴望加入这个进步、代表着最广大人民利益的组织。

1961年，光机所党委对王大珩进行了一番考察，认为他已经具备了成为一名预备党员的条件，本拟在当年内接收王大珩为预备党员，却未能马上如愿以偿。1977年，王大珩被评为全国科学大会先进工作者，1978年被评为吉林省劳动模范，1979年被评为全国劳动模范……

> 在党的培养下，我对马克思主义有了初步的认识。更加理解了上层建筑要与经济基础和生产实践相适应的道理；人民作为推动社会进步的主人，要在认识客观世界的基础上，能动地改造世界；要树立革命的人生观；并深感由于专业决定，个人的知识能力是有限的，事业要靠群策群力来完成，一切要服从祖国的需要。
>
> 这些思想引导我努力做到以公为先，不计个人名利，爱惜人才，培养后进，团结协作，以及顺应实际情况，因势利导等，同时也要敢于向错误作斗争……②

---

① 摘自王大珩档案中的"王大珩同志的鉴定"（1964年7月21日），存于中国科学院人事局档案处。

② "我的自述"，王大珩手稿，存于长春光机所档案室。

1978年，已过花甲之年的王大珩再一次向党组织递交了入党申请书。所里两位对党忠诚、思想正直的老党员贾力夫和龙射斗是他的入党介绍人，这两位老同志与他共事多年，对他的思想认识、工作情况也最熟悉。王大珩在入党申请书上郑重地写下了自己的誓言："为实现党的纲领，为实现共产主义事业，努力不懈，积极工作，奋斗终身！"

　　1978年10月16日，经过长春光机所党委批准，王大珩期盼多年的愿望终于实现了，他被党组织接纳成为一名光荣的中国共产党党员（1979年10月转正）。1978年11月2日，长春光机所庄重地举行了王大珩同志入党宣誓大会，中共吉林省委书记高扬出席了大会。在大会上，王大珩热泪盈眶，庄严宣誓，发誓要为共产主义奋斗终身，要为中国的科技事业做出新的贡献！

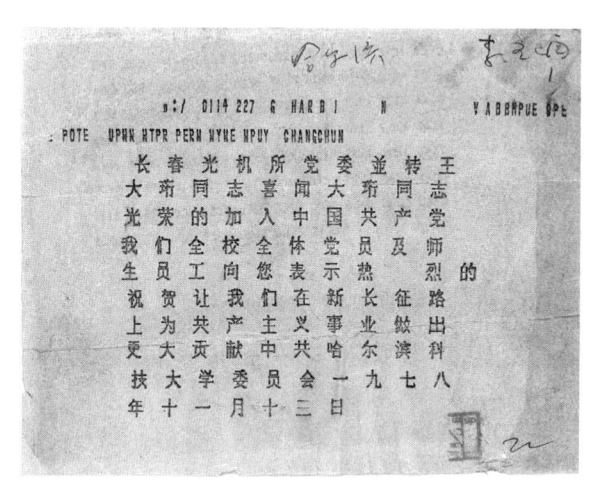

哈尔滨科技大学电贺王大珩加入中国共产党

第十二章
责任在心 光学老又新

一、关注仪器仪表与计量科学

光学老又新,现代光学的发展依赖于经济和工业,扎根于应用。如果说 20 世纪 80 年代以前,中国光学是以任务带动学科,从小型光学仪器制造起步,依据军用光学的需求而发展,那么进入新时代以后,随着国家的飞速发展,以及经济、工业、科学、文教各行各业的发展,光学进入了一个新时代,光学工程应运而生。

拨乱反正之后,王大珩总是迫不及待地想弥补失去的时间。压在他心头的,是挥之不去的紧迫感和沉甸甸的责任。在春风吹遍神州大地后,科学家们的目光放得更长远了。

我国的仪器仪表行业经过半个多世纪的发展,初步形成了产品门类齐全、具有一定生产规模和开发能力的产业体系。但总的来说,仪器仪表作为配件、细节,一直以来被人们看作机器生产的配角。但王大珩认为,仪器仪表和大型机器制造同样重要,且这门科学表现得更精细、精密。在《十二年科技规划》中,王大珩是其中第 54 项"关于发展我国仪器仪表事业规划"的主要执笔人,他还担任国家科委仪器仪表专业组组长,一直都很关心国家仪器仪表事业的发展。

1957 年 10—12 月,王大珩曾作为科学技术代表团顾问组成员访问苏联,在参观了苏联国家光学研究所、列宁格勒光学精密机械学院、莫斯科测量制图研究所等机构后,回国后参照自己的访问心得撰写了报告。报告中关于仪器仪表的部分,他如是提出建议:发展仪器仪表工业,应有统一的领导,才能很好地贯彻仪器仪表规格化、系统化的工作;必须重视电子学技术在仪器仪表科学技术上的应用;应大量收集国际上限产仪器的样本,用作设计参考等。[1]

进入新的时期,王大珩更是抓紧时代要发展的机遇,进一步提出,仪器仪表是认识世界的工具,仪器仪表是信息工具,仪器仪表

---

[1] 陈星旦. 王大珩年谱·文集[M]. 长春:吉林人民出版社,2015:23.

工业是信息工业的概念。在这种理念下，他一直对外呼吁，要大力发展仪器仪表工业。1979年3月，王大珩担任新成立的中国仪器仪表学会第一任副理事长。在学会成立大会上，他动员和组织出席大会的全体科技工作者，向国家计委和国家科委提出了关于加快仪器仪表工业发展的几点建议，建议成立专门的机构，管理仪器仪表工业的发展。这份建议受到国家的高度重视，邓小平同志亲自批示并很快落实了建议。1979年10月，国务院批准成立了国家仪器仪表工业总局，全面管理我国的仪器仪表事业，推动仪器仪表工业的发展。

　　1983年，王大珩参加多国仪器仪表学术会议，并应邀在会议上致辞，为了表达自己对仪器仪表的重视，他发表了一段精彩的讲话，受到与会专家的瞩目。"工欲善其事，必先利其器"，他用了中国的一句老话点出关键，他说，仪器仪表好比工作器具，应用发展的眼光来看待这个问题，"用老的眼光来看，工具就是工具。……用近代眼光来看，则所谓工作器具，从性质上说，应分成两部分，一部分是为完成操作所必需的工具，另一部分是用来对生产进行检测、评价和控制的设备，也就是'仪器仪表'"。王大珩认为仪器仪表的作用很广泛，"一是做人脑及感官系统所做不到的事（例如红外探测、快速观测和控制），成为人脑能力的补充；二是用以代替脑力劳动，把人从一些繁琐、重复、疲惫的劳动中解放出来"[1]。无论是搞科学研究还是进行工业生产，都离不开仪器仪表，仪器仪表的整体水平是综合国力的标志之一，高级仪器仪表代表国家的科技水平[2]。但当时仪器仪表在中国是弱项，好一些的仪器设备许多都出自外国。因此，他提出一个形象的比喻：中国科学技术要像蛟龙一样腾飞，这

---

[1] 王大珩. 在一九八三年多国仪器仪表学术会议上的闭幕词（摘要）[J]. 仪表工业，1983，4：1-2.

[2] 王大珩. 重视我国仪器仪表事业——要从更高更全面的角度认识仪器仪表的重要作用 // 红外与激光工程编辑部. 现代光学与光子学的进展——庆祝王大珩院士从事科研活动六十五周年专集 [M]. 天津：天津科学技术出版社，2003：32-36.

条蛟龙头是信息技术，仪器仪表是蛟龙的眼睛，所以要画龙点睛[1]。他的这番话点出了发展仪器仪表的重要性，王大珩孜孜不倦，致力于提高我国的仪器仪表发展水平。他充分发挥学部的咨询作用，积极为国家提出建议，多次上书。早在1995年，他就与卢嘉锡、杨嘉墀等20位院士针对当时我国仪器仪表工业发展滞后的严峻形势，提出了"关于振兴我国仪器仪表工业的建议"，受到国家领导人的高度重视，并做了重要批示。但因当时在处理建议时，"九五"计划已经制定，所以落实建议的工作未能持续下去。

2000年4月18日，王大珩和杨嘉墀、马大猷、师昌绪、金国藩等11位院士[2]怀着急迫的心情再次上书，提出"我国仪器仪表工业急需统一规划和归口管理"的建议。院士们提到，"对仪器仪表工业急需加强统一规划和宏观调控"，并希望尽快组织"'仪器仪表工业'十五'计划'"规划领导小组，对仪器仪表工业的发展做出规划。同时，王大珩和专家们都认为，"国家应从政策上把现代仪器仪表的发展作为高新技术产业，并给予支持。否则，我国军事、科学技术和国民经济的发展都会受到制约和影响。数年过去，将后悔莫及！"[3]

不仅是提出建议，在得到国家相关部门的批复后，为了让建议落实到实处，王大珩不顾年岁已高，亲自到全国各地出差，对全国部分地区的仪器仪表行业进行调研。

> 王老当时已85岁高龄，却完成了上海、浙江、重庆3地的调查研究。调研期间，每日从早到晚召开座谈会，参观企事业单位，甚至到夜里还在听取汇报，可王老从不说苦说累。重

---

[1] 2015年1月31日，许祖彦在首都光学界纪念王大珩先生诞辰百年、传承大珩精神报告会上的发言。资料存于老科学家学术成长资料采集工程数据库。
[2] 建议人包括：王大珩、杨嘉墀、马大猷、师昌绪、李振声、叶笃正、金国藩、李志坚、应崇福、张钟华、俞大光。
[3] 王大珩.我国仪器仪表工业急需统一规划和归口管理//中国科学院.中国科学家思想录·第1辑[M].北京：科学出版社，2013：422-424.

庆是山城，去任何地方都要爬坡上坎，而王老几乎是在被人架扶下到企业参观的。为了多看一些企业，也是为了感谢企业的盛情欢迎，王老一个下午在重庆参观了4个企业，最后累得连说话的力气都没有，回到北京便住进了医院。①

这次考察回来以后，王大珩领导调研小组写下了长达两万余字的研究报告《振兴我国仪器仪表产业发展的对策与建议》，用工业生产的"倍增器"、科学研究的"先行官"、军事上的"战斗力"、社会生活中的"物化法官"来比喻仪器仪表的重要地位。直至今日，人们赞叹中国仪器仪表行业的飞速发展，都不会忘记王大珩当初的疾呼和努力。

王大珩曾担任国家科委仪器仪表专业组组长、国家计量局顾问，并于1979—1991年代表中国任国际计量委员会委员。一直以来，他对中国计量科技事业的发展十分关心，被同行誉为计量科学技术事业的奠基人之一②。

计量，是一种实现单位统一、量值传递的活动，在我国历史上被称为度量衡或权度。人们在生产、生活、贸易、科学等各行各业，都需要借助计量手段、测量活动来认识事物。计量科学是有关测量知识领域的一门科学。计量学包括的专业和应用范围十分广泛，根据被测的量可分为几何量（长度）、温度、力学、电磁学、电子（或无线电）、时间频率、电离辐射、光学、声学、物理化学（含标准物质）等。国家在生产和生活中都离不开计量标准。例如，飞机要造多长，它的高度有多少米？生产一颗螺丝钉，不同规格对应的大小是多少厘米或是多少毫米？而这里的米、厘米、毫米等计量方式具体又有多长？有没有计量标准？

---

① 肖中汉．王大珩院士心系仪器仪表事业 // 宣明．王大珩[M]．北京：科学出版社，2005：98-100．

② 张在宣．王老与中国计量学院 // 宣明．王大珩[M]．北京：科学出版社，2005：126-127．

我国历代政府都很重视度量衡的统一工作，但因为社会制度和生产力水平的限制，度量衡的标准并没有实现全国统一。尤其是中国近代经历了半殖民地半封建社会，虽然当时国民党政府设立过度量衡局，但因为战争，度量局机构逃散了，国家计量及标准也随之陷于混乱。中华人民共和国成立之初，我国的计量科学发展并不完善，没有自己的计量标准。当时各行业主要以苏联和联邦德国的计量标准作为依据，需要定期将各种计量标准量具送到两国去做检定，再根据检定的结果在全国开展量值传递，指导各行各业工作的开展。

计量学专家、中国工程院院士张钟华回忆那时候中国计量标准要依靠国外的往事时说道：

> 解放战争期间，国家度量衡局逃散了，国家计量及标准也随之流散。我听蔡金涛先生说过，他当时带着国家电讯基准标准电池到了香港，住在旅馆里几个月，不能决定到底去台湾还是回到大陆，最后决定带着标准电池回到大陆。别的计量及标准情况我不清楚，但是料想也会有非常坎坷的道路。当初国家还没有专门的国家计量机构，国家就把维护当时国家计量基准的任务交给了由王大珩先生领导的中国科学院仪器馆，但是这些计量标准当初还是实物，要进行量值溯源，在当时条件下请苏联帮忙是必然的。王大珩先生亲口对我说过，他当时是用棉被包着我国的标准电池，带到苏联进行电值溯源。我不太理解，棉被的保温性能行吗？王先生笑笑说，当时哪有你们现在这么好的条件；你们现在用控温箱、恒温箱，当然比那个年代好得多，但是那时候哪有这些优良设备呢？[①]

随着新中国全面建设展开的需要，没有国家计量标准带来了许多不便。尤其是对仪器制造工作来说，没有统一的长度、温度、电

---

① 2015年1月31日，张钟华在首都光学界纪念王大珩先生诞辰百年、传承大珩精神报告会上的发言。资料存于老科学家学术成长资料采集工程数据库。

学、光度等各种相应的计量标准，工作开展难度很大。20世纪50年代，我国组织了力量进行计量科学的研究。1954年7月10日，中国科学院院务常务会议决定成立中国科学院计量基准工作委员会，由吴有训、严济慈分任正、副主任委员，王大珩与钱三强、秦力生、武衡、陆学善、钱临照、蔡金涛、丁西林、方俊、杨肇燫、叶企孙、饶毓泰等人担任委员。计量基准工作委员会领导并组织了力量进行计量科学的研究工作。

王大珩是国内较早从事计量科学的专家之一。鉴于他的科学成就，1954年11月8日国家计量局初建时，王大珩便被聘为技术顾问，后来多次代表国家计量局出国考察。为了更好地开展计量学研究，并将这一学科应用于仪器制造，王大珩力争中国科学院仪器馆与国家计量局合作开展一些工作。

20世纪50年代初期，王大珩曾向中央政府提交过参加社会主义阵营的国际计量科学大会的报告，希望能够多向国外学习，在国内建立自己的计量体系。1954年7月15日到9月21日，他参加中捷科学与技术合作联合委员会中国代表团，赴捷克斯洛伐克考察计量工作。王大珩曾自陈对计量科学有很浓厚的学科兴趣，且对该学科有一定的基础，了解较多，因此他在国家派出考察国外计量科学的任务时倾注了心血，全身心投入。事实上，作为一位应用物理学家，他深知计量研究对精密仪器制造行业的作用。从捷克斯洛伐克考察回来后，1954年10月18日，王大珩担任了在中国科学院仪器馆成立的长度与质量计量研究小组负责人。他希望仪器馆能在计量标准系统研究方面有所突破，为此他组织了物理室人员从事这一研究，他鼓励青年研究人员多参考计量方面的文献书籍，希望能培养这方面的专业人才。11月18日，在中国科学院召开的学术座谈会上，王大珩特意就自己对计量学的学习心得，做了有关捷克斯洛伐克计量工作的科学技术报告，向与会者介绍捷克斯洛伐克的光学工厂如何开展计量学工作及取得了哪些成果。为了更好地开展工作，

1955年6月1日到8月10日，王大珩又一次到捷克斯洛伐克考察计量基准技术，他十分珍惜在国外考察学习的机会，抓紧一切机会了解国外的这项技术。1955年冬，他又到苏联门捷列夫研究院、苏联计量委员会考察计量工作。回国以后，王大珩在中国科学院仪器馆指导开设了光度、温度、长度、电学等计量基准研究课题，并将这些内容应用于仪器的生产、制造中，如仪器馆在Köiter干涉仪研制中，就用到了计量科学的原理。

1956年，在制定《十二年科技规划》时，王大珩参加了国家计量科研项目的编写工作，在建立我国计量基准、发展计量技术等项目方面做了工作。现摘录《1956—1967年科学技术发展远景规划纲要（修正草案）》中关于计量科学的部分内容，从中可见当时发展计量科学的重要性，以及该学科的发展方向：

> 制订和推行国家统一的先进技术标准，是发展国民经济、保证实现工业生产计划的必要措施。贯彻执行国家标准，就可以保证产品的质量，保证部件和零件的通用性与互换性，保证大量生产中的专业化和协作化，合理利用资源，降低成本，提高生产设备利用率和提高劳动生产率。国家标准，包括度量衡标准，产品的分类、型式、牌号、基本品质、主要尺寸、技术条件、验收规则、试验方法、包装运输保管规程、工艺规程等的统一标准，以及工厂安全标准，技术名词符号定义等标准。
>
> 要实现工业生产标准化，首先需要有精确而完整的计量工作。计量工作，是为了保证各种量具和量测仪器的一致，准确并监督其正确使用。其中包括为控制生产过程所需用的长度、质量、力学、电学、温度以至于光度、放射性方面的量度等等。因此，计量工作，是贯彻生产规程的客观根据，没有它就难以保证生产过程的正常运行、机械部件的相互配合，也就难以保证生产质量。没有它，也将使科学研究不能很好进行。它也是

贸易和日常生活所必需的。做好计量工作，除了必须建立健全的计量检定机构网而外，必须建立各种国家计量基准，后者是高度科学性的工作，必须从速进行。①

在《1956—1967年科学技术发展远景规划纲要》中提出的"四项紧急措施"里，建立国家计量基准，开展计量科学研究的紧急措施赫然在列。按照安排，国家计量局建立了计量科学研究院筹备处。王大珩对此热烈响应、积极支持。

王大珩明白计量基准在国家生活中的重要性，他感到制定计量国家标准刻不容缓。在相当长的一段时间内，他和国内的计量科学研究者一起，为实现这一目标不断努力。在苏联和联邦德国的帮助下，我国建立了临时的公斤基准、长度基准、公斤基准天平、长度比较仪；掌握了标准电池的制造技术；比对了欧姆电阻标准；在温度计量方面制成了水的三相点器件和铂电阻高温计；制备了烛光灯……

1976年以后，王大珩呼吁要加强计量科学的基础研究，他更是参加了一系列与之相关的组织、社团，以个人的声望和社会的力量来推动学科的发展。1979年中国计量测试学会及中国仪器仪表学会成立，王大珩作为创办者之一，当选为第一届副理事长。1983年他当选为理事长，1989年被推举为名誉理事长。为了加强计量科学的基础研究，培养后继人才，以保持我国计量科学的国际地位，经王大珩与其他院士们联名建议，计量科学研究院、北京大学物理学系及电子科学系、成都测试研究院和航天总公司计量研究所等单位联合，于1994年经领导机构批准，院校联合建立跟踪国际计量科学发展的国家计量测试高技术实验室，从事高水平计量科学研究。王大珩被推举为该室学术委员会主任。这一举措可谓是打破了部门界限，

---

① 中华人民共和国科学技术部.1956—1967年科学技术发展远景规划纲要（修正草案）[EB/OL]. https://www.most.gov.cn/ztzl/gjzcqgy/zcqgylshg/200508/t20050831_24440.html[2024-10-07].

集中力量从事高水平科研，得到当时国际计量局局长奎因（T. J. Quinn）博士的赞许。

在王大珩的关心下，计量科学不仅在国内发展起来，中国在国际上也有了话语权。王大珩一贯以来就积极参与计量科学的国际交流。令他最难忘的是，1979—1992年他担任国际计量委员会委员，于每年10月参加国际计量委员会的年会，并3次出席国际计量大会，他深切感到自己"以专家的身份代表中国参加这个委员会，感到莫大的光荣，同时也有许多在学术上值得回顾的内容"[①]。

国际计量委员会于1875年由法国发起，由《米制公约》会员国的委员组成。主要职责是以直接行动或向国际计量大会提议的方式，确保计量单位在全球范围内的一致性。多年以来，我国在计量科学中取得的研究成果有目共睹。在王大珩和计量专家的促成下，我国通过外交途径，于1977年正式成为《米制公约》成员国，不久后（1979年），便被邀请派出专家代表参加国际计量委员会。王大珩便是在这个时候成为国际计量委员会委员的。

国际计量委员会的成员国最初只有17个国家，到2014年增加至56个，并包含41个附属成员和经济体、4个国际组织成员。为了保持国际计量委员会的权威地位，委员会成

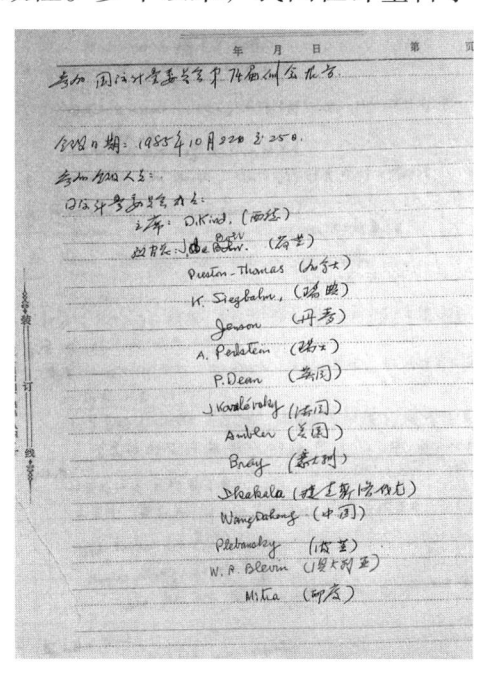

王大珩1985年参加国际计量大会的笔记

[①] 王大珩. 参加国际计量委员会的回顾 // 红外与激光工程编辑部. 现代光学与光子学的进展——庆祝王大珩院士从事科研活动六十五周年专集 [M]. 天津：天津科学技术出版社，2003：55-60.

员人数控制在18名，每逢国际计量大会，改选成员1/3，世界许多知名的科学家和诺贝尔奖获得者都曾是该委员会的成员，可见其影响力之大。

1979年2月23日和3月10日，国家计量总局局长李正亭写给王大珩的两封信中，提到了王大珩最初参加国际计量委员会的情况。这两封信中写到，1979年，国家计量局有两项重大的外事活动，一项是与法国计量局代表团互访，另外一项便是10月派出代表团参加第十六届国际计量大会。国际计量局局长贾科莫（Giacomo）在1978年访华时，曾向国家计量局表示：国际计量委员会18名成员中将有一名缺额，请中国推荐一位知名的计量学或物理学家作为候选人。经国务院批准后，王大珩以中国计量科学研究院顾问的身份成为候选人。国际计量委员会主席邓沃思（J. V. Dunworth）博士邀请他先以客人身份出席国际计量委员会会议，并告知，"除了没有投票权之外，将被认为是本委员会的正式成员"，且委员会除了正式事务，如财务报告之外，"进行投票是非常少有的事"[1]。李正亭在信中写道，贾科莫称："邀请您（王大珩）作为客人参加，这是十几年来罕见的事，以前只邀请过二名著名教授当客人。"[2] 从这两封信可以看出，王大珩在成为国际计量委员会正式委员之前，已受到国际计量科学界同仁的热烈欢迎。1979年，经委员会无记名通信投票，王大珩当选为国际计量委员会委员。

王大珩首次参加国际计量委员会便遇到了大会对光度"烛光"坎德拉定义的修订。我国从事光度计量基础工作已经有10余年了，并测出了可信的数据，这是得到奎因博士（1979年为国际计量局副局长）的认可的，因为他曾赞扬过：中国的数据是最严密的。王大珩带着中国人的研究成果参加了大会讨论，他详细阐述了中国科学家对光度的认识。在第十六届国际计量大会上，委员们通过了新的

---

[1] "原国家计量总局长李正亭给王大珩的信（1979年2月23日）"，存于长春光机所档案室。
[2] "原国家计量总局长李正亭给王大珩的信（1979年3月10日）"，存于长春光机所档案室。

"光度"坎德拉定义，在此基础上，中国计量科学研究院于1982年成功研制了实现新的坎德拉的辐射光度基准装置，精度达到了国际水平。

紧接而来，在1983年第十七届国际计量大会上，王大珩又参加了对"米"的新定义的论证。在国际计量委员会的工作中，王大珩还对新温标、电学计量、绝对重力加速度测量、时间与频率计量、质量及相关量计量等方面进行了许多探讨。他向来自各国的委员介绍了中国在计量科学研究中取得的进展，赢得了世界一流科学家们的肯定和称颂。回国后，他组织相关单位、部门，对大会上发布的最新成果进行研究，促进了我国计量科学的发展。王大珩回忆当时的情况时写道：

> 在20世纪80年代期间，也就是我参加国际计量委员会期间，是国际计量工作发展最为活跃的时期，取得了许多重大成果和进展。我国参加国际计量的整体水平，虽然还赶不上国际一流的计量大国如美国、英国、德国、法国、俄罗斯等，但算得上是跻身于国际先进行列。正因为如此，在我引退时，国际计量委员会仍要我国提出后继人选。我殷切希望我国的计量科学水平能继续保持下去，争取取得更多突出的成就，这样才能保持在国际计量委员会有限数量的成员中占有一席之地。[①]

二、推动光电子行业的发展

光学与人们的生活息息相关，从国防建设的各个方面到国民经济，几乎没有哪个学科、哪个部门没有光学的渗透。从20世纪80年代开始，王大珩的眼光已不再局限于传统的光学研究。从激光焕发出强劲的生命力开始，王大珩便感到，传统光学的发展方向要结

---

① 王大珩.我参加国际计量委员会的回忆//相里斌.光耀人生——王大珩学术思想与创新贡献[M].北京：科学出版社，2011：88-93.

合新的任务，现代光学要研究的内容很多。从激光应用表现出的广阔前景，他又想起了电子学与光学的结合与渗透……"光学老又新"，在科学发展日新月异的时代，他用发展的眼光看到了光学的新动向。

提到光电子学，王大珩曾被中国光学光电子行业协会称为"光电子事业的领航人"[①]。这样的赞誉不可谓不高，但也是名副其实的，因为他在这个行业做了很多工作。他曾经这样阐述光学与光电子学的关系：

> 光学与光电子学在现代光学行业中已不可分，而在整体产品中相互融合。从现阶段的科技发展来说，光学属于传统工业，光电子技术则是光学发展的前沿新技术。新技术的产业化仍然需要传统的光学技术为基础，而现代的光学产品也必须用新技术特别是光电技术（广义的包括如激光及半导体光学等）进行技术更新，才能满足市场要求，并且有竞争能力。[②]

在王大珩看来，光与电在现代科学中是相互融合的。从电磁波动论出现，传统物理学认为光的产生来源于电磁运动；在电子发现以后，光来源于电子运动，无线电通信手段由此产生，人们的生活发生了改变。发现光电效应以后，科学家研究了光的波动和粒子二重性。激光的出现则在光学领域引发了一次重大革命，这项新技术在工业、医学、国防科技等方面都有十分广阔的应用前景，而且还在继续向前发展。

王大珩说：

> 近半个世纪以来，由于固体物理的发展，特别是半导体物理的出现，使对光电效应机制的理解和光电探测效能的提高有了突破性的进展，从而出现了光电子学。需要说明的是，人们

---

① 王琳.光电子事业的领航人——王老与中国光学光电子行业协会//宣明.王大珩[M].北京：科学出版社，2005：96-97.

② 王琳.光电子事业的领航人——王老与中国光学光电子行业协会//宣明.王大珩[M].北京：科学出版社，2005：96-97.

往往把激光技术也列入光电子学范围之内。光学家则公认把这个宽广的领域统称为光子学，以标志在发展和应用前景上与电子学占有同样重要的地位。①

发展光子学是未来的发展方向，从激光到光电技术，他看到了这一产业在未来的发展远景。他感慨道："光电子产业是 21 世纪的主导产业，是富国强民、增强我国综合国力的战略性产业。"②

正是因为光学与光电子学有着这样密切的关系，在王大珩的积极倡议下，1987 年 1 月 23 日中国光学光电子行业协会（原名中国光学行业协会，在王大珩建议下改为现名）在北京成立，他曾担任该协会第一届、第二届理事长及第三到六届名誉理事长。这个协会的成立，将原本分散于全国各工业部、中国科学院及高等院校从事光电子研究的科研工作者聚集起来，协会成为中国光学光电子企业之间进行技术交流、信息传递、协作互助的组织者。

在光电子行业科技工作者眼里，王大珩热爱光学光电子学事业，且多方位、亲力亲为地推动这一行业的发展。例如，1990 年，他推动了中国第一个光电产业展览会——在北京举办的国际激光及光电子产品展览会，他高兴地出席了开幕式并为会议剪彩。1992 年，他支持由中国光学光电子行业协会与日本双荣株式会社共同举办的中国第一次液晶技术研讨会，还为大会做了一场精彩的报告。每当同行们回忆起这些往事，都深深感到：光学光电子行业中的许多个"第一"都和王大珩有关。

曾担任中国光学光电子行业协会秘书长的王琳回忆王大珩为光电子行业工作的情况时写道：

---

① 王琳. 光电子事业的领航人——王老与中国光学光电子行业协会 // 宣明. 王大珩 [M]. 北京：科学出版社，2005：96-97.

② 王大珩，周立伟. 光学迈向新世纪 // 红外与激光工程编辑部. 现代光学与光子学的进展——庆祝王大珩院士从事科研活动六十五周年专集 [M]. 天津：天津科学技术出版社，2003：78-102.

全国几十家激光及光学领域的重点研究所和大型企业里都曾留下王老诚挚呼吁自主研发光学光电子产品的声音，他真切地关心和公正地对待每一个光学光电子领域中的成员。几乎每一届北京国际激光及光电子产品展览会上都会留下王老的身影，他不顾年老体迈，到每一个展台前驻足而立，询问产品性能、技术难点、生产能力等，他特别关注国外厂商的技术前沿方面的信息，他对光学光电子产品的痴狂和对国际光电市场的敏锐洞察力令人折服。[1]

从传统光学到光电子学，继而到光子学，这是光学发展的趋势和动向。对于光学在 21 世纪的发展，王大珩进行了一番美好的展望，他再次使用了"画龙点睛"（在建议发展仪器仪表科学时使用过）这个比喻，赋予了光学新的内涵：

我们是龙的传人。我们中国常把事业的兴盛发达比作龙的腾飞。龙要腾飞，就要靠龙头，因为它是神经指挥系统。神经指挥系统要靠眼睛——信息获得系统来认识世界，所谓"画龙点睛"之说。……眼睛是什么？就是光学、光子学。光学界不少人士还认为，"20 世纪是微电子的世纪，21 世纪将是光子的世纪"。日本在 20 世纪 80 年代初就提出"21 世纪将是光技术的世纪"，这绝非夸大之辞，光子学不再是物理上、学术上的突破，它在实际应用上正在成为大工业发展的主角之一。[2]

三、中国光学学会与《光学学报》

光学事业在中国扎根以来的数十年来，分散于全国各地的光学研

---

[1] 王琳. 光电子事业的领航人——王老与中国光学光电子行业协会 // 宣明. 王大珩 [M]. 北京：科学出版社，2005：96-97.

[2] 王大珩. 中国光学发展历程的若干思考 // 宣明. 王大珩 [M]. 北京：科学出版社，2005：37-46.

究机构和工厂、大学培养了大批的光学工作者。王大珩和与他有共同志向的老一辈光学专家们，一直希望能建立一个相关机构，将全国的光学工作者联合在一起，拧成一股绳，共同为中国光学事业的发展效力。在时机已经成熟、条件已经具备以后，他提出了这样的建议。

1978年9月初，国家科委光学及应用光学学科组会议在长春召开，王大珩、钱临照、唐九华、邓锡铭、干福熹等光学、物理专家出席了这次会议。王大珩在会上提出要成立中国光学学会并创办《光学学报》的建议，得到了与会人员的热烈响应和赞同。

这次会议以后，1978年10月31日，在王大珩授意下，光机所的陈星旦作为光学及应用光学学科组秘书，向中国科学技术协会学会学术部汇报了中国光学学会的筹备情况。人们犹记得中国光学学会筹备时期，王大珩和同仁四处寻找合适的办公地点，从学会未来的章程、发展方向、将要举办的活动等，他无一不是费尽心神、殚精竭虑提出建议。1979年3月15日，中国科学技术协会批准成立中国光学学会。中国光学学会成立之初，先是挂靠在中国科学院三局，1980年挂靠在中国科学技术协会。

1979年12月10—15日，在王大珩、龚祖同、钱临照等人的发起下，中国光学学会在北京召开了成立大会。这是中国光学界的一次盛会，参加成立大会的有来自24个省（自治区、直辖市）从事光学科研、生产和教学等单位的代表314人。大家欢聚一堂，热烈地庆祝中国光学学会的成立。国务院副总理方毅出席会议并做了重要讲话，他说：中国光学学会千万不要办成官僚机构，要真正成为科学家之家，要由科学家来管理[①]。中国光学学会成立以后一直遵循着这样的原则。

在成立大会上，王大珩当选为中国光学学会第一届理事长，并在后来连续担任第二、第三届理事长，以及第四、五、六届名誉理

---

① 张泽纯，赵润乔，刘振堂.中国光学学会成立大会在北京召开[J].中国激光杂志，1980，2：63-64.

2010年1月23日，王大珩（前排中）参加北京光学学会新春团拜会

事长。经过数十年的发展，在王大珩卸任理事长之时，中国光学学会已先后成立了如中国光学学会激光专业委员会、基础光学专业委员会、光谱专业委员会等涵盖光学和光学工程领域的多个专业委员会和各地方学会。

在中国光学学会成立的同时，作为学会的第一份刊物，《光学学报》的创办也是当时的头等大事。潘君骅回忆说，当时提议办《光学学报》，同行们都很赞成，因为中国光学学会成立以后，同行们普遍感到光学方面的文章没地方发表[1]。要给我国光学科技人员与国内外同行进行学术交流、开展学术讨论提供相应的平台，并为跟踪学科前沿和发展我国光学事业服务，创办一份专门的光学专业刊物十分有必要。

考虑到当时长春光机所编辑力量和挂靠力量不足，王大珩提议，将《光学学报》的编辑部设在上海光机所，他担任第一任主编，并委派陈星旦主持《光学学报》编辑部工作。1981年1月，《光学学报》

---

[1] 潘君骅. 往事点滴[J]. 光学学报，2011，31（9）：353.

第一期出版发行。王大珩亲自撰写了题为《我国光学科学技术的若干进展》一文，为杂志创刊号打响了第一炮。

> 解放以前，我国只有为数很少的光学界前辈，从事光谱学的工作。也是出于几位前辈科学家的关心，开始注意光学仪器的制造技术。那时仅有一个数百人的工厂，从事简单望远镜的生产。解放以后，由于党对光学事业的重视和关怀，由于国民经济和国防建设的迫切需要，光学事业才开始迅速成长发展。……粉碎"四人帮"以后，党中央澄清了科技工作上的路线是非，落实科技政策，恢复和加强了对科教事业的领导，光学事业和其他战线一样，重新制定了规划，出现了光学科技领域的春天。①

王大珩十分关心《光学学报》的发展。他提议，在稿件录用和评审方面，既要集思广益，更要认真负责。他作为杂志的主编，在杂志创办初期，承担了大量的审稿工作。那时候他工作繁忙，经常奔波于各地出差、开会。工作之余，通宵达旦审阅稿件是常有的事：

> 记得在办刊的最初几期，我与老沃将相关专家评阅后，拟为初步录用的稿件及其评审意见汇总，送主编终审，以确定《光学学报》的每期稿件最后定稿。当时，王老很忙，不可能在上海光机所找到他，于是我们就通过他的秘书探知他的活动安排，把每期汇总的稿件送到他开会地点（宁波、苏州、杭州和上海等地所在的宾馆）。而他在白天参加会议之余，晚上（通常是2~3个晚上）通宵达旦地继续终审稿件，王老这种治学严谨、不辞辛劳的认真工作作风深深地教诲我们。要知道当年（1981年）他已近70岁，有时听到他的秘书秦长祥告诉我们："王老昨晚审稿又到凌晨3时……"②

---

① 王大珩. 我国光学科学技术的若干进展 [J]. 光学学报，1981，1（1）：1-11.
② 李逸峰. 王大珩先生关心《光学学报》的几件事 [J]. 光学学报，2011，31（9）：359.

> **第1卷 第1期**
> **1981年1月**
>
> **光 学 学 报**
> ACTA OPTICA SINICA
>
> Vol. 1, No. 1
> Jan. 1981
>
> ## 我国光学科学技术的若干进展
>
> 王 大 珩
> (中国光学学会理事长)
>
> **提 要**
>
> 本文综述了中国光学及应用光学(包括激光、红外和光电技术、基础光学和技术光学以及光学技术基础等领域)的发展概况及近况。对于进一步发展中国光学及应用光学,提出应注意的问题。
>
> ### 前 言
>
> 中国光学学会的成立和《光学学报》的创刊,是我国光学界的一件大事。回顾一下建国三十年来我国光学技术发展的历史是有意义的。既要看到取得的成绩,从中受到鼓舞;也要注意到与国外的差距,从中吸取教训,以利于更好地适应四个现代化的需要,赶超世界先进水平。
>
> 解放以前,我国只有为数很少的光学界前辈,从事光谱学的工作。也是由于几位前辈科学家的关心,开始注意光学仪器的制造技术。那时仅有一个数百人的工厂,从事简单望远镜的生产。解放以后,由于党对光学事业的重视和关怀,由于国民经济和国防建设的迫切需要,光学事业才开始迅速成长发展。初期的特点是建立了科研机构,筹建工厂,在大专院校设立光学和光学仪器专业,较快地建立起为光学工业生产所必需的光学技术基础。例如在1953年熔炼出了我国第一批光学玻璃。当时以模仿学习外国的技术和仪器设计制造为主,培养了一批人才,初步形成了我国的光学工业。五十年代末到六十年代初,根据国家任务的需要,逐渐转向独立地进行应用研究和自行设计制造现代化的光学装备和仪器,同时也开展了激光和红外等新技术的研究。然而到六十年代中期,正当光学事业获得迅速发展的时候,受到林彪、"四人帮"的干扰破坏,科技人员受到摧残,光学的研究和新生力量的培养几乎被取消,使本来正在缩短的与国外的差距拉大了。粉碎"四人帮"以后,党中央澄清了科技工作上的路线是非,落实科技政策,恢复和加强了对科教事业的领导,光学事业和其他战线一样,重新制定了规划,出现了光学科技领域的春天。
>
> 下面对光学方面几个主要领域的进展,作简要的介绍。
>
> ### 一、激 光
>
> 1959年底到1960年初,我国科学工作者在看到 Schawlow 和 Townes 的"红外与光学量子放大器"[1]文章后,对于光受激发射的可能性给以充分的注意,认为这是极为重要的设
>
> 收稿日期:1980年5月15日

王大珩在《光学学报》上刊登的发刊词——《我国光学科学技术的若干进展》

经过30余年的发展,《光学学报》以反映中国光学科技的新概念、新成果、新进展而著称。其收录的论文内容全面涵盖量子信息、

物质波、量子光学、近场光学、非线性光学、应用光学、导波纤维光学、激光与物质相互作用、激光器、激光物理与技术、全息和信息处理、光通信、光谱学、光子晶体、薄膜光学、光学元件和材料等多个领域，是"百种中国杰出学术期刊"之一。

不仅仅是致力于国内的光学发展，王大珩还借助自己在国际上的影响力，打开了中国光学学会与国际光学组织联系的渠道，使中国光学走向世界。

为了使我国的光学组织能在世界上占有一席之地，王大珩在中国光学学会召开的常务理事会上，多次表明一定要争取中国加入国际光学委员会，并为此做了许多工作。国际光学委员会成立于1947年，宗旨是促进国际理论光学和仪器光学的发展，促进光学及生理光学的应用和发展，通过举办全会专题学术会议、讲座，促进国际光学交流和各国光学组织的合作。该组织成员来自各国光学学术团体（光学委员会或光学学会）。

为了加入国际光学委员会，王大珩奔波于大大小小的相关机构，说服各部门分管光学学会的领导给予支持；他还给当时国际光学委员会主席写了一封又一封信件，表明中国希望加入国际光学委员会的立场，并介绍中国光学的进展。在大大小小的国际会议上，王大珩积极与国际友人交流，赢得了国际专家对中国光学发展的赞许。王大珩和中国光学学会的不懈努力终获回报。1987年在加拿大魁北克，中国光学学会通过了国际光学委员会理事会的一致表决，成为国际光学委员会成员。不仅如此，1990—1995年，中国光学学会同国际光学工程学会（The International Society for Optical Engineering，SPIE）和美国光学学会（Optical Society of America，OSA）等机构也建立了长期合作关系。

关于王大珩进行外事活动和出国参加国际光学委员会大会的事，其中还有几个令人感动的小插曲，充分反映出他的高洁和正直的人品。据光学专家金国藩院士回忆，20世纪90年代，他多次和王大珩一起开会和出访，亲眼所见、亲身所感，王大珩在外事工作中总是坚持不卑不亢，以我为主。第一件事是，有一次中国光学学会要在北京召开国际光学学术会议，但是因为当时我国对于组织大型国际会议经验不足，便邀请了一些美籍专家前来指导协助。这次会议很成功，结果前来指导的美籍专家居然提出由他们来组织第二届国际光学学术会议。王大珩听到这件事后非常气愤，他说：这是我们中国光学学会自己的事情，我们有能力开好这个会议！他据理力争，丝毫不让，表现出很强的原则性和大义。第二件事是，王大珩出国参加国际光学委员会大会，以他的级别，本可以住比较高级、条件较好的宾馆，但是他每次都拒绝，为了给国家节省外汇，他宁可住在离会场比较远、价格便宜的宾馆，有时候甚至住在学生们住的青年会馆里。每一次开会，他都是聚精会神地听，认真发言和提问，直到主持人宣布散会才离开。

2003—2005年，中国光学学会经过多番努力，获得第20届国际光学委员会大会的承办资格，这是令王大珩十分高兴的一件事。国际光学委员会会议每三年举办一次，被誉为国际光学界的"奥林匹克运动会"，各成员国都以能承办该会为荣，但只有被国际学术界认可并给予高度评价的成员国才能够被批准承办会议。王大珩心中异常欢喜，这意味着中国光学的发展水平已被国际上认可，并已在世界上占有了一席之地。他对当时中国光学学会的理事长母国光院士千叮万嘱：一定要办好这次会议，为中国人争气！

2005年8月，第20届国际光学委员会大会在长春举办，当时王大珩已是90岁高龄。虽然当时他的身体很虚弱，但仍然坚持要参加这次会议。他感到，能在自己的国家参加这样大规模的国际盛会，机会实在是太难得了。

距离开会还有一周之际，王大珩因发烧住进了医院，病中的他找来了激光医学专家顾瑛[①]教授，请她帮助修改并打印自己早已准

[①] 2015年当选为中国科学院院士。

备好的英文演讲稿。因为王大珩的视力不好，看东西很吃力，所以顾瑛每天傍晚都要去医院为他读一读演讲稿。顾瑛一边读，他一边闭着眼睛靠在床上仔细聆听。王大珩的记忆力很好，听顾瑛读完一遍以后，他便可以逐字逐句指出来文稿哪一处有问题，哪里还需要修改。

开会的那天是 2005 年 8 月 22 日，来自 38 个国家和地区的近千位光学领域的专家与学者齐聚长春。尽管王大珩身体还没有完全康复，但他的心情既愉悦又激动。在 40 分钟的演讲中，他几乎完全脱稿，做了一场精彩的报告。他那专业的知识、充实的讲演内容和流利的英文，令与会人员深感佩服。

王大珩在第 20 届国际光学委员会大会及展览会上接待外宾

在大会致辞中，王大珩为会议能在中国的光学基地——长春召开而感到荣幸。他满怀感情地回顾了长春光机所辉煌的过去，展望了未来的美好前景：

此次大会在中国召开是由国际光学委员会执委会决定的，

这是我国光学界的莫大光荣。大会在长春召开，也是长春人的荣幸。长春是我们国家建立专门从事应用光学和光学工程研究的摇篮。在这里早期曾制成中国的第一埚光学玻璃，第一台电子显微镜和自主设计的红宝石激光器。

我想借此机会向大家介绍中国近年来一些与光学相关的重要成就：

研制成功的飞行体跟踪光学设备为我国空间技术做出了贡献；

激光核聚变使中国进入了国际激光核聚变行列；

天文光学已制成2.16米的天文望远镜，4米口径包括自适应光学技术的大天区面积多目标光纤光谱天文望远镜已进入工程建设阶段；

在空间遥感技术方面，制成多光谱扫描系统和对地观察设备；

在激光测绘和精密测量方面，采用卫星定位系统和卫星测地系统。

还有其他方面的成就，在这次会议上将有专门的报告。然而，从整体来说，中国光学的水平和世界先进国家的水平相比还有距离。我们今后要在基础研究和创新方面做出更大的努力。我认为本世纪是科技的国际合作时代，特别对那些需要依赖全世界科学家的共同努力才能完成的，造福于人类的重大科技计划。①

---

① 王大珩在首次于中国长春举办的第20届国际光学委员会大会上的致辞，存于长春光机所档案室。

第十三章
战略科学家的成长经历

一、从专门委员到首批学部委员

在王大珩从事科学事业 73 年暨 95 岁华诞时，长春光机所编辑出版了《光耀人生——王大珩学术思想与创新贡献》（相里斌主编）一书，书中的第一篇综述性文章《赤子丹心 中华之光》，是由陈星旦院士根据多位院士（如母国光、杜祥琬、丁衡高、周炳琨、张钟华、周立伟、林尊琪）和专家提供意见统稿写成的，文中有一段十分精彩的内容，简明、客观而恰当地记录了战略科学家王大珩的追求：

> 王大珩从事科学技术活动的领域是很广泛的，方式是多样的，贡献是多方面的。一个科学家，可以通过不同途径，从不同层次对社会的科技进步做出贡献。不少科学家，终生在自己的科研领域勤奋耕耘，著书立说，发明创造。他们的科学成就，打上了个人的标记，汇集在科学技术发展的历史长河中。也有一些科学家，特别是在一个国家的科学发展初期，他们是先行者。他们在国家的科学园地中披荆斩棘，给后来者开辟领域，指引道路。他们不一定直接从事耕耘，而是把自己的智慧和努力，融合在他人的科研成果中。基于王大珩所处的时代和经历，他既进行科学研究，密切结合实际，充分发挥自己的智慧和能力，而且常以远瞻的目光向国家提出重大的科学发展建议。王大珩早期作为科学专家，后来作为科学组织者和战略科学家，在振兴祖国科学技术的宏伟事业中，走过了数十年奋进的道路，做出了卓越的贡献。[①]

中华人民共和国成立后一个月（1949 年 11 月 1 日），中国自然科学最高学术机构中国科学院成立。初时的基本任务是：确定科学研究的方向，培养和合理地分配科学研究人才，调整与充实科学研

---

① 陈星旦. 赤子丹心 中华之光 // 相里斌. 光耀人生——王大珩学术思想与创新贡献 [M]. 北京：科学出版社，2011：12.

究机构。为了与其性质和任务相适应，中国科学院决议在全国聘任有特殊贡献的科学家为专门委员（原拟成立专门委员会未获准，只聘任顾问性质的专门委员），按学科性质分若干组研讨有关事项。1949年12月至1950年10月，经过全国范围内发函调查和推荐（被推荐者800余人），确定聘任181人（另有社会科学方向60人）为专门委员，时任大连大学应用物理系教授兼系主任的王大珩名列其中，他还兼任应用物理组和工业实验组两个学科组的专门委员（兼任两组的专门委员计14人）。

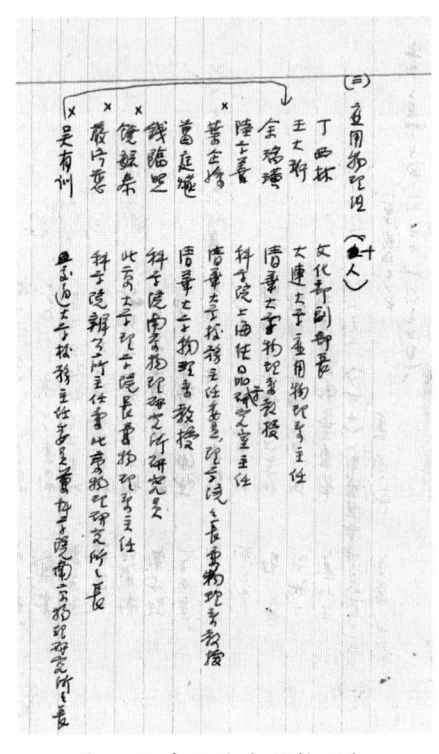

钱三强手写的应用物理组
专门委员部分名单

1951年3月，政务院发布指示，要求中国科学院负责计划与指导全国的科学研究事业，规定工业、农业、卫生、教育、国防各部门举行各专业会议时，应邀请中国科学院派人参加；各部门的科研计划和研究情况报告，要报送中国科学院。然而当时中国科学院本身的力量和组织状况，连对院属研究机构进行学术领导都难以做到，更无可能对全国科技事业进行计划和指导了。

改变中国科学院当时的境况，以及如何改变，成为当时面临的迫切问题。

当时中国科学院想到的办法之一是向苏联学习，于是1953年2月组派庞大代表团赴苏联访问。代表团成员的学科组成很齐全（19个学科），有26位各学科的知名专家（如数学家华罗庚、地球物理学家赵九章、动物学家朱洗、生物学家贝时璋、生理学家冯德培、建筑学家梁思成、天文学家张钰哲、地质学家张文佑、植物学家吴征镒、土木学家曹言行、机械工程学家于道文、电机工程学家陈荫谷、历史学家刘大年、语言学家吕叔湘等），由核物理学家钱三强担任团长，中国科学院党组书记张稼夫为中国共产党临时支部书记，武衡任秘书长。代表团进行了历时三个月的考察访问，回国后又多次召开科学家座谈会和院属研究所所长会议讨论，形成两个书面报告，一个是以中国科学院党组报党中央的《关于目前科学院工作的基本情况和今后工作任务的报告》；一个是以类似文题由郭沫若向政务院政务会议（1954年1月28日）做的报告，并获得同次会议批准（党中央于1954年3月批准报告）。

中国科学院建立学部、在全国选聘学部委员，是当时从组织机构上加强学术领导的一条主要措施。中国科学院党组的报告中写道："参照苏联科学工作的先进经验，科学院应分学部领导各所工作。"郭沫若的报告中写道：中国科学院"未能适当地组织国内优秀的科学家参加学术领导工作，而这对于加强科学院的学术领导，使科学院成为名副其实的全国科学研究工作的中心是具有决定意义的问题"[①]。

1954年4月，组建中国科学院学部的文件送请科学家征求意见，大家一致认同建立学部的必要性，并就遴选学部委员的三个条件达成共识，即一是对于本门科学有比较重要的贡献者，二是对于本门科学在过去或现在起了推动作用者，三是忠于人民事业者。

同年5月，先后分别召开地学、生物学、技术科学和数学、物理、化学方面的科学家座谈会，讨论学部的工作任务；6月，成立物理数学化学部、生物地学部、技术科学部和社会科学部的筹备机构；7月，以院长郭沫若的名义寄发645件信函，请全国有代表性的科学家按条件推荐学部委员候选人；11月，收回527件信函，共

---

① 郭沫若. 关于中国科学院的基本情况和今后工作任务的报告[N]. 人民日报，1954-03-06：第2版.

推荐665人，后通过反复研究、协商，层层遴选，并经国务院全体会议（5月31日）批准，由周恩来总理签发国务院令公布首批学部委员233人名单（含哲学社会科学学部61人）。时任中国科学院仪器馆代馆长的王大珩位列其中，被选聘为技术科学部学部委员，他和马大猷（后转入数学物理学部）、钱令希，是本学部40名首批学部委员中的"年轻人"，也是自然科学方面172名首批学部委员中9名40岁及以下的最年轻者之一①。

二、荣誉与责任

那时，"学部委员"是个陌生的名称，加上还没有冠戴"最高学术称号"的副词（1984年1月明确为"国家在科学技术方面的最高荣誉称号"），即便学术界也大都不知其所以。但当全部名单在《人民日报》一公布，又是周恩来总理亲笔签发的国务院令，学部委员具有的影响力和学术地位，很快在科学技术界普遍受到尊崇。

王大珩本人第一次感受到学部委员的荣誉与责任，是在1955年6月。

是年6月1日，王大珩和全体首批学部委员（实到199人）一起，在北京饭店出席中国科学院学部成立大会，当他同众多熟识的或仅闻其名的师长辈、学长辈的科学家聚集一堂时，心中的光荣感油然而生。后来听了几位中央领导人的讲话，更是第一次知道了为什么要建立学部，以及国家对科技工作和科学家的重视态度。

主管科技工作的国务院副总理陈毅代表党中央、国务院在会上致贺词，他说："今天的会议是科学院四个学部的成立大会。这是科学界的创举，是一件大事。我们相信通过这次会议把全国优秀科学家团结起来，使科学工作有计划、有效地进行，这对国家发展五年

---

① 首批学部委员中9名40岁及以下者是：40岁（1915年生）5人：王大珩、彭桓武、马大猷、卢嘉锡、王湘浩；39岁（1916年生）3人：胡宁、吴征镒、钱令希；36岁（1919年生）1人：黄昆。

经济建设，对科学事业本身都是有重要意义的。"在学部联席会议上，陈毅又说："这次会议在中国学术历史上，对国家工业化有深远的影响。它的意义在全国科学的领导中心已经成立起来，虽然各方面还有缺点，还不完善，还是重大胜利。"①

6月7日，王大珩第一次见到周恩来总理，并且听了他面向学部委员做的谈心式的长篇讲话，倍感亲切，心悦诚服。周恩来说道：

> 现在科学院在组织上有所改变，即从国家机构变成学术机构。从宪法通过后，科学院已不是国家的组成机构，而成为独立的学术研究和领导机构。因为经过五年的改造，已有了这样的基础使科学院成为一个在科学上独立的工作和领导机构。但这不是说与国家机关完全脱离了，在行政上国家机关还是要进行指导的。

关于如何正确认识已选聘的首批学部委员和尚未入选者的问题（其时对此意见不少），周恩来讲了一席推心置腹的话。他说：

> 这次经过大家民主评议同意的学部委员，其条件已经公布过，首先要有学术，有著作，因为作为一个科学家首先要有这个条件；第二，对学术上有贡献；第三是政治条件，要立场清楚。我们五年来经过政治改造到思想改造，可以有条件提出这个名单。但不是除了233位以外就没有人合乎条件了，不是的，还有人是遗漏了。也还有些人学术研究条件够，但政治条件差一些，就等一等吧，政治条件也是具可变性的，现在政治立场模糊，以后清楚了，我们还是欢迎的。现在的233位（学部）委员是不是这三个条件都具备了，已是十全十美的呢？也不是。这样看法要背包袱，要会停滞不进，比起进步的就是落后了，落后了就要退伍，我们不应有此现象。整个世界是发展的，我

---

① 陈毅副总理1955年6月11日在学部联席会上的讲话，中国科学院档案。转引自：宋振能. 中国科学院院史拾零[M]. 北京：科学出版社，2011：54.

们自己也应当日新月异地前进。①

学部成立后，做了几件对全国科技事业具有重大影响的事，诸如建立研究生制度、实行科学奖励制度、制定科学发展规划等。王大珩参与工作最多的，是参与制定《十二年科技规划》，1955年10月到1956年8月，他有相当一部分时间和精力集中在这项工作中。

王大珩先是和有关学部委员及院内专家（约360位）一起，分学部讨论与制定中国科学院的发展远景计划，而后根据各学部提出的计划方案，参与综合平衡，参考苏联专家意见，于1956年3月提出了《中国科学院十二年内需要进行的重大科学研究项目（自然科学与技术科学部分）》（共53项）。紧接着，王大珩受国家科学规划委员会（主任聂荣臻）邀请，和400多位科学家共同讨论、制定全国的科学技术发展规划，同年8月，《十二年科技规划》编制完成，规划从13个领域提出57个项目、600多个研究课题（中国科学院早前提出的重大研究项目大都被纳入其中）。

特别要说的是，在制定科学发展远景规划的过程中，主要在技术科学的一些领域，如光学和应用光学、仪器和计量等，王大珩的许多前瞻性的思路和见解，在规划形成时发挥了重要作用。例如，在配合国家重大工程建设的仪器制造方面，在王大珩等建议下，《十二年科技规划》中列了"精密机械仪器、特种光学仪器与电子仪器"项目，计量方面列了"计量技术与计量基准"项目。在新技术领域实施"四大紧急措施"，集中力量加速发展无线电、自动化、半导体和计算技术，王大珩同样是积极倡议者和支持者。

但是好景不长。随着1957年"反右"和知识分子问题上的"左"的思想和政策，学部委员几乎无人幸免地被诬陷为"反动学术权威"，受到批判斗争，王大珩同样未能幸免。

---

① 周恩来总理在学部成立大会上的报告（1955年6月7日），转引自：宋振能.中国科学院院史拾零[M].北京：科学出版社，2011：55.

三、在技术科学部主任岗位上

1978年3月18—31日，中共中央在北京召开6000多名科技工作者代表参加的全国科学大会，迎来了"科学的春天"。

3月18日，王大珩作为由222人组成的大会主席团成员[①]在人民大会堂主席台就座，聆听邓小平在开幕式上的讲话。邓小平讲道："脑力劳动者的绝大多数已经是无产阶级自己的一部分。""四个现代化的关键是科学技术的现代化。""科学技术是生产力。"[②] 王大珩听了这些话的感觉是，"我的心里是热乎乎的"[③]。时间过去26年后的2004年，他还对邓小平的讲话记忆犹新：

> 我们科技工作者发自内心地感到邓小平同志是我们的好领导和知音。小平同志对科技工作者的鼓舞，使我们都怀着建设祖国的热望，决心大干一场。[④]

一年后，中国科学院学部在"科学的春天"得以重生。1979年中央同意恢复学部活动，继而批准在全国增补学部委员，这是在中断了23年（1957年增补过18名学部委员，其中技术科学部增补2名）之后进行的学部委员增补。这次增补学部委员面临种种特殊情况，使得原本不是学部常委的王大珩，提前成为技术科学部干事的无名分"常委"。

其时的特殊情况之一是，历经二十几年沧桑，学部委员严重减员，学部常委及学部主任、副主任遗缺不全，而且普遍年高不能正

---

① 主席团座位图原注：中央、国务院各部委和军委各总部负责同志，大会领导小组成员和大会正、副秘书长，老中青科学工作者（引注：学部委员52人），均按姓氏笔画从左到右依序排列（引注：王大珩的名字在图位第4排左一。主席台除前排为中央领导人未列名字外，第1—6排共印有222人的名字）。
② 郭建英. 中国科学技术年表（1582—1990）[M]. 北京：同心出版社，1997：51.
③ 郭建英. 中国科学技术年表（1582—1990）[M]. 北京：同心出版社，1997：51.
④ 王大珩. 美好的回忆和感受 // 本书编委会. 春天长在 丰碑永存：邓小平同志与中国科技事业 [M]. 北京：科学技术出版社，2004. 转引自：宣明. 王大珩 [M]. 北京：科学出版社，2005：19-20.

常工作。王大珩所在的技术科学部，原42名学部委员减员至26人，平均年龄超过75岁；原学部常委17人，减员至10人，平均年龄为76.5岁，原一正两副学部主任，剩下一正（严济慈，80岁）一副（茅以升，86岁）。

特殊情况之二是，本次增补学部委员总名额多（国务院批准增补330名），各方面推荐的候选人很多（实际有效候选人达到996人），学部委员评选任务重，而且本次增补学部委员第一次采用民主无记名投票选举，因而后来将"增补"改称为"增选"。王大珩所在的技术科学部的实际情形是：996个全部有效候选人中，有300多人属于本学部涵盖的学科专业范围，也就是说，技术科学部即便分组遴选，每位学部委员要审阅100多份候选人的推荐材料，不难想象，完成如此之大的工作量，这对于大多数七十多岁甚至八十多岁的老人而言，该是何等艰巨和辛劳。

当时还有一个情况，增选学部委员的所有工作，大到指导思想、原则、方案，小到选举程序、操作方法，都是由中国科学院讨论报经上级批准，或经中国科学院党组讨论决定，由副院长、党组成员钱三强负责主持实施。而那时技术科学部原有10名常委中，只有两人（严济慈和李薰）在中国科学院系统工作，其他院外常委连出席学部会议都难以保证，与会者经常达不到过半数，更不用说要承担组织协调工作了。因为这种种缘故，技术科学部原有学部委员中唯一在中国科学院系统工作又比较年富力强而不是常委的王大珩，就自然地顶起了常委作用，用钱三强的幽默话说，王大珩被抓来当了"壮丁"。

后来的一段时间里，王大珩经常住在北京友谊宾馆北工字楼（此楼时由中国科学院包租用作开会和接待来京科学家），或参加院里和学部的会议，讨论问题，研究办法，或代表学部主任严济慈与院外学部委员沟通情况，协调意见。直至1980年11月技术科学部选出64名新学部委员（4个学部共选出新学部委员283名，比原定增选人数少47人）。

1981年5月，在中国科学院第四次学部委员大会上（5月19日上午），王大珩当选为中国科学院主席团（后改为学部主席团）成员，并参加第一次主席团会议推选主席团执行主席和院长、副院长；在技术科学部全体会议上，王大珩当选为学部常委和学部副主任，李薰为主任（副主任还有院外的张光斗、陈芳允）；1983年3月李薰逝世后，王大珩接任技术科学部主任，直至1994年。

王大珩在担任技术科学部主任的十余年间，尽管相当长一段时间学部处于不正常工作状态，学部委员又间隔10年没有增选，平均年龄也达到七十四五岁，但在困难环境中，王大珩领导技术科学部所做的工作，依然成效显著。特别是在组织学部委员开展咨询方面，他首先提出变被动咨询（即接受政府决策部门委托咨询）为主动咨询，鼓励大家结合科学技术发展的关键问题，积极提供情况和建议，以便政府决策参考。

早在1982年8月，王大珩就组织技术科学部相关学部委员提出两个咨询报告提交国家计委、国家经济委员会（以下简称国家经委）和国家科委，一个是《关于当前发展我国集成电路的建议》，另一个是《关于发展我国计算机的建议》。据查证，这是中国科学院学部主动进行调查研究最先提交政府部门的咨询报告。后来，结合国际发展新态势，经过进一步研究，到20世纪80年代末期，王大珩和师昌绪领导技术科学部又完成6个主动咨询报告并汇编成《中国科学院学部委员咨询报告》，6个主动咨询报告分别是：《以电力为中心，论我国的能源发展战略》《关于试行公开招聘重点工科院校学术带头人的建议》《按照市场经济规律改革我国通信管理体制的建议》《促进我国计算机发展的良性循环的研究》《促进我国集成电路产业进入良性循环的建议》《发展我国钢铁工业原料路线的建议》。这些报告上报后，国务院领导很快做出批示："请把科学院六个专题报告分送到计委和有关部委进行研究讨论，并在'八五'计划中适当采纳。"同时，国务院办公厅专函向报告主持者王大珩和师昌绪致谢："对你们关心国家社会主义现代化建设，以极大的热情向政府提出有意义的建议表示衷心的感谢，并通过你们向全体参加编制这些专题报告的科学家和科技工作者表示谢意。"①

王大珩重视总结学部开展咨询工作的经验，并使之制度化、科学化，1989年由他建议和主持制定了《关于学部委员咨询工作的暂行规定》，成为中国科学院学部开展咨询工作第一个内部法规性的文件。

组织学部委员评议研究所，是在20世纪80年代初中国科学院赋予各学部的任务之一，这是为了强化学术领导的一项重要措施。1981年至1983年，王大珩先后与李薰、师昌绪共同组织开展了对中国科学院金属研究所、上海光机所、长春光机所、半导体研究所、电工研究所、上海冶金研究所、沈阳自动化研究所和上海技术物理研究所的评议。学部委员评议的内容很全面，包括：研究所的科研方向是否符合学科发展的趋势和中国国情；研究室的方向、任务是否明确；课题设置和选择是否恰当；科研队伍的水平、质量和建设情况如何；实验体系情况怎样；学术管理的水平和成效情况如何；科研成果的水平及其社会效益、经济效益如何；所长及主要学科带头人的水平、能力如何等。开展评议的程序十分严谨：阅读材料、组织参观、汇报座谈、个别交谈、酝酿讨论，最后由评议组提出评议意见，报经中国科学院常务会议审议通过后，下达研究所执行。

不搞形式、不走过场、讲求实效，是王大珩组织评议活动的指导思想。1982年4月，他带队评议上海光机所，除了集中光学方面的学部委员，邀请相关研究所的同行专家和大学教授外，还请来中国科学院和上海分院的管理人员，共有50余人。后来上海光机所写文章说："回忆当时评议的严肃、认真、科学的态度，是建所以来从未遇到过的。……王老亲自组织的这次评议，为上海光机所健康持

---

① 盛海涛，何锟瀚，冯应章. 大珩先生与技术科学部 // 宣明. 王大珩[M]. 北京：科学出版社，2005：85.

1989年，王大珩（右）与师昌绪（左）参加技术科学部会议

续的发展指明了方向。"[1] 具体说，就是按照王大珩主持形成的评估报告，使得上海光机所在此后的十多年时间里，相继建成了用于激光聚变研究的"神光"装置，用于激光分离同位素的激光和光学系统，开展了新型激光器件与技术、光存储技术和光学新材料的探索，在激光等离子体物理、X射线激光、量子光学、激光光谱学和非线性光学等基础研究领域，做出了一批具有国际前沿水平的研究成果，既强化和显示了上海光机所的实力，同时为我国激光发展及其应用做出了贡献。

接受委托复审国家自然科学奖项目，是王大珩担任技术科学部副主任后与李薰共同组织做的第一项工作。1979年底，国家决定设立国家自然科学奖，经过一年多时间各归口部门推荐、评选，初审出192项请奖项目，委托中国科学院各学部负责最后复审。其中由技术科学部复审的项目计14项（冶金及材料4项、电子4项、机械1项、土水建5项），先由学部委员和专家进行初审提出意见，然后召开学部常委会逐项审议、整体对比评议，形成复审意见。结果是：

---

[1] 中国科学院上海光机所.我国激光事业发展的战略科学家——上海光机所在王老的指导、关爱下成长 // 宣明.王大珩 [M].北京：科学出版社，2005：91.

同意授奖 5 项（二等奖 1 项、三等奖 1 项、四等奖 3 项）；不授奖 4 项；由于学术上尚存分歧，建议暂缓评奖 2 项；不属国家自然科学奖范围 3 项。

在此期间，王大珩先和李薰后和师昌绪组织技术科学部学部委员承担了许多工作，诸如：评定国家自然科学基金项目——1982 年受理 290 项，评定 110 项，总资助经费 569 万元；1983 年受理 481 项，评定 242 项，资助经费 953 万元。审定学位授予——1982 年授予硕士学位 336 人，工科博士学位 1 人；1983 年审议第二批申请硕士、博士授予单位及导师名单。评议审定中国科学院重点课题——1982 年经过审议列为重点课题 30 项，1983 年审定 13 项。

这里所列出的工作日程和数字，只是王大珩主持技术科学部工作的一部分，但也足以感受到他作为科学专家以外的那种精神、思想和风格。

四、科技战略发展的尽责人

用"战略科学家"这个称谓称呼王大珩，在科学技术界大概不会有歧见，因为大家不认为这仅仅是一种形容，而是贴切事实的表达。

先看王大珩对自己经验的总结，他说："作为一名现代的科技工作者，我从毕生的经历出发，总结了十六字的经验启示：面向需求，务实求是，传承辟新，寻优勇进。"[①] 王大珩得出的朴实无华的十六字经验，其实既有历史长度，又有思考和认识上的厚度。从他 2003 年在"中国科学家人文论坛"（2004 年更名为"中国科学与人文论坛"）上做的报告《漫谈科学精神》[②]中，可以很清晰地了解这一点。

王大珩认为正确的科学路线，就是严谨性。他说：

[①] 王大珩. 我的自述 // 宣明. 王大珩 [M]. 北京：科学出版社，2005：16.
[②] 王大珩. 漫谈科学精神（2003 年 11 月 28 日在"中国科学家人文论坛"主题报告会上的演讲报告）// 宣明. 王大珩 [M]. 北京：科学出版社，2005：30.

在认识过程上，由表及里，由浅入深，由简入繁，由中间向两头扩展，对真理的认识是可望而难以企及的。科学不承认没有事实依据的先验论，它的深入由低级到高级主要是理性认识的过程。这是科学的核心所在。但是，理性认识要经由实验、论证来确定。

王大珩认为"科学与技术并行发展"，是提倡科学精神的一个要点。他说：

> 当前由于科学上的新发现应用于生产实践，导致现在高度的物质文明。特别是高新技术在改变当前社会经济面貌方面的作用，也帮助促进了人类思维的科学化。

王大珩认为所需要的科学思想，第一是实事求是，第二是审时度势，第三是传承创新，第四是寻优勇进，有了创新的工作，让它在社会上起作用，还要找出实施这个措施的最优途径，勇于使它实现。

正是基于这样丰富而独到的见地，加上王大珩总习惯从高远处看待事情的现在和未来，所以在许多关系国家重大科技发展的事情方面，他往往会"寻优勇进"地提出建议，并且卓有成效。

1986年3月，王大珩审度各国以高技术为核心的新的技术竞争趋势，及时与他人联名提出《关于跟踪研究外国战略性高技术发展的建议》，被中央采纳。后经几百位专家调查论证，制定出我国的《高技术研究发展计划纲要》，这就是影响深远、成果丰硕、效益巨大的863计划（后文专述）。

王大珩从"科学与技术并行发展"的思想出发，认为提高工程技术和工程师的地位，对于加速我国基础工业建设、增强综合国力、提高国际竞争能力具有重要现实意义。他在参与多次呼吁无果的情况下，于1992年又与他人联名上书中央，建议早日建立中国工程院，直接促成了全国工程技术界的最高学术机构——中国工程院的成立，并且使得几十年难产的院士制度在我国开始实行（后文专述）。

（一）激光单原子探测

以敏锐的洞察力扶持新学科、新技术，是王大珩的又一特点。20世纪80年代中期，当清华大学初建的我国第一个激光单原子探测实验室遇到困难时，王大珩先支持成立一个由20多位专家组成的学术委员会，他亲自担任主任，并多次主持学术讨论会或论坛，明确了发展的指导思想和学科定位，既使实验室摆脱了困境，又在全国"播种子"，推动这一新学科在全国的发展。随后，王大珩预见到这一学科的发展前景，认为应该把它纳入国家科技发展战略，1993年12月15日他和陈芳允联名致信江泽民总书记。王大珩在亲笔信中写道：

> 最近国际上出现将单个原子逐个"搬家"在固体表面上形成分子尺度的用原子组合成的图形，这是从原子结构的认识走向直接操纵原子为我所用的一项重大突破，预见这项技术的发展，将对分子电子学、微观化学反应、生物分子工程以至微观型能量转换机制都会产生重大的影响。
>
> 世界各科技先进国家都已将发展这项技术列入优先发展规划。
>
> 我们两名学部委员，深感我国也必须尽早开展这方面工作的迫切性，人家飞速发展，我们若不尽快追上去，以后就会是望尘莫及。[①]

江泽民阅后对王大珩、陈芳允的信做出批示："关于基础研究、

---
① 陈飚延.王老与我国原子分子测控科学技术的发展//宣明.王大珩[M].北京：科学出版社，2005：114.

王大珩、陈芳允书写的单原子探测建议书

应用科学与开发的关系，我们的方针已定，即稳住一头，放开一片。当今科学技术发展十分迅速，我们对于前沿科技项目要有所赶、有所不赶。一旦突破可带动新产业革命的项目，就应该赶。王大珩、陈芳允二位学部委员的报告请认真研酌。"[1]

为了落实批示精神，王大珩等先后组织两次香山科学会议、三次学科发展研讨会，形成一份《将单原子、分子测控科学技术纳入国家基础性研究规划》，他联合8位院士于1996年3月报送时任中央办公厅主任温家宝。温家宝批示指出："原子、分子级探测、操纵与控制是一项战略性的基础研究，也是一项可以带动新产业的关键

---

[1] 陈飚延. 王老与我国原子分子测控科学技术的发展 // 宣明. 王大珩 [M]. 北京：科学出版社，2005：114.

技术，应当统筹规划、选择重点、集中力量、予以支持。"[1] 这样，该项目被列为"九五"规划中"建立若干个基础性研究中心"的一项，并且强调称：此学科领域"势在必为，势在必赶，而且时不可待，在当今激烈的国际竞争中

1999年，王大珩参观清华大学原子分子与纳米科学教育部重点实验室

稍有延误，都可能形成落后，势难再赶上的局面"[2]。

（二）仪器仪表

王大珩心系仪器仪表事业，至今"有说不完的感人的故事"。1956年被纳入《十二年科技规划》中的"关于发展我国仪器仪表事业规划"，主要执笔人是王大珩。1979年成立的中国仪器仪表学会，王大珩先任副理事长，后任理事长、名誉理事长，时间长达26年，而且他是只做实事不挂虚名。1983年4月，中国在上海举办首届国际仪器仪表学术会议暨展览会，王大珩担任大会学术委员会主任，并且向会议做了介绍我国仪器仪表事业发展、论述国际仪器仪表发展趋势的演讲，受到各国同行认同，从而扩大了我国仪器仪表事业的影响，提高了我国的国际学术地位。

这次会议本身还取得了意料之外的成功——以上海首届国际仪器仪表学术会议暨展览会为起始，后来20多年一直延续了下来，如今已成为这个领域的国际知名盛会。这个意外成功，也是王大珩出的点子带来的结果。阅读王大珩的生平年表会看到，他1945年获得

---

[1] 陈飚延. 王老与我国原子分子测控科学技术的发展 // 宣明. 王大珩 [M]. 北京：科学出版社，2005：114.

[2] 陈飚延. 王老与我国原子分子测控科学技术的发展 // 宣明. 王大珩 [M]. 北京：科学出版社，2005：114.

英国科学仪器协会"第一届青年科学仪器发展奖",就是在英国物理学会举办的展览会上展出自己的研制成果(V-棱镜精密折射率测量仪)而被评定得到的。38年后的1983年,他主持上海会议时就借鉴过来,在举行仪器仪表学术会议的同时,举行仪器仪表最新成果展览。就这样,王大珩的点子被通用为国际仪器仪表界的惯例。

为了我国仪器仪表事业的发展,王大珩也向国务院领导写过建议。他85岁那年,因为要掌握一手情况提出发展对策报告,亲自到上海、浙江、重庆进行调查研究,"一个下午参观4个企业,累得说话的力气都没有,回到北京便进了医院"[①]。但王大珩没有就此放下心来,出院后,他组织调研组完成了《加快我国仪器仪表事业发展的对策与建议》。由于这份报告的科学性和战略目标,以及实施方案的详尽与可行,它已成为指导我国仪器仪表产业发展的重要文件。

(三) 颜色标准化

颜色标准化,乍一听可能感觉陌生,甚至想不到和科学技术有多少联系,其实不然,它是一项涉及从工业到日常生活中应用广泛、科学内涵丰富的事业。颜色科学能在我国迅速发展起来,王大珩功不可没。

早在1978年我国颜色领域的第一本科学著作《色度学》即将出版时,王大珩就给予强力支持。1988年5月,他应允担任全国颜色标准化技术委员会主任委员,倡议开展中国颜色体系研究和建立中国颜色体系标准,并亲任课题负责人。在确定研究方向时,他提出做中国人眼颜色视觉实验,以使研究成果具有自主知识产权;在寻求立项和经费支持时,他或亲自出马或写信,得到了国家科委、国家自然科学基金委员会和中国科学院的支持。

---

① 肖中汉.王大珩院士心系仪器仪表事业//宣明.王大珩[M].北京:科学出版社,2005:99.

第十四章

为863计划"点火"再点拨

一、中国不能被落下

20 世纪 80 年代，国内科学技术界有一个热议的话题：迎接新技术革命和挑战。那时间，一些国家都把目光紧紧盯住 21 世纪，制定各自的科学技术发展战略规划，以抢占高技术桥头堡，掀起了新的科学技术竞争浪潮。

先是美国于 1983 年提出了"战略防御倡议"（Strategic Defense Initiative，SDI），它针对苏联的战略洲际核导弹，以构成一个战略防御威慑系统。这个系统的核心，是利用强激光，通过直接（卫星、天基）或间接（地基）发射台，将其指向来犯的导弹并摧毁它。因此，美国的所谓"战略防御倡议"，被世人称为"星球大战计划"。

自此而起，各种各样迎合或针对"星球大战计划"的对策和计划纷纷登场：西欧各国共同签署了"尤里卡计划"，日本出台了"科技振兴基本国策"，苏联和东欧国家制定了"科技进步综合纲领"，韩国推出了"国家长远发展构想"，印度发表了"新技术政策声明"。

面对这种国际趋势，中国怎么办？应不应该有自己的对策？应该采取什么样的对策？

在国家有关部门组织的专家座谈会上，主流意见认为，我国应该采取相应的对策措施，迎接新技术革命和挑战。但也有不同看法，认为我国当时尚不具备全面发展高科技的经济实力，还是先搞一些短期见效的项目为好。

"现在不做，到下世纪就没有了，就根本跟不上了！"王大珩在一次座谈会上直率地发表意见。从这些话中，显然能感觉到他的焦急心情，同时也是他亲历"两弹一星"工程的经验之谈。

王大珩进而阐述自己的观点：早年研制"两弹一星"的时候，我国的经济实力也完全不能与美苏等超级大国相提并论，但是我国独立自主、自力更生，只花了不到美苏 1/20 的钱就研制出了"两弹一星"，这样在国际上的地位就大不一样了，人民才有了不受核威慑的生活环境。高科技研究也是一样,只要我们集中力量、突出重点,完全可以花较少的钱办较大的事。此外,高技术的东西,"有一点儿"和"一点儿没有"大不一样,是个战略问题。就我国国情而言,我们国家只能是重点地搞,这个重点怎么搞呢?要利用这个作为一个种子,能带动其他的方面。①

王大珩的意见得到了多数人的赞同。参加座谈会的光电技术工程专家林祥棣甚至满怀激情表示说,希望每个中国公民拿出一两个鸡蛋的代价,作为起步的投资。②

巧合的是,时任国防科工委科技委专职委员、无线电电子学家陈芳允,持有与王大珩相同的观点。他曾在一次会议上发言说:"在科学技术飞速发展的今天,谁把握住高科技领域的发展方向,谁就可能在国际竞争中占据优势。我国经济实力不允许全面发展高科技,但我们在一些优势领域首先实现突破是完全可能的。"③

1986年初的一天,陈芳允来到王大珩家,他们细谈了彼此的想法,而后陈芳允提议:"能不能写个东西,把我们的想法向上反映反映?"王大珩表示赞成:"对,应该让最高领导了解我们的想法,争取为国家决策提供帮助。"他们商定,写一个建议呈送给中央和国务院领导,由王大珩负责起草建议书。

王大珩回忆道:

> 我自己写了我国应采取对策的主文,主要是归纳了专家座谈会上的意见。我又邀请航天部科技委的杨嘉墀,因为他对空间技术很熟悉,还有我国科学界前辈王淦昌,经商量定稿后,由我们4人以中国科学院学部委员的名义,于1986年3月3日,联名上书邓小平、胡耀邦等,题目是《关于跟踪研究外国战略

---

① 崔禄春."863计划"是怎样出台的[J].百年潮,2006,4:33-38.
② 王大珩.从导弹轨道跟踪与测量到863计划//科学时报社.请历史记住他们——中国科学家与两弹一星[M].广州:暨南大学出版社,1999:244.
③ 宋健."两弹一星"元勋传(上)[M].北京:清华大学出版社,2001:534.

性高技术发展的建议》。①

建议书开门见山："必须从现在抓起，以力所能及的资金和人力跟踪新技术的发展进程。须知，当今世界的竞争非常激烈，稍一懈怠，就会一蹶不振。此时不抓，就会落后到以后翻不了身的地步……在整个世界都在加速新技术发展的形势下，我们若不急起直追，后果是不堪设想的。"接着提出了六条建议，其主要观点是：

一、高科技问题事关国际上的国力竞争，我们不能置之不理。

二、在关系到国力的高技术方面，首先要争取一个"有"字，有与没有大不一样。真正的高技术是花钱买不来的。

三、鉴于我国的经济情况，从事高技术的规划与范围，无法与工业发达国家相比。因此，必须"突出重点，有限目标"，强调储备与带动性。

四、积极跟踪国际先进水平，要能在进入所涉及的国际俱乐部占有一席之地。

五、发挥现在高技术骨干的作用，通过实际培养人才，为下个世纪的发展做好准备。

六、时不我待，要有紧迫感，发展高技术是需要时间的，抓晚了就等于自甘落后，难于再起。②

二、用心之处

王大珩等四人的建议书，于1986年3月3日送出。仅仅过了两天（3月5日），邓小平就做出批示："这个建议十分重要……此事

---

① 王大珩.从导弹轨道跟踪与测量到863计划//科学时报社.请历史记住他们——中国科学家与两弹一星[M].广州：暨南大学出版社，1999：244.
② 林祥.世纪老人的话：王大珩卷[M].沈阳：辽宁教育出版社，2000：24-25.

宜速作决断，不可拖延。"①

邓小平这样奇快批阅几位科学家的建议，当时所有接触到这件事情的人，没有不感觉惊诧的。这与王大珩想事细心、做事用心是分不开的。

在建议书签完名后，王大珩又想到并且亲自做了两件事。一是他想到，光一份建议书送给中央领导人，似乎有点儿突兀，应该写一封信做简要情况说明为好。于是他亲笔写了一封致邓小平的信：

> 我们四位科学院学部委员（王淦昌、陈芳允、杨嘉墀、王大珩）关心美国"战略防御倡议"对世界各国引起的反应和采取的对策，认为我国也应采取适当的对策。为此，提出了"关于跟踪研究外国战略性高技术发展的建议"。现经我们签名呈上，敬恳察阅裁夺。
>
> 我们四人的现任职务分别是：
> 王淦昌　核工业部科技委付② 主任
> 陈芳允　国防科工委科技委专职委员
> 杨嘉墀　航天部空间技术院科技委付主任
> 王大珩　科学院技术科学部主任
>
> 　　　　　　　　　　　王大珩　敬上
> 　　　　　　　　　　　一九八六年三月三日

王大珩做的第二件事是，当时他想，建议书以个人名义寄给中央领导，很可能按"人民来信"处理，领导人根本看不到原件；如果按公文程序上报，又会层层批转，不知道要等多长时间才会听到音讯。因此，他想出一个快捷办法（后来他玩笑称走了一次"后门"）——亲自出面请一位最可靠且热心的人士帮忙递交信件，结果

---

① 刘亚东，等.春颂：邓小平同志与中国科技事业[M].北京：科学技术文献出版社，2004：221.

② "付"应为"副"。

达到了快速见效的目的。

863 计划建议书及批示

863 计划的四位倡议人（左起：王大珩、王淦昌、杨嘉墀、陈芳允）

三、欣慰与冀望

邓小平批示后，各方面抓紧贯彻落实，同样也是快速高效。1986年4月至9月，国务院先后组织200多位有关专家进行调查论证，而后制定出《国家高技术研究发展计划纲要》，并经中央政治局批准实施。为了纪念该纲要缘起的1986年3月，后来便以863计划命名。

863计划首先确定了目标：在几个高技术领域，跟踪国际水平，缩小同国外的差距，并力争在我国有优势的领域有所突破，为20世纪末特别是21世纪初的经济发展和国防安全创造条件；培育新一代高水平的科技人才；通过伞形辐射，带动相关领域的科学技术进步；为21世纪初的经济发展和国防建设奠定比较先进的技术基础，并为高技术本身的发展创造良好的条件；把阶段性研究成果同其他推广应用计划密切衔接，迅速转化为生产力，发挥经济效益。

进而本着有限目标、突出重点、瞄准前沿、积极跟踪的原则，推荐出我国优先发展的生物技术、航天技术、激光技术、自动化技术、信息技术、能源技术、新材料技术等7个领域，并具体化为15个主题项目实施。863计划实施时间定为15年，总经费投入为100亿元人民币。[1]

国家对863计划的一系列决策，让王大珩等几位建议人经常处于意外惊喜的状态，国家拨转款数额之大就是一例。杨嘉墀回忆道：

> 张劲夫同志（时任国务委员——注）有一天早上把我们四个人叫到中南海去商量这个问题，当时他问了我们要多少经费，当时我们几个人好像也说不准多少。王淦昌稍微有一点经验，他说了个1000万。张劲夫马上就说这个经费肯定是不够的。国家批准了100个亿。我们四个人都吓了一大跳。

---

[1] 中华人民共和国科学技术部. 中国科技发展60年 [M]. 北京：科学技术文献出版社，2009：174-175.

863计划实施后的情况，是王大珩最为关注的，每当看到或者听到取得新进展，他的内心就十分喜悦。一次，他得到科技部一份总结863计划阶段性成果的材料，他手里拿着放大镜专心致志地趴在桌上看，有一组数据几乎是一字一句拿着放大镜读下来的："'八五'期间，863计划投入的各项资金总额约23亿元，直接参加人员7.12万人年……到1995年底，863计划民口6个领域的15个主题，已全面完成了各阶段的既定目标，共取得研究成果1200多项，获国家级或省部级奖567项，达到国际水平540项，获专利244项。成果获奖率达到45.6%，其中国家级奖达5%。"① 王大珩看完数据，联想到以往的情况，颇有感触，他认为实施863计划，在体制上有一个很好的革新，即不由行政领导来决策，而是由专家来决策，这是一个很大的特点。

王大珩为成果而高兴，但他从不满足于一事一时，更不做"井底之蛙"，他习惯以战略眼光和进取精神看待事情。针对863计划的成功，他曾经语重心长地表达过这样的观点：

> 不要以为我们经过这样一个战役，就可以从各方面解决问题，哪有这么快的事，不可能的。因为人家也在进步。你赶上了一段，人家又往前进一段了。高技术是世界上前沿的科学领域，不是一般的科学技术。发展高科技，绝不单是为了一个学科的进步，而是多科学的综合，高技术的使用，往往不是一个目的，而是能够用到多个方面去。高技术计划必须要继续下去，应当把高技术作为国家中长期科技发展计划的一个重要组成部分。②

自863计划启动以来，王大珩被全国科技界誉为863计划的

---

① 中华人民共和国科学技术部.中国科技发展60年[M].北京：科学技术文献出版社，2009：176.
② 王大珩.关于下世纪发展中国高技术及其产业化若干问题[N].科技日报，1997-09-27.

功臣，知道事情底细的一些人，更称他是功不可没的元勋。王大珩本人一直认为，自己做这些事情都是应该的，他幽默地形容只是为863计划点了一根火柴。王大珩说这话的时候已是93岁高龄，正值863计划实施22周年之际。一次他接受《新京报》记者访问，这样说道："863计划最初选择的7个领域，具体的内容也不是我们制定的，我们几个顶多是起了一些催化剂的作用，或者说是为863计划点了一根火柴。"①

2001年2月19日，王大珩（右）与杨嘉墀（左）获得"863计划特殊贡献先进个人"称号

四、点拨重点领域的发展

王大珩不满足于只提建议，他习惯把想法付诸实际，见到效果。863计划形成的各个主题项目，他都尽自己所见所思发表意见，对一些特别关注的领域，更不顾年高、视力差全力参与。

比如航天技术，从被列为863计划第二主题，到提出载人航天建议，再到1992年9月批准载人航天立项，并明确载人飞船——空间

---

① 钱昊平. 我们为863计划点了一根火柴 [N]. 新京报，2008-03-03.

实验室—空间站"三步走"的发展规划，这其中都有王大珩付出的心力。这里援引航空航天系统工程专家顾逸东院士对王大珩的一段记述：

> 王老是载人航天工程评审专家组的副组长，也是载人航天应用系统论证、设计阶段评审组的主要负责人，在确定任务和技术方案的过程中，他尽心尽力，严格把关，他在几次讲话中，提出了要采用系统工程方法，搞好载人航天应用，要严格按工程规范等重要指导意见和许多宝贵的具体意见。[①]

又如被列为航天应用重要任务之一的高级空间光学系统，王大珩曾多次到承担任务的研究所去检查工作和参加评审。1995 年在光学材料工艺处理设备前，他看到工艺处理技术有了新的提高，十分激动，并就自己几十年前就熟谙在心的光学玻璃材料性能与处理工艺的重要关联做了深入浅出的讲解。时隔 15 年后，听过讲解的顾逸东回忆说："王老关于'豆腐渣'的比喻和'微裂纹'的危害，至今使我和每一个参加研制工作的同志印象深刻。"[②]

在确定空间光学系统方案时，鉴于重量的约束和空间光学长远发展的需要，王大珩提出打破常规，采用非球面方案的意见。在当时的技术条件下，采用非球面方案不仅有难度，还存在风险，因而一度疑虑不少。但王大珩站在更高处，着眼于长远意义和应用前景，对所提方案大声疾呼，每会必讲，逢人必讲，极力推动。

据顾逸东回忆，后来的情况是：

> 我们按照他（指王大珩——注）的意见，部署了两个攻关小组，经过两年多时间，终于攻克并系统掌握了非球面设计、

[①] 顾逸东. 心系空天——王大珩先生与我国航天航空事业 // 相里斌. 光耀人生——王大珩学术思想与创新贡献[M]. 北京：科学出版社，2011：146.

[②] 顾逸东. 心系空天——王大珩先生与我国航天航空事业 // 相里斌. 光耀人生——王大珩学术思想与创新贡献[M]. 北京：科学出版社，2011：146.

加工、测试、装调等一系列关键技术。在此期间，王老多次约我们到他家里，了解情况，提出指导意见。在王家骐院士的领导下，研制团队十年磨一剑，采用了一系列新技术新方法，研制出了当时最轻量化最高质量的高级空间光学系统，并圆满地完成了空间飞行任务。非球面光学核心技术的掌握和延伸，在我国后续的一系列任务中开花结果，推动了我国空间光学的跨越发展。[①]

王大珩心里总在惦记着空间光学性能问题，直到年逾九秩的2006年，他因病住进了医院，仍在坚持思考。一天，他让秘书打电话约请项目主持人顾逸东到医院面谈，谈的还是关于提高光学系统性能问题。

见面后他开门见山地说："晚上睡不着觉，也没有笔和计算器，心算了一些结果，看看有没有道理……"我惊异于他惊人的记忆力和对问题的准确把握，更为他呕心沥血致力于事业的精神深深感动。[②]

[①] 顾逸东. 心系空天——王大珩先生与我国航天航空事业 // 相里斌. 光耀人生——王大珩学术思想与创新贡献[M]. 北京：科学出版社，2011：146.
[②] 顾逸东. 心系空天——王大珩先生与我国航天航空事业 // 相里斌. 光耀人生——王大珩学术思想与创新贡献[M]. 北京：科学出版社，2011：146.

第十五章

又一历史性的功勋

一、在关键处发挥作用

自 20 世纪 70 年代末起，科技界就不断呼吁建立国家工程技术方面的最高学术机构（即后来的中国工程院），但总不见有进展；20 世纪 50 年代中期开始，曾经几次酝酿在中国实行院士制度，但都搁浅了。这样两件大的历史性事件，终于在 1994 年得以如愿以偿。查阅有关档案材料发现，在这件事的整个进程中，尤其是在许多关键点上，都能见到王大珩的名字。

先说事情的历史背景。

1978 年 3 月，邓小平在全国科学大会上提出"科学技术是生产力"，这一论断空前激发和提高了全社会对发展科学技术重要性的认识；同年 12 月，党的十一届三中全会决定，把全党工作的着重点转移到社会主义现代化建设上来，以经济建设为中心。在此背景下，以前受到冷落，甚至被视为"雕虫小技"的工程技术，开始引起关注，特别是针对当时中国工程技术水平低，队伍力量薄弱，研究、设计、建造能力落后的现实，许多人士开始冷静思考、热烈讨论，并且达成共识：从长远着想，中国有必要建立一个以工程技术为主体的最高学术机构，以提高工程技术和工程师在国家建设中的地位，加强责任制，调动积极性，更好地发挥工程技术的整体作用，推动国家基础工程建设。

据《科技界人大代表和政协委员及其提案的历史研究》一文所采集的资料显示：早在 1979 年五届政协二次会议上，就有多件提案，建议加强工程技术和应用科学研究，要求实行工程师负责制；1980 年五届政协三次会议上，出现第一件关于成立中国工程科学院的提案，提案人是张光斗和俞宝传；而后的十几年里（至 1993 年），年年都有这类提案，有时一年有几件（如 1992 年七届政协五次会议上有 3 件），每件提案至少 2 人联署，最多的一件提案（1986 年）联署者达 83 人，历年参与过成立工程院提案的政协委员、人大代表和工程科技专家不下 150 人（次）之多。[①]

王大珩一直是这件事情的积极参与者和推动者，他前后有过 4 次正式提案或建议。1986 年，他和茅以升、钱三强、吴仲华、张光斗、黄汲清、侯祥麟、罗沛霖等 83 人联名提案；1988 年，他和陶亨咸、张维、钱保功、陆元九、陈永龄等联名提案；1992 年，他又参与 21 人联署提案。真正起到历史性关键作用的，是 1992 年 4 月他和张光斗、师昌绪、张维、侯祥麟、罗沛霖 6 人联署的一份不是提案的建议书。

1992 年春，王大珩等联合署名的建议书送进中南海，登在了中央办公厅 5 月 8 日编印的《综合与摘报》（第 54 期）上，题目是《关于早日建立中国工程与技术科学院的建议》，署名者 6 人都是中国科学院院士。建议书体现了科学家的简明、率真风格，全文 1000 余

中国工程院的六位发起人合影（左起：罗沛霖、王大珩、张光斗、侯祥麟、张维、师昌绪）

[①] 李飞. 科技界人大代表和政协委员及其提案的历史研究 [D]. 北京：中国科学院大学，2010.

字，没有套话、空话、大话，但视野开阔，言之有理，从世界工程技术和技术科学发展的历史与现状，讲到我国的差距，再讲到为了提高工程科学技术研究、设计、建造能力，提高产品竞争能力，增强综合国力，而后提出建立中国工程院，以提高工程技术和工程师地位的建议；他们还就这个新建工程技术界的最高学术机构的性质、任务，以及它与中国科学院（主要是技术科学部）的日后关系等，提出了构想。

这份建议书，被认为对中国工程院的建立和中国实行院士制度起了历史性的作用，但其间有一个关键环节，却常常被忽略，少有提及。那是6人建议书送达中南海之前，在一次江泽民总书记同学部委员见面的场合，时任技术科学部主任的王大珩抓住时机，当面陈述了他们的建议及建议书的主要内容。虽然王大珩讲得言简意赅，但直接向最高领导反映呼声的作用，显然起到了。

5月11日，当江泽民看到刊登6人建议书的《综合与摘报》，就在上面写下批示给中央办公厅主任温家宝："家宝同志：此事已提过不少次，看来要与各方面交换意见研究决策。请酌。"

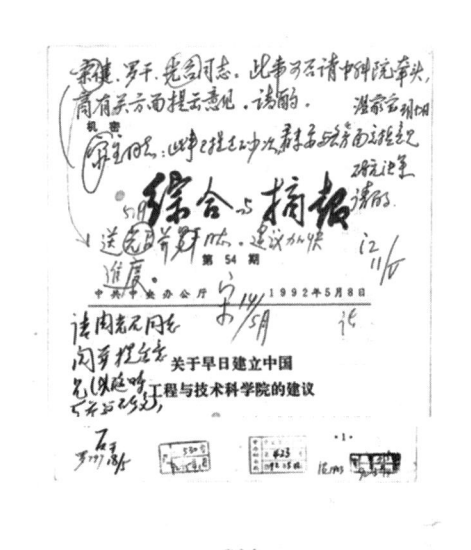

关于早日建立中国工程与技术科学院的建议书和批示

第二天，温家宝向国务委员宋健、罗干和中国科学院院长周光召做了批示："此事可否请中科院牵头，商有关方面提出意见。请酽。"① 接着，5月14日和5月18日，宋健和罗干先后阅批，强调加快进度，尽快提出意见报中央决策。

二、筹建中国工程院

但筹建中国工程院并非一帆风顺。

那时，国内科技界一方面建院的呼声很高，另一方面又歧见层出。诸如：争论之一是，要不要在中国科学院以外再建一个中国工程院？反对者认为，两院并立会造成理工分家，不利于学科交叉与协同发展。至于建立一个什么样的工程院，是不设下属研究开发机构的虚体，还是像现在中国科学院一样的实体？甚至由哪个部门牵头负责筹建，也是意见纷纭，莫衷一是。

为了解决这些问题，推进中国工程院的顺利筹建，紧张地开始了将近两年的内外调研，上下协调，民主讨论，提出方案，直到正式建院。在整个进程中，两位技术科学部主任王大珩和师昌绪，接受中国科学院学部主席团执行主席周光召的委托，他们的角色由建议人转变为重要筹建者。

开始阶段，他们一方面组织人员搜集编印《国外工程科学院简介》，对当时14个国家（瑞典、美国、英国、法国、日本等）工程科学院的成立背景、组织机构、院士选举、学部设置、工作方式、经费来源等情况进行客观和详尽的介绍，为大家讨论研究筹建中国工程院提供参考；另一方面，王大珩、师昌绪两位技术科学部主任为了扩大内部共识，多次主持召开技术科学部常委会讨论协商。

在这些工作的基础上，1992年7月18日，先归纳出筹建中国工程院的5条原则性意见，以周光召的名义报告党中央和国务院领导。到8月26日获得批复后，为起草正式建院报告，开始了又一轮

---

① 中国工程院办公厅. 中国工程院年鉴（1994—1997）[M]. 北京：高等教育出版社，1998：35.

更大范围的调查研究和酝酿讨论。

接下来的两三个月时间里,王大珩和师昌绪以召开座谈会、个别访谈等方式,先后征求了200多位学部委员和有关专家的意见;同时,他们还亲自走访电子、化工、机械等十几个产业部门和高校,广泛听取意见,共同商讨。对于年近八旬的老人,他们这样紧张工作,连续奔波,其中的身心劳苦可想而知,更让人想象不到的是,他们有时还要忍受精神上的屈辱。

1993年,王大珩(右)和师昌绪(左)听取中国工程院筹备领导小组办公室主任葛能全(中)关于筹备中国工程院的情况汇报

1993年元旦那天,王大珩和师昌绪一起出席某个国家机构召集的座谈会,讨论中国工程院的设置问题(这个机构一度想出面负责筹建工程院)。因为参加会议的人比较多(二三十人),发言踊跃,主持人宣布每人发言不超过10分钟,而实际上现场一直没有遵守规定的时间,一些与会议召集机构意见一致或相近的人,发言都超时了,有的一人讲了20分钟还要多。师昌绪举手要求发言,"讲到10分钟后,毫不客气地发出'制止令'";接着,王大珩站起来发言,当讲到10分钟要求多讲几分钟时,主持人硬是冷下脸不同意,并且

让人强行拿走了王大珩手中的话筒……

陪同两位技术科学部主任参加座谈会的一位中国科学院的有关负责人，会后讲起那天的情景，怒气久久难消，说当时的场面实在令人气愤，对两位老科学家在会场的遭遇感到不可思议，他曾想一起退出会场。但为了顺利筹建中国工程院，王大珩和师昌绪压住火气，忍辱负重坐下来，继续倾听意见，一直到会议结束。

18年后（2011年），93岁的师昌绪忆及当时的情景写道：

> 我当时实感受到奚落，甚至有中途退出的想法，但是为了顾全大局，还是善始善终。[1]

经过王大珩等人的有效工作，建立中国工程院的第一份请示报告，于1993年2月4日正式呈报国务院并党中央，由中国科学院和国家科委联署。这份3000多字的请示，就是关于建立中国工程院的一个内容齐全的完整实施方案，除了八九行字的开头语，分为三大部分陈述：一是关于建立中国工程院的必要性，主要讲了国际发展趋势和国内发展需要；二是关于组建中国工程院的一些原则；三是关于中国工程院的筹建工作及进度安排。

请示报告的重点和实质性内容在第二部分，列了7个原则问题陈述并请示，题目分别是：1.关于名称（建议采用"中国工程院"）。2.关于中国工程院的性质和作用（建议定为"中国工程技术界的最高荣誉性、咨询性学术机构"）。3.关于中国工程院成员的称谓（建议称"院士"；"中国科学院学部委员"亦改称为"院士"）。4.关于中国工程院与中国科学院（学部）的关系。5.关于中国工程院院士的标准和条件（表述为"凡在工程技术领域作出重大的创造性的成就和贡献，热爱祖国，学风正派的高级工程师、研究员、教授或等职称的工程技术专家、学者，可被推荐当选为中国工程院院士"）。6.关于中国工程院第一批院士的产生及

---

[1] 师昌绪.在人生道路上：师昌绪自传[M].北京：科学出版社，2011：187.

增选制度（首批院士定为百名左右，经过提名、协商和遴选产生。尔后每两年增选一次）。7. 关于中国工程院的领导体制及学部设置。[①]

三、关注建院后

1993年11月，中国工程院筹建进入后期阶段。这时，筹备领导小组成员名单几经扩大，增加了不少新老部级领导干部，由此引发工程技术界的许多议论，担心中国工程院将来成为"官员俱乐部"的说法较为普遍。

正是在这种舆论背景下，王大珩又一次秉笔进言，他联合张光斗、张维、侯祥麟、师昌绪，于同年11月8日再一次致信党中央和国务院领导，恳陈必须严格按照标准条件遴选中国工程院院士的心声。信中写道：

> 中国工程院既然是一个工程科学技术界的最高学术机构，其成员享有国家工程科技界的最高学术称号，在遴选时就必须做到严格按标准条件办事。……我们最关心的是：中国工程院不能成为安排干部的一个机构，所有成员必须符合上述标准，否则有损中国工程院的威望，达不到建院的目的，在国际交往中也会造成困难。[②]

从中国工程院的院史资料中，没有见到中央领导人对王大珩5人信的直接批示，但当时的事实证明，他们信中反映的意见，对调整中国工程院筹备领导小组起到了作用——针对领导干部较多的情况，增加了十几位科技背景比较强、有代表性的专家，他们中多数已是中国科学院学部委员，还有一些产业部门取得突出成就的总

---

① 中国工程院办公厅. 中国工程院年鉴（1994—1997）[M]. 北京：高等教育出版社，1998：15-17.

② 葛能全，陈丹. 中国工程院院史资料——关于中国工程院的成立. 2014：39.

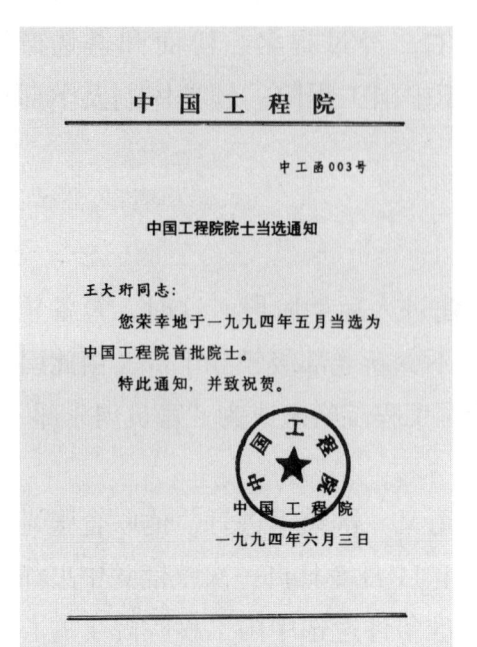

1994年6月王大珩当选为中国工程院首批院士

工程师，使得"官员多"的状况有了一定改观。

1994年6月中国工程院成立，同时实行院士制度，中国科学院学部委员改称为院士。时为两院院士的王大珩，在中国工程院首届院士大会上当选为中国工程院主席团成员，主席团是中国工程院的最高决策机构。据中国工程院的年鉴记录，王大珩任职4年中，没有缺席过一次主席团会议，讨论研究问题积极发表意见。因为他习惯从全局和长远考虑事情，所以他的意见往往对形成决议产生重要影响。

有一次，一家生产医疗仪器的企业为了促销产品，在一家有影响的大报上刊发广告，出资为全体院士免费长期赠阅报纸。王大珩看见后，认为这是在利用院士的名义做商业广告，立刻给报社打电话，声明不接受赠阅的报纸。紧接着，他又给中国工程院秘书长打电话，让院里出面交涉，严肃处理好这件事。第二天，中国工程院主席团成员侯祥麟也打电话到中国工程院，表达了和王大珩同样的态度。

时过不久，在朱光亚院长主持的一次中国工程院主席团会议上，王大珩和侯祥麟正式提议，为了树立新建的中国工程院在国内外的良好形象，全体院士都应该珍惜自己的声誉，以实际行动履行社会责任，必须"约法三章"，制止不该发生的事情发生，包括不得以院士名义做商业广告等。

他们的建议成为主席团的共识，并且由制止院士做商业广告，扩展到学风道德建设的方方面面，还很快在主席团下设立了一个专门委员会——中国工程院道德委员会（现名科学道德建设委员会），专抓院士队伍的自身建设。道德委员会先后制定了《院士增选工作中院士行为规范》（共6条）、《中国工程院院士科学道德行为准则》（共7条），要求全体院士必须遵照执行。

王大珩首先提议的院士不做商业广告，在《中国工程院院士科学道德行为准则》中专门立了一条。据知情者介绍，这一条的内容和文字，就是根据王大珩在主席团会议上的发言写成的，文如："不得以中国工程院院士名义从事商业性的广告宣传活动。院士在接受有关企业，团体或个人免费赠送报刊、书籍和其它实物时，如发现有利用院士名义进行商业宣传活动的，应予以拒绝，必要时应声明和纠正。"[①]

中国工程院在制定印发《院士增选中院士行为规范》《中国工程院院士科学道德行为准则》的同时，特别明确规定，如有违反的将酌情处理，情节严重、影响声誉的，在全院范围内通报批评，或向社会公布，直至撤销院士称号。这些措施，成为新建中国工程院健康发展的有力保证。

时至今日，中国工程院已经有了30年院龄。在回顾中国工程院建院和发展历史时，王大珩的名字总会被人们说起，大家将永远记住他。

---

① 葛能全，陈丹. 中国工程院院史资料——关于中国工程院的成立. 2014: 81-82.

第十六章
要搞"大飞机"

一、紧迫感在心

王大珩晚年引人注目的一件事，是他有关"大飞机"的提案。他心中惦记着中国人自己生产的大飞机何时能翱翔在蔚蓝的天空。他一直记挂着中国航空事业的发展，尽自己的力量，敦促"大飞机"在中国的立项。尽管这期间他屡屡受挫，甚至有人说，一个光学专家何苦去跨专业"管闲事"？但正是沉甸甸坠于他心头的紧迫感，使得他没有放弃，反而越挫越勇。在"大飞机"这件事上，王大珩自始至终心里想的是：不受制于人！

如今，从 C919 到 C929，从 2007 年"大飞机"立项至今，无数事实证明，发展大飞机不仅令我国的航空事业有了创新，更是带动一系列相关产业蓬勃发展起来，极大地促进了我国科技的创新力量提升。

大飞机一般是指起飞总重超过 100 吨的运输类飞机，包括军用大型运输机和民用大型运输机，也包括一次航程达到 3000 千米的军用或乘座达到 100 座以上的民用客机。从地域上来讲，中国把 150 座以上的客机称为"大客机"，而国际航运体系习惯上把 300 座以上的客机称作"大型客机"，这主要是由各国的航空工业技术水平决定的。

追溯我国飞机制造业的历史可知，早在 1908 年 5 月，中国留学生冯如在美国旧金山东的奥克兰创办了一家飞机制造厂——广东制造机器厂，从此开启了中国人的飞机之梦。1949 年以后，通过研制"两弹一星"，我国有了能够上天的卫星，有了能够威慑敌对势力的核武器，但是在很长一段时间里，我们仍然没有自己生产的大型飞机。

新中国的航空工业始于 1951 年 5 月航空工业管理局的正式成立。那时，国内的航空事业力量非常薄弱，全国只有寥寥近 20 家飞机修理厂和军工厂，只能从"修造结合"起步发展。尽管捷报频传，如

1956年7月，我国研制成功"歼-5"喷气式战斗机；1958年7月26日，我国自行设计制造的第一型飞机，也是我国自行设计制造的第一型喷气式飞机"101号"飞上蓝天。这些都是我国早年发展航空事业取得的巨大成就。然而，即便如此，20世纪六七十年代，国家领导人出访，还是只能向国外航空公司租用飞机，我国尚没有自己制造的大型客机，这也是一直以来我国航空工业在发展过程中面临的巨大挑战。

中国工程院院士、飞机设计师陈一坚说：

> 从我国第一代领导人开始，就有了研制大飞机的愿望。然而几十年过去了，中国的大飞机几经周折仍然是举步维艰，一直未能完成祖国和人民的重托。[①]

进入新时期以来，因国际形势风云变幻，王大珩深刻地认识到发展我国的航空工业是迫在眉睫的大事。王大珩十分关心中国航空工业的发展，他与航空事业的渊源从1993年就开始了。

> 我介入航空工业始于1993年，到现在已经10年了。那时我是中国科学院技术科学部主任，航空工业界正在讨论如何搞大飞机的问题，特别是客机。为此我参加了一个论证组到国家主要的航空基地考察。我在科学院主要抓高技术，事实上我抓高技术也非常勉强。因为我的专业是光学，这就逼着我慢慢地向高技术学习。而当时是我第一次接触航空工业，在这种情况下，航空业给我的第一个印象是，就它发展的形势上讲应当是属于高科技的。[②]

纵观全世界，当时唯有波音公司和空中客车公司在航空领域拥

[①] 陈一坚. 我和"飞豹"——"飞豹"总设计师陈一坚自述[M]. 北京：航空工业出版社，2010：169.

[②] 张立宽. 中国应发展大飞机——著名科学家王大珩先生访谈[J]. 环球飞行，2003，8：10-11.

有绝对的实力。美国的波音公司借助第二次世界大战的形势发展了大型轰炸机，又在瞬息万变的国际形势中趁机从"军"转"民"，发展民用大型客机。美欧当时已经占领了世界大型客机的高地。王大珩认为，我国的航空事业不能受制于人。他十分关心国家航空事业的发展，认为航空技术应属于高新技术行列，其重要地位可与航天技术并列。他认为，航空是国家的"要隘"技术，具有综合性、前沿性、发展性、时间性和经济性。在审查863计划中的高科技项时，王大珩看到其中只有航天并没有航空，意识到航空工业发展缓慢，对国民经济和国防建设是不利的。1996年9月22日，他和师昌绪、马宾、高镇宁、庄逢甘、顾诵芬、张彦仲等人联名，给江泽民总书记、李鹏总理写信，向国家提出《关于把航空技术列为重点高科技领域的建议》，他们在信中提到：

> 我国航空技术与国外比还有较大差距，2010年是我国全面完成现代化建设的第二步发展部署，并向第三步战略目标迈出重大步伐的关键时刻。在这段时间内，如再不把航空技术抓上去，在综合国力竞争中将存在严重的危机，在军事上将陷于被动挨打的困境，我国21世纪初高达数百亿美元的国内民机市场将继续被国外占领。[①]

出于对国家航空技术不落后于世界的紧迫感，几位老科学家心怀忧虑，他们提出，正是因为航空技术是战略性高技术，是国民经济发展的先导产业，所以要把航空技术列入重点高科技领域发展。国家采纳了这个建议，并将其列入863计划中。彼时王大珩对大飞机的想法，是要先解决有和无的问题，走军民结合的道路发展我国的航空事业，以军用为主，成熟以后再发展为民机。在他看来：

> 航空技术多数具有军民两用性，成熟的军民用航空技术能

[①] 王大珩、师昌绪、马宾、高镇宁、庄逢甘、张彦仲、顾诵芬，《关于把航空技术列为重点高技术领域的建议》，王大珩遗留资料，存于长春光机所档案室。

相互转移和促进，但各有特点。军用航空更强调产品的特殊功能、性能和生存力，民用航空更重视产品的安全性、经济性和舒适性。我国民用航空技术基础十分薄弱，必须加快发展。[1]

在20世纪90年代末期世纪交替之际，王大珩更加关注大飞机问题。他开始思考：大飞机的定位是什么？发展大飞机，应该先发展军用还是民用？

此时，欧洲发生了科索沃战争，以大型民机为平台的军用特种作战飞机在战争中起了很重要的作用。期间，在北京航空航天大学举办的纪念运十[2]飞机首飞20周年会上了解到，我国在80年代就已经成功研制100吨级运十飞机，并建立了大型客机的研制能力，形成了科研平台，经过麦道项目的国际合作在生产和管理水平上又有了提高。未来20年我国民用大飞机的需求量是军用大飞机的十倍左右。但是，由于国际合作麦道项目和预警机项目等，给国家造成的损失和影响，我意识到我国发展大飞机不能再犹豫徘徊，已经到了刻不容缓的时刻。如果我们还是依赖从外国买大飞机，错过自主发展机遇，将永远受制于人。[3]

王大珩考虑全面，他认为发展大飞机是国民经济所急需的，要通过民机产业的发展带动并促进国家的经济、科技水平的全面发展。中国在发展中寄望，进入21世纪，我们经济飞速发展、国家实力迅速增长，无论在经济上还是在技术上，都已经具备了发展大飞机的能力。

---

[1] 王大珩、师昌绪、马宾、高镇宁、庄逢甘、张彦仲、顾诵芬，《关于把航空技术列为重点高技术领域的建议》，王大珩遗留资料，存于长春光机所档案室。

[2] 运十现在一般称为"运-10"。

[3] 王大珩. 对发展我国航空事业的一些认识 // 相里斌. 光耀人生——王大珩学术思想与创新贡献[M]. 北京：科学出版社，2011：101.

二、回望"运-10"

我国研制大飞机，不能不提到的就是早期研制"运-10"的经历。我国于20世纪70年代自行研究、自行制造成功的喷气式客机"运-10"，尽管该项目几上几下，波折不断，但无论是技术还是研制的过程，都为后来的大飞机研制提供了借鉴和经验。

1969年"轰-6"飞机仿制成功不久，周恩来总理就向第三机械工业部提出在此基础上搞喷气客机。1970年7月，毛主席视察上海时指示，上海工业基础好，可以搞飞机。上海方面随即表示，要研制领导专用的大型客机，经讨论确定采用"轰六改"方案：即用"轰-6"机翼，三发尾吊。1970年8月，国家计委、中央军委国防工业领导小组下达了"运-10"研制任务，代号"708工程"，立项时间仅比欧洲空中客车晚两年。这一年，与"运-10"飞机同时立项的还有"701工程"（洲际导弹）、"718工程"（"远望号"远洋测量船）、"728工程"（秦山核电站）几项大工程，可见国家当时对"运-10"飞机研制是十分重视的。

"运-10"一开始计划作为首长专机，要求能跨洋过海，航程7000千米，飞机结构及载油重量增加，商载减少。1973年初，开始全面的设计和试验工作。到1975年底，完成了全部14万幅标准页的设计图纸。1976年9月，完成了静力试验机的制造。1978年11月底，完成了全机的静力破坏试验。1980年6月，完成了飞行试验机的制造。1980年8月，完成了操纵、液压、燃油、电网络四大系统地面模拟试验。至此，完成了"运-10"首架升空一切必要的准备。然而"运-10"在研制过程中遭遇了"文化大革命"的干扰，研制任务曾经一度中断，再加上20世纪70年代初国外对中国实行经济技术封锁的状况尚未改变，因而发展"运-10"所需的大量新材料、新产品、新标准均需由我国自行研制，压力很大。自1979年起，国家进入发展战略调整期，"运-10"的研制经费不断压缩，研制任务多次中断。可以说,研究人员是在极其艰难的条件下开展工作的。1980年9月26日,"运-10"首飞成功,在国内外引起了强烈反响。从1980年10月到1984年6月,"运-10"先后飞达北京、合肥、哈尔滨、乌鲁木齐、广州、昆明、成都,一共飞行了130多个起落170多个飞行小时,并7次飞抵西藏拉萨,成为首架飞抵拉萨的国产飞机。然而,尽管有关部门多次开展论证会,不断呼吁、讨论,但到了1985年2月,因经费和市场等种种复杂问题,"运-10"停飞,研究任务最终停止。

"运-10"飞机在技术上取得了巨大的成功。其研制一开始是以仿制波音707为基础的,它与波音707是同一量级,但绝不是波音707的翻版,它与波音707在布局上和电子设备上并不相同,它是自力更生与引进国外技术很好的结合[①]。例如,"运-10"飞机有着比波音707更先进、更干净的气动设计,试验和试飞的实践表明,在高压声速区域,"运-10"飞机的阻力更小。

"运-10"是我国第一架参照国外先进适航标准研制的民用飞机。在"运-10"研制的过程中,消化吸收了国外几乎所有的适航标准,最后参照《美国联邦航空管理条例》的第25部分(FAR25),以此基础作为设计的依据,共安排了163项设计试验,其中气动力试验共进行了43个模型,1万余次吹风,结构强度安排了50项设计、验证试验,机械和电子系统进行了50余项试验。这些试验,就其技术的难度和试验的规模,有不少至今仍保持首创的纪录。研制成的"运-10"飞机,机身长42.93米,翼展42.24米,最大起飞重量110吨,最大商载25吨,客舱按经济舱布置178座,混合级布置124座,最大巡航速度974千米/小时,实用升限12 000米,最大商载航程3150千米,研制耗费5.377亿元人民币。"运-10"是我国当时自行设计研制的起飞重量最大、航程最远、客座数最多的飞机。"运-10"的成功,是中国人民在航空科学技术上取得的一次重要的零的突破,

---

① 高梁.天高云淡,望断南飞雁——运十首飞二十周年[J].航空知识,2000,11:46-48.

使我国成为继美国、英国、苏联、法国之后，能够自行研制和生产100吨级大型飞机的国家。"运-10"的飞跃性成功，大大缩小了中国航空技术与世界先进水平之间的差距，西方对此的评价是："表明中国飞机制造水平已具有相当水平。"路透社甚至评价说："在得到这种高度的技术时，再也不能视中国为一个落后的国家了。"[①]

当然，当时由我国自主研制的"运-10"飞机还存在一些缺陷，如油耗高、噪声大、飞机疲劳试验尚待进行等。但是总的说来，"运-10"研制在技术上获得的成功，激励了航空人发展飞机制造事业的决心，为未来进一步研制大型飞机奠定了好的基础，并提供了可借鉴的成功经验。尽管"运-10"研制取得了这样大的成功，但遗憾的是，"运-10"项目不久后就下马，且其生产线很快就被废弃、拆除，上海航客发动机制造厂甚至被改成汽车零件厂。

"运-10"之后，对于要不要重新启动大飞机项目，业内存在意见不一的争论。中国民用航空局和军事部门反对研制大飞机，原因一是对技术上的不肯定；二是有人认为在国际关系改善后，从美国购买喷气式飞机的成本比自己生产"运-10"要低很多。

尽管"运-10"研制体现的是国家意志，也取得了巨大成功，但是于1985年再度下马这一结果令人惋惜。此后20年时间里，我国航空界一直在思考"运-10"飞机"夭折"的深刻原因。

2000年9月28日，北京航空航天大学召开了一次关于纪念"运-10"飞机首飞20周年的会议，会上提出要恢复"运-10"，发展大型客机。参加会议的有"运-10"飞机设计和制造的亲历者，如"运-10"飞机的副总设计师程不时；有航天航空界德高望重的老前辈，如航天技术与液体火箭发动机技术专家任新民院士；有科学界的知名院士，如柯俊、颜鸣皋、张维等；还有原中国航空工业集团公司和军事部门派出的代表，对发展大飞机事业执着专注的王大珩也来到了会场。与会专家畅所欲言，他们回忆起"运-10"艰难的研

---

① 王大珩遗留资料，何志庆提供。

制过程，总结经验和教训，并对中国发展航空事业进行了美好的展望。王大珩仔细听取了会上诸多老专家的发言，并发表了自己的意见，他说："过去有一种概念，'两弹'是高新技术，飞机是常规技术。飞机是现代多种技术都集中在上面的，可以说是现代高新技术的大集合，这怎么能说是常规的技术？"他继而说，如果不是"运-10"的成功，我们与国外的一些合作是不可能实现的。要重视特种大型飞机在国际斗争中的需要，在"运-10"以及其他技术进步的基础上，造出适合我们国力，适合我们经济的东西，在民族气概的基础上，继往开来！① 在这次会议上，王大珩清晰地表达了自己支持中国发展大飞机的意见，他也指出大飞机是战略产业，不能凭市场的短期效益来考虑，我们国家要发展的大飞机不光是民用，而是军民两用。

2000年9月28日，王大珩（前排右四）参加"运-10"首飞20周年座谈会

---

① 2000年9月28日纪念"运-10"首飞20周年会议记录，何志庆提供。

三、以我为主 迎难而上

在"运-10"之后，围绕是否要研制大飞机、是否要立项，我国航空界又展开了多番讨论，其中还有一些与国外的合作项目因故中断，这件事可以说是经历了一番波折。

先是 1985 年，我国与麦克唐纳·道格拉斯公司（以下简称麦道公司）合作，计划研制生产 MD-82 飞机，这也是我国民机工业的第一个整机国际合作项目。后来又启动了 MD-90 项目。但这两个项目花费很大，也未取得较好的效益。在航空界一直有这样的传闻，有人说，麦道公司与中国合作，是为了扼杀中国的"运-10"。在与麦道公司合作 10 余年后，机型换代为 MD-90，机身国产化率高达 70% 后，该项目终止了。接着是 1996 年，中国航空工业总公司与法国宇航工业公司合作发展 100 座客机，即研制 AE-100 飞机，但是这个项目开始没两年便于 1998 年终止了。"大飞机"项目几上几下，不但未获得大的进展，还耗费了大量外汇，这令中国航空界倍感沮丧，不少人对研制大飞机失去了信心。但王大珩心里想的是，与外国公司分道扬镳，正是我们发展大飞机很好的机遇。

不能受制于人！这是王大珩心里想的事。那时他深深感到，我国的航空工业尽管已经为国家做了很大贡献，但是其发展走了不少弯路，与国际上的先进水平相比，还有二三十年的差距要赶上。在航空发动机、电子、材料等方面的关键技术上差距更大。如果没有这些高技术保驾护航，将严重危害到国家的安全，影响我国的综合国力。尤其是，我国当时在航空材料方面受制于人，王大珩的想法很直接：一旦有事，人家停止供应零配件，我们的飞机就飞不起来了！

1999 年 3 月 1 日，王大珩和时任国务院发展研究中心顾问马宾、原航空工业部民机局局长胡溪涛、原国家科委中国科技促进发展研究中心主任孔德涌，以及原国家科委科技干部局局长金履忠等人一起，给朱镕基总理打了一份报告，题为《关于研制民用飞机的建议》。在这封建议书里，王大珩等人满怀爱国热忱，以振兴航空工业为己任，他们言辞恳切，殷殷建议："请党中央、国务院下狠心把民用飞机工业作为一个重大战略问题，真正抓上去，力争把失误的时间抢回来。"他们毫无避讳，总结了"运-10"的经验和教训，他们说：

> 从1970年研制"运-10"客机开始，我国研制民用飞机已经三上三下。共同的特点是，几乎从未认真总结过上次下马的教训，又再次上马，因此一再决策失误。……我们再不能不认真总结经验了。①

王大珩感到，当前的形势已经与20世纪70年代不同了，我国已经具备了研制干线飞机的条件，研制大飞机，应该"以我为主"。这里的"我"，指的是依靠我们国家的科技队伍和技术路线自力更生。在建议书里，王大珩等人总结了形势，他们说：

> 航空工业……应当充分利用已有的成就，在这个基础上前进。②

具体做法就是：利用研制"运-10"的经验、吸收MD-90的技术，结合我国现有实力，不断改进，研制出有我国自主知识产权的干线飞机。

王大珩想搞大飞机，这件事当时航空界许多人都知道。他要找一位航空方面的专家，了解一些有关大飞机的知识，他的弟弟王大瑜便推荐了自己的好朋友、航空专家高镇同。

高镇同也是一位中国科学院院士，他长年从事结构疲劳和可靠性方面的研究，在飞机定寿、延寿方面做了许多工作，对飞机制造

---

① 《关于研制民用飞机的建议》，王大珩遗留资料，存于长春光机所档案室。
② 《关于研制民用飞机的建议》，王大珩遗留资料，存于长春光机所档案室。

方面的事情可谓是了如指掌。更难得的是，高镇同和王大珩家里也有渊源。他和王大瑜是中学同学，两人之间有着深厚的友谊。早在1948年，青年时代的王大瑜曾在高镇同家里住过多日。老同学秉烛夜谈的时候，高镇同曾多次听到王大瑜以十分自豪的口吻介绍过比自己年长十余岁、留学在外的兄长，他当时便对这位光学专家产生了敬佩之心。1991年，高镇同当选为中国科学院院士以后，与同在技术科学部的王大珩来往多了起来，交往中十分佩服他的学术水平和工作能力。

王大珩给高镇同打了个电话，约好要去高家拜访他，一起谈一谈大飞机的事。高镇同高兴地表示欢迎，他对王大珩说："家里没有什么好吃的招待你，我请你去吃全聚德烤鸭吧！"王大珩闻言便笑了，痛快地说道："不用！我是在北京长大的，我喜欢喝豆汁儿，吃小吃。你就请我喝豆汁儿，行不行？"就这样，2000年8月10日，高镇同在自己家里用朴素的饭菜招待了王大珩。

时隔近15年后，高镇同依然忘不了当年的那次会面。两位老人在家中一边吃饭一边聊天，两个多小时的时间里，他们的话题始终围绕着中国到底要不要搞大飞机，中国搞大飞机的难处在哪里进行。

王大珩对高镇同说，中国已经有了"歼-7""歼-8"，这些机群已经具有相当的力量，但是要想真正发展国家的航空工业，还是要把大飞机做出来。大飞机背后体现的是庞大的产业群，这是国家科技水平的真正体现。他对高镇同反复强调：大飞机代表着一个国家的工业水平，大飞机做不出来，就表明国家的工业水平还没有发展上去。高镇同十分赞成王大珩的话，两人围绕这件事进行了十分具体的讨论。

王大珩问道：要发展大飞机都需要做哪些最主要的事情？

高镇同回答：发动机！中国需要的不仅仅是大飞机的机体，发动机也同样重要；大飞机的重量是100吨，我们国家研制的"轰-6"飞机重量已经有70多吨，再努力努力就可以达到，在技术上并不是很大的困难。但是大飞机用的发动机目前对我们来说还是个空白，需要填补。高镇同说："王大珩先生对我这个看法非常同意，所以后来他把这个意见也反映到国家领导层去了，着手抓大飞机用的涡轮风扇喷气发动机。"①

高镇同十分钦佩王大珩的高瞻远瞩，每当回忆起和王大珩的这次谈话，他都深有感触，他为王大珩写了两首诗：

    珩公创业谱新篇，报效祖国意向坚。
    老骥壮怀千里志，振兴华夏勇当先。

    雄才大略志非凡，筹划鸿猷"八六三"。
    "两弹一星"功显赫，适逢盛世颂名贤。②

王大珩不仅仅找了高镇同，他还和其他许多航空及材料方面的专家进行了探讨，师昌绪、顾诵芬、高镇宁……他们都曾聚在一起讨论过。不但如此，他还多次参加对航空工业的调研和考察活动，参观飞机制造工厂、研究院所，以全面了解情况。大飞机的轮廓在他心中描画得越来越清晰。

为了了解大飞机研制是否已经完全具备条件，2000年11月21日，王大珩来到上海，前往上海飞机制造厂考察。他详细询问了有关负责人，了解飞机的具体情况。当时陪同王大珩前往上海飞机制造厂参观的是原上海航空工业（集团）公司的驻京代表何志庆，他与王大珩一家交情都很好，王大珩总是亲切地唤他"小何"。何志庆还记得，王大珩考察时非常仔细，他去了飞机的总装车间，看了"运-10"的录像，还登上"运-10"做了一次近距离的观察。"运-10"的飞机梯很高，王大珩当时已经85岁，但他不顾自己腿脚不便，硬

---

① 2015年1月28日，胡晓菁访谈高镇同，访谈地点：北京。资料存于老科学家学术成长资料采集工程数据库。

② 2015年1月28日，胡晓菁访谈高镇同，访谈地点：北京。高镇同在访谈时念诵了该诗。资料存于老科学家学术成长资料采集工程数据库。

是爬上了机舱，他要详细知道"运-10"的全部状况。这次考察，王大珩详细了解了飞机的制造过程，他从飞机的零件是怎么制造的开始看，顺着原料的流程在车间里面从头走到尾，将整个生产线都看了一遍。他一边看还一边仔细询问在场的车间工人，这个原料和配件有什么作用，是从哪里来的。当得知这些零部件是出口给波音公司的，而且工艺与生产手段和美国的波音公司一模一样时，王大珩暗暗点头，心里有数了。

2000年11月21日，王大珩（左五）在上海飞机制造厂考察"运-10"

在重启"大飞机"项目的呼声越来越高的形势下，在王大珩、师昌绪、顾诵芬、刘大响、郑哲敏等人的倡议下，第159次香山科学会议于2001年2月召开，会议的主题是"21世纪中国航空科学技术发展战略"。

香山科学会议由科技部（原国家科委）发起，在科技部和中国科学院的共同支持下于1993年正式创办，每次会议围绕主题设有若干中心议题，以一流水平的主题评述报告、中心议题评述报告、专题报告和深入讨论为主要方式。香山科学会议是学术界高水平的智囊团会议。1997 年 12 月 12 日，王大珩还为香山科学会议题词：

> 迎世纪交替，奢看前景；
> 看风流人物，正在今朝。①

尽管第 159 次香山会议原定是以中国科学院和中国工程院的专家为主，但是当时航空部门的有关单位等听说会议主题后，都派人来参加了会议，到会人数多达 64 人，且都是各单位、各领域的关键人物，可见大飞机一事备受关注，影响力非常大。会议上，不同观点交锋激烈，可谓是惊心动魄。会上有代表毫不客气地转达了本单位的意见，明确表示不支持发展大飞机，因为他们认为我国当时的国力不够强，没有基础，技术储备也跟不上②。但这一观点显然没有把"运-10"的研制背景以及其在技术上的成功考虑在内。会上的另一个争议是，当时会议主席团提出的发展民用干线飞机与科工委、军队系统"先军后民"的思路相冲突，军队系统要求从小飞机做起，再搞军用大飞机。因为争论过于激烈，会上一些原本支持发展大飞机的老专家也沉默了。何志庆回忆，王大珩那一次几乎是孤军作战，他坚持要像抓"两弹一星"一样发展大飞机。当时会上有军事科学院的专家提出了折中的意见：未来的战争需要特种作战飞机，但是军机需求量不大，必须亦军亦民发展；要有产业支撑，军队才能有较好的作战能力③。

王大珩为这次会议精心准备了发言稿，在会上充分表达了自己的观点。他说："航空工业是国家的重要战略性产业，关系到国防建设和综合国力的提高。必须'有所为'。要坚持走自主研制的道路，大力发展的我国航空工业，应作为国策定下来。……战略决策，不

---

① 题词来源于香山科学会议官网。
② 2016 年 3 月 29 日，胡晓菁访谈何志庆，采访地点：上海。资料存于老科学家学术成长资料采集工程数据库。
③ 2016 年 3 月 29 日，胡晓菁访谈何志庆，采访地点：上海。资料存于老科学家学术成长资料采集工程数据库。

王大珩（左）参加香山科学会议

是从当前型号出发决定战略，而是要由发展战略路线来决定型号。"他结合我国航空工业的发展历史，坚定地写道：

> "运-10"是我国自主设计的唯一的大型运输机，是未来民机发展得很好的基础。在此基础上，充分运用MD-90的技术，来发展我国军用特种飞机，进一步研制更大一些的军用运输机，既能为我军的现代化作贡献，解决我国在大飞机方面受制于人的局面，又可以为发展民货机打下基础，在安全可靠、建立信心的前提下，发展我国大型民用客机。这条路子具有技术上的先进性、可靠性；时间上的保证性，是一条寻优勇进的最优战略途径。[1]

我国当前已经有了研制大型喷气飞机研制的基础，尽管我们可以花钱从他国购买飞机，但是一旦错过了自主发展的良机，就时不再来；未来再要发展，就要从头做起，还会落后于他国；一旦他国在技术上制裁我们，我们就将长时间受制于人。

---

[1] "关于我国航空发展战略的提纲"，2001年2月25日，王大珩遗留资料，何志庆提供。

尽管争议很大，但这次会议最终取得了积极的成果，并达成了以下共识：将大型军用特种飞机作为振兴中国航空工业的突破口；重点突破航空发动机技术；着力解决制约航空发展的薄弱环节，加强关键技术研究；尽快启动国务院已确定的新型涡扇喷气支线飞机研制项目；成立国家航空领导小组和国家航空咨询专家小组。

从会议召开前业界对发展大飞机意见不一甚至明确反对，到会议中达成了一致的共识：要搞大飞机，第159次香山科学会议被航空界认为是研制大飞机的一个重要节点事件。王大珩可以说是在其中起到了关键性作用。

这次会议后不久，2001年4月16日，王大珩与会议执行主席师昌绪、顾诵芬、刘大响、郑哲敏、张维一起，总结了会议中达成的一致观点，撰写了《抓紧时机振兴我国航空工业——第159次香山科学会议的几点建议》。其中写道：

> 航空工业是关系到国家安全、国民经济发展和综合国力提高的战略性产业，其重要性不亚于"两弹一星"，在技术难度和对国民经济的带动与促进作用方面甚至更胜一筹。
>
> ……
>
> 航空工业是综合性高科技产业，可以带动动力、材料、制造、电子信息、控制等多项高技术产业的发展，有利于优化经济结构，促进高新技术向各制造部门的扩散，从而可以形成国民经济发展的重要支柱产业。
>
> ……
>
> 本着"有所为，有所不为"的原则，总结经验、面向未来、远近结合、突出重点，要在航空工业首先必须解决的关键技术方面有所突破，努力缩小与国际先进水平的差距。[1]

---

[1] 《抓紧时机振兴我国航空工业——第159次香山科学会议的几点建议》，王大珩遗留资料，存于长春光机所档案室。

2001年6月，王大珩认为时不我待，建议成立"中国民机产业的发展思路"咨询课题组，中国科学院和中国工程院有关学部即刻开展了咨询课题的研究工作。项目一开始的目标是研究民机的发展，但民用大飞机是民机产业的高端，经济价值高，相应的技术难度也很大，而且从立项到适航取证所需的周期很长，其发展思路太宽泛，关系太复杂。经过项目组多次会议讨论，课题改为"从大型飞机发展看我国航空工业存在问题和对策"，后来决定以军用运输机为大飞机研制的突破口。课题组分析了中国发展大型运输机的经验教训和存在的问题，对国内大型飞机设计制造基地的科研生产能力进行了多方调研。在课题组成立后的一年多时间里，王大珩不顾年事已高，或是亲自走访考察，或是主持召开讨论会，或是听取专家建议，以他为主要执笔人之一，2002年5月，课题组完成了研究报告《关于把研制大型军用运输机列为国家重大专项的建议》，郑重提出建议：

> 大型军用运输机是打赢高技术条件下局部战争的急需装备，是我军武器装备体系不可或缺的重要组成部分，关系到国家安全和稳定，加紧发展时不可待。
>
> 我国已经基本具备研制大型军用运输机的能力，完全可以通过自主研制满足我军需求，自主开发大型军用运输机正当其时。
>
> 自主研制新的大型军用运输机势在必行，建议把研制大型军用运输机列为国家重大专项、加快组织落实、尽早启动。[①]

该报告于2002年6月经中国科学院院长路甬祥及中国工程院院长徐匡迪审阅后上报给时任国家主席江泽民，并经几位国家领导人审阅。其中时任中央军委副主席张万年在审阅后批语："赞成专家意见，这是一件争取主动、军民两利的好事，建议在国家财力可能情

---

① 《关于把研制大型军用运输机列为国家重大专项的建议》，王大珩遗留资料，存于长春光机所档案室。

况下予以积极考虑。"①

王大珩始终呼吁尽早开展大型飞机的研制,他着眼于国防战略,希望我国在技术上迎头赶上,追上国际步伐。他说:

> 从整体来看,我们的薄弱环节,一是飞机(特别是大飞机)的差距;二是没有航母。
> ……
> 我们的策略是:以军带民,以军用带动技术的提高,为出发点;在行动上说"寓军于民","军民兼顾"。
> ……
> 大型飞机用于空降,空运这些方面,从力量上来说,大型飞机如果现在开始积极准备,还需要20年,到2020年才能见效果。按这情况估算,我们要比国际上发达国家落后50年。形势摆在那里。
> ……
> 一方面,要利用好已建立起的中大型飞机的基础条件。另一方面,毋庸讳言也还要做大量的大型飞机预研工作,包括总体、结构设计、材料、电控、电信、总装、调配、适航及特殊作战机的特种装备等各个方面。最要命的可能还是大型机件加工基础设备的投入准备,需要时间……②

2002年7月26日,王大珩在一次会议上以《我们必须居安思危》为题,发表了长篇讲话。他说:

> 拿人的生存作比方:国防是人与空气的关系,人若没有了空气马上就完蛋……经济是人与吃饭的关系,人不吃饭还可以存活几天。……(我们的)薄弱环节,一是飞机(特别是军用

---

① 2002年7月9日,王大珩、师昌绪、顾诵芬呈给朱镕基总理的信。王大珩遗留资料,存于长春光机所档案室。
② 《关于国防战略的一些思考》,2002年4月,王大珩手稿,存于长春光机所档案室。

大飞机)。二是没有航母。……(大飞机)如果现在开始积极准备，到2020年才能见效果。按这种情况估算，我们还要比发达国家落后50年！①

王大珩关心的事情是：我们国家的高端技术不再受制于人，不被国外"卡脖子"……时隔20多年，从当今世界形势出发，再来回顾一下王大珩的这些话，不得不说，那时候他时刻关注国际前沿，高瞻远瞩，极具战略科学家高度的责任感和极强的学术敏感性。

2003—2004年是"大飞机"专项的集中论证阶段。各方面对此争议颇多，王大珩在精力许可的情况下，几乎全程参与了这一期间的工作。2004年8月，"大飞机"专项论证在广泛征求意见后，形成了17稿方案，并形成最终意见书，上报科技部重大专项办公室。其要点包括：航空工业是国家必须自主发展的战略性产业，大型飞机有利于改善我国的经济结构，对国防安全具有重要意义；精心选择适当的发展方案，研制拥有自主知识产权的大型飞机；用6—10年时间研制出150—200座级干线客机，2020年前后初步形成产业；军民共用技术纳入中长期科技规划予以支持；建立高层领导机构；组建中方控股的多元化投资项目公司；进行政策保障和经费预算……

四、国产大飞机翱翔蓝天

在倡议发展大飞机的过程中，一件令王大珩振奋的事情，就是温家宝总理对大飞机一事非常关心，并多次探望他，这令他体会到国家领导人对科学家、科学事业的关怀，更体会到国家对发展民族工业的重视。

2003年4月18日，温家宝总理来到北京航空航天大学视察，在与学生们的交谈中提起，最近收到了王大珩写给他的一封信，信中谈到的就是大飞机问题。王大珩在写给温总理的信中总结了多年

---

① 王大珩遗留资料，何志庆提供。

来有关大飞机的争议和学界对这件事的共识，他说："此事关系国家发展战略的大局，时不我待，有些问题急需解决。"王大珩殷殷切切，他没有忘记自己希望发展民用大飞机的初衷，他对总理说："从发展的措施来看，我国宜以军用大型飞机为突破口，寓军于民，以民掩军。除发展军用飞机外，对民用飞机的发展也应军民兼顾。"①

对于王大珩的来信，温家宝总理十分重视，他深情地谈到，王大珩"已经是八十几岁的老人了，我准备给他回封信。他信里最惦记的是中国大型飞机的发展问题。解放50多年了，我们能造汽车了，能造战斗机了，但是我们还不能造大型客机。美国人要我们买波音，法国人让我们买空客。……我总想什么时候中国的大型飞机能够研制成功并且上天。我相信，这个愿望是能实现的，可是实现这个愿望是非常艰巨的……"②

2003年5月25日，温家宝总理亲自到王大珩家中看望了他。温总理握着王大珩的手，赞扬了他88岁高龄仍然心系国家科技发展的精神，他说："王老最近就加快我国航空工业发展给我写了一份建议，今天我专门来听您的意见。"对于自己的建议引起了总理的重视和专门探望，王大珩心中十分激动。他有满腔的话要和总理倾诉，他说：国家大力发展航空工业，要在开发、预研、人才培养等多方面予以倾斜。这些建议得到了总理的重视。

2005年1月10日，王大珩在医院住院，尽管身体不佳，但他仍然心系大飞机。他给温家宝总理、陈至立国务委员和徐冠华部长写信，谈到了大飞机的具体事项。他说，尽管"大飞机"已经被列为国防重点项目，但是还"应当把航空工业的重要战略技术作为一个突出的问题提一下。因为这是一项关系到国力的技术"。他还说到，大飞机不光是军用的，也是关乎民用的问题，所以应该是军、

---

① 2003年4月13日王大珩写给温家宝总理的信"关于自行发展我国大型飞机问题"，王大珩遗留资料，存于长春光机所档案室。

② 何志庆.王老与中国航空事业//宣明.王大珩[M].北京：科学出版社，2005：108.

民并重的，而且要把民用的飞机放在突出的位置上，并再次提到应在"以民掩军、军民结合"的原则下发展，这也是王大珩一直以来有关大飞机发展的思路。

2006年1月5日，国防科工委新闻发言人在国防科技工业工作会议新闻发布会上宣布，中国将在"十一五"期间，"适时启动大飞机的研制"。一石激起千层浪，业界沸腾了：中国要自主研制大飞机项目了！在《国家中长期科学和技术发展规划纲要（2006—2020年）》中，大型飞机的发展被列为国家16个重大科技专项（其中有12个民用专项）之一，这是国家意志和人民意愿的体现。就这样，在专家建议、社会舆论、全民动员的形势中，"大飞机"项目启动了。1月14日，王大珩与马宾、胡溪涛等老同志参加原国家计委、航空工业部民机局等单位组织的座谈会，与会专家就国家发展大飞机的问题进行了讨论。这一年，王大珩已经91岁高龄，但依然密切关注着大飞机一事的进展，关心着大飞机何时立项，关心着我国具有自主产权的大飞机何时能翱翔于蓝天之上。

2006年5月，国务院决定组织"大飞机"的方案论证，论证委员名单中，要求以技术专家为主，兼顾管理政策各方面。关于大型飞机论证，遵循的是"一个工程起步、两种机型并举"的建议方案。

2007年，国务院批准大飞机研制重大科技专项正式立项。2008年5月，中国商用飞机有限责任公司在上海成立，承担了中国民用大型客机的研制任务。2008年5月12日，《人民日报》发表了温家宝总理的讲话《让中国的大飞机翱翔蓝天》。

> 大型飞机重大专项已经立项了，中国人要用自己的双手和智慧制造有国际竞争力的大飞机。让中国的大飞机飞上蓝天，既是国家的意志，也是全国人民的意志。我们一定要把这件事情做成功，实现几代人的梦想。这不仅是航空工业的需要，更是建设创新型国家的需要。大飞机研制会带动一批重大领域科

技水平提升，将使中国整个客机制造业向更高领域迈进。

……

研制大型飞机是党中央、国务院在新世纪做出的具有重大战略意义的决策，我们的研制工作一定还会面临诸多困难和挑战。要完成这一光荣的历史使命，需要我们有远见、勇气、信心和力量。只要我们有百折不挠的决心和钢铁般的意志，齐心协力，扎实工作，积极应对各种困难，我们就一定能够实现中华民族自主研制的大型飞机翱翔蓝天的梦想。

温总理的话铿锵有力、振奋人心，鼓舞了一代航空人以万分的热情投入大飞机事业中。

2009年8月6日，天空飘着细雨。上午11时许，温总理冒着雨，来到了中国人民解放军总医院，看望病中的王大珩。

总理俯在王大珩耳边大声说："大珩先生，我是温家宝，我来看看您。我不久前刚去了光机所，光机所大变样了，事业发展很快啊。""谢谢！"王大珩说。

"您病了，会好的，慢慢治疗。"总理又俯在大珩先生耳边说："我们一起研究'863'计划，一起研究大飞机，您还记得吧？""记得！"病床上的王大珩十分清楚地回答。

"国产大飞机项目就是按您那时的建议定的。制造大飞机，就要靠国家意志。""好。"王大珩说。[1]

国家领导人对发展大飞机这件事十分重视。2014年5月23日，国家主席习近平同志在上海考察调研，他来到中国商用飞机设计研发中心，登上了C919展示样机的驾驶舱体验。在调研结束以后，习主席非常高兴，他殷切叮嘱中国商用飞机有限责任公司的负责人："中国大飞机事业万里长征走了又一步，我们一定要有自己的大飞

---

[1] 李斌，顾瑞珍.拳拳之心 殷殷深情——温家宝亲切看望朱光亚、何泽慧、钱学森、王大珩和胡亚美侧记[J].新华月报·记录，2009，18：74-75.

机。"①

2015年11月2日，首架C919大型客机总装下线，C919是我国自主设计的国产大型客机，是我国首款按照最新国际适航标准研制的干线民用飞机，全经济舱布局168座、高密度布局174座，标准航程4075千米，增大航程5555千米，具有完全自主知识产权。"让中国的大飞机早日翱翔蓝天！"我国几代人的夙愿，随着2017年5月5日C919在上海浦东国际机场首飞成功得以实现。如今，我国南来北往的旅客们已经乘坐上了有自主产权的国产C919。中国人的大飞机梦已经完全实现。

从2007年立项到C919于2022年9月29日取得中国民用航空局颁发的型号合格证，具备了交付客户并投入市场运营的安全资质，国产大飞机走过了一条艰难的创业之路。而300—350座、起飞总重约220吨的C929的捷报也频繁传来。

2017年5月22日，中国商用飞机有限责任公司与俄罗斯联合航空制造集团公司联合创建中俄国际商用飞机有限责任公司（俄罗斯于2022年退出联合研制项目），负责C929飞机研制。

2017年6月19日，第52届巴黎国际航空航天展览会上，中俄远程宽体客机C929的客舱内部布置设计首次向公众展示。

2018年11月，C929在中国国际航空航天博览会展出部分客机机舱模型。

2018年12月26日，C929项目复合材料前机身攻关全尺寸筒段顺利实现总装下线。

2020年5月26日，C929远程宽体客机已基本确定总体技术方案，并启动了初步设计工作。

2023年9月10日，在2023浦江创新论坛上，中国商用飞机有限责任公司党委书记、董事长贺东风介绍说，C929正处于初步设计

---

① 习近平体验自主研制C919样机 询问国产客机试飞情况要求"把大飞机搞上去"[N].京江晚报，2014-05-25：8版.

阶段，航程将达到12 000千米，覆盖的座级是250—350座……

2024年5月12日，中国民用航空上海航空器适航审定中心副主任、C919型飞机型号合格审定审查组组长揭裕文说，中国商用飞机有限责任公司正开展C929适航申请前的相关工作，将向民航部门提出型号合格证申请。

作为我国第一款自主研制的洲际大型远程客机，C929能够改变我国长期处于被动的民航不用依赖于西方航空公司的局面，且其不仅能够适应民航市场，还可以满足军用需求，对于提高我国武器装备的性能将起到重要作用。

大量事实已证明，大飞机辐射面广，不但具有巨大的经济价值，其战略意义更是深远。正如相关学者所说：

> 航空工业是知识密集、技术密集、资本密集产业，具有产值高、产业链条长、产品辐射面宽、连带效应强的特点。而大型客机是目前世界上最复杂、技术含量最高的产品，其规模化和标准化需求有望推动航空制造产业链重塑，并催生产业集群效应；其发展不仅能够促进本国科技进步，而且能带动大批相关产业持续发展，带来的智力、技术和经济的溢出效应是难以估量的。[1]

---

[1] 黄庆桥，王培丞，田锋. 翱翔——中国大飞机在崛起[M]. 上海：上海交通大学出版社，2023：4.

第十七章

光学事业后继有人

一、大力支持办学

王大珩不但是一位光学专家,还是一位光学教育家。他在大连大学应用物理系任教的经历,令他认识到办学的重要性——大学是培养人才的摇篮。

王大珩心心念念的事情是:中国光学事业要后继有人!

光机所发展初期,所里科研力量不足,那时候每年分配到所里的大学毕业生的数量距离实际需求差得很多,且分配来的大学毕业生有些在学校并未受过光学研究训练,还有的大学生不是专为从事研究工作而培养的,他们来到研究所之后,还得经过一段时间的熟悉和学习才能上岗。这样的人才状况,对光机所的发展是十分不利的。王大珩知晓人才对研究所发展和科学事业发展的重要性,他提出,"应该把培养专业人材,壮大科学队伍做为一项基本职责。也只有把培养的任务担负起来,才能更好地解决今后大量需要科学研究干部的问题。"[1]

20 世纪 50 年代初期,王大珩和龚祖同就共同建议在大学设立光学仪器专业,这是国家急缺的专业,各行各业都需要仪器制造方面的人才。1952 年,浙江大学在全国最早设立了光学仪器专业,目的就在于未来为光学和精密仪器行业输送人才。1953 年,北京工业学院(今北京理工大学)仪器系也设立了军用光学仪器专业,后来发展成为光学工程系、光电工程系,直到今天的光电学院。清华大学、天津大学等也先后设立光学仪器专业。王大珩不但关心这些学校设置光学专业,还抽空指导这些学校的教学工作,了解专业的教学和培养情况。为了选一些好苗子继续培养,他还参加毕业生答辩。例如,1956 年 7—8 月,他到浙江大学主持全国第一届光学仪器专业研究生考试工作,并指导浙江大学光学仪器专业的首届毕业生答辩,他亲自挑选了薛鸣球、林祥棣、王因明、李品新等毕业生到中

---

[1] 王大珩. 科学研究机构要培养专业人材 [N]. 人民日报,1960-04-15.

国科学院仪器馆参加工作。其中，薛鸣球、林祥棣后来都成长为我国知名的光学专家，并当选为中国工程院院士。

1997年4月，王大珩（左三）参加浙江大学百年校庆

除了选拔机械、光学、物理方面的毕业生到中国科学院仪器馆工作，并在工作中培养他们成长外，自1956年开始，中国科学院干部培养局还选拔留学生到苏联学习，王大珩和龚祖同先后推荐了潘君骅、干福熹、丁衡高、陈庆云等年轻人到苏联的大学和科研机构学习国内紧缺的光学仪器相关技术，他们学成归国后都在各自领域发挥所长。但这些远远满足不了光机所在发展过程中对人才的需求。1958年，王大珩和光机所倡导创办了我国第一所光学专业高等院校——长春光机学院，王大珩兼任院长，亲自制定专业系的设置。长春光机学院办院以来，王大珩一直为学校的发展殚精竭虑。该所学校为国家的光学精密仪器事业输送了大量专业人才，做出了很大贡献。从创办长春光机学院起，王大珩就将自己的一部分精力放在培养光学事业后继人才上。

1978年以后，王大珩受中国科学院委托，筹办了哈尔滨科学技术大学。该校的前身为1948年5月成立的哈尔滨技术专门学校，后来为黑龙江工学院，是黑龙江省属的一所高等工科院校，现为哈尔滨理工大学。该校曾有机械工程系、土木建筑系、冶金系、地质系、无线电工程系5个系16个专业。但在全国高等学校院系调整的大潮中，除了机械工程系的部分专业外，其他系和专业都停办或者调整到了其他高等学校。

王大珩（左三）在哈尔滨理工大学

王大珩到校之际，正是学校在"文化大革命"之后面临校舍破乱、师资流失、资金匮乏的困境之际，当时这所学校只有4个系8个专业，共有师资250人，规模很小。中国科学院办学的目的是培养仪器研究开发专门人才。王大珩兼任校长后，一上任便召开校领导班子会，研究部署建校发展规划，对学校的办学方向、专业设置、师资引进、校舍建设、职工住房、科研生产生活、后勤管理等诸多问题提出了许多有效的解决办法。他同时还向上级部门申请，为学校调拨来仪器设备、生产设备等诸多物资，建设图书馆，帮助学校走上了发展道路，很快便创建起技术物理系，并发展了技术物理、精密机械、材料科学、电子技术、计算机与科学管理等相关专业。该校发展得很快，后经上级部门研究，脱离中国科学院，划归机械工业部主管，1998年转为黑龙江省属大学。

王大珩一直被这所大学的师生尊称作"老校长",因为他后来虽然离开学校,仅兼任校长,后担任名誉校长,但他为学校所做的工作,令学校在困难之际起死回生、走上正规发展道路起到了重要作用。王大珩时刻以学校的一份子自居,真心实意记挂着这所学校的专业设置、人才培养、教育管理。他一直对学校师生们说,要有"献身的精神、求实的态度、革新的气质、勤俭的作风、集群的性格、乐观的情操",他自己也是以实际行动践行这一说法。他的种种工作,为学校的长远发展奠定了牢固的基石。20世纪80年代以后,王大珩前往北京工作,他虽然已经不在光学机构,但仍然惦记着光学教育,支持光学办学。他常常指导这所学校的学生做毕业论文。例如,1983年7月,王大珩的家还没有搬到北京,自己一人住在宾馆里,他听说学校七九级毕业生正在北京做毕业设计,立刻就要和学生们谈一谈,问问他们做论文时有没有遇到困难,有没有难以解决的专业问题。那时候条件简陋,没有场地和会议室,他就在宾馆附近找了一个有台阶的地方,王大珩和学生们席地而坐,大家愉快地畅谈了一个上午。他告诉学校的老师们,首先要自己能够搞科学研究,提高专业技术技能,才能更好地培养学生;在教学生时,要注意提高他们的动手能力,比如在实验室维护上,可以鼓励学生们自己维护和修理设备。走教学、研究、生产三结合的道路才能培养出高素质科技人才。在王大珩提出的这种办学方法的指导下,这所学校培养出来的学生毕业走上工作岗位后,因为工作能力强、专业素质高,普遍受到好评。

　　不仅如此,在后来的三十余年中,只要学校有需要,王大珩无论多忙,都是逢请必来,想方设法帮助学校解决问题。有一次学校就学科规划征求王大珩的意见,4月的哈尔滨刚刚停止供暖,东北地区春寒料峭,年轻人都冷得受不住,王大珩当时已经是83岁高龄,但他一点儿都没有犹豫,说去就去,他还找来南开大学校长母国光院士和他一道去哈尔滨,同为学校的发展出谋划策。那一次他非常高兴地参会,热烈地参与讨论,为学校提出了很多行之有效的建议。

2000年9月6日,哈尔滨理工大学50周年校庆之际,85岁高龄的王大珩重返学校,在视察校园和实验室后,他接受校报记者采访时说:"高等学校的教育要为企业技术创新服务,要尊重实践的需要,要切实做到科学与技术、理论与实践相结合;本科教育一定要强调基础宽厚,理工科也要注重提高学生的文化修养,做到全面发展,适应未来建设需要。"哈尔滨理工大学的师生都十分想念这位老校长,以自己所学报效祖国,响应他提出的"教研并举,理工结合;多科互用,形成特色;卓育人才,亦能亦德;迎应世纪,面向祖国"(王大珩于2000年3月15日为哈尔滨理工大学题词)的教育思想。

王大珩(右二)在哈尔滨理工大学成立庆典上发表讲话

王大珩常参加大学光学专业的指导工作,他还指导了如清华大学、北京理工大学、吉林大学、重庆大学等国内十余所院校的光学、仪器仪表、计量学等专业的业务,促进我国光学专业培养了大批技术人才和骨干力量。他担任多所学校的名誉教授、学术委员会委员，只要有时间，他便去参加光学专业的研究生论文答辩会，为青年一代学者的学术方向做出有益的指点。1997年，国务院学位委员会进行专业目录调整，王大珩给国务院学位委员会写信，请求增设"光学工程"一级学科，得到了批准。在后来的发展中，全国大学、科研机构设立了多所光学工程博士点，光学工程专业得到了飞跃式发展。

二、桃李满天下的好导师

王大珩从1936年在清华大学担任助教起，便开始了自己的执教生涯。1955年7月30日，王大珩被中国科学院招生委员会批准为研究生指导教师，次年2月，他与龚祖同联合首次招收了两名应用光学专业研究生。王大珩培养的学生很多，有的是他正式招收的学生，有的是他手把手教过的徒弟，有的是接受过他学术指导的同行晚辈……他们都亲切地称呼王大珩为"王老"，在心中把他视为自己最敬爱的师长。半个多世纪以来，这些学生遍布全国各地的光学行业。他被许多人尊称为"光学之父"，正是因为中国有光学的地方就有王大珩的学生。

科技部原副部长、曾担任长春光机所所长的曹健林说过这样一件事，他在一次发言时用了"作为王老的学生"之类的话，会后一位他熟识的中国工程院院士笑着对他说：你胆子不小，敢自称自己是王老的学生。原来，当时参加那次会议的专家无一例外，或是王大珩的学生，或者是他指导过的后辈，还有人是他学生的学生。中国光学界有名望的专家大多都受过王大珩的指点。曹健林感慨道：

放眼中国光学光电子学界，谁不奉王老为泰斗？而在中国科技界，谈起王老来，又有谁不是高山仰止，由衷敬佩？王老

之德高望重和桃李满天下，于此可见一斑。①

1987年，长春光机所的研究生导师们与毕业生在一起（前排左四为王大珩）

从大连大学应用物理系开始，首批20名毕业生都是王大珩手把手亲自教出来的。当时学校里较低年级的学生，有许多人上过他的课，或者是受到过他的教诲，这些人常以自己做过王大珩的学生而感到骄傲。物理学家陈佳洱院士、信息系统专家王越院士都是1950年进入大连工学院学习的学生，他们上过王大珩的物理实验课，之后的很多年里，都难忘他的教学方法和科学思想，常常想起受教于恩师的往事。中国科学院仪器馆早期分配来的大学毕业生中，大部分人都把自己看作王大珩的弟子和晚辈。

唐九华是王大珩在光机所指导过的科研骨干。王大珩十分器重他，将许多重要的科研任务交给了他。20世纪50年代，唐九华负责研制成功光学测地经纬仪和自动记录红外分光光度计，并推广至工业生产。20世纪60年代，唐九华参加研制大型光学跟踪测量设备和坐标基准传递设备。自20世纪70年代后期起，唐九华把光学测控系统和光电仪器的设计概念、理论和方法的经验总结为光学工

---

① 曹健林.一代宗师 万人楷模 // 宣明.王大珩[M].北京：科学出版社，2005：52-53.

程总体设计，在中国开辟了光学动态观察测试技术领域，还担任了长春光机所的领导职务。

光学专家陈星旦院士说：他对大珩先生心怀感激，因为在自己的科研历程中，每迈一大步都离不开大珩先生的影响[①]。在王大珩的引领下，陈星旦的研究涉足温度计量、红外辐射、大气光学等多个学科，还参与到核爆光冲量测量研究任务中。陈星旦感到，早年王大珩对自己的安排，为他后来独立研究打下了良好的基础。

王大珩给研究生们做学术报告

王之江参与过中国第一台红宝石激光器的研制，他同时也是王大珩在大连大学教过的学生之一。王之江在中国科学院仪器馆时代便跟随王大珩做光学设计。20 世纪 60 年代，王之江曾写了一本书——《光学设计理论基础》，这是我国第一本有关光学设计的专著，该专著后来获得 1979 年全国科学大会奖。

王大珩培养出来的优秀学生很多，他们有的成为中国科学院、中国工程院院士，有的成为光学领域的教授、杰出人才。不仅如此，

---

① 陈星旦. 对大珩先生，我心怀感激 // 宣明. 王大珩 [M]. 北京：科学出版社，2005：71-72.

"文化大革命"结束以后，他继续为光学事业培养人才。在光机所恢复研究生培养工作后，王大珩便着手招收研究生，并不遗余力地加以指导。在选定研究课题方面，他注重理论水平和实际动手能力并重，而且在内容上要有继续开展工作的前景或应用前景。他对学生论文的审阅修改详尽且严格。20世纪80年代，在他指导下学习过的一些人，如姜会林、曹健林、赵文兴等，后来都成为中国光学领域的骨干人才。

王大珩的教育观点十分新颖，他对青年学者强调过以下事宜。一是，必须竭尽全力取得成绩，才能让导师知道学生的能力，这样的研究生才会受到导师的青睐，才能真正"登堂入室"，受到教益；导师也能从中得知学生情况，从而因材施教。二是，只有通过亲身实践，才能把知识学到手，终生不忘；且只有实践才能深入创新，提高业务水平。三是，研究工作中要注意课题的发展前景，避免走入"死胡同"；当发现课题没有价值时，不要耽误时间，浪费精力，必要时要及时转弯，另寻出路。四是，发明与创造往往寓于疑难之中，解决了遇到的问题，自然就提高了知识和学问。

曾担任过长春理工大学校长的姜会林[1]对王大珩也有许多回忆。他说，导师教会自己的不仅仅是专业知识，严谨治学的学风更是他要向老师学习的；在教导学生的时候，老师常常毫不留情面地指出不足，并责成改正，敦促了学生的进步。

1986年初，姜会林将自己精心准备的博士学位论文交给王大珩审查，论文题目是《光学系统设计的经济效益问题》。在论文中，他结合光学工业的实际问题和光学设计发展的需要，提出要用"信价比"[2]来评定光学设计经济效益。这个问题在当时光学界是一个大家都十分关注的难题，姜会林大胆地在论文中提出了解决方案。王大珩用了一周左右的时间给出了论文修改意见。姜会林拿到意见一看，

---

[1] 光学专家，2015年当选为中国工程院院士。
[2] 姜会林提出的"信"是光学系统所能传递的空间信息量；"价"是产品价格，也就是生产成本。

老师竟密密麻麻写满了6页稿纸。王大珩对学生在论文中提出的创新点十分满意，但也指出，姜会林引用的国际专家的观点不对，责成他务必要做出新的论证。姜会林有点儿犯难，这个论证要涉及的范围太广，难度很大，离毕业时间太近了，怎么能做得出来？姜会林感到老师注视着自己的目光尤其殷切，他说不出拒绝的话，便硬着头皮答应了下来。他按照王大珩的意见，又额外花了差不多半年的时间，对论文重新做了理论与实验研究，最后他"找出了性能与公差间的非线性关系，丰富了新的经济公差理论"，王大珩看到后倍感高兴和欣慰[1]。姜会林后来成为一名博士生导师，他常常想起老师的教诲，并对自己的学生加倍严格要求，督促他们在科学的道路上创新、求真。

中国科学院院士、激光医学专家顾瑛，被人们称作王大珩的"关门弟子"。她原是王大珩88岁时在中国人民解放军总医院住院期间的主治医生，在给王大珩治病的同时受到王大珩的指导，从而在学术上进益，并有收获。王大珩住院期间，常抽空给她讲述物理和光学方面的知识，并拿出自己在英国留学期间做研究生时的研究报告、实验报告给她参考。顾瑛阅后大为惊讶，这么厚的一本报告，居然一个错别字都没有，而且全部都写得工工整整，老师给的评语都是最高评价。顾瑛就问王大珩：您是怎样做到写了那么多字，却一个错别字没有的呢？王大珩回答说：这是我写了三遍誊抄出来的东西，当然不会有错。原来每一次实验和研究之后，王大珩第一遍先记录实验和研究的过程，第二遍整理文字和数据，全部融会贯通以后，第三遍才把所有的内容认认真真誊抄在正式的记录本上，这样下来，所形成的文字自然是语言流畅、毫无错误了。顾瑛听了之后十分佩服，她从中受到教益，并常把这件事讲给自己的学生听，告诉他们做学问要有认真、严谨的态度。王大珩还经常告诉顾瑛要

---

[1] 姜会林. 王大珩院士的教育思想与实践 // 相里斌. 光耀人生——王大珩学术思想与创新贡献 [M]. 北京：科学出版社，2011：166-169.

如何做老师，如何教学生，要引导学生学有所成、发挥特长，等等，这些都给了顾瑛很大的启发。

在何梁何利基金奖的颁奖大会上，王大珩领奖致辞的时候，想起了自己的老师，他说："我在大学时，受到名师叶企孙、吴有训、周培源、严济慈等的教诲，他们不但给我以知识，更重要的是教我怎样为人。"①

王大珩常常对学生们说：比做学问更重要的是做人。王大珩曾经因为博士研究生赵文兴的论文署名发过一次火。原来，王大珩在英国时期曾想出来一个学术观点，但后来因为工作繁忙，一直没有时间去论证它。他把这个任务交给了赵文兴，让他做实验进行论证。赵文兴据此写出了一篇论文，并打算在德国举办的一个会议上报告。他请老师审读论文，但王大珩一拿到论文便发火了。原来，出于对老师的尊敬，赵文兴把王大珩署了第一作者，他自己署了第二作者。把老师的名字署上，这也是学界惯常的做法。但王大珩对此不认同，他告诫学生，学术问题上没有长幼尊卑，自己虽然提供了观点，但是并没有做论证工作，实验和文章都是赵文兴写的，署名理当是赵文兴。王大珩的教诲令赵文兴铭记在心，做学问讲究的是实事求是，这也是做人的原则。赵文兴后成长为长春光机所的科研骨干，曾担任过光学玻璃研究室主任、研究员。

王大珩晚年时，视力已经不好，他常感慨自己有书也看不了，只能让秘书读给他听。他订阅了40多种学术期刊和报纸，每次都会认真仔细地听秘书报目录，并让他从中摘取重要的文章读给他听。只要还走得动，一有机会，王大珩就到处去学习。有时候听说哪个单位在进行新的光学研究，他就过去交流，了解最新的科技动向。有时候听说哪里在做新的光学实验，他也仔细询问，生怕错过一处细节。王大珩这种爱学习、爱钻研的精神，对学生和后辈产生了潜移默化的影响。

---

① 王大珩在何梁何利基金奖颁奖大会上的致辞，存于长春光机所档案室。

在一次由人事部、国家科委和国家教育委员会（以下简称国家教委）组织的"跨世纪科技人才培养的'百千万人才工程'计划"专家座谈会上，王大珩表达了要在实践中培养人才的观点。他认为，国家培养的人才必须是"科学上的将才、帅才""既有远见卓识又有组织才能，要成为有国家级水平的学术带头人，要达到为国家出谋划策的水平"；要把人才"放到大的工程项目中去，要让他们挑重担，在科学实践中成长"；不仅如此，要给人才的成长提供更多的机遇，给他们创造良好的环境；在培养人才的同时要注意科研成果的转化，促进生产力的发展[①]。多年从事科技管理工作的经验，让王大珩看到科技人才在实际工作中锻炼和成长的实际，他多番呼吁、提倡，而且在自己的教育、教学实践中践行这一观点。这一思想至今仍然有着积极的作用和影响。

三、王大珩光学奖

1995年1月12日，80岁高龄的王大珩，和钱学森、王淦昌、黄汲清等科技专家一起，在人民大会堂接受了首届何梁何利基金奖颁奖。这一奖项旨在通过奖励我国取得杰出成就的科技工作者，倡导尊重知识、尊重人才、崇尚科学的良好社会风尚，激励科技工作者不断攀登科学技术高峰，加速国家现代化建设。

王大珩获得了何梁何利奖基金颁发的大笔奖金，这在20世纪90年代，这笔钱甚至可以在北京买下一个小四合院。但王大珩丝毫不留念这笔钱，他拿出大部分奖金交给了中国科学技术协会基金会办"迎光基金"，希望用于支持并鼓励有志于在物理和光学专业领域做出一番事业的年轻人。设立这个基金奖项也是他多年的心愿，要想办法培养人才、支持人才。王大珩深深感到，人才是国家发展的基础，人才培养对我国参加科学技术的国际竞争有着十分重要的意

---

① 王大珩，王淦昌，唐敖庆，等.要重视造就和培养跨世纪学术和技术带头人[J]. 中国科技论坛，1994，6：3-7.

1995年1月12日，王大珩荣获
何梁何利基金奖

王大珩的何梁何利基金奖证书

第十七章 光学事业后继有人

义；我国人才有断层，要着重培养中青年科学家，增强他们的综合组织能力。他的这一想法，寄托了他对中国光学事业未来发展的美好冀望。他的提议也得到了包括长春光机所在内的多个光学研究机构的赞同，国内多家单位，如长春光机所、西安光机所、江西光学仪器厂、光电技术研究所、重庆大学等积极响应，共同募集资金予以支持。

实际上在此之前，在改革开放的大潮中，王大珩曾于1988年出任中国大恒公司董事

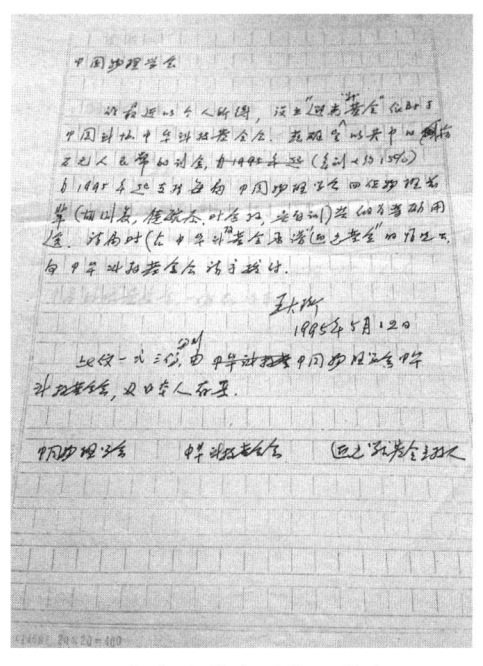

王大珩致信中国物理学会
建议设立"迎光基金"

会成员，担任名誉董事长。这家公司早早就设立了"大恒光学奖学金"，用公司的盈利奖励了不少在光学学科领域学有所成的学子，激励他们为光学事业不懈奋斗。

王大珩在大恒光学奖学金十周年庆祝大会上讲话

在王大珩的发起和倡议以及在多家单位的努力下，1996年，由中国科学技术协会认定的官方奖励——中国光学学会科技奖正式设立。在执行了三届以后，2000年3月31日，经中国光学学会常务理事会决定，将该奖项名称改为"王大珩光学奖"，并通过科技部的批准。奖励的宗旨在于"促进我国光学科技事业的发展，激励我国从事光学与光学工程领域的中青年科技工作者与高校青年学生奋发向上，创新进取"。为了更好地管理好这个奖项，中国光学学会专门设立了王大珩光学奖理事会，负责评选组织工作。理事会受中国光学学会领导，并向学会常务理事会报告工作。

王大珩光学奖设立以后，经过理事会仔细讨论，明确了奖金宗旨，分设为两个部分——中青年科技人员光学奖和高校学生光学奖。这两个奖项都是每年评选一次，其中中青年科技人员光学奖面向中国光学学会会员，要求参选者年龄在45岁以下，是从事中国光学与光学工程领域的科技人员，且在光学与光学工程有关学科领域的研究有突出的创新成果，在国内外刊物上发表了高水平学术论文或在工程技术领域有突破性创造，取得过明显的经济效益和社会效益。该奖项每次评选出 2 个名额，每人可获奖金 1 万元。高校学生光学奖面向相关高等院校相关学科与学科方向的本科生或研究生，年龄在 32 岁以下，在科研或教学实践活动中做出过创造性成绩，而且未来有志于为中国光学事业做出贡献，每一届评选名额不超过 30 人，每人获奖金 5000 元。这两个奖项都是在每年的年中申报，年底公布评选结果，并于长春光机所内举办颁奖仪式。

王大珩光学奖自设立以来，从未违背过其成立之初的宗旨，奖励的都是在光学领域有成绩的优秀人才，该奖项也激励了获奖者奋勇向前，为光学事业的进步不懈奋斗。该奖从 1996 年设立到 2023 年底，已经连续评选了 20 届，先后评选出中青年科技人员光学奖获奖者数十名，高校学生光学奖获奖者数百名。多位中青年科技人员获奖者后来成为国家级科技奖项获得者、国家杰出青年科学基金获得者、中国青年科技获得者、中国科学院"百人计划"的优选者；获得高校学生光学奖的优秀学子后来也成长为大专院校、科研单位、光学企业的骨干力量。其中许多早期的获奖者，如龚旗煌、张杰、曹健林等，现在已成长为学有成就的科学家，多人担任科技部门、科研单位、国家重点实验室的负责人。

第十八章
岁月峥嵘

一、热爱生活 童心童趣

王大珩是一位科学家，也是科技战线的一位领导者，尽管他总是忘我工作，严格治学，但他并不是个古板的"老学究"，而是有着许多兴趣和爱好。工作之外，他表现出来的幽默和风趣的一面常常令晚辈们感受到他的平易近人。他最大的特长就是讲相声，单口、对口相声都擅长，他的语言能力很强，甚至还会用英语编出对仗的相声段子。但他三句不离本行，讲的相声多是以光学专业、科技大事为素材，令听众们在欢笑中增长了知识。

长春光机所的职工们犹记得王大珩在建所40周年（1992年）庆祝会上表演的相声《光机全息》。当时王大珩找来了所里的钱龙生做搭档，两人一唱一和，台下的观众们都被逗得哈哈大笑，谁都没想到平时看起来严肃、较真的老所长居然还有这样接地气的一面。

王大珩（简称王）：中国有句古话，民以食为先，就是最直接需要联系的问题，"食"就是"吃"。

钱龙生（简称钱）："吃"？那和光学机械怎么能联系啊？

王：这就是妙处所在。

钱：哦，想起来了。当初您在"大跃进"时期搞"八大件、一个汤"就是讲"吃"，看来还真起了效果，这桌菜都出去了！光机成果也都出来了，不错不错，看来这是您的或者光机所的成熟经验，现在又要进一步发挥作用了！

……

王：为了做照相机（鸡）能吃，我找一个姓赵的研究生，要他烹调出一只喷香的鸡，他做鸡时加五香面，这种鸡很有特色，很有风格、风味。所以做出的这种鸡，以他的姓名之，叫作"赵香鸡"（照相机）。

钱：哎哟！原来是这样的"赵香鸡"（照相机）啊！能吃，能吃！你这样一说，那录像机也能吃了，找一个姓"陆"的研究生做一盘"陆香鸡"！

王：录像机！不用那样费事了，用花椒水作卤，煮一下，就成香鸡了，是卤香鸡（录像机），能吃不能吃？

钱：哦，是卤香鸡，能吃，能吃！

王：还有那曝光机呢！

钱：曝光机？

王：更省事了，把拔光了的鸡往油里一爆，像爆羊肉那样，曝光机。

钱：真有你的，曝光机成了爆光鸡，变成能吃的了！

王：光机所嘛！就是要搞光鸡（机）。①

1992年，王大珩（左）与钱龙生在长春光机所建所40周年庆祝会上表演相声

王大珩的许多相声段子都是他自创的，他将光学科技和民生、现实联系在一起，把专业的内容用诙谐、幽默的语言讲出来科普给群众听，可见他心思灵巧，他的美名也因此很快传开来了。2005年中央电视台《大家》栏目的采访即将结束时，主持人知道王大珩有讲相声的特长，便请他说一段单口相声，他欣然允诺，随即表演了一段《知识分子"下海"》。现场观众被王大珩逗得欢笑声不断。尽管是幽默的相声，但这段相声间接反映出我国科技体制改革中出现的"泡沫"问题，观众在笑声中也深深感受到这位可爱、可敬的老人心中时刻惦记的都是国家科技发展中的一点一滴，能感受到这位

---

① 王大珩. 光机全息（光鸡全席）// 陈星旦. 王大珩年谱·文集[M]. 长春：吉林人民出版社，2015：292-293.

老人心中紧迫的责任感和沉甸甸的压力[1]。

王大珩 90 岁生日的时候，学界的新老朋友齐聚为他庆祝，为了欢迎来访宾客，他特意准备了一段长达 45 分钟的单口相声——《梦游中关村》。他绘声绘色地说起了自己所看到的中关村多年来发生的变化，这里不但汇聚了许多掌握尖端科技的科学家，其变化还体现了中国科学技术发展的巨变。

> 八几年的时候，我到一家已多日未光顾的小店用餐，店主人小陈连声说，如今，他的小店已经"鸟枪换炮"。我要看菜单，小陈说，菜单在显示屏上。我点了"炸鸡"，小陈说，现在，这里的"炸鸡"已经变成"煮鸡"（主机），还有"微鸡（机）""苹果鸡（机）""单片鸡（机）"。我问有什么鱼，小陈逐一回答，我则心领神会："有 Oracle 鱼"，"噢，熬锅鱼"；"有 Fortran 鱼"，"噢，武昌鱼"；"有 Basic 鱼"，"噢，北极鱼"。我又问有什么小吃，小陈说，这儿的饼干你可能啃不动，是软盘夹芯片。我说，还是吃我爱吃的"老三样"吧——五香鸡、拌豆皮、三鲜包，小陈说，我这儿的五香鸡已是录像机，拌豆皮已成半导体，三鲜包已换软件包……[2]

王大珩喜欢相声，与他在北方生活时间久受到的文化渲染是分不开的，加上他文化水平高，思维敏捷，擅长创作。学术界还有一段著名的小插曲，是他和声学家汪德昭的一段对话，也是一段小相声：

> 王大珩："光重要。"
> 汪德昭："声重要。'未见其人，先闻其声'，可见声重要。"
> 王大珩："'眼见为实，耳听为虚'，可见光重要。"
> 汪德昭："声波可以在深海中传播，光就无能为力了。"
> 王大珩："光可以在宇宙空间传播，声就无能为力了。"

---
[1] 王大珩遗留资料（视频），存于长春光机所档案室。
[2] 王大珩遗留资料（视频），存于长春光机所档案室。

光和声，同样重要，都是我国尖端科学不可缺少的重要领域。两位科学家自然是知道这个道理的，但是两位老人的故作争议之举充满童趣，体现了二人幽默、乐观和大方的性格。

王大珩除了喜欢相声，还喜爱其他艺术形式，京剧和音乐是他的两大爱好。工作之余的放松时间，他喜欢听上一段京剧唱腔，有时也会跟着哼上几句。这是他小时候受父亲熏陶的缘故，王应伟空闲时，常带着儿子去听京剧，久而久之，王大珩便喜欢上了这一国粹。喜欢西方古典音乐是他在英国培养起来的兴趣，那时候在繁忙的课业和工作之余，他在音乐悠远、空灵的意境中感受到了美和放松。1948年回国时，一部手摇式留声机和100多张唱片是他行李中最珍贵的物品之一。胞弟王大瑜是他的同好，在难得的休闲时光中，兄弟俩常常聚在一起欣赏音乐。贝多芬的第三交响曲是他俩百听不厌的曲目。王大瑜常常怀念兄长闲适地靠在留声机旁，眯着眼睛，一边入神地听，一边伸出手来情不自禁随着音乐声打着节拍的样子。

事业家庭双丰收，富有生活情趣，王大珩在94岁生辰之际，写下了一首自寿诗：

> 高龄今年九十四，回忆一生乐滋滋。
> 生辰赞尔有童心，笑诺贺众乖孩子。[①]

二、科技人永远是年轻

1985年，在王大珩70岁生日之际，他填了一首词，以词言志：

> 光阴流逝，岁月峥嵘七十。
> 多少事，有志愿参驰，为祖国振兴。
> 光学老又新，前程端似锦。
> 搞这般专业很称心！

[①] 王大珩遗留资料（手稿），"诗词"，存于长春光机所档案室。

王大珩生活简朴，他不讲究吃穿，不讲究享受，有时出去参加会议，也不要他人招待，他会在会场附近找一家小饭馆，去吃一碗炸酱面就赶紧回会场开会。他心心念念的都是专业上、工作上的那些事。

虽然早已到了含饴弄孙之年，但王大珩依然十分忙碌。从1936年大学毕业到2011年，他从事科学事业70余年。他何止实现了母校清华大学提倡的"为祖国健康工作五十年"的口号，他有一颗永不停歇的心，他要把生命的每一分、每一秒都用在工作上！

回首往事，王大珩既不后悔青年时代放弃即将到手的博士学位转而去学习光学玻璃制造技术，也不后悔1948年坚定地回国参加建设，更不后悔扎根于边陲城市长春默默奉献。他热爱自己的国家，心系祖国的科技事业。虽然年岁已高，但他还在马不停蹄地工作，他要把自己一点一滴的精力，全部放在关注科学发展的前沿上，不间断地为国家科技发展出谋划策。每当有人劝说他要安心休养的时候，他总是斩钉截铁地说：谁剥夺我工作的权利就是剥夺我的生命！

晚年的王大珩体弱多病，常常要去医院住院治疗，但他丝毫放不下科研和工作，输液的间隙，他仍争分夺秒地看秘书送来的报告；有人来探望，他便与人谈起科技发展的最新动向，谈起新近自己计划向上级部门提哪些建议，谈起自己正在起草的材料……家人和朋友都劝他要多注意身体，少考虑一些问题，他总是说："如果我不为国家做些事，那活着还有什么意义？"

王大珩不间断思考，不停工作。从20世纪80年代调入北京一直到去世，只要身体许可，他就马不停蹄地出差考察、开会交流。他的秘书保留了这些年来他参加活动的材料，并进行过相关统计；他的档案里对他每年的工作情况也都有如实记录。翻开材料，看到这些充实的记载，让人不得不感慨，这位老人身上真是蕴藏着无穷的力量。例如，他的兼职秘书、曾担任过安徽光机所副所长的卢国琛统计过，1993—2003年这十年，除了固定要出席每年的院士大会和工作会议之外，王大珩参加各类科研成果鉴定会多达82次，学术活动（国内外学术会议、工作会议和研讨会）135次，各类纪念活动40次，与863计划、"921工程"相关的活动11次，提各种建议22次，参加人才培养或科研会议4次，参加奖励或顾问工作17项，发表文章或做学术报告多达260篇。此外，他还走访了美国、韩国、日本等国家，去了中国台湾地区参加学术交流[1]。这些活动，王大珩不仅仅只是人到场，每逢开会，他都是认认真真听、仔仔细细想，事前做充分的材料准备，事后做详细的总结。每次去开会，他都是针对会上提出的具体问题发言，进而提出专业的建议。

王大珩的个人材料（档案）里保留了他自20世纪90年代直至90岁高龄以来的年度工作小结，每年的工作小结都是一份长达数页的工作记录，这些记录大多是他亲手撰写的，少数是因他视力下降眼睛看不清后由他口述、秘书代抄的。虽然每一条记录仅仅是简单几句话，如"某年月日，参加某机构举办的某会议，进行了发言（或报告）""撰写某项建议书""撰写某研究报告""去何处调研"，等等，但每一条记录后面，都指出了他在哪个时间段到哪里考察出差，参加了什么类型的会议或者社会活动，本年度又撰写了哪些领域的发展报告、建议书和规划材料，参与了哪些项目的咨询，做了哪些报告和讲座……他一年到头都安排得非常充实。这些珍贵的材料，体现了这位老人对工作的坚持和大量付出，更展现了他为国家事业奋斗到老的决心和毅力。

以2005年他作为中国科学院高技术研究与发展局顾问参与中国科学院工作为例，在这一年的年度小结中，他记录了本年度参加工作的情况。2005年3月，王大珩先是因为手术治疗在家休养了几个月。尽管身体限制了他只能在家中养病，但他也不肯真正休息，这期间他埋头于书案间，完成了《关于国家中长期科技规划纲要的建议》，就先进制造、信息、工程、交通、航空工业及激光技术，对科

---

[1] 2014年11月7日，胡晓菁访谈卢国琛，采访地点：安徽合肥梅园。资料存于老科学家学术成长资料采集工程数据库。

研基础理论的研究、国家标准化体系、科学基础设施及人才培养等方面提出了建议。他还于3月29日给当时总装备部的主任朱光亚写了一封信，对国际空间环境、空间对地侦察的大型光学装备的研制、对"神舟"系列飞船及小侦察卫星的应用，以及定向能武器的研制提出了自己的看法。7月，经过医生检查后，他的各项身体指标达到正常，便迫不及待地返回了工作岗位：他听取了长春光机所等单位的工作汇报，了解到"神舟六号"载人飞船的工作进度；他还向"921工程"总设计师王永志院士提出加强相机在地面吊装实验项目的建议，并得到采纳列入了实验计划；他参加了在长春召开的国际光学会议，并做了发言；他关心国家的太阳望远镜研究工作，对研制报告进行审查，还向有关领导提出了书面建议；参加中国工程院院士评选会议和资深院士活动；参加了有关学会、协会的工作及高校举办的学术活动，以及一系列参观、考察；参加长春光机所

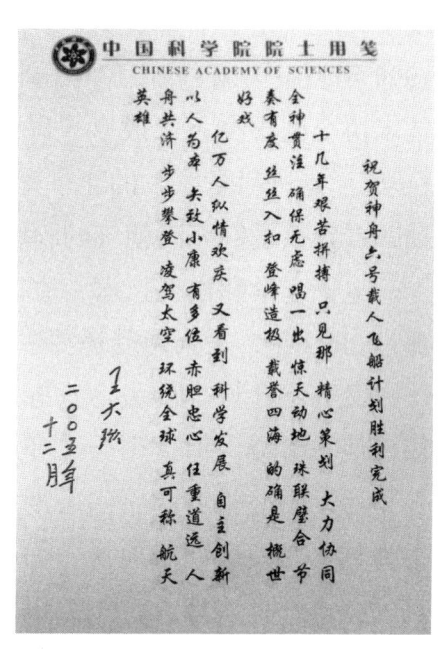

王大珩祝贺"神舟六号"载人飞船计划胜利完成手稿

编写《王大珩文集》工作……他真是做到了争分夺秒，不但认真履行自己身为中国科学院高级科学顾问的岗位职责，还践行了他作为两院院士，对国家科技发展规划和重大项目提出咨询建议的责任。

作为中国工程院院士，王大珩常常要参加科技咨询会，为科研机构、企业当顾问，但他都是有选择性地参加这些活动，他希望自己能做一些实事，真正发挥院士专业的咨询作用。曾经有一家企业想聘请王大珩、何泽慧和彭桓武担任顾问，意在借助三位院士的名气来扩大宣传，提高企业的知名度。该企业承诺既将许以丰厚的顾问费，也

不用三位院士承担太多的责任。王大珩并没有马上答应这家企业的邀请，经过一番了解后，他得知该企业经营的业务和自己，以及何泽慧、彭桓武的专业都没有多大关系，便立刻联系何泽慧、彭桓武二人，对他们说，如果只是担任虚名不起作用，这个顾问不当也罢。

除了本专业工作以外，王大珩还常常参加科普活动和公益事业。在中国光学学会筹建时，他就提出建立科普教育委员会，在他的倡议下，中国光学学会组织了多次光学夏令营和中学生光学知识竞赛。1999年，王大珩与61位中国科学院院士联名倡议，并在中国科学技术协会的支持下，成立了以帮助有志于科学的优秀中学生"走进科学""走进科学家"的北京青少年科技俱乐部。他多次参加这些活动，看到孩子们充满朝气的脸庞，他感到自己仿佛年轻了许多。

电子光学和夜视技术专家、中国工程院院士周立伟记得一件事。那是2002年，王大珩受邀要去外地参加会议，但他的身体不好，老伴顾又芬不允许他前去。正好周立伟来王家探望，王大珩便要周立伟代他去参会。但这个会又和周立伟要参加并主持的、由北京市青少年活动中心举办的一次暑期科普活动开幕式时间相冲突，他感到很为难。王大珩便对他说：你去参加外地的会，我去出席你们在北京的会。开幕式那天，王大珩不但兴致勃勃地去了，还对出席会议的少年和大学生们发表了热情洋溢的讲话，令参加会议的人深受感动和鼓舞。

不间断地思考、长期投入工作，令王大珩感到自己精神饱满、状态极佳，他感到自己有不输于年轻人的活力和朝气。在王大珩九十华诞的时候，弟弟妹妹们为他写下了一首诗，赞颂了老当益壮的兄长：

九旬老栀梅，遒劲丛中开。
执着春意浓，阵阵晚香来！

一直到90多岁，王大珩的思想还是十分敏锐，精力十分充沛。

他的学生姜会林清楚地记得，2007年3月的一天，他去找老师汇报工作，当时有一位记者正在采访王大珩，记者在报道稿中写了一句话，"92岁的王老赋闲在家……"王大珩看到之后不乐意，他当场就说："我天天在学习，天天在思考问题，哪里是'赋闲'啊！"

长春光机所前所长宣明研究员回忆，王大珩95岁高龄时，仍然想着要为国家、为人民服务：

> 大珩先生时刻胸怀祖国和人民，一生情系科技事业。他在一篇发展我国航空事业的建议文章中写道："我们这些老科技工作者的最高追求就是为国家、为民族负更多的责任，尽更多的义务。今年我已95岁了，仍希望为祖国和人民服务鞠躬尽瘁。"他用真切而朴实的语言，表达了作为一名科学家对祖国和人民的无限热爱和对自己未竟事业的不舍和眷恋。[1]

王大珩谈起有三件事，也是自己的三个心愿，亟待光学界同仁完成：第一件事是整理光学名词；第二件事是编写中国光学发展史；第三件事是建立一个光学科技馆[2]。

他认为，这三件事都是光学同行们义不容辞肩负着的重要使命。

关于光学名词，王大珩在病床上时就曾亲自起草关于光学名词审定的报告，他希望能出版一本光学名词的官方著作。他在世时便进行了多方面的联系，推进成立了光学名词审定委员会。

对于中国光学发展史编撰的任务，王大珩更是寄予了厚望。2008年，中国科学技术协会在成立50周年之际，要求各学会编写本专业的发展史。王大珩认为这项工作的开展实在太有必要了，"光学史不但是要传播中国光学方面的文明发展的历史，同时也是借这个时机，进行总结。……编写光学发展史是一件极有意义的事情。

---

[1] 宣明.深切缅怀"光学泰斗"王大珩先生[J].光学精密工程，2011，7：1431.
[2] 王大珩.在中国光学年会2008年光学年会上的录像讲话//相里斌.光耀人生——王大珩学术思想与创新贡献[M].北京：科学出版社：2011：121.

也是弘扬我们国家光学文明的一个很好的机会。"①

2015年12月29日,《中国大百科全书》第三版光学工程学科（初版）首次编委会在长春光机所召开，各项工作不断推进。

2005年，王大珩（坐者）在长春南湖宾馆会见长春光机所老同事

至于建立中国光学科技馆，王大珩感到，建立一座专门的光学专业科技馆，对于本学科的宣传和科普工作很重要。他常说，"中国光学科技馆，无论建在哪里，都是全中国人民的光学科技馆。希望整个光学界团结起来，齐心协力把中国光学科技馆建设好，运行好，发挥它应有的作用。"②

早在2007年8月20日，王大珩与丁衡高、母国光、周炳琨三位院士致信温家宝总理，正式提出建设中国光学科技馆的建议。9月2日，得到了温家宝总理的批示。经过论证，国家发展和改革委员会于2009年7月31日批准在吉林省科技文化中心基础上筹建

---

① 王大珩. 在中国光学年会2008年光学年会上的录像讲话 // 相里斌. 光耀人生——王大珩学术思想与创新贡献[M]. 北京：科学出版社：2011：121.
② 贾彦斌, 石明山. 王大珩与中国光学科学技术馆[N]. 科学时报，2011-07-29：A2.

中国光学科技馆。

始建于 2009 年 7 月的长春中国光学科学技术馆，坐落于长春净月经济开发区，紧邻净月潭森林公园，风景秀丽，交通方便。它是我国目前唯一的国家级光学专题科技馆，建设中充分体现了王大珩最初的设想：以"科技之光、引领未来"为主题，集光学科技与科普的展示功能、光学科技信息储存与研究功能、光学科技信息交流功能于一体；以建设我国最重要的光学科普教育中心、最重要的光学科技史展示中心、我国光科技成果的重要展示基地和光科技信息交流的重要基地为办馆目的。

三、思念与纪念

2011 年 7 月 21 日，王大珩因病医治无效，在北京逝世，享年 96 岁。7 月 29 日清晨，北京下着滂沱大雨，来自社会各界的人士自发齐聚八宝山革命公墓，送别并悼念这位光学泰斗、"两弹一星"功勋科学家。

王大珩去世多年，人们始终怀念这位可爱、可亲、可敬的科学家。他在长春耕耘了多年，在这里留下了数不清的动人故事。他在昂昂溪路上的故居，现在已被开辟出来作为纪念馆，里面的桌椅陈设一如他在世时的模样，人们亲切地称这幢房屋为"王大珩小楼"。

树木掩映下的王大珩小楼

2011年9月29日，长春理工大学在东校区第一教学楼前立下了王大珩的铜像，纪念这位老院长为学校创建和发展殚精竭虑的付出。

2012年9月11日，长春光机所在净月潭森林公园的王大珩纪念园立下了一座铜像，纪念这位老所长为中国光学事业发展立下的赫赫功勋。

王大珩纪念园铜像

2015年9月16日，哈尔滨理工大学举办了王大珩铜像落成仪式，师生齐聚，缅怀老校长的生平往事。

2019年5月18日，中国计量大学举办了王大珩铜像落成仪式，纪念他在中国计量科学发展中做出的突出成就……

四、永恒的科学精神

在留学英国期间，我有很长一段时间过着几乎是工人和被雇用者的生活，有机会洞察资本主义世界的形形色色。交往过德高望重的学者教授，也见到过市侩气十足的学术人物。同时还体会到一些处世之道，即只有通过自己的钻研实践，才能成为知识里手；只有做出贡献，并争取出人头地，才能被同行看得起，才能交上朋友，并在学问知识上得到互益。同时也理解到，在解决问题时，如何分清主次，洞察现象，发现分析问题而不受陈规约束，这也是科学发展和前进所必行的。这些思想上的认识和收获，对我在新中国成立以来所从事的各项工作，都起了一定的作用。①

提到王大珩的名字，人们往往会想起长春光机所，想起"两弹一星"，想起863计划，想起中国工程院……他是1955年中国首批院士（学部委员）之一，他是何梁何利基金奖、"两弹一星功勋奖章"等重要奖项的获得者。

王大珩是一位著名的光学专家，他一手创立并建设了中国鼎鼎有名的光学基地——光机所，长春因此成为"光学之城"，中国的光学也从这里走向了世界。

郑哲敏院士曾说过自己与王大珩的认识过程："王先生是以后才认识的，通过接触才知道他做了很多很多的事，很多的光学仪器。最早听钱学森先生讲王先生有绝招，是在中国最早用计算机来设计光学镜头的。"② 光学设计是一切光学仪器研究和制造的基础。王大珩起步于清华大学的物理专业，他在英国留学期间选择以光学为毕生专业，以光学设计为基础，在光学玻璃制造和检测方面有所成就。

陈星旦院士回忆他在撰写王大珩的传略时，王大珩曾谦虚地说："我很抱歉，作为一个科学家，我在学术上写的文章不多……"陈星旦的回答是：您跟其他的科学家不一样，作为新一代的光学的领导人，您做了很多事务性的工作，就不可能再做具体的工作了！③

陈星旦一语道出王大珩在我国光学事业发展中的重要性和所处

---

① 王大珩.我的自述 // 宣明.王大珩[M].北京：科学出版社，2005：11-16.
② 1999年10月16日，郑哲敏在弘扬"两弹一星"精神，大力发展科学技术座谈会上的发言，存于长春光机所档案室。
③ 董佩茹、胡晓菁访谈陈星旦，采访时间：2017年6月8日，采访地点：长春。

的地位,却没有完全道出王大珩在光学界不可取代的原因。首先,王大珩在他那个时代已经取得了很高的光学成就。他把自己在英国学到的知识带回了祖国,并应用于国家的光学事业。他打下的学术基础影响了一代又一代的光学人。不仅如此,他的光学设计思想、在光学玻璃检测中的一些办法,用光学专家禹秉熙研究员的话来说:"到现在为止用的基本原理还是他的。"①

  王大珩早年亲自领导的光机所光学设计研究室里走出了许多全国闻名的光学家,他们承担了国家的重大项目,做出了重大成果,许多人已经是中国科学院、中国工程院院士;光学设计是制造光学设备、光学仪器的灵魂和重要基础,该专业也发展成为该研究所的明星专业之一。然而,王大珩的眼光并不仅仅聚焦于一个点,中国科学院仪器馆从"馆"到"所"的转变,体现出该单位不仅仅是要解决各行各业急缺的仪器问题,更是要立足长远的科学研究,着眼于为国家的科技事业发展服务。20世纪60年代,王大珩更是力排众议,通过"一竿子插到底"的"150-1"大型电影经纬仪的研制,让光机所从设计到生产,从光学到机械,光机电控各相关专业并行发展,还培养出了一支专业人才队伍,令该所的综合科研能力大增,为研究所承担重大国防光学任务打下了坚实的基础。光学是国防事业中不可缺少的一环,它作为探测、测量、观察、记录、通信等手段,发挥了定位、侦察、引导、制导的重要作用,令国防武器长出了"眼睛",生出了"臂膀",能够准确捕获关键性的信息。可以说,光机所是20世纪60年代以任务带动学科、取得巨大成就的典型。"两弹一星"事业中有关光学方面的力量,几乎都和该研究所相关,王大珩参与了大量工作,部署了有关研究工作,为表彰他的贡献,他于1999年获得了国家颁发的"两弹一星功勋奖章"。

  王大珩的学生、曾担任过长春光机所所长、科技部副部长的曹健林评价老师是光学事业的"带路人",他说,"百废待兴,所有

---

① 董佩茹、胡晓菁访谈禹秉熙,采访时间:2017年6月7日,采访地点:长春。

的事都需要有人去引路，给后人铺垫、创造条件"①。王大珩，正是这位引路人，长春光机所的发展，也正是中国现代光学发展的一个缩影。

长春光机所参加过激光工作的关振中研究员回忆与王大珩的交往，感慨地说："他从事的科技领域是宽广的，方式是多样的，成果是累累的，贡献重大！是一位高瞻远瞩、德高望重的战略科学家！"②王大珩并不满足于在光学事业上已经取得的成就，他心中始终满怀着高度的社会责任感和使命感，他着眼于国家科技发展的大略，成长为一名战略科学家。他于中华人民共和国成立初期便参与了中国科学院的工作，为国家发展仪器制造事业四处考察。他是中国科学院首批院士（学部委员），十分热心参加学部活动，尤其是20世纪80年代担任技术科学部负责人以后，在为国家科学技术提供主动咨询中发挥了重大作用。王大珩长期从事实际工作，走在科研一线，所以他具有极高的学术敏感度。无论是时事热点还是国际尖端，他都密切关注，且不局限于光学，而是着眼于科技发展的大局。他总是能及时向有关部门提出建议，发挥院士的咨询作用，促进国家科技事业的发展。我国当代科技发展史上的几件有影响力的大事中，譬如促进我国高技术发展的863计划、中国工程院的创建、"大飞机"的立项……都有王大珩疾走的身影。一份份建议书和一份份咨询稿，一字一句都凝聚了王大珩的心血和盼望国家科技更强更大的殷殷心愿。

北京市科学技术协会老书记、老主席任湘和王大珩相识是从二人同在科协做科技工作开始的。王大珩对科学工作非常关心，他不顾年事已高、身体不好，逢会必来，逢会必讲：一定要把科技工作落实、做好！这种坚持令任湘非常佩服。王大珩甚至还富有远见地提出要把科技工作，尤其是要把科普工作做到基层去，只有民众科

---

① 董佩茹、胡晓菁访谈曹健林，采访时间：2017年6月22日，采访地点：长春。
② 2010年2月21日，董佩茹、胡晓菁访谈关振中时，关振中提供的回忆王大珩的手稿。

技素质提高了，才能更好地创新。

中国工程院院士周立伟对王大珩非常熟悉，20世纪90年代以后，他与王大珩来往非常密切，常来看望他，陪同他参加活动。周立伟曾在与笔者的一次交谈中感慨地提到，光学界有了王大珩，是光学人的幸运；王大珩离开了，也是光学界的不幸。这句话，讲的既是王大珩以自己的专业力量，想方设法为全国各大光学机构、光学教育创造条件和机遇，促进中国光学事业发展，也提到王大珩以战略科学家的身份，为光学事业更上一层楼出谋划策的真实情况。王大珩常常强调科学家要爱国、协同、奉献，这也是他能够时时关注世界热点，从国家需要出发，不间断思考的根源。他有一段经典的发言，现摘录如下：

> 搞科学研究要有一种好的学术气氛，要大力协同，互相交流，也是靠着一种奉献的精神。能够团结起来，才能够做大事。"两弹一星"除了党的领导，使我们团结以外，无私奉献精神也是使我们从爱国主义出发，要建立我们社会主义强国的这种心愿出发，使我们能够很好地团结起来，以至于在工作方面，不辞辛苦的日夜劳动，大家同心同德，才取得这样的结果。[1]

王大珩的科学精神，可以从周立伟对王大珩晚年发生的几件事的回忆中看出[2]。

第一件事，王大珩曾经对周立伟引用孔子的话，说："子曰：'知之为知之，不知为不知，是为知也。'"王大珩告诉周立伟，这句话是很富有哲理的，科学家应该做到：知道就是知道，不必故意谦逊说不知；不知道就是不知道，不能强不知以为知，假装自己知道，这才是聪明人的智慧。周立伟至今还记得王大珩讲述孔子哲学时的

---

[1] 王大珩在中国科学院技术科学部纪念"两弹一星功勋奖章"获得者座谈会上的发言，资料存于长春光机所档案室。
[2] 根据2015年2月1日周立伟提供的材料——《追忆大珩先生二三事》，存于老科学家学术成长资料采集工程数据库。

严肃态度,他说孔子提出"知"与"不知",是要人们对"知"抱有正确的态度,实事求是。人贵有自知之明,能知道自己的不足,努力学习,虚心求教,只有把"不知"当作求知的基础,才能够不断进步。这样的教诲令人铭记。这件事是王大珩"求知""求是"的科学精神。

在"求知"和"求是"中,王大珩常常挂在嘴边的5个"W",即what、why、when、where、who,也就是"何事""何故""何时""何地""何人",是他对"什么是科学"的简单概括。要回答"探求科学是为什么"的疑惑,他又加上了"何向""何为""何效"[①]。这8个"何"连成一体,构成了一套知识体系。这8个"何",也巧妙解释了王大珩初因兴趣学习物理、光学知识,在英国做光学玻璃的研究是为了发展中国光学事业,晚年为国家建言献策是为了中国科学事业的全面发展这样的科学人生发展脉络。

第二件事发生在周立伟为王大珩修改、起草文稿的过程中,他深感王大珩"为文为学严谨,一丝不苟"[②]。有一次,他和卢国琛帮助王大珩整理了一篇出版社约稿的文章,但在交给他定稿时遇到了挫折。第一遍修改,王大珩逐字阅读,句句推敲,但最后改出来的稿子令他很不满意。到第二次修改的时候,王大珩在阅读和思考中又产生了许多新的想法,于是周立伟和卢国琛只好把稿子带回去再修改。如此这般,一篇数千字的稿子被修改了多达四次。周立伟和卢国琛二人最后笑着对他说:"我们这次改完了,再也不给您看了,否则交不了稿了。"类似的事情发生过多次,经过王大珩审读的文稿,几乎没有能够一次就过的,都要修改多次才可过关。他十分严谨,无论是文章表述的观点还是遣词造句,他都要反复推敲,最后

---

① 王大珩. 漫谈科学精神(2003年11月28日在"中国科学家人文论坛"主题报告会上的演讲报告)//宣明. 王大珩[M]. 北京:科学出版社,2005:23-30.
② 根据2015年2月1日周立伟提供的材料——《追忆大珩先生二三事》,存于老科学家学术成长资料采集工程数据库。

落笔的文字，连标点符号都不允许出错。他的视力不好，阅读要借助放大镜。他吃力地举着放大镜，低下头凑近稿纸一边逐字默读，一边用铅笔修改，这样的情景令周立伟十分感动，久久难忘。

还有一件事，王大珩曾对周立伟说过多次：科学家之间应谦让、团结。王大珩说，科学合作有时候是很难分清功劳大小的，但科学家之间要讲究谦让和团结，这才是为学之道。这也是他为人处世的态度。周立伟深感：王大珩谦和，善于回旋，与他人交往的分寸感、原则性和灵活性都掌握得很好。

周立伟又举了一个例子。1997年，王大珩建议国家教委将光学工程设为工学类一级学科，而审批人员一会儿把光学工程作为电子科学与技术的二级学科，一会儿又把光学工程作为仪器科学与技术的二级学科，导致事情迟迟不能落实。王大珩对此感到十分气愤，说了几句严厉的话。周立伟也深有同感，在起草文稿的时候他便把这几句话写进了稿子。但王大珩想了想，还是说："我们还是要有理、有礼、有节，正面谈自己的观点，不说人家的不是吧！争取他们同意我们的意见，这才是最主要的。"

以上几件事，令周立伟十分难忘。这几件事也反映了王大珩为人、为学的态度：首先要求知，求知时要做到求是，在求知和求是的过程中既要一丝不苟，还要始终保持谦虚谨慎。王大珩从事科学工作70余年的时间里始终保持着科学态度，坚持如一，体现了他的科学精神。他的言行不但感染了周立伟，也激励了光学事业的后辈和科学研究者们奋勇向前。

王大珩常提到一个"十六字经典"，即"实事求是、审时度势、传承创新、寻优勇进"[1]。这十六个字，被他定义为科学精神的实质。他多次在公开场合提及，希望科学的精神能代代传承。在光学界，他亲手建设的长春光机所正欣欣向荣发展着，他开创的光学事业在

---

[1] 王大珩. 漫谈科学精神（2003年11月28日在"中国科学家人文论坛"主题报告会上的演讲报告）// 宣明. 王大珩[M]. 北京：科学出版社，2005：23-30.

21世纪迈向了新的发展方向。王大珩从光学专家、光学事业的组织者成长为一名战略科学家的一生值得人们永远铭记!

五、"请不要叫我'光学之父'"

王大珩晚年作为战略科学家,为国家的科技发展战略建功立业。他谦虚地说:"上述事件和变迁,都是在国际形势的大环境中,国家经济建设需求的促进和推动下,我所经历的历史的回顾,并不是我个人的功劳。"[①] 但他的成就,人们铭记在心。

王大珩不仅在应用光学学科上有很高建树,是我国现代国防光学技术及光学工程的开拓者和奠基人之一,领导我国光学事业的发展,他还怀有高度的社会责任感和使命感,是国家科技发展中不可多得的战略科学家。这是王大珩不同于一般科学家的独特之处。

王大珩出生和成长于20世纪早期的中国,当时科学启蒙起步不久,社会环境动荡不安。王大珩家学渊源,在身为天文学家的父亲王应伟的督促下,他从幼儿时期便一直接受着良好的科学教育。

王大珩的学术和事业经历可分为三个阶段。第一阶段是在1948年以前,他爱好理科,凭借优异的成绩报考清华大学物理系,师从叶企孙、周培源、吴有训等物理大师,走出了学术生涯的第一步。清华大学培养了他对物理、光学专业的兴趣,影响了他一生的学术方向。

清华大学提倡的是"重质不重量"的教育思想,物理学系无论是课程还是教师都经过精挑细选,足以让学生在大学期间接受最精良、系统的科学教育。为争取不被淘汰,学生在求学期间须得发奋图强,加倍努力学习。王大珩在本科学习阶段成绩优异,打下了扎实的物理学基础。另外,清华大学十分重视学生的动手能力,开设了实验课,教学生组装仪器,令他们学会了吹玻璃的工艺。仪器制造,正要求从业者具备一定的动手能力。王大珩重视实验的科学观

---

① 王大珩. 我的自述 // 宣明. 王大珩 [M]. 北京:科学出版社,2005:11-16.

念、严谨治学的优良学风就是在这一阶段形成的。

清华大学物理系教师，叶企孙、周培源、吴有训……都是当时国内顶尖的物理学家，也是物理学系主要的师资力量。王大珩在清华大学深受熏陶，谨守"自强不息、厚德载物"的校训，于己做人、做学问等方面都有收获。此外值得注意的是，王大珩在清华大学物理系的师长和挚友，对他的科学事业帮助都很大。在清华大学的训练和经历为他未来学术事业的发展做了必要的积累。

随着战争爆发，王大珩大学毕业后跟随赵忠尧做核物理研究生只有不到一年时间即不得不辗转南下，但是他放弃学业到国民政府兵工署就业的工作经历，更令他深刻地认识到国防科学对国家强大的重要性。

1938年，王大珩考上了"中英庚款"留学生，来到英国伦敦大学帝国理工学院物理学系学习应用光学。他看到光学技术对于未来建设一个有强大国防力量的国家的可能性，刻苦努力完成了光学设计方向的优秀论文，获得了硕士学位。在此期间，他从光学设计起步，广泛接触到了色度学、计量学、光学检验、光学加工等方面的内容，他于1941年春申请攻读谢菲尔德大学的光学玻璃制造工艺方向的研究生。这段时间的专业训练经历，奠定了他一生从事应用光学的基础。

为了学习光学玻璃制造的关键技术，并利用其为祖国服务，1942年，王大珩放弃了即将到手的博士学位，成为昌司玻璃公司研究实验部的一名物理师，离开大学下到工厂里去从事实际的工作。这于他而言，也是个难得的机会，他心里想的是，我的国家是多么需要光学玻璃制造这门技术啊！他不是不明白没有博士学位对一个搞学术研究的人来说意味着什么，但是他将个人前途置之事外，始终把国家需要放在心中首位。他在昌司玻璃公司连续工作了5年多，成为英国最早研究稀土光学玻璃的人之一。他还取得了英国的专利，并发展了V-棱镜精密折射率测量仪，获得了英国科学仪器协会"第一届青年科学仪器发展奖"。

王大珩人生和事业的第二个重要阶段是在1948—1983年，他回国后先是辗转求职，继而来到解放区，参与建设了大连大学应用物理系，自20世纪50年代初期开始，他加入中国科学院开展工作。

1951年仪器馆筹备处在北京成立，王大珩作为主要筹建者，1952年6月率领筹备处全体迁往长春，1953年初中国科学院仪器馆正式建立，（后发展为中国科学院长春光学机械与物理研究所），在新中国的应用光学一穷二白的条件下，王大珩组织来自全国四面八方的技术人员参加建设，短短几年，该机构完成了光学玻璃、显微镜、水平磁力秤、材料试验机等项目的研究，创造了闻名全国的"八大件、一个汤"，初步构建了布局合理、结构完整、功能齐备的光学及精密机械学的研究基础，向党和人民交出了令人满意的答卷，奠定了学科技术基础，培养了科研人才队伍。该机构于20世纪60年代投身于国防光学，在中国光学事业发展中大展身手。在接受这一系列科研任务的同时，长春光机所的科研力量不断发展和壮大。我国第一台红宝石激光器诞生于该研究所，还在此诞生了第一台靶场装备大型精密光学跟踪电影经纬仪、第一台激光红外电视电影经纬仪和船体变形测量系统……上述工作和成果，为发展我国的尖端武器做出了杰出贡献。王大珩立足于把握学科发展大局，指导重大项目任务的关键技术。1985年，长春光机所历年研制的多种型号的电影经纬仪和跟踪望远镜以及各类型的光电瞄准仪等靶场光测设备，以"现代国防试验中的动态光学观测及测量技术"为总项目，获国家科技进步奖特等奖，他是该项目的第一负责人。不仅如此，王大珩还参加过核爆光学测量所需的高速摄影机改装工作，参加过第一颗人造地球卫星及第一颗返回式遥感卫星的总体设计……王大珩为"两弹一星"中的国防光学事业做了许多重要的工作。

长春光机所成为中国光学事业的"老母鸡"，从这里，分建出和援建了一批与光学相关的机构，如成都光电所、上海光机所、长春光机学院、长春材料试验机厂、上海光学仪器厂，这些机构为我国光学的发展添砖加瓦，为光学事业培养了大量优秀人才。

第三阶段是1983年王大珩调入北京，尤其是在担任中国科学院技术科学部主任以后，他立足于中国科学技术事业的整体发展，积极建言献策，发挥了一位战略科学家应有的作用。

20世纪80年代以后，中国科学院任用高级专家，加强学术领导。党中央对中国科学院进行体制调整，于1984年1月召开的第五次学部委员大会取消了学部委员大会的决策权，随后学部的主要职责定位于学术评议和咨询，且以后者为主。王大珩适应了这一前一后的两度巨大转变，他以国家科技事业的大局为重，有代表性的几件大事，如863计划、中国工程院的成立，以及呼吁发展"大飞机"，都有他的功劳，他是这几件大事做成、落实的重要功臣之一，从而对我国的科技格局和科技发展产生了深远影响。这些充分体现出他对科技时局的敏锐观察力和他的高瞻远瞩，这一能力非长期投入行业、不间断观察学习不能获得。经历过那个战火纷飞、国家积贫积弱年代的科学家，都有一个特点，即他们时刻都在呼吁在关键技术上我们"不受制于人"——别人有的，我们也要有，不是靠花钱买来，而是要有自主知识产权，绝不能被外国"卡脖子"。王大珩充分利用自己在科学界的优势和人脉，最大限度地发挥了院士咨询作用，逐渐成长为一位有高度责任感的战略科学家。他的行动诠释了一位战略科学家在为国家科学技术提供咨询中发挥的重大作用。

王大珩一生的事业，都是围绕国家的需要来的，他始终践行的信念是：国家需要我去哪里，我就往哪里去！国家需要什么，我就研究什么！

2010年2月26日，在王大珩95岁生日之际，经多家单位倡议，举行了有多位光学界院士、学者参加的王大珩学术思想与创新贡献研讨会，研讨会上很重要的一个环节便是举办了"王大珩星"的命名仪式。在这颗发现于1997年2月15日、编号为17693号的小行星，在 2002 年 3 月 28 日经国际天文学联合会小天体提名委员会批准后，被命名为"王大珩星"。当王大珩的夫人顾又芬女士代表他接过小行星的命名证书时，现场掌声雷动，祝贺他获得了这项难得的殊荣。

王大珩以实际行动，促进了光学界的长足发展，赢得了光学界的尊重。曾经有人把他誉为光学界的一面旗帜，还有人尊敬地称他是"中国光学之父"。面对这些赞誉，王大珩每次都谦虚地推辞，他说：如果称我为"光学之父"，那置严济慈以及我的老师们于何地？但实际上，正是他所开创的奠基性、开拓性工作，建立了我国光学事业的重要基础。他的不居功、不自傲的精神，也表现出老一辈科学家脚踏实地做工作的"老黄牛"精神。

附　　录

附录一　王大珩院士大事年表

1915 年
2 月 26 日，出生。
9 月，回国，居住在江苏吴县。

1916 年
迁居北京，居住于西观音寺胡同 92 号的一个三合院。

1920 年
春，就读于北京孔德学校初小二年级。

1922 年
秋，转入北京汇文学校就读初小。

1926 年
秋，就读于汇文学校初中部。

1929 年
至青岛，入礼贤中学高中部就读。

1932 年
秋，在北平参加南开大学、青岛大学和清华大学的入学考试。考入清华大学物理系。

1935 年
12 月，参加"一二·九"和"一二·一六"学生运动。

1936 年
夏，毕业于清华大学物理系，获理学学士学位。留校，担任清华大学助教。

11月，考取"史量才奖学金"，跟随赵忠尧攻读核物理方向的研究生。

1937年

与赵忠尧共同署名，在英国《自然》杂志上，发表论文《银、铑、溴的共振中子能级的间隔》("Spacing of the Resonance Neutron Levels of Silver, Rhodium and Bromine Nuclei")。

9月，在位于南京的国民政府兵工署弹道研究所就业，任技术员。

1938年

7月，参加"中英庚款"留学生考试。

9月，启程前往英国，就读于伦敦大学帝国理工学院物理系技术光学专业。

1939年

夏，与彭桓武、卢焕章、夏震寰前往欧洲大陆旅行。

1940年

夏，获伦敦大学理学硕士学位。

1941年

春，前往谢菲尔德大学玻璃制造技术系的玻璃工艺室攻读博士学位，在玻璃学家特纳教授的指导下学习光学玻璃炼制工艺，并进行玻璃的光学性质研究。

3月，发表学术论文《在有球差存在下的最佳焦点》("Note on the Best Focus in the Presence of Spherical Aberration")。

1942年

中断学业，在英国伯明翰昌司玻璃公司担任研究实验部物理师。

11月18日，参加谢菲尔德会议，宣讲论文《低吸收玻璃的光谱特性比对测量》《含氧化铁的钠硅酸盐玻璃的某些光谱特性——第一部分：浓度与氧化正亚铁分离的影响》，后发表于《玻璃技术学报》上。

1943 年
在《玻璃技术学报》上发表论文《含氧化铁的钠硅酸盐玻璃的某些光谱特性——第二部分：砷与氧化锑的作用》。

1944 年
进行稀土光学玻璃配方研究，获得两项专利。

1945 年
研制成功新型的 V-棱镜精密折射率测定仪置，获英国科学仪器协会"第一届青年科学仪器发展奖"。

秋，与前来伯明翰的钱三强会面。

与特纳在《玻璃技术学报》上发表论文《氧化硼对钠硼硅酸盐玻璃折射率和色散性能的影响》。

1946 年
夏，出席因战争延期的牛顿诞辰 300 周年纪念大会。

1948 年
春，从英国启程回上海。

6 月，在北平研究院物理研究所工作。

7—11 月，在秦皇岛耀华玻璃厂、上海耀华玻璃厂工作，任工程师、研究主任。

11 月，大连大学筹备委员会成立，与沈其益接洽。

1949 年
2 月 16 日，从香港出发，前往大连。

3 月 28 日，抵达大连。

4 月 15 日，参加在大连市文化宫举行的大连大学创校典礼。

年底，大连大学工学院应用物理系招生，动员学校一年级学生报考应用物理系，第一批学生于 1952 年 9 月提前结束大学学业走上工作岗位。

1950 年

8月24日，政务院会议通过设立仪器工厂的建议，决定在中国科学院设立仪器馆。

10月8日，与顾又芬在北京中山公园"来今雨轩"举行结婚仪式。

10月，与钱临照去昆明光学工厂考察。

1951 年

1月24日，中国科学院仪器馆筹备委员会成立，任筹备委员会副主任。

3月22日，中国科学院仪器馆筹备处成立，任副主任，主持工作。

5月17日，和钱三强一起在北京西郊现场勘测，为仪器馆选址。

7月10日，长子王競出生。

7月25—27日，参加由中国科学院院长郭沫若主持的中国科学院仪器馆筹备委员会第一次筹备会议，并做报告。

1952 年

1月18日，中国科学院决定将东北科学研究所仪器工厂和北京的应用物理研究所光学工厂合并，并和仪器馆筹备处联合在长春组建仪器馆（中国科学院长春光学精密机械与物理研究所的前身），地址定于长春市铁北天光路采矿株式会社旧址。

5月，率北京筹备处人员陆续来到长春，并开始筹建光学玻璃车间。

1953 年

1月23日，中国科学院仪器馆成立，担任副馆长并代理馆长职务。

12月17日，长女王森出生。

12月，中国科学院仪器馆熔制成功中国第一埚光学玻璃。

1954年

7月10日，担任中国科学院计量基准工作委员会委员。

7月15—9月21日，参加中捷科学与技术合作联合委员会中国代表团，赴捷克斯洛伐克考察计量工作。

10月18日，担任中国科学院在仪器馆成立的长度与质量计量研究小组负责人。

1955年

2月，当选为吉林省人民委员会委员。

5月27—30日，接待苏联科学院访华代表团到中国科学院仪器馆参观访问。

5月31日，被选聘为中国科学院技术科学部学部委员。

6月1日—8月10日，赴捷克斯洛伐克考察计量基准技术。

7月，担任中国科学院研究生导师。

12月23日，次子王赫出生。

冬，赴苏联门捷列夫研究院、苏联标准计量委员会考察计量工作。

1956年

2月，和龚祖同招收首批共两名应用光学专业的研究生。

3月，参与制定我国《十二年科技规划》。

7月，在浙江大学主持全国第一届光学仪器专业研究生考试工作。

9月，中国科学院仪器馆学术委员会成立，担任委员。

11月12—17日，主持召开中国科学院仪器馆学术委员会成立大会，任学术委员会主任。

1957年

4月28日，中国科学院仪器馆更名为中国科学院光学精密机械仪器研究所，任所长。

7月24日，担任国务院科学规划委员会仪器组副组长。

10月18日—12月26日，以科学技术代表团顾问组成员的身份访问苏联。

1958年

6月17日，当选为吉林省第二届人民代表大会代表和常务委员会委员。

6月27日，长春光机学院成立，任院长。

7月8日，参加中国科学院吉林省分院第一次学术委员大会。

8月末，光机所研制成功"八大件、一个汤"。

10月5日—11月9日，"八大件"参加在北京举办的中国科学院自然科学跃进成果展览会。

10月28日，参加长春光机学院成立暨开学典礼。

11月，担任吉林省科学技术协会副主席。

1959年

4月，当选为中国人民政治协商会议第三届全国委员会委员。

6月19日，陪同朱德委员长、董必武副主席参观光机所，并汇报工作。

7月30日，陪同全国人大常委会委员徐特立参观光机所，并汇报工作。

9月，被聘任为国家科学技术委员会计量组副组长、仪器组副组长、测量制图组组员。

10月26日—11月8日，参加在人民大会堂举办的全国工业、交通运输、基本建设、财贸方面社会主义建设先进集体和先进生产者代表大会（"群英会"）。

1960年

1月，担任《光学机械》主编。

2月，随中国科学技术协会代表团赴匈牙利访问。

5月3日，陪同中央军委副主席贺龙、国务院副总理罗瑞卿参观光机所，并汇报工作。

6月，当选为长春市人大代表。

7月28日，参加全国经纬仪系列化会议。

8月15日，陪同国防委员会副主席叶剑英参观光机所，并介绍光机所研制的我国第一台电子显微镜。

11月17日，中国科学院光学精密机械仪器研究所和机械研究所合并，成立中国科学院光学精密机械研究所，担任所长。

1961年

2月28日，担任中国计量技术与仪器制造学会筹备委员会（中国仪器仪表学会、中国计量测试学会前身）副主任委员。

6月，被任命为"150工程"总工程师兼"150-1工程"总设计师。"150工程"被列为国家计委和国家科委的重点科研项目。

1962年

2—3月，参加广州知识分子会议，在讨论会上发表关于仪器工业现状的看法。

3月27日，光机所西安分所成立。

8月，担任国家科学技术委员会仪器仪表组副组长、计量组副组长、物理学组组员。

9月1日，任光机所"光学总体及光学信息论"讨论会会议指导人。

10月，担任中国科学院科学仪器委员会委员。

年底，在北京参加原子弹爆炸试验光学测试方案交底会，承担光学测试任务。

1963年

1月，担任国家科学技术委员会应用光学与红外技术组组长。

2月10日—3月3日，在北京南苑机场进行微光夜视仪现场试验，取得初步成功。

4月11—20日，在北京参加由国防科委、国务院国防工业办公室和中国科学院在北京召开的讨论会，落实了"150-1"工程由长春光机所"一竿子插到底"。

5月5日，致信聂荣臻副总理，汇报长春光机学院的近况及今后发展问题。

9月16日，参加中国科学院召开的受激光发射工作会议，提出加强受激光发射研究，建立专门研究机构的若干建议。

12月5日，以国防科委代表身份，赴二十基地检查靶场光测设备使用情况，并提出建议。

1964年

1月底，主持并参与研制的3000次/秒高速摄影机改装通过国防科委组织的鉴定。

2月26日，父亲王应伟去世。

3月24—28日，参加原子弹爆炸光辐射测量用光冲量计成果鉴定会。

4月5—20日，赴二四八厂、八四四厂、洛阳六院等地调研红外制导技术。

5月，中国科学院光学精密机械研究所上海分所成立，任所长。

7月10日，陪同邓小平、李富春、薄一波、宋任穷等中央领导同志参观光机所，并汇报工作。

8月，在瑞典斯德哥尔摩参加国际计量技术与仪器制造会议。

12月，当选为第三届全国人民代表大会代表。

1965年

5月，参与讨论我国第一颗人造地球卫星"东方红"方案，担任地面设备组组长。

8月17日，担任中国科学院卫星总体设计组副组长。

9月22日—10月17日，参加在英国召开的宇宙空间光学会议。

1966年

1月6日，主持和参与研制的"150-1"大型电影经纬仪样机通过国家级鉴定。

1967 年

5月，参加中国科学院"三线"建设选址考察调研，在甘肃、四川、陕西等地考察。

10月19日，中国科学院下达 KM$_4$ 型太阳模拟器研制任务，任课题总指导。

10月27日，开始担任国防光学研究院（后被命名为国防科委第十五研究院）筹建办公室副主任（1967—1971年）。

1968 年

5月，参与国防科委下达的远洋测量船变形测量系统的研制任务，担任"718工程"总体负责人之一、电影经纬仪项目负责人。

1969 年

1月20日—2月8日，参加在沈阳召开的G179电影经纬仪总体组第一次会议。

1971 年

4月，长春光机所划归国防科委第十研究院领导，改称中国人民解放军1018所，开始担任革委会副主任（1971—1977年）。

1972 年

3月5日—4月20日，为激光技术研究室科技人员定期做专题讲座。

6月10日，致信国防科委，请求调进一些科技人员来所从事国防光学的工作。

10月，致信周恩来总理，就国防尖端光学技术方面的若干问题提出相关建议。

1973 年

2—5月，多次往返空军、海军等基地调研靶场光测设备使用情况。

4月，从长春光机所分遣党政干部、科研骨干、技术工人400余人前往四川大邑组建1019所。

10月，编写并出版《彩色电视中色度学问题》。

1974年

3月9日，与安徽光机所大气传输室科研人员座谈。

6月5日—7月25日，以团长身份，率领中国激光科技考察团赴美国和加拿大考察。参加在美国旧金山召开的第八届国际量子电子学会议。

8月15日，母亲周秀清去世。

1975年

1月，当选为第四届全国人民代表大会代表。

4月4日，参加彩色电视镜头会议，讨论镜头成像质量、彩色复现、背景光均匀度等问题。

5月13日，参加G179工程激光、红外电视电影经纬仪项目鉴定会。

8月2日，参加中国科学院上海生理研究所座谈会，讨论色度标准问题。

8月8日，参加在南京召开的2.16米天文望远镜总体会议。

1976年

1月18日，参加由国防科委、中国科学院组织召开的遥感技术研讨会，主持编制了我国第一个遥感科学规划，推动了我国遥感技术的迅速发展，领导了东北地区的遥感试验。

1月19日，经国务院、中央军委批准，1018所回归中国科学院领导，改名为中国科学院长春光学精密机械研究所，任革委会副主任。

9月13日，受命参加毛泽东水晶棺小组，参与设计及照明研究。

1977年

8月4—8日，参加全国科学与教育工作座谈会。

10月28日—11月24日，率领中国科学院光学测试技术和设备考察团赴德意志联邦共和国考察。

12月25日，参加吉林省政协会议，当选为吉林省科协副主席。
1978年
3月18—31日，参加全国科学大会，被评为先进工作者。

4月25日，参加吉林省科学大会。

6月17日，被批准担任哈尔滨科学技术大学（即后来的哈尔滨理工大学）校长（1978—1980年）。

9月3日，参加国家科委光学及应用光学学科组成立大会，担任学科组组长，会上提出成立中国光学学会及创办《光学学报》的建议。

9月，随中国科学院代表团赴日本访问。

10月16日，在长春光机所加入中国共产党。

11月4日，中国计量测试学会成立，任副理事长。

11月13日，担任国家科委光学及应用光学学科组组长。

12月4日，担任国家科委计量科学学科组副组长。

12月20日，担任长春光机所临时学术委员会主任。

12月22日，兼任中国科学院长春分院院长。
1979年
3月29日，当选为中国仪器仪表学会副理事长，并在成立大会上做《我国近年来在光学技术方面的若干进展》的报告。

4月5日，提出《关于加快仪器仪表工业发展的几点建议》。

7月，当选为第五届全国人民代表大会代表。

7月，提出设立中国教师节的建议。

9月，当选为国际权度公约计量委员会委员。

10月，转为正式中共党员。

10月，在巴黎参加第68届国际计量委员会会议和第16届国际计量大会，当选国际计量委员会委员。

12月9—15日，中国光学学会成立大会在北京召开。当选为第一届理事长，并连任第二、三届理事长，以及第四、五、六届名誉理事长。

12月，被评为全国劳动模范。

1980年
3月12日，在北京主持召开中国科学院激光核聚变装置方案讨论会。

3月15日，当选为中国科学技术协会第二届全国委员会委员。

5月，参加在上海举行的国际核物理会议和国际激光会议。

6月18日，率中国科学院代表团赴美参加第十一届国际量子电子学讨论会。

9月7日，赴法国参加国际计量学年会。

1981年
1月，担任《光学学报》主编，在《光学学报》创刊号发表文章《我国光学科学技术的若干进展》。

5月11—20日，在中国科学院第四次学部委员大会上当选为中国科学院学部主席团成员、技术科学部常务委员会常务委员以及技术科学部副主任（1981—1984年）。

6月11日，担任吉林省光学学会理事长。

6月30日，受聘为国务院学位委员会物理学科评议组成员、光学学科组组长。

8月31—9月6日，率代表团参加在奥地利召开的第十二届国际光学委员会大会（ICO-12）。

10月29日，担任第二届亚洲遥感会议名誉执行主席。

1982年
7月17—8月9日，率团访问美国，与美国系统和应用科学公司（SASC）就引进地面站事宜洽谈。

8月13日，参加长春光机所建所30周年庆祝大会，做《长春光机所30年概况和今后设想》的报告。

9月，当选为中国共产党第十二次全国代表大会代表。

12月，在中国仪器仪表学会第二届代表大会上当选为副理事长。会上与 10 位科学家共同提出《关于在中国仪器仪表学会建立展览培训中心的建议》，并获得国家计委批准实施。

1983 年

3 月 11 日，调入北京工作，先后担任中国科学院技术科学部副主任、主任（1983—1992 年）。

3 月 15 日，向中国科学院党组会议汇报中国科学院空间中心有关问题，并以技术科学部主任身份全面负责中国科学院空间中心业务工作。

4 月 12—16 日，以学术委员会主席身份，参加中国仪器仪表学会在上海举办的第一届多国仪器仪表学术会议暨展览会。

5 月 28 日，在安徽光机所主持与德国马克斯·普朗克量子光学研究所的科技合作计划讨论会。

6 月，当选为第六届全国人民代表大会代表。

7 月，任中国科学院空间中心主任兼总工程师。

8 月，担任长春光机所名誉所长（1983—2011 年）。

9 月，参加在广州召开的第二届国际激光会议，担任大会主席。

10 月，赴法国参加第十七届国际计量大会。

1984 年

1 月 5—12 日，参加中国科学院第五次学部委员大会，担任第二技术科学部主任。

5 月，在参加第六届全国人民代表大会第二次会议期间，联名提出设立教师节的提案。

8 月 20—24 日，赴日本札幌，参加第十三届国际光学委员会大会（ICO-13），做大会特邀报告。

8 月 26—31 日，在法国斯特拉斯堡参加第十六届国际高速摄影与光子学会会议。

12 月，担任哈尔滨科技大学名誉校长。

12 月，参加中国光学学会第一、二届全体理事会联席会议。

1985年

1月，与沃新能在《光学学报》上发表文章《中国的光学近况》。

6月，赴英国考察计量技术和工程测试技术。

6月1—5日，在全国国防军工协作工作会议上做《为我国国防光学工程现代化而奋斗》的报告。

8月26—30日，参加澳大利亚光子学会第三次年会和激光会议，并在堪培拉参观直径为3.5米的天文望远镜。

10月8日，"现代国防试验中的动态光学观测及测量技术"获得国家科技进步奖特等奖，名列首位。

10月，当选为国际宇航科学院（IAA）院士。

11月5日，担任国防军工科学研究委员会副主任。

1986年

3月3日，与王淦昌、陈芳允、杨家墀联名报送《关于跟踪研究外国战略性高技术发展的建议》。

3月，与茅以升、钱三强、侯祥麟、罗沛霖等83位科技专家一起，向全国政协提出《关于工程技术工作在国家事务中的地位》。

6月23—27日，当选为中国科学技术协会第三届全国委员会副主席。

9月13日，担任北京市科学技术协会主席。

10月，提出建立"计量测试高技术实验室"的倡议。

11月18日，国务院正式发出了《国家高技术研究发展计划纲要》的通知。

12月20日，参加中国遥感卫星地面站落成典礼。

1987年

1月23日，倡议并亲自组织筹备的中国光学行业协会（后更名为中国光学光电子行业协会）成立，任理事长。

4月1日，受聘为国家自然科学基金委员会顾问。

4月24—27日，在中国仪器仪表学会第三次全国会员代表大会上当选为理事长。

6月8—21日，以中国科学技术协会代表团团长的身份访问波兰和匈牙利。

6月，当选为中国照明学会名誉理事长。

8月20日，中国科学院批准成立应用光学开放实验室，任学术委员会主任。

8月24—9月8日，参加在加拿大魁北克召开的第十四届国际光学委员会大会（ICO-14），推进中国加入ICO成为成员。

10月，参加在法国举办的第十八届国际计量大会。

10月28日，任长春光机所应用光学开放实验室学术委员会主任。

10月30日，当选为由中国仪器仪表学会、中国计量测试学会等共同成立的中国测量与控制联合会执行委员会主任。

11月11日，参加在无锡召开的中国科学院数学物理学部全体学部委员会议。其间和部分学部委员联名写信给党中央和国务院，反映我国自然科学基础研究工作中存在的几个问题，并建议设立自然科学基础研究的设备更新和研制专项费用，追加资助自然科学基础研究项目的经费。

12月，任中国科学院空间科学与应用研究中心名誉主任、顾问。

1988年

1月27日，参加中国大恒（集团）有限公司董事会成立会议，担任董事会成员，任名誉董事长。

3月6日，当选为第七届全国政协委员，提出《应恢复政协中科协专组的意见》。

5月，赴美国新罕布什尔州的新英格兰，参加国际空间年（ISY）活动启动会。

5月，担任全国颜色标准化技术委员会主任委员。

8月23—9月2日，任在西安召开的第十一届国际高速摄影及光子学学术大会主席。

10月，倡议开展中国颜色体系研究并建立中国颜色体系标准。

11月，与中国科学院大恒集团共同出资设立中国科学院大恒集团光学奖学金。

1989年

1月，与著名物理学家王淦昌、于敏等科学家联名提出"开展我国激光核聚变研究的建议"，被国务院采纳并实施。

5月，在意大利罗马近郊的欧洲空间局资料中心参加国际空间年的空间机构论坛（SAFISY）第二届学术会议。

11月16—18日，参加中国科学院召开的"光学、光电子学发展战略"研讨会。

11月30日—12月2日，在中国计量测试学会第三届理事会上当选为名誉理事长。

1990年

1月，担任中国国际空间年筹备委员会执行主任，组织和推动"行星地球使命计划"的开展。

2月3日，主持中国科学院技术科学部第11次常委会会议，就组织学部委员审议《中长期科学技术发展纲领》和进一步落实学部委员咨询项目有关问题进行研讨。

5月17—19日，代表中国国际空间年筹委会赴日本京都参加SAFISY第三届会议。

8月5—10日，率团赴德国参加第十五届国际光学委员会大会（ICO-15）。

11月，任亚洲太平洋光学联合会（APOF）副主席。

1991年

5月16—19日，赴苏联莫斯科参加SAFISY第四届会议。

7月，与中国科技代表团赴英国新技术开发区考察，参观剑桥大学、曼彻斯特大学。

7月19—8月14日，在美国参加学术交流和参观访问。

9月18—20日，参加中国仪器仪表学会第四届全国会员代表大会，当选为名誉理事长。

12月12日，参加在北京召开的由长春光机所和航空航天部511研究所研制的"KM$_4$型太阳模拟器"鉴定会，任鉴定委员会主任。

1992年

3月30日，在上海参加国际量子光学会议。

4月，与张光斗、师昌绪、张维、侯祥麟、罗沛霖等人联名向党中央报送《关于早日建立中国工程与技术科学院的建议》。

8月8日—9月9日，在美国华盛顿参加第五届SAFISY及首届世界太空大会。

9月29—10月1日，在法国巴黎参加第81届国际计量委员会会议。

10月8日，参加长春光机所建所40周年庆祝活动。同日，做题为《现代光学的三个层次（工程技术、应用光学、光物理）》的学术报告。

11月，在日本东京参加亚太地区国际空间年会议。

1993年

1月15日，主持召开国家科委主办的863计划评估会。

3月，参加韩国光学学会学术年会。

5月，与王淦昌、杨嘉墀、陈芳允一起致信江泽民总书记、李鹏总理，提出"在国家经费允许的情况下，尽早同意海洋高技术研究开发立项的计划"的建议。

6月17—7月1日，率中国光学学会代表团赴俄罗斯圣彼得堡、莫斯科等地参观访问。

8月，参加在匈牙利布达佩斯召开的第十六届国际光学委员会大会（ICO-16）。

9月23日，联名致信江泽民、李鹏、朱镕基，提出关于研制我国干线飞机的建议。

10月29日，担任中国高科技产业化研究会理事长。

1994年

6月3日，中国工程院成立，当选为中国工程院首批院士，并担任首届主席团成员。

8月，参观南开大学现代光学研究所。

9月15—16日，在北京参加第六届多国仪器仪表展览会。

10月，出资设立"长白青年科技奖"，奖励年龄在35岁以下，在吉林省内从事光学、精密机械、光机电一体化等研究并取得突出成绩的科技工作者。

11月，参加"跨世纪科技人才培养的'百千万人才工程'计划"专家座谈会，并发表讲话。

11月24日，参加863计划信息领域重大成果转化项目可行性论证会。

12月30日，与王淦昌院士一起，受聘为深圳大学名誉教授、科技顾问。

1995年

1月12日，获得何梁何利基金优秀奖。

1月24日，与卢嘉锡、杨嘉墀等20位院士一起联名提出《关于振兴我国仪器仪表工业的建议》。

4月，率中国科学院空间科学与应用总体部和长春光机所组成的代表团赴美国进行科技考察。

6月29日，参加国家"九五"科学工程"大天区面积多目标光纤光谱天文望远镜（LAMOST）"立项会议。

8月11—14日，在山西太原参加第一届国际测试技术研讨会，担任会议名誉主席，发表讲话。

8月30—9月8日，参加哈尔滨工业大学激光重点实验室评审会。

9月22日，联名向国家提出《关于将航空技术列入重点科技领域的建议》。

10月，在安徽光机所参观视察。

11月，出席在重庆召开的全国第六届光电子技术及系统学术会议，并做特邀报告。

1996年

1月22日，联名提出设立国家级单原子分子测控科学与技术研究中心的建议。

4月2—5日，参加863计划10周年工作会议，受到党和国家领导人接见。

7月30日—8月3日，参加中国科学院1996年度光学学科研究生优秀论文报告会。

8月19—23日，赴韩国参加国际光学委员会第17届大会。

10月10—15日，参加由深圳大学举办的第一届全国光子学学术会议，并在开幕式上发表讲话。

12月30日，单原子分子测控科学与技术研究中心在清华大学成立，任学术委员会主任。

1997年

2月28日，给国务院学位委员会办公室及国家教委研究生工作办公室写信，建议应把光学工程列为工学类一级学科。

3月9日，与何泽慧等一起，在漠河地区观测20世纪最后一次日全食。

4月7—10日，主持香山科学会议第71次学术讨论会，并联合杨嘉墀、陈芳允提出《我国月球探测技术发展的建议》。

1998年

2月24日，参加"邓小平与中国科技"座谈会。

3月21日，参加纪念全国科学大会召开20周年座谈会。

3月27日，联合陈芳允、林兰英等院士提出《建立国家信息委员会、制订国家信息网络建设规划的建议》。

6月1—5日，在中国科学院第九次、中国工程院第四次大会上被选为首批资深院士。

9月7—11日，第二届全国光子学学术会议在西安召开，任顾问委员会主席。

11月，与母国光等访问日本滨松光子学株式会社。

1999年

5月11日，参加21世纪海军装备技术发展论坛会。

5月27日，参加中国工程院建院5周年座谈会。

9月18日，获得由中共中央、国务院、中央军委授予的"两弹一星功勋奖章"。

10月1日，参加中华人民共和国成立50周年庆祝典礼，在天安门观礼台上观礼。

2000年

3月14日，为"抓紧研制大型（运输）飞机事"联名致信江泽民、朱镕基。

3月31日，"中国光学学会科技奖"改名为"王大珩光学奖"。

4月18日，与杨嘉墀、马大猷等11位院士联名提出《我国仪器仪表工业急需统一规划和归口管理的建议》。

6月28日，参加中国科学院长春光电子产业园区奠基仪式，并发表讲话。

9月28日，参加"运-10"首飞20周年座谈会。

11月1日，主持成都国际先进光学制造与检测学术会议。

11月21日，前往上海飞机制造厂考察。

2001年

2月，参加第159次香山科学会议。

2月19日，获"国家863计划特殊贡献先进个人"称号。

2月20日，被聘为中国航空工业集团高级顾问。

3月28日，联合罗沛霖、杨嘉墀等28位院士提出《面向21世纪社会和经济可持续发展的需求，加快建设我国现代化计量体系的建议》。

4月16日，与20多位院士联名向中央提出《抓紧时机，振兴我国航空工业的若干建议》。

6月21—25日，参加中国科学技术协会第六次全国代表大会。

9月1日，参加第三届中国国际光电博览会。

12月20日，参加中国工程院召开的"20世纪我国重大工程技术成就"新闻发布会。

12月28—29日，参加"神光Ⅱ高功率激光实验装置"验收鉴定会。

2002年

1月24日，参加中国科学院力学研究所"激光强化枪膛技术"成果鉴定会。

1月28日，参加长春光机所"激光对抗武器系统"综合论证评审会。

2月4日，参加中国计量科学研究院"利用低温辐射计建立光辐射功率基准"评审会。

3月28日，国际文学联合会正式命名第17693号小行星为"王大珩星"。

3月29—30日，参加科技部、国务院政策研究室召开的"发展大型特种飞机与国家安全战略"研讨会，并做书面发言。

5月13日，参加国家自然科学基金委员会召开的计量科学发展研讨会。

7月17日，参加全国颜色标准化技术委员会召开的审定颜色国际会议。

8月27日，参加纪念周培源100周年诞辰活动。

9月16日，参加长春光机所建所50周年庆祝大会，并发表讲话。

12月16日，参加航天部511所的"卫星遥感器在模拟空间环境下的辐射定标设备"鉴定会。

2003年

4月14日，就我国航空工业发展上书温家宝总理，恳切陈词：中国要有自己的大飞机。

6月6日，参加"921工程"办公室召开的"921-5"载人飞船任务技术座谈会。

7月29日，参加北京市科学技术协会成立40周年座谈会，并发表讲话。

8月5日，指导第20届国际光学大会中国（长春）光电博览会筹备工作。

10月30日，担任中国科学院纳米科学技术中心顾问委员会委员。

12月，联合杨嘉墀等9位院士向国家提出关于尽快组织实施支柱产业振兴工程"国家汽车计算平台工程"（国家重大工程）的建议。

2004年

2月16日，给温家宝和陈至立写信，提出关于在中长期科技规划中补充加强自然科学与社会科学协调发展与交叉融合内容的建议。

6月4日，提出关于在国家中长期科技发展规划中将精密科学仪器研究、开发和产业化列为专项的建议。

11月，向国家标准化委员会提出"关于国家标准化发展战略的建议"。

2005年

1月10日，致信国家中长期科学和技术发展规划领导小组《关于国家中长期科技发展规划纲要的建议》。

3月29日，致信朱光亚，对国际空间环境、空间对地侦察的大型光学装备的研制、"神舟"系列飞船及小侦察卫星的应用,以及定向能武器的研制提出建议。

8月22日,国际光学委员会在长春召开第20届代表大会,并在大会上发言。

9月29日,致信温家宝,就空间太阳望远镜研发提出建议。

10月20日,参加中国人民解放军总装备部在航天城举办的庆祝"神六"任务圆满成功文艺晚会,并听取长春光机所关于"神六"相机的汇报。

10月29日,参加国际宇航科学院院士会议。

12月9日,在人民大会堂参加首都青年纪念"一二·九"运动70周年、"一二·一"运动60周年纪念大会。

2006年

1月14日,参加原国家科委、航空工业部民机局组织的老同志座谈会,讨论关于国家发展大飞机的问题。

1月17日,参加大天区面积多目标光纤光谱天文望远镜工程管理委员会工作会议。

4月,致信胡锦涛总书记,提出《关于和平利用外太空的建议》。

4月22日,参加中国光学学会第六次会员代表大会,在开幕式上发言。

7月12日,编审《20世纪中国光学工程的进展》。

7月25日,答复国际光学工程学会编辑,提出《关于中国光学事业的若干问题》。

7月30日,针对中国仪器仪表学会专业机构问题致信中国科学技术协会党组书记邓楠。

8月31日,中国光学学会2006年年会开幕,发表电视讲话。

9月18日,在西安参加第27届国际高速摄影和光子学会议,任大会名誉主席。

2007 年

6月28日，与刘东生、叶笃正两位院士联名致信温家宝，提出《关于加强我国创新方法工作的建议》。

8月29日，与丁衡高、母国光、周炳琨三位院士联名致信温家宝，提出关于建立中国光学科技馆的建议。经国家发展和改革委员会批准，确定在吉林省长春市建立中国光学科技馆。

2008 年

9月16日，致信中国科学技术协会学会学术部，建议编写中国光学发展史。

10月11日，在清华大学举办的纪念叶企孙先生诞辰110周年大会上做书面发言。

11月21日，在泉州召开的中国光学学会2008年学术年会上做录像讲话，提出建立中国光学科技馆、整理中国光学科技名词术语、编写新中国光学发展史等重要问题。

2009 年

6月19日，联名致函国家质量监督检验检疫总局，提出《关于抢救性编辑整理新中国计量史料的建议》。

8月10日，在《学部通讯》上发表《对发展我国航空事业的一些认识》。

2010 年

2月26日，王大珩学术思想与创新贡献研讨会举办，并举行"王大珩星"命名仪式。

2011 年

7月21日，在北京逝世。

7月29日，在八宝山革命公墓举行遗体告别仪式。

2018 年

12月18日，追授"改革先锋"荣誉称号，获评"'863'计划主要倡导者"。

附录二　王大珩院士主要论著目录[①]

（一）著作

[1] 王大珩．中国空间应用的回顾与展望：1989年空间应用座谈会文集．北京：中国科学技术出版社，1990．

[2] 王大珩．未来世纪的巨子．沈阳：辽宁人民出版社，1992．

[3] 王大珩，潘厚任．太空·地球·人类．南宁：广西科学技术出版社，1994．

[4] 王大珩，高景德．未来世纪的巨子（第二集）．北京：科学普及出版社，1996．

[5] 王大珩，叶笃正．我的事业在中国——留学与奉献．上海：上海教育出版社，1999．

[6] 王大珩，王淦昌，杨嘉墀，等．高技术辞典．北京：科学出版社；清华大学出版社，2000．

[7] 王大珩．七彩的分光．长沙：湖南少年儿童出版社，2000．

[8] 王大珩，张厚英．中国现代科学全书（空间科学）．青岛：青岛出版社，2000．

[9] 王大珩，于光远．论科学精神．北京：中央编译出版社，2001．

[10] 王大珩．现代仪器仪表技术与设计（上卷）．北京：科学出

---

① 分著作、期刊论文、会议论文三类，依次按发表时间先后顺序排列。

版社，2002.

[11] 王大珩. 现代仪器仪表技术与设计（下卷）. 北京：科学出版社，2002.

[12] 王大珩. 大珩先生九十华诞文集. 杭州：浙江大学出版社，2004.

（二）期刊论文

[1]Wang T H. Note on the best focus in the presence of spherical aberration. Pros Phys Soc (London), 1941, 53: 157.

[2]Wang T H, Turner W E S. The visual spectrophotometry of glasses with special reference to low absorptive glasses. J. Soc. of Glass Technology, 1942.

[3]Wang T H, Turner W E S. Some spectrophotometric on iron oxide-containing soda-lime-silica glasses—Part I. The influence of concentration and ferri-ferrous dissociation. Soc. of Glass Technology, 1942.

[4]Wang T H, Turner W E S. Some spectrophotometric investigations on iron oxide-containing soda-lime-silica glasses—Part II. The effect of arsenic and antimony oxides. Soc. of Glass Technology, 1943.

[5]Wang T H, Turner W E S. The influence of boric oxide on the refractive index and dispersion of soda-boric oxide-silica glasses. Soc. of Glass Technology, 1945.

[6] 王大珩. 太阳与地球间距离之测定（一）. 东方副刊，1944（1）：53-70.

[7] 王大珩. 太阳与地球间距离之测定（二）. 东方副刊，1945（2）：62-63.

[8] 王大珩. 中国科学院议器馆筹备处近况. 科学通报，1951

（5）：541.

[9] 王大珩，胡南琦，沈珂. 量子电子学. 科学通报，1974（1-12）：394-409.

[10] 王大珩. 中国的激光应用. 中国激光杂志，1980（Z1）：155.

[11] 王大珩. 我国光学科学技术的若干进展. 光学学报，1981，1（1）：1-11.

[12] 王大珩，束越新. 在五彩缤纷的世界里. 百科知识，1981（3）：62-64.

[13] 王大珩. 怀念蒋筑英同志. 复印报刊资料（思想政治教育），1982（12）：65-66.

[14] 王大珩. 在一九八三年多国仪器仪表学术会议上的闭幕词（摘要）. 中国仪器仪表，1983（4）：1-2.

[15] 赵文兴，王大珩. 热应力对光学玻璃均匀性的影响. 硅酸盐学报，1984，12（3）（1-4）：319-324.

[16] 王大珩，沃新能. 中国的光学近况. 光学学报，1985，5（1）：1-10.

[17] 王大珩. 英国的新科技政策. 科技进步与对策，1986（5）：33-36.

[18] 王大珩. 牛顿在光学方面的贡献和成就. 物理通报，1987（12）：2-6.

[19] 王大珩，师昌绪，刘翔声. 中国科学院技术科学四十年. 中国科学院院刊，1989（3）：199-208.

[20] 王大珩，师昌绪. 主动为国家重大决策提供咨询. 中国科学院院刊，1990（3）：216-218.

[21] 王大珩.《光电工程》发刊词. 光电工程，1990（1）：3.

[22] 王大珩. 激光三十年. 新技术应用，1990（3）：8-10.

[23] 王大珩. 近年来我国的激光研究. 国外激光，1991（5）：

1-2.

[24] 王大珩，师昌绪．中国科学院技术科学部工作报告（摘要）．中国科学院院刊，1992（3）：112-114.

[25] 王大珩．做社会进步的促进者．复印报刊资料（思想政治教育），1992（4）：32-33.

[26] 王大珩，陈述彭．中国国际空间年地球科学计划．遥感信息，1992（1）：2-4.

[27] 王大珩，陈述彭．对国际空间年开展全球变化研究活动的初步建议（提要）．遥感信息，1992（1）：9-10.

[28] 王大珩，荆其诚，孙秀如，等．国旗国家标准的研制．心理科学进展，1992（1）：60-61.

[29] 张光斗，王大珩，师昌绪，等．早日建立中国工程与技术科学院．新华文摘，1992（11）：178-179.

[30] 王大珩．我国空间科学的进展．中外科技政策与管理，1994（6）：99-102.

[31] 王大珩．我国在空间科学方面的若干进展．中国航天，1994（2）：13-16.

[32] 王大珩．高新技术产业应走向国际市场．中国科技产业，1994（5）：7.

[33] 彭桓武，何泽慧，王大珩．缅怀周培源老师．物理，1994（3）：188-190.

[34] 王大珩，王淦昌，唐敖庆，等．要重视造就和培养跨世纪学术和技术带头人．中国科技论坛，1994（6）：3-7.

[35] 王大珩．振兴中国现代科学仪器．学会，1995（4）：34.

[36] 王大珩．"863计划"缘起、发展及展望．复印报刊资料（科技管理与成就），1996（6）：28-30.

[37] 王大珩．谈谈863高技术计划．科学中国人，1996（2）：4-55.

[38] 王大珩. 我参加国际计量委员会的回忆（上）. 中国计量杂志, 1996（2）: 4-6.

[39] 王大珩. 我参加国际计量委员会的回忆（下）. 中国计量杂志, 1996（3）: 10-11.

[40] 王大珩. 863高技术计划及其展望. 信息世界, 1996（5）: 4-5.

[41] 王大珩. '96畅想. 中华英才, 1996（4）: 35-40.

[42] 王大珩, 荆其诚, 孙秀如, 等. 中国颜色体系研究. 心理学报, 1997（1-4）: 225-234.

[43] 王大珩. 对我国高技术研究与发展工作的几点看法. 中国科学院院刊, 1997（1-6）: 428-430.

[44] 王大珩. 关于发展我国仪器仪表事业的建议. 中国科学院院刊, 1997（1-6）: 348-349.

[45] 王大珩. 要从更高更全面的角度认识仪器仪表的重要作用. 现代科学仪器杂志, 1997（2）: 6-7.

[46] 王大珩. 关于下世纪发展中国高技术及产业化若干问题. 复印报刊资料（新技术革命问题及高技术产业）, 1997（4）: 9-11.

[47] 王大珩. 巨龙的眼睛：信息化时代的仪器. 科学中国人, 1997（12）: 29-30.

[48] 王大珩. 谈谈科技规划决策中"有所为, 有所不为"的问题. 世界科技研究与发展, 1997（5）: 6-7.

[49] 王大珩. 关于发展我国仪器仪表事业的建议. 中国科学院院刊, 1997（5）: 348-349.

[50] 王大珩. 适应下世纪发展的中国高技术发展体制. 中外产业科技, 1997（5）: 25.

[51] 王大珩. 发展高科技 实现产业化. 中国科技月报, 1998（4）: 32-33.

[52] 王大珩. 创新寓于问题之中. 价值工程, 1998（5）: 38.

[53] 王大珩. 科学家企业家新春寄语：发展高技术实现产业化之我见. 科技与企业，1998（2）：6-7.

[54] 王大珩. 信息化建设必须由国家统一指导协调组织. 图书馆学、信息科学、资料工作，1998（8）：92-93.

[55] 张存浩，王大珩，马宗晋. 21世纪中国科技发展战略若干问题的讨论. 科研管理，1998（2）：7-18.

[56] 盛树仁，王大珩，刘吉，等. 高科技产业：知识经济的第一支柱. 科技与企业，1998（4）：9-13.

[57] 王大珩. 计量事业肩负着支持全国现代化建设的使命. 中国计量杂志，1999（2）：12.

[58] 王大珩. 树立唯物主义世界观. 科学课，1999（9）：1.

[59] 王大珩. 我与"863计划". 科技潮，1999（1）：19-20.

[60] 王大珩. 光学老又新，前程端似锦（上）. 兵器知识，1999（10）：2-4.

[61] 王大珩. 光学老又新，前程端似锦（下）. 兵器知识，1999（11）：3-5.

[62] 王大珩. 科学基金会应为基础研究做出更大贡献. 中国科学基金，2000（1-6）：122-124.

[63] 王大珩. 激光：具有巨大的生命力. 中国激光杂志，2000（1-12）：1058-1063.

[64] 王大珩. 关于科技产业化的几点看法. 中国科技产业，2000（10）：10-11.

[65] 王大珩. 民主的科学化和科学的民主化. 民主与科学，2000（2）：4-5.

[66] 王大珩，胡柏顺. 迎接21世纪挑战，加速发展我国现代仪器事业. 科技导报，2000（9）：3-6.

[67] 王大珩. 激光：前景无量. 知识文库，2001（3）：34-35.

[68] 王大珩. 争取生存，最重要的要靠实力. 国防科技，2001

（7）：18.

[69] 王大珩. 我的半个世纪. 新华文摘, 2001（10）：114-126.

[70] 王大珩. 关于科技人才的培养与开发. 高等工程教育研究, 2001（1）：1-3.

[71] 王大珩. 漫谈科学精神. 民主与科学, 2001（5）：4-5.

[72] 王大珩. 我们需要科学精神. 科学中国人, 2001（8）：1.

[73] 王大珩. 863计划缘起及基本精神. 高科技与产业化, 2001（1）：3.

[74] 王大珩. 走出中国特色的光电子信息产业发展之路. 中国高新区, 2001（10）：25-26.

[75] 王大珩. 激光技术发展的现状和前景——在"激光器问世和中国激光创业四十周年纪念大会"上的讲话. 舰船光学, 2001（1）：1-3.

[76] 王大珩. 名师给予学生最多的是什么. 教师博览, 2001（12）：5-6.

[77] 王大珩, 杨嘉墀. 关于振兴我国仪器仪表产业的对策与建议——对全国仪器仪表行业开展调查研究的总结报告. 电子质量, 2001（5）：45-50.

[78] 王大珩. 做学问和做人. 少年科技博览, 2002（4）：2-3.

[79] 王大珩. 中国光学发展历程的若干思考. 科技和产业, 2002, 2（4）：7-13.

[80] 王大珩. 走出中国特色的光电子信息产业发展之路——在第二届中国高新技术产业与资本市场国际论坛上的讲话（2001年9月22日 武汉）. 舰船光学, 2002（1）：1-2.

[81] 王大珩. 致计量杂志社——欢庆我国航天载人胜利成功. 中国计量杂志, 2003（11）：4.

[82] 王大珩. 自然科学和社会科学是一个整体. 科学中国人, 2003（11）：7-8.

[83] 王大珩. 我对科学精神的一点认识. 科技文萃, 2003（12）: 5-6.

[84] 王大珩. 贯彻十六大精神 加快发展电子信息产品制造业. 通信市场, 2003（1）: 28-30.

[85] 王大珩, 师昌绪, 白春礼, 等. 应把纳米测量仪器和加工装备制造业纳入国家纳米科技发展规划. 科学新闻, 2003（5）: 4-5.

[86] 王大珩. 人类进化规律与进化进程相结合. 高科技与产业化, 2004（7）: 8.

[87] 王大珩. 激光与光电子技术前程无量——在"全国新型激光器及其应用暨激光产业发展高峰论坛"开幕式上的讲话. 激光与红外, 2004（3）: 163-164.

[88] 王大珩. 美好的回忆 深切的感受. 求是, 2004（16）: 24-25.

[89] 王大珩. 走向自主创新的新时代——参加全国科技大会的感想. 办公自动化, 2006,（2）: 8-9.

[90] 王大珩, 周立伟. 中国的光学——回顾与展望. 光学与光电技术, 2006, 4（5）: 1-15.

[91] 王大珩. 我的科学人生. 今日科苑, 2011（8）: 142-145.

（三）会议论文

[1] 王大珩. 彩色电视中的色度学问题（1973年彩色电视摄像光学系统会议）.

[2] 王大珩, 周立伟. 光学：走向新的世纪［2000年西部大开发 科教先行与可持续发展——中国科协2000年学术年会］.

[3] 王大珩院士在开幕式上的讲话（2001年21世纪现代科学仪器与生命科学研讨会）.

[4] 王大珩院士在闭幕式上的讲话（2001年21世纪现代科学仪器与生命科学研讨会）.

[5] 王大珩. 中国光学发展历程的若干思考（2002年中国近现代科学技术回顾与展望国际学术研讨会）.

[6] 彭桓武，何泽慧，王大珩. 缅怀周培源老师（2002年宗师巨匠 表率楷模——纪念周培源文集）.

[7] 王大珩. Congratulation for the Success of ISIST'2002（2002年第二届仪器科学与技术国际学术研讨会）.

[8] 王大珩. 几点感想（2003年北京自然科学界和社会科学界联席会议首次会议）.

后　　记

早在 2014 年夏天，我即开始着手王大珩院士的学术成长经历研究，其间断断续续搜集资料，研读资料，至今已有 10 年。接手这项研究之初，只是打算完成一本传记，做完一项课题任务。但在连续 10 年不断采集资料并深入研读的过程中，我由衷地感到，王老的学术成长、人生经历实在太丰富了，他的一生，见证了中国从积贫积弱走向强大，从遭受外侮到立足于世界民族之林的过程；见证了中国的光学从无到有发展起来的过程；见证了中国科学技术日新月异的发展过程。小小一本书，只能择其要点而讲之，并不能完整地说出他一生的事。了解越多，我对他愈发敬佩。近年来，我陆续发表有关王大珩院士的传记和相关文章，还参加了与他有关的部分光学人物的采集和研究工作（如薛鸣球院士、周立伟院士），从而对中国的光学发展史有了一些初步认识。然而，每一次写作完毕，我都感到还有史料尚未采用，还有故事没有讲出。

2021 年下半年，葛能全先生给我打电话，告知中国工程院准备出版倡议人王大珩院士的传记，问我有没有兴趣完成中国工程院的院士传记——《王大珩传》，我立刻想，这也是个好机会，可以趁机把之前工作中留下的遗憾补上。葛先生曾于 2014 年推荐我主持中国科学技术协会的王大珩院士学术成长资料采集工程项目，并手把手指导我撰写完成了《赤子丹心 中华之光：王大珩传》（2016 年出版），因此这次他也是欣然举荐我来撰写王大珩院士新的传记。然而，因为各种事务缠身，我一直到2022年下半年才正式动笔。

本书写作的基础是《赤子丹心 中华之光：王大珩传》一书，因在写作该书前，我已做了系统的资料采集工作，该书以大量的真实史料为依托，且基于完整的人物和相关科研档案，采集了相当数量的口述访谈，并参阅了几乎所有相关公开出版物等材料，内容详尽充实，完整勾勒出了王大珩院士的生平和学术成长经历。

本书经由葛能全先生征求了中国科学技术协会老科学家学术成长资料采集工程首席专家、北京大学张藜教授的意见后，由我在前书基础上修订撰写。此事葛先生也亲自征得王大珩院士的女儿王森研究员同意，非常感谢大家的信任。

本书第一章、第五章、第十三到第十五章完整保留了葛能全先生在《赤子丹心 中华之光：王大珩传》中撰写的部分，葛先生在原稿基础上又进行了一些必要的修订。葛先生担任过王大珩院士的挚友钱三强先生的秘书，还曾与王老共事，对他的为人、为学、思想等各方面均了解很深刻。葛先生在中国科学院工作多年，亲身参与过中国工程院的创建，为中国工程院的发展费尽心血，他是最有资格且能最完整、最真实撰写上述章节的人。他为这几个篇章付出了大量心血，如实、生动地记录了往事，令读者从中探得历史的面貌。

本书其他章节由胡晓菁撰写，主要依据往年老科学家学术成长资料采集的基础和近年来新的工作，补充了部分新获得的史料，并纠正了前版传记中的一些错漏。

本书初稿于2023年12月完成后，经由葛能全先生悉心指导，于2024年8月修改后形成第二稿，长春光机所党委书记、副所长金宏研究员和所党委办公室组织人员对书稿内容进行了审阅，陈星旦院士亲自对书稿进行了审读和修改，大家都提出了宝贵的建议。我综合各方面意见再次对传记修订，终获定稿。

本书能够顺利完成，依然要感谢长春光机所的大力支持，感谢为我的写作提供各种资料上的便利，感谢中国科学技术协会老科学家学术成长资料采集工程过往提供的平台，感谢中国工程院提供的传记写作机会。

王大珩院士的家人——顾又芬女士在世时，曾亲切接待我，她是一位慈祥、和蔼的长者，给予我极大的鼓励和信心；王大瑜先生、王森研究员、王赫先生均给予我最大程度的帮助。长春光机所陈星旦院士、王家骐院士，苏州大学潘君骅院士，北京航空航天大学姚骏恩院士，上海光机所王之江院士、干福熹院士，清华大学金国藩院士，北京理工大学周立伟院士，北京航空航天大学高镇同院士，长春理工大学姜会林院士，华南师范大学刘颂豪院士，科技部曹健林副部长，长春光机所宣明研究员、贾平研究员、金宏研究员、王永义研究员、韩昌元研究员、史济成研究员、朱云青研究员、翁志成研究员、冯秀恒研究员、禹秉熙研究员、关振中研究员以及董佩茹女士、景红薇女士，华南师范大学王传基教授、梁浩明教授，安徽光机所卢国琛研究员，中国科学院空间科学与应用研究中心潘厚任研究员，中国航天科技集团公司第五研究院508所张国瑞研究员，上海市委的何志庆先生……他们或是接受我的访谈，或是提供了珍贵的历史资料，对我的写作帮助很大，在此一并表示由衷的感谢！

传记已是尾声，王大珩院士为国家、为科学奉献的丰功伟绩，已在本书中有着清晰描述。但他不是存活在书本上的人，在我的心中，他是一位可亲、可敬、慈祥、宽容的长辈，他的形象在我多次的写作中变得愈发生动且鲜活。尽管他是一位科学大家，是一位卓越的科技战线领导者，但他并不是时时板着脸，不苟言笑。

陈星旦院士在一次口述访谈中提到，王大珩院士不高兴时，有一个特别的动作，那就是站起来，端起水杯就喝，有时候杯子里没有水，他也习惯性做出喝水的动作，他是在借喝水来缓和自己的情绪。由此可见，他是一位非常会管理自己情绪且心态很平和的人。

王大珩院士一向关心职工，不仅仅是关心他们的科研兴趣，还关心他们的生活。20世纪80年代初，组织上把薛鸣球从长春调到西安光机所当副所长，那时候薛鸣球的妻子还没有退休，女儿们还在上学，家里事情很多。王大珩院士拍着胸脯对他说，以后你女儿放学了、放假了就来我家吃饭，家里有事也来找我。他也确实做到了。王老夫妇非常关心薛家的孩子们，她们毕业以后，王老还专门派人去西安，落实了她们的工作问题。如此一来，完全解决了薛鸣球工作远调的后顾之忧。

  董佩茹女士也提到，20世纪80年代她刚参加工作的时候，时常在长春光机所的院子里碰到王大珩院士，他总是亲切地与年轻人打招呼，有时还停下来和他们聊几句，详细询问他们的情况。后来王老回到长春，也多是由她负责接待。她眼里的王老，虽然有时候也有脾气，但是从不乱发脾气。在她的记忆里，王老的"大弟子"唐九华和他关系很亲近，他们之间说话也随意。唐九华性格率真、耿直，遇到问题就直接和王老"顶嘴"上了，但他们从来都是在学术上争论。王老被"顶撞"，但从来不生气，总是笑呵呵的。唐九华说得对他就赞同，自己有道理的他就坚持。他很少说重话，特别擅长听取他人的意见，从不固执己见。

  王老20世纪80年代中期以后长居北京，经常有长春光机所的老职工来北京找他，有时候是出差路过或是特地来北京看望他，有时候是有事情请他帮忙，只要是有时间接待，他都来者不拒，能帮的忙他都尽力帮。有时候甚至是老职工来找老所长"诉苦"，王老也从不嫌烦，他总是耐心听，细心劝慰，想办法帮他们分析问题、解决问题，令他们平息怒气，满意而归。由此也可以看出，长春光机所的老职工对这位老所长十分信赖，他们之间没有上级和下级的界限，在平时的相处中王老丝毫不摆领导的架子。

  斯人已逝，幽思长存！王老虽然已经离开我们多年，但是在科学界，尤其是光学界，大家永远怀念他，他为我国光学事业、科技事业立下了赫赫功勋，他的科学精神从没有离开。

后记

科学家传记承载着传承科学家精神、传承科学精神的作用。一部优秀的科学家传记不仅仅是记录一个人的生平，还要透过传记，展现人物身上的闪光点，披露人物背后不为人知的故事；透过人物的往事，反映时代的变迁和社会的进步，从而给读者以启发，为学者开展研究提供借鉴。

谨以此书纪念王大珩先生丹心永照的一生！

胡晓菁

2024 年 9 月 1 日

作者简介

胡晓菁，1981年生，湖北黄石人，博士，中国科学院大学人文学院高级工程师，《中国科技史杂志》编辑，研究方向为中国科学院院史、科学人物、口述史。出版作品包括：《寻找底层深处的光：田在艺传》《勇做拓荒牛：徐寿波传》《情系化学 返璞归真：徐晓白传》《追光：薛鸣球传》《寻找黑夜之眼：周立伟传》等多部中国科学家传记，并在学术期刊、报纸上发表多篇研究性文章。